国家出版基金资助项目
"十二五"国家重点图书出版规划项目

李何春　李亚锋◎著

芤野东南的民族丛书

何国强　主编

碧罗雪山两麓人民的生计模式

中山大学出版社
·广州·

版权所有　翻印必究

图书在版编目（CIP）数据

碧罗雪山两麓人民的生计模式/李何春，李亚锋著.—广州：中山大学出版社，2013.12

（芫野东南的民族丛书/何国强主编）

ISBN 978-7-306-04694-9

Ⅰ.①碧…　Ⅱ.①李…②李…　Ⅲ.①少数民族—社会生活—研究—怒江傈僳族自治州　Ⅳ.①K280.742

中国版本图书馆CIP数据核字（2013）第216470号

出版人：徐　劲
策划编辑：嵇春霞　周建华
责任编辑：嵇春霞
封面设计：林绵华　曹巩华
责任校对：廖泽恩
责任技编：何雅涛
出版发行：中山大学出版社
电　　话：编辑部 020-84111996，84113349，84111997，84110779
　　　　　 发行部 020-84111998，84111981，84111160
地　　址：广州市新港西路135号
邮　　编：510275　　传　真：020-84036565
网　　址：http://www.zsup.com.cn　　E-mail: zdcbs@mail.sysu.edu.cn
印 刷 者：广州中大印刷有限公司
规　　格：787mm×1092mm　1/16　18.25印张　368千字
版次印次：2013年12月第1版　2013年12月第1次印刷
印　　数：1~2000册　　定　价：46.00元

如发现本书因印装质量影响阅读，请与出版社发行部联系调换

总 序

黄淑娉

青藏高原古称"芜野"①,"喜马拉雅"与"横断"两条山脉在东南交汇,形成北半球地表褶皱最明显而紧密的区域——纵横千里,层峦叠嶂,忽而峡谷幽深、激流汹涌,忽而悬崖突兀、雪峰傲立。雄奇的景观掩饰着严酷的自然。适宜耕种的土地集中在河谷,陡峭的高坡土层稀疏、岩石裸露、杂草丛生,经常发生泥石流。山川、植被、动物、村庄依季节交替呈现出各种姿态:旱季,尘土飞扬、风霜严寒、万物萧条;雨季,四野青翠、鸟语花香、人畜徜徉于云端。

芜野东南素有"民族摇篮"之称。在北纬25°~38°、东经90°~104°的广袤区域,由东至西,有金沙江、澜沧江、怒江、独龙江和雅鲁藏布江,史前时代的汉羌之争,造成部分羌人融为汉族,部分羌人西迁。② 西迁的羌人一部分沿着江河古道北上甘青,另一部分南下川滇,到达今川、滇、藏交界区,更有一些部落进入了东南亚。他们南北行走的整套路线分布的区域到公元前4世纪业已形成民族走廊。《史记》记载了张骞出使大夏(今阿富汗)见到四川特产的见闻③,那是公元前2世纪发生的事情。又过了两个世纪,最后一批迁徙者

---

① 《诗经·小雅·小明》曰:"明明上天,照临下土。我征徂西,至于芜野。二月初吉,载离寒暑。心之忧矣,其毒大苦!……"大意为周天子令诸侯征伐氐羌系部落,西行到青藏高原,将士思乡,无心恋战,企图班师回朝的情景。《说文解字》解"芜",一为"远荒";一为草本植物,如"秦芜"——兰花形,生长于黄土高原与青藏高原接壤地带、海拔3000米的荒野,愈往西愈密。故"芜野"指今青藏高原东部,即今川、青、滇、藏四个省(自治区)相交界的区域。

② 如(南北朝)范晔《后汉书·卷八十七·西羌传第七十七》(景印文渊阁四库全书本第252~253册)有"秦献公初立,欲复穆公之迹,兵临渭首,灭狄獂戎。忍季父印畏秦之威,将其种人附落而南,出赐支河曲西数千里,与众羌绝远,不复交通"的记载,说战国初期(公元前475年)以"昂"为首的一支羌人迫于族群竞争的压力,由今甘陕地区向西南徙迁至玉树地区。

③ 汉朝的四川特产远播大夏绝不可能走西域丝绸之路,那样将徒增路程,最有可能的是走西南丝绸之路,起点为成都,终点为印度甚至波斯(今伊朗),中间点为夜郎(今贵州)、滇(今昆明)、南诏(今大理)、缅甸。这说明中西交通很早就贯通了。

沿着民族走廊进入东南亚。东晋、十六国时期（317—420年），鲜卑族从大兴安岭西迁，抵达青海湖与当地羌人杂处，出现西羌、吐谷浑、白兰、党项、附国、吐蕃、姜人等古代部族，也有南迁的情况出现。各氏族部落在南迁路中定居、联姻、繁衍，发生贸易、战争和宗教行为，经过千百年的基因采借与文化交汇，演变出藏族、门巴族、珞巴族、纳西族、傈僳族、怒族、独龙族、景颇（克钦）族、克伦族、骠族、缅族、掸族等境内外民族。① 元明以降，封建国家的势力先后侵及这片土地。目前，一块归中国，一块归印度，一块归缅甸。《芜野东南的民族丛书》就揭示了中国西南川、滇、藏和川、青、藏接壤地带极具内涵的民族文化。这些民族是藏族、纳西族、怒族、独龙族和傈僳族。这些民族人们的体质特征与三支种群有关：①蒙古北亚人，特征是高身材、中头型、高鼻型、前额平坦、黑眼珠，男人高大英俊，女人身材颀长；②蒙古南亚人，特征是身材略矮、低头型、前额微窄、褐色眼珠、低鼻型；③"藏彝走廊"型，介于前两者之间，又自成一类，其特征是中身材、中头型、中鼻型，孩子的眼珠较黑，成人的眼珠泛褐。具体来说，怒族和独龙族人带有蒙古南亚人的体质特征，藏族、纳西族和傈僳族人带有"藏彝走廊"型的体质特征。由于藏族人的来源复杂，内部族群众多，有的体质特征偏向蒙古北亚人。例如，三岩藏族人的体质特征与塔吉克族、维吾尔族、锡伯族、哈萨克族、蒙古族等北方民族关系密切些，跟藏彝类型的藏族关系疏远些。② 无论体质特征如何，这5个民族的人民都有率真淳厚、健谈好客、谦让刚毅、吃苦耐劳的一面。人们因地制宜谋取生活资料，建造房屋，修建梯田，引水渡槽，高山放牧；人们也抽烟喝酒、唱歌跳舞、知足常乐。

新中国成立后，党和政府组织集中进行民族识别（1953—1956年）和少数民族语言与社会历史调查（1956—1958年）。根据20世纪80年代出版的《民族问题五种丛书》的描述，当时藏族、纳西族、怒族、独龙族和傈僳族等民族已出现社会分化：有的社会结构呈尖锥形，如藏族的农奴制、纳西族的土司制；有的社会结构呈钝锥形，如保留着原始公社残余的怒族和独龙族。民族文化的保持与传承是通过社会结构来实现的。独龙江两岸的村落出现了头人、大小巫师（南木萨、龙萨）、工匠、平民、家奴。前三种人基本上是富裕的族人，他们拥有土地，蓄养奴隶，并未完全脱离劳动。奴隶来自债务和买卖，成为家庭的一员，由主人安排婚姻，给予经济开支。奴隶在公共场合（如祭礼、

---

① 参见（五代）刘昫《旧唐书》卷197列传第147（景印文渊阁四库全书本第268～271册，台湾商务印书馆1983年版）和（宋）欧阳修《新唐书》卷222上列传第147上下（景印文渊阁四库全书本第272～276册，台湾商务印书馆1983年版）关于南蛮、西南蛮和骠国的描述。

② 参见何国强、杨晓芹、王天玉等《三岩藏族的体质特征研究》，载《人类学学报》2009年第4期，第408～417页。

公议、公断等）与平民有身份界限。劳动过程中主仆地位不同，主人为奴隶提供生产资料（如土地、牲畜、农具、种子），并占有全部收获物。人们在社会结构中各居其位，各层次的差别不大，在血缘、地缘基础上发生的共济、共庆、换工等集体行为维持着内部平等，原始宗教和基督教起到恐吓叛逆者、安抚民众、制止反抗的作用。旧的社会结构被打碎以后，新的社会结构逐步建立，其所传承的文化与过去有着质的不同。

17世纪，西方人陆续进入喜马拉雅东部山区与横断山脉南部的多条河谷。早期的传教士、探险家带着猎奇的眼光看待这里的风土人情。19世纪伊始，民族学家、地理学家、行政人员、桥梁工程师开始进入这片地域上无人知晓、地图上一片空白的沃野。到20世纪40年代末的150年间，他们记录了大量宝贵的材料。英国、美国、印度三国学者的成绩尤为突出，如果只见他们为殖民政府服务的一面而不见其科学记述的一面是不公平的。在此，我愿意借鉴沙钦·罗伊的书单①，肯定J. 马肯齐、J. 布特勒、G. W. 贝雷斯福德、A. F. 查特尔、P. C. 巴利、B. C. 戈海尔、M. D. 普格②等人的工作；我还要提到F. M. 贝利、F. K. 沃德、维雷尔·埃尔温、P. N. S. 古塔、马骏达、N. 罗伊、B. C. 古哈和S. 罗伊等人的努力，特别是约瑟夫·洛克、克里斯托夫·冯·菲尤勒－海门道夫和埃得蒙·利奇的奉献。

洛克于1922年到达中国西南边陲，在川、青、甘、滇接壤地带考察，为美国农业部、国家地理协会和哈佛大学收集植物和飞禽标本，在丽江度过了27年。随着时间的推移，洛克的研究兴趣转移到纳西族的文化上。他的《纳西英语百科词典》收入了东巴教及濒于消亡的古纳西语，他撰写的《中国西南古纳西王国》叙述了当时甘青交界处、滇西北、川西南和西藏纳西族居住区域的地理、历史、物产和文化。1992年，迈克尔·阿里斯在纽约出版了《喇嘛、土司和强盗》，以图文并茂的形式回顾了洛克在川、滇、藏的田野研究经历。③

第二次世界大战期间，利奇在克钦山区打游击。那个地区为中国的滇、藏和印度的阿萨姆邦三面环绕，有号称"野人山"的莽莽丛林。利奇广泛地接

---

① 参见（印）沙钦·罗伊《珞巴族阿迪人的文化》，李坚尚、丛晓明译，西藏人民出版社1991年版，第297～302页。

② 他们的代表作分别为《孟加拉东北极边地区山区部落记事》（1836年版）、《阿萨姆山区部落概述》（1847年伦敦版）、《阿萨姆东北边境记》（1881年西隆版、1906年重印）、《阿波尔的吊桥》（载《皇家工程师》1912年第16卷）、《阿萨姆山区部落的头饰》（载《皇家孟加拉亚细亚学会会刊》1929年总字第25卷）、《阿波尔人的农业组织》（载《人类学系调查报告》1954年第3卷第2册）、《东北边境特区的娱乐活动》（1958年版）等，这里仅仅提到很少的一部分。

③ 参见 Michael Aris *et al. Lamas*, *Princes*, *and Brigands*: *Joseph Rock's Photographs of the Tibetan Borderlands of China*. China House Gallery, China Institute in America, 1992.

触克钦人,于1954年出版《上缅甸诸政治体系》,提出社会转变的动力学模型。几乎在同一时期,克里斯托夫·冯·菲尤勒-海门道夫在印度调查了10年,期间以特派员的身份在阿萨姆地区工作两年。他和妻子贝蒂·勃纳多在调查阿帕塔尼人①的间隙中,专程到麦克马洪线以南的斯皮峡谷,那里距离西藏的瓦弄咫尺之遥。因物资供应不足,1944年4月2日夫妇俩开始撤退,准备翌年再进行调查,后因印度政府决定推迟这项计划,最终未能进入西藏察隅地区。海门道夫基于田野调查的12本书②对于青藏高原的研究极具参考价值。

20世纪50年代以后的民族学家,无论是美国人、英国人、法国人、印度人,还是中国人,都是在利用前人收集的原始资料、绘制的地图、提炼的概念、阐述的命题和他们的民族识别、文化分类的成果,并汲取他们务实与求真的精神力量。

中国学者对青藏高原东南部的民族调查可追溯到抗日战争时期,左仁极、羊泽、朱刚夫、李式金、李中定、陶云逵、黄举安(以姓氏笔画为序)等人曾赴三江(金沙江、澜沧江、怒江)并流地区,调查成果虽然一鳞半爪,但科学精神不可低估。李霖灿、方国瑜、杨仲鸿对纳西语的研究尤其值得一提。新中国成立后的几十年间,我的同仁,如王辅仁、王晓义、孙宏开、刘龙初、刘芳贤、宋恩常、宋兆麟、吴从众、李坚尚、杨毓襄、张江华、姚兆麟、龚佩华、谭克让、蔡家骐、欧阳觉亚(以姓氏笔画为序)等,跋涉于川、青、滇、藏交界区的山水之间,也提出批判地学习和吸收西方人类学的任务。③ 1979年,西藏社会科学院资料情报研究所在北京成立,后迁至拉萨,组织翻译了一批文献,吴泽霖、费孝通都身体力行地做过译介工作。④ 由于各种原因,我们的研究起步较晚,田野研究缺乏长期性、系统性,理论方法上也有故步自封的表现,偏重于社会经济形态的素材,而较容易忽视社会组织、风俗制度与意识形态的素材。

---

① 中国民族学界有一种观点,认为阿帕塔尼人与珞巴族人同源,阿帕塔尼是珞巴族的组成部分。珞巴族包含20多个部落,如尼升、巴依、玛雅、纳、崩尼等,其经济形态与独龙族完全相同。

② 它们是《赤裸的那加人:阿萨姆邦的猎头部落的战争与和平》(1939年第1版、1968年第2版、1976年第3版)、《苏班西尼地区的民族学注释》(1947年版)、《喜马拉雅山区未开化的民族》(1955年版)、《阿帕塔尼人和他们的邻族:喜马拉雅山东部的一个原始社会》(1962年版,有中译本)、《尼泊尔的夏尔巴人:信佛的高地居民》(1964年版)、《尼泊尔、印度和锡兰的社会等级制度和血缘关系:对印度教与佛教相接触地区的人类学研究》(1966年版)、《尼泊尔人类学述略》(1974年版)、《喜马拉雅山区的贸易者:尼泊尔高地的生活》(1975年版,前三章半有中译本)、《喜马拉雅山地部落:从牲畜交换到现金交易》(1980年版)、《阿鲁纳恰尔邦的山地人》(1982年版)、《西藏文明的复兴》(1990年版)和《在印度部落中生活:一位人类学家的自传》(1990年版中译本)。

③ 参见林耀华《序》,见黄淑娉、龚佩华《文化人类学理论方法研究》,广东高等教育出版社2004年版。

④ 参见《费孝通译文集·前言》(上册),群言出版社2002年版,第2页。

改革开放以来,国内强调"补课",出版了不少社会文化人类学(民族学)的理论著述,这是可喜可贺的。最近十几年,获得高级职称的中青年学者也越来越多。但是,不可否认,一些民族学工作者欠缺实地调查的经历,学界对田野调查的要求放松,对边陲少数民族的研究远远不够,市面上田野研究的著述稀少。有人说,目前田野工作的条件(如交通、通讯、住宿、饮食、医疗、安全、语言沟通、调查工具和手段等)较之 20 世纪五六十年代不知改善了多少,可如今的实地调查与书斋研究的比例较之于过去不知减少了多少。① 本人深有同感。我虽然退休多年,但也知道一点外面的情况。现在科研的资助力度每年都在增大,下达的课题也在增多,出版界欣欣向荣,民族类的期刊、书籍相当多;但是,深入扎实的调查研究没有跟上来。由于辛勤收集第一手资料和认真提炼、精巧构思并以朴实平正的笔调叙述的作品不太为社会所赏识和鼓励,因此田野作品越来越少。这种情况与历史的发展很不合拍。就青藏高原东南部而言,随着旅游的开发,三江并流自然景观被列入《世界遗产名录》,社会对非物质文化的保护意识被带动起来了,国内外迫切需要了解这一区域的民族现状,抢救、整理和保存当地的原生态文化迫在眉睫。但经常到农牧区做调查的人不多。原因何在?这恐怕与投入和产出的衡量标准有关。譬如,有些环境陌生而艰苦,原创性作品生产周期长,即使出得来,社会反应也需要一定时间,不如"跟风"成效快。"不可否认,学界急功近利的浮躁之风,评判成果室内室外一刀切的做法,都是使田野调查边缘化的原因。"② 我认为,端正调查之风、调整激励机制势在必行,否则民族学研究将难以为继,更谈不上以良好的姿态服务于社会。

西北川、青、藏交界区,以及西南边陲川、滇、藏接壤地区,民族学资源异常丰富,吸引着以何国强教授为首的研究团队不畏艰苦、锲而不舍地调研。这套由 7 部专著组成的丛书即有选择性地介绍了那里的民族文化。分册和作者名依次为《青藏高原的婚姻和土地:引入兄弟共妻制的分析》(坚赞才旦、许韶明)、《碧罗雪山两麓人民的生计模式》(李何春、李亚锋)、《整体稀缺与文化适应:三岩的帕措、红教和民俗》(许韶明、坚赞才旦)、《独龙江文化史纲:俅人及其邻族的社会变迁研究》(张劲夫、罗波)、《青藏高原东部的丧葬制度研究》(叶远飘)、《妇女何在?三江并流诸峡谷区的性别政治》(王天玉)、《滇藏澜沧江谷地的教派冲突》(王晓、高薇茗、魏乐平)。翻开细细品

---

① 参见郝时远主编《田野调查实录:民族调查回忆·前言》,社会科学文献出版社 1999 年版,第 3 页。
② 英国皇家人类学会编订:《人类学的询问与记录·序言》,周云水、许韶明、谭青松等译,国际炎黄文化出版社 2009 年版,第 13~14 页。

味,看得出作者们长期研究的积累。主编何国强教授是我的学生,也是这个研究团队的组织者。他17年来坚持探索汉藏区域文化,主张多学科相结合,调查素材、史志和理论三点互补,中外资料融会贯通,以及汉族区域和少数民族区域的文化现象互为衬托的研究思路。自1996年夏天至今,他已11次踏上青藏高原。担任博士生导师以后,他努力寻求基金会的支持①,推动每一届研究生到青藏高原东部和东南部选题作论文,秉承老一辈民族学家研究西南民族的传统,深入偏远的高山峡谷。据我所知,另外10位中青年作者在跟随他学习期间,除极少数人之外,皆有1年左右的调查经历,目前分别在高校或科研部门工作。他们的成果与书斋式的研究不同,每一本书都充满鲜活的材料,讲理论、重实际,穿插纵横(时空)比较和跨文化研究(类型)比较,散发着田野的芬芳。

调查员根据已有的知识草拟提纲,到当地观察、询问和感受,苦学语言,一丝不苟地记录,孜孜不倦地追寻文化变迁的足迹,修正调查提纲和理论预设。他们入乡随俗、遵循当地礼节,与村民建立互信,由此获得可信的感知材料。但这套丛书不是田野材料的机械堆砌,而是在科学方法和理论模块引导下的分析、综合与描述,不仅揭示了该地区存在的一些问题——如风俗制度的动力和机制、传统生计的命运、社会转型时期妇女的角色变迁等——而且对这些问题做出了切合实际的解答。

这套丛书坚持了民族学研究偏远之地的优良传统,同时强调多维视角,突出科研的前沿性、创新性及应用性,对于边疆少数民族的研究具有弥足珍贵的作用,同时给东南亚乃至世界的民族学提供了参考价值;在抢救和整理濒临绝境的原生态文化方面,体现了学术研究在增进国民福祉及促进社会和谐过程中的作用,在为西部开发提供决策依据并带动民族文化的保护性研究等方面均有不可忽视的意义。

这套丛书还凸显了"好料做好菜"的诀窍。前期4个课题资助,10余年田野调查取得的第一手资料绝不会自动转化为社会公认的产品,需要紧扣"民族特色"提炼选题,科学搭配,形成整体效应。编者先是将婚姻与丧葬制度、血缘组织、传统生计、本地宗教和外来宗教(东巴教、藏传佛教和天主教)的碰撞、妇女地位、先进民族的帮助与后进民族的发展等选题集合在一个总题目下共同反映特定区域的文化,"好菜"就做了一半;继而在中山大学

---

① 本研究相关课题获得4次资助,即"青藏高原的兄弟共妻制研究:以卫藏和康的五个社区为例"(香港中山大学高等学术研究基金,2004—2005年)、"青藏高原东部三江并流地区民族文化的历史人类学研究"(教育部人文社会科学基金,2006—2008年)、"三江并流峡谷的民族文化和社会结构变迁研究"(国家社会科学基金,2007—2009年)、"川青滇藏交界区民族文化多样性的动力学研究"(国家社会科学基金,2012—2014年)。

出版社的鼎力协助下申请国家出版基金资助项目，争取新的资源来整合后续工作。这样，整道"菜"就做好了。以上两点在何国强教授与中山大学出版社的通力合作中可见端倪，同时专家的支持①也相当重要。在这个基础上，各分册的作者和责任编辑保持良好的互动，认真审稿，精益求精地修改文本、补充资料、优化结构，本着为人民高度负责的精神对待自己的职业。凡此皆说明学术界与出版界的精诚合作对于完成科研成果转换的重要作用。

---

① 这套丛书于2011年入选"十二五"国家重点图书出版规划项目，2012年入选国家出版基金资助项目。两次申报工作，均得到四川省社会科学院任新建研究员和中国人民大学胡鸿保教授的极力推荐。

前　言

碧罗雪山（又称怒山）是喜马拉雅山的余脉，处中国之西南，位于西藏之东南、云南之西北。其东麓和西麓分别是著名的澜沧江峡谷和怒江大峡谷。两峡谷之间的高山上居住着藏族、纳西族、傈僳族、怒族、独龙族、普米族等少数民族，这些民族至今仍保持着本民族的文化特色。在这一少数民族聚居区内，每个民族都通过自身的方式展现着本民族的文化。有时甚至出现这样的情况：一家六口人同在一个屋檐下生活，却有着五种以上的信仰；有着共同信仰的人们却又属不同的民族，各自保留着不同的文化习俗。长期的民族互动与冲突过程，使得该区域成为民族文化沉淀最深厚、最丰富的文化带。

不同民族在碧罗雪山两麓展现了一段人类生存和适应过程中充满斗争却又五彩缤纷的历史。"人们为了能够'创造历史'，必须能够生活；但是为了生活，首先就需要衣、食、住以及其他东西。因此，第一个历史活动便是生产满足这些需要的资料，即生产物质生活本身。"① 今天，碧罗雪山两麓多民族分布的格局和多元文化融合的现象，是各民族人民在历时性和共时性的双重作用下从事生产资料活动过程中形成的，是人与自然和社会长期互动的结果；在这一历史过程中，不同的民族学会了如何应对来自自然和社会的压力以维持最基本的生活，并在不断冲突和融合中相互学习、相互影响，以此来提高生存技能。因此，无论是通过历史记忆传承下来的经验，还是吸收他族的适应技能，都成为本民族生计方式的组成要素。

总体来说，民族共同体或族群的生计模式是人类在一定的地域内依附自身所处的生态环境，为维持其自身、家庭以及民族的生存、延续和发展所形成的多元的谋生手段。这种生计模式具有稳定性、开放性、多元性、合理性、系统性、延续性和关联性等特点，是受其特定文化影响的生存方式的总和。

从古至今，碧罗雪山两麓地域内的各民族共同呈现了包含采集狩猎、刀耕火种、游牧、畜牧、农业、种植业（如葡萄与核桃等）、盐业和商业在内的多种生计方式，为维持自身的生存和发展发挥了应有的作用，为我们认识同一区域

---

① 《马克思恩格斯全集》（第3卷），人民出版社2001年版，第32页。

内不同民族的多样化生计提供了一面镜子。该地域也成为众多民族学、人类学工作者不顾道路艰险和个人安危，力图揭开当地民族文化之外衣的"圣地"。

笔者关注碧罗雪山两麓人民的生计模式，其理由如下：

（1）该区域地处两江峡谷之间，气候复杂，群山起伏、海拔高，原始森林植被覆盖面积广，动植物资源丰富，生态环境自身恢复能力强。历史上，在中国西南的这一区域内，各民族互动频繁，冲突时有发生，使得多民族在政治博弈和族群冲突下形成了新的具有文化多样性的族群。一方面，各民族保持了族群特有的文化认同；另一方面，多民族聚居区内不同民族在文化上的相互影响较深，造成文化涵化。整体上，不同民族长期以来在不同的文化背景下，对生态环境有了较强的适应性。

（2）该区域内多元生计并存的现象特别突出。直到20世纪初，生活在碧罗雪山西麓怒江两岸的怒族、独龙族、傈僳族等民族，还过着从原始社会向奴隶社会过渡的生活，多以采集、渔猎、刀耕火种为生计，农业长期得不到发展，经常食不能饱、衣不能暖；为了生存，人们不得不进行采集渔猎活动。所幸的是，碧罗雪山西麓的怒江两岸，东面是碧罗雪山，西临高黎贡山，植被丰富，动植物种类繁多，给生活在这里的人们提供了天然的物质资料。比起西麓，生活在东麓的人民历史上受汉族、白族、纳西族等民族的文化影响深，已逐渐走向以畜牧业、农业、盐业、葡萄种植业、商业等为主要生计方式的生活。因此，东西两麓的澜沧江峡谷和怒江峡谷地带，形成了多民族共居、多元生计方式并存、多种宗教共存的文化区域，这对人类学、民族学研究来说无疑是宝贵的财富。

（3）综观全球化给中国社会带来的急剧变化，现代化的触角已经伸入少数民族传统地区，同时某些文化现象正不断消逝，因此记录少数民族多元文化迫在眉睫。需要指出的是，碧罗雪山下的村庄毕竟远离大中城市，由于交通不便、地势险要，现代城市社会的生活方式暂时还未能完全渗透到该地区，此时进入该地区进行民族文化的研究为时不晚。

从历史观的角度来看，就一个民族而言，如果它的文化延续越久，越能证明它适应来自环境和社会双重压力的能力越强。20世纪末，中国在通信、交通等方面技术不断发展，物质资料生产不断丰富，城乡间的物质资料、基础设施、教育水平等方面的差异变得越来越小，各民族之间的差距也在不断缩小。在这样的时代背景下，笔者旨在尽可能认识世代生存在这片历史周期长、文化积淀深的土地上的诸如傈僳族、怒族、藏族、纳西族、独龙族等民族，理解和诠释他们的生活。无疑，历史资料的记录和现实调查的情况都表明，生活在该区域内的民族具有极强的适应自然和社会的能力，这对研究者来说是极大的鼓舞。

总体来说，碧罗雪山两麓地区具有以下人文特点：

（1）地域狭窄，民族众多；垂直气候明显，生计方式复杂多样。

（2）民族迁徙频繁，东麓各民族之间商贸往来历史悠久，文献记载表明至少唐代就已经开始有藏族和纳西族之间的交换。

（3）该区域是藏族和汉族的中间过渡地带，包含藏、纳西、傈僳、白、怒、独龙等多个少数民族；宗教冲突现象明显，表现在藏传佛教各教派之间和不同宗教（如藏传佛教与东巴教、天主教）之间时有冲突。

（4）政权交替频繁且混乱，且表现在政治边界上的混乱，导致冲突不断发生；政教合一制度长期影响着该地区的政治、经济、文化。

因此，本书试图从历时性的角度分析碧罗雪山两麓形成多样生计的原因，从共时性的角度剖析东西两麓不同生计的细微差异。

结合历史文献和田野调查，本书最终形成以下观点：

（1）碧罗雪山两麓人民的多元生计是不同民族在历史长河中，为了规避自身的不足，充分利用自然资源，围绕人类社会的两大生产（即人口生产和物质资料生产）而逐渐形成的适应自然和社会的技术与策略；这种适应表现在两个方面：一方面是适应自然环境，另一方面是适应所在的社会组织。适应自然环境为的是通过和自然环境互动，进行自身需要的物质资料的生产；适应社会组织为的是给生存提供各种保障。

（2）一个民族的封闭性是相对的，在相对的空间内，不同民族长期以来不断冲突与融合。冲突是为了在自我认同和民族认同上形成边界，融合是为了吸收不同文化间的精髓从而形成互动和共生。而这一切都是为了使种族得到繁衍、民族自身的文化得到传承。不同民族在生存过程中形成了不同的手段，同时，不同民族在资源的占有方式上也不尽相同，以致民族之间对物质资料的不同需求要求各民族之间尽量保持一定的交换和互利关系，以保证满足身体对不同营养物质的需要。

（3）一个民族的生存条件越艰苦，说明该民族适应环境和社会的能力越强，也越能集中表现该民族的生计方式。即生计方式越单一的民族，生存技能越强。这可以从东西两麓生计情况比较中看出。

基本结论有两条：①生活在碧罗雪山两麓不同民族的人都尽可能地适应环境，在与自然界长期互动的过程中，形成了各种生存技能。②各民族人民生计方式的形成过程不仅是通过技术手段获得资源的过程，也是各民族不断和周边民族互动的过程；同时，生计也包括人们在各自的社会组织结构中，依靠非正常手段（如抢劫、乞食、占有妇女等）获得利益的各类手段。

本书是历史文献研究和田野调查相结合的产物，围绕多元生计的主题，在碧罗雪山两麓选择了三个主要田野点，并对多个自然村寨进行了调查，通过点的描述形成面的认识。

本书以绪论展开，提出研究的问题、对象以及方法，并对有关生计的研究情况做了扼要的回顾，在此基础上阐明碧罗雪山两麓人们生计模式研究可能存在的价值和意义。第一章介绍了两个方面的内容：一是自然环境，介绍碧罗雪山的地理位置、气候、海拔、雨量、各种动植物资源、卤水资源，目的是为了研究当地人生计提供背景知识；二是民族和历史，介绍该区域内不同民族的族源和历史，以及不同民族之间的关系。第二章和第三章总体介绍本书研究的各种生计形成的主要因素及其大体情况，从而为第四章到第九章的内容做铺垫。第四章介绍碧罗雪山两麓峡谷内的农业，从土地类型和耕作条件入手，展现地方社会从事的各种农业情况，分析在农业生产过程中人们形成的技能以及农事知识。第五章分析在耕种土地有限的情况下，人们如何利用人畜关系和人地关系进行转场放牧，同时介绍不同种类的牲畜和喂养方式。第六章介绍人们利用生态资源进行采集渔猎的方式和技能。第七章介绍西藏盐井传统盐业技术以及盐业生产在碧罗雪山两麓区域内起到的作用和意义。第八章着重介绍人们在获得物质资料后如何进行加工，以及在生产过程中以何种方式对生产工具进行改进或创造。第九章介绍了藏区政教制度，分析在特定权力关系下，社会组织或个体（如寺院、土司、商人、马帮、土匪等）如何通过正常或非正常手段获得物质资料。

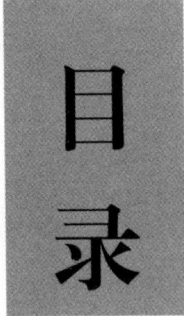

绪　论/1
　　第一节　本书的研究对象及其方法………………………… 1
　　第二节　碧罗雪山两麓生计研究的简要回顾………… 9
　　第三节　研究碧罗雪山两麓生计模式的意义……… 15
　　第四节　一次翻越碧罗雪山的经历……………………… 18

第一章　碧罗雪山两麓地理环境及历史/20
　　第一节　自然气候…………………………………… 21
　　第二节　生物资源…………………………………… 24
　　第三节　族源及其历史……………………………… 27

第二章　多元生计的形成及其中介（上）/44
　　第一节　采集狩猎：一种生计遗存………………… 45
　　第二节　游牧：民族迁徙与文化传播……………… 50
　　第三节　畜牧业：转场放牧………………………… 56
　　第四节　农业生计与土地所有制…………………… 60

第三章　多元生计的形成及其中介（下）/67
　　第一节　传统制盐业：生理需求与族群互动……… 67
　　第二节　民族商贸：共生与互动…………………… 73
　　第三节　天主教的传播：葡萄种植………………… 77
　　第四节　"政治场域"下的别样生计………………… 81

第四章　峡谷农业/84
　　第一节　土地类型和耕作条件……………………… 84
　　第二节　作物种类和农事活动的地方性知识……… 90
　　第三节　耕作技术与生产方式……………………… 104

第五章 转场放牧/118
第一节 牧场资源的分布以及放牧方式 …… 118
第二节 牲畜的种类与用途 …… 128
第三节 草场管理以及畜牧业的可持续发展 …… 141

第六章 采集渔猎/146
第一节 采集 …… 147
第二节 狩猎 …… 157
第三节 捕鱼 …… 167

第七章 澜沧江畔的传统盐业/171
第一节 生命之盐 …… 171
第二节 传统的制盐技术 …… 174
第三节 盐业贸易 …… 187
第四节 盐民的生活 …… 195

第八章 产品加工与手工技术/198
第一节 食物的加工与制作 …… 199
第二节 编织和纺织 …… 214
第三节 建筑 …… 221
第四节 木器、竹器和陶器 …… 224

第九章 政教合一及其制度下的生计/227
第一节 康区政教合一制度 …… 227
第二节 寺院对政治经济活动的影响 …… 234
第三节 川、滇、藏间的商贸往来 …… 241
第四节 别样生计 …… 255

参考文献/261

后　记/273

附图表目录

图 4-1　砍刀与点种棍 ······················· 105
图 4-2　怒锄的形态演变 ····················· 108
图 4-3　德钦地区的犁 ······················· 110
图 4-4　贡山地区的犁 ······················· 110

图 5-1　高山牧场上的石屋与围栏 ············· 122

图 6-1　弩弓、箭袋和箭 ····················· 162
图 6-2　夹网 ······························· 168
图 6-3　网兜 ······························· 169

图 8-1　多杆连枷与单杆连枷 ················· 201
图 8-2　割穗架 ····························· 202
图 8-3　磨房与水磨 ························· 204
图 8-4　手磨 ······························· 204
图 8-5　酥油桶和"甲洛" ··················· 209
图 8-6　铁锅蒸酒 ··························· 213
图 8-7　破竹、簸箕与背篓 ··················· 216
图 8-8　织"怒毯" ························· 221
图 8-9　怒江地区的房屋 ····················· 223
图 8-10　仓库（木楞结构） ·················· 223
图 8-11　溜索和滑板 ······················· 225
图 8-12　猪槽船 ··························· 226

表 1-1　2012年7月碧罗雪山两麓各调查点温度测量记录 ·········· 24
表 1-2　2011年盐井乡辖区内从事盐业生产的3个行政村的人口结构情况
　　　　·· 35
表 7-1　白、红盐成分分析 ································· 177

绪　　论

"物以类聚，人以群分"，"把人视为类的存在，是人的社会性发展的产物，是人的世界历史性已经成为一种经验的观念性反映"①，而且"人的社会性的存在和发展，首先表现在人的群体生存中"②。人类社会的发展从最初以血缘关系为纽带的氏族部落社会逐渐发展成为今天"网络式"的复杂社会，先后经历了血缘、地缘、业缘等阶段的发展，但是人类始终无法摆脱群的生存方式；而群的存在必将建立在时空的二元关系上，以便能动地适应周围的自然环境和所处的社会。这将决定探讨碧罗雪山两麓人民的生计模式不再是显微镜式的观察个体的行为动向，而是把一个区域内具有文化认同或文化碰撞的民族共同体作为剖析的对象。

第一节　本书的研究对象及其方法

一、研究对象

本书以碧罗雪山两麓区域内的多民族共同体为研究对象。碧罗雪山属于喜马拉雅山脉的余脉，是由一系列群山组成的横断山脉，西到怒江，东至金沙江，南到大理白族自治州（简称"大理州"）云龙县，北临察隅县和芒康县；是中国西南的怒江与澜沧江两条大江的分水岭，也是云南省怒江傈僳族自治州（简称"怒江州"）与云南省迪庆藏族自治州（简称"迪庆州"）的交界地带。该地域在地理空间上涉及9个县的区域，即西藏自治区境内的察隅县、芒康县，云南怒江州境内的泸水县、贡山县、兰坪县、福贡县，迪庆州境内的德钦县、维西县以及大理州境内的云龙县，跨地面积3万多平方公里，海拔超过

---

① 陈庆德著：《经济人类学》，人民出版社2001年版，第3页。
② 同上。

4 000米的雪山就有15座。其中的最高峰属老窝山，海拔4 435.4米，是这些雪山中最美的地方。在海拔3 000米以上的高山地段，原始生态系统保存十分完整，气候往往变化无常；高山湖泊、小溪随处可见，七八月在山顶还能看到未完全融化的冰雪，颇为迷人；春夏之交，山中云雾缭绕，野花遍地，特别是各种颜色的杜鹃花盛开的时节，尤为壮观。

研究一个族群，往往离不开两个关键性问题的分析：一则民族渊源，二则民族的分布和生计方式。相比较之下，生计方式的研究显得更加有意义，因为"一个民族的生计方式是该民族文化不可分割的有机组成部分，它是民族文化这个庞大系统中的一个小系统"[①]。但问题的关键在于，如何通过生计来认清庞大的民族文化，这正是本书要研究的内容。总体来说，对生计方式的研究有广度、深度和力度等维度的要求。由于涉及诸多较为复杂的问题，因此，不仅需要共时性的比较研究，还需要历时性的逻辑判断，尤其是对相关文化的探讨要求对族源有一定的追溯。

重视一个族群的生态环境及他们适应不同环境所采取的方式，依据田野调查资料，运用人类学与民族学的理论分析材料并形成结论，非常重要。对于一个族群的分析探讨，不但要注意这个族群生存的基本因素（地理环境），如土地资源、水源气候、耕地面积、植被覆盖面积以及其他各类资源等，而且最重要的是要注意他们的生存策略。[②]众所周知，族群生存的环境因素仅仅是为其产生某种生计方式提供可能，环境与生计方式之间不是一对一的映射关系，而极可能是多元函数关系，即一种自变量的变化能带来一种以上的因变量变化的结果，有时多个自变量的共同作用只带来一个因变量的变化，这说明了环境和生计之间有不确定性。生存环境是人类进行各项活动的基础，生计方式是人类与自然、社会不断互动的结果，是人类为维持基本生活而采用的手段和方法。

既然生计是一种手段或方法，我们就试图站在中立的立场上来论述碧罗雪山两麓多元生计存在的客观性。生计方式不只是人与自然的关系，还是个人与社会的关系。人是社会中的人，生活在一定社会环境中的人必然受社会因素的制约。因此，任何为求其生存所采用的手段，只要能为个人或群体带来物质或利益的回报，就是生计方式的精彩展现。

碧罗雪山两麓的广袤地域，涉及两条大峡谷、三条大江（即金沙江、澜沧江、怒江）、一条南北走向的大山脉和无数的高山河谷。从历史上看，世代生活在这里的民族，存在着共同的民族渊源。为了避免断章取义和割断历史，

[①] 罗康隆著：《文化适应与文化制衡：基于人类文化生态的思考》，民族出版社2007年版，第18页。

[②] 参见何国强著《围屋里的宗族社会——广东客家族群生计模式研究》，广西民族出版社2002年版，第4页。

同时考虑到文化的纵横传播、交流与互动，此次研究尤为关注西藏自治区芒康县盐井纳西民族乡（简称"盐井"）盐文化在茶马古道上的影响以及因盐的交换引起的各民族的交往和互动——文献表明盐井的传统手工盐一直供给临近盐井的察隅、贡山、德钦、昌都、巴塘、德荣等地。为此，笔者试图将盐井乡传统盐业的生产作为一种特殊的生计模式引入本课题研究的范围。其理由有三：

一是从人类学的研究来看，地域不应该成为研究民族文化的一个限制性因素，地域的划定只是为探讨某一个问题提供方便而已。王铭铭就曾用"民族学一盘棋"来讨论地区内的民族问题研究。他指出：

> 1. 地区性的民族学研究，不应将自身的视野局限于单个民族，若是那样做，便可能要重复论证单个民族的社会形态史；
> 2. 地区性的民族学研究，应关注历史与文化意义上的"围棋式串联"，将区域内部的流动关系（即棋活的含义）当作研究的关键；
> 3. 地区性的民族学研究，应实行跨学科合作，考察民族间关系的复杂性和历史积淀。①

因此，把一个区域绝对孤立起来，是人们研究过程中存在的一种定式；今天的地域划分是历史变迁的结果，而历史上的区域也绝不是一成不变的；历史上各民族之间绝非严守"边界"，"边界"是处于不断变化中的。

二是从严格意义上来说，盐井属于碧罗雪山两麓向北延伸的地带，但与怒江州的贡山、西藏的察瓦龙、迪庆州的德钦组成的"三角地带"在历史渊源上有着不可割裂的文化关系。贸易上，藏族和怒族、独龙族之间有着长期的原始交换方式——物物交换，甚至形成奴隶制的主奴关系，生活在独龙江和贡山北段的独龙族、怒族成为来自察瓦龙藏族头人、土司的农奴；政治上，长期以来，怒族、独龙族成为西藏察瓦龙寺院喇嘛、头人压迫的对象；经济上，贡山一带自明清以来一直食用盐井手工生产的盐，调查数据显示，十几年前贡山县丙中洛乡的村民还在食用盐井的手工盐。因为盐作为一种稀缺品显得极为重要，来自西藏的藏族寺院、土司等头人正是通过控制盐这种人体必需品来操纵地方社会的。西藏解放以前，察瓦龙的寺院喇嘛和头人沿着独龙江往怒江贡山一带指派为他们办事的正、副"村头"——"专达"和"涅木曾"，而给他们支付的报酬正是产自盐井的盐巴。独龙族当中的一些年老体衰的"村头"不再继续为他们效劳时，必须先得到察瓦龙土司的准许，还要向土司赠送一两

---

① 王铭铭著：《中间圈："藏彝走廊"与人类学的再构思》，社会科学文献出版社2008年版，第9页。

件麻布毯、一竹筒酒或一两只鸡，才算交差。① 清代《菖蒲桶志》记载："菖属尽食砂盐，产于西康省盐井县，由察瓦隆蛮人运贩，概系以粮谷调换。"② 当地的少数民族常常用换得的盐来制作该地最有文化特色的琵琶肉。以上资料进一步表明，盐井与怒江的怒族和独龙族之间有着密切的关系。

三是盐业生产技术相传是明代万历年间木氏土司攻打盐井时传入的，当然，木氏土司进入盐井之前是否就已经出现小规模制盐，还需进一步证实。但这表明藏族和纳西族在文化上有从冲突到融合的过程，盐业的兴起是族群互动的结果。通过比较、分析、判断，最终决定选取云南省怒江州贡山县丙中洛乡的3个村、云南省迪庆州德钦县燕门乡茨中村以及西藏自治区芒康县盐井纳西民族乡为主要田野调查点。

本书的主题是碧罗雪山两麓人民的生计模式，简单来说就是生存策略。所用材料一部分来自2011年8月和2012年7—8月的田野调查材料，一部分来自文献资料，全部论述皆以事实为前提。以下简要介绍田野调查点的基本概况。

第一个调查点的贡山县下辖丙中洛、捧当、普拉底、独龙江、茨开四乡一镇。其中，丙中洛乡位于贡山独龙族怒族自治县北部，介于东经98°23′～98°42′、北纬27°51′～28°31′之间；北靠西藏察隅县察瓦龙乡，南临本县的捧当乡，东接德钦县燕门乡，西邻本县独龙江乡；地处三江并流世界自然遗产及国家级风景名胜区的核心地区，靠近缅甸、印度，是茶马古道怒江支线的必经之地，是怒江州境内藏族的主要聚居区。无论从稳定边疆的政治意义上看，还是从推动少数民族聚居区的发展来看，贡山县的丙中洛乡都具有重要的战略地位，也是东方大峡谷——怒江峡谷中的一块宝地。这里山川秀美，物产丰富，多民族共居，三教并存，民风淳朴，民族文化资源丰富。

丙中洛原称"丙中"，藏语意为藏族寨子，即过去是藏族人居住的寨子。全乡总面积823平方公里，地势北高南低，最高海拔5 128米、最低海拔1 430米，乡政府驻地海拔1 750米，年平均温度13.4～15.5 ℃，积温3 830～4 720 ℃，年降雨量1 200～1 400毫米，无霜期260天。怒江由北向南贯穿全境，其两岸是连绵不断的碧罗雪山和高黎贡山，两山夹一江，形成了典型的峡谷地貌。③

全乡共辖有4个行政村，32个自然村，46个村民小组。截至2011年年

---

① 参见蔡家麒著《藏彝走廊中的独龙族社会历史考察》，民族出版社2008年版，第99页。
② 转引自李道生主编《怒江文史资料选辑》（第十八辑），政协云南省贡山独龙族怒族自治县委员会、政协云南省怒江傈僳族自治州委员会文史资料研究委员会1991年刊印，第48页。
③ 参见该乡新农村指导员李洪林于2012年7月28日提供的《丙中洛乡情简介》。

末，全乡人口6 461人，总户数为1 988户。其中，农村人口1 680户、5 854人，农村人口占总人口的90.60%；城镇人口208户、607人。全乡有16个民族，汉族152人，占总人口数的2.35%；少数民族6 309人，占总人口的97.64%。其中，怒族3 275人，占总人口数的50.69%；傈僳族2 015人，占总人口数的31.19%；独龙族413人，占总人口数的6.39%；其他少数民族66人，占总人口数的1.02%。

全乡森林面积62 548公顷，森林覆盖率为76%。全乡共有耕地933.6公顷，人均占有耕地0.16公顷。全乡粮食播种面积1 253.87公顷，粮食总产量306万公斤，农民人均占有粮511公斤；农村经济总收入1 402万元，农民人均纯收入1 718元；大牲畜存栏3 705头，生猪存栏8 900头，羊存栏1 600只，肉产量59吨；乡镇企业139个，从业人员368人，总产值1 681万元。全乡有文化站1个，文化活动室2个，电视覆盖率80%；科技推广面积584.7公顷，科技培训52期，参训3 200人次；有中学1所，在校生492人、教师42人，有中心完小1所，在校生596人、教师51人；有乡卫生院1间，医务人员9人。①

笔者于2012年8月到丙中洛乡的3个村进行调查，它们分别是丙中洛村、甲生村和秋那桶村。以下分别简单介绍。

丙中洛村即丙中洛乡政府所在地，距离县城44公里；东临双拉村，北靠甲生村；辖16个村民小组。2011年，全村有528户、1 834人。其中，怒族696人，占37.95%；傈僳族824人，占44.90%；藏族220人，占12.00%；独龙族56人，占3.05%；汉族38人，占2.07%。2011年全村经济收入4 562 771元，其中，种植业收入占总收入的31.7%，畜牧业收入占总收入的25%，第二、第三产业收入占总收入的3.4%。

甲生村位于丙中洛乡北部，北接秋那桶村，离乡政府所在地5公里。截至2011年年底，全村共有户数382户，总人口1 412人。其中，怒族714人，约占50%；傈僳族475人，藏族113人，独龙族99人，彝族1人，佤族1人，白族6人，纳西族3人。

秋那桶村地处丙中洛乡最北边，距离乡政府所在地15公里、县城（茨开镇）59公里，南邻本乡的甲生村，北靠西藏察隅县察瓦龙乡，是该地区的村民进入西藏的必经之地，辖青那、石普、处岗等10个村民小组。2012年有327户、1 248人。其中，有宗教信仰人数为805人，占全村人口的64.5%。怒江地区村落规模较小，通常二三十户形成一个小聚落，且分散居住在山腰峡谷之中，村落之间相距5～8公里。这种情况与清代夏瑚在怒俅两江巡视时所

---

① 参见丙中洛新农队2012年4月20日提供的《丙中洛乡新农村建设工作队驻村调研报告材料》。

描述的情景相似："恒三五十里始得一村，每村居民多至七八户，少或二三户，每户相距，又或七八公里，十余公里不等。"① 人口少、分散居住成为该地区村落组织的特点。

第二个田野调查点为云南迪庆州德钦县燕门乡。燕门乡位于德钦县城南部澜沧江干热河谷，同属三江并流世界文化自然遗产核心腹地，东与白马雪山国家级自然保护区霞若段相连，西靠怒江州贡山县，南邻维西县巴迪乡，北与本县云岭乡河谷地区成片。德维（德钦到维西）公路由北到南贯穿全境，全乡面积580平方公里，立体气候十分明显，境内最高海拔5 300米、最低海拔1 840米。

全乡辖有7个村委会62个村民小组，2011年末共有1 724户、7 573人。其中，贫困户708户、3 201人，大专及大专以上文化程度有47人，高中及中专文化程度有98人，初中文化程度有333人。2011年耕地面积为499.2公顷，粮食总产量约为316.41万公斤，人均有粮738公斤。2011年年底统计，全乡退耕还林总面积927公顷，葡萄种植面积为127.86公顷，核桃种植面积为120公顷。农村经济总收入为441.34万元，建筑业收入为12.2万元，运输业收入为250.51万元，餐饮业收入为79.62万元，服务业收入为88.02万元。②

境内居住着藏族、纳西族、傈僳族、独龙族、怒族、白族6个少数民族，主要信仰藏传佛教、天主教及东巴教。辖内共有藏传佛教寺院4座，僧侣170人。其中，燕门乡拖拉寺僧侣28人，玉竹寺僧侣72人，崩贡寺僧侣35人，禹功寺僧侣35人。辖内共有天主教堂2个，信众800余人。茨中村辖有9个村民小组，共有235户、1 100人。村落居住着藏族、汉族、傈僳族、纳西族、白族、怒族等民族，全村天主教信众约占50%，佛教信众约占40%，东巴教信众约占10%；拥有国家级文物保护单位茨中天主教堂1座。

第三个田野点是盐井纳西民族乡所辖的纳西村、上盐井村、加达村3个制盐的村落。盐井纳西民族乡现归西藏自治区芒康县管辖。历史上的盐井因产盐而出名。洪武年间（1371年）明朝政府设置"朵甘卫指挥司"管理四川巴塘，盐井当时属巴塘的辖区，并在此处设置县一级行政单位至1959年。盐井一直以来作为产盐之地，加上在川、滇、藏交界地带占据有利位置，均使得其在军事、政治、经济中扮演了重要的角色。

盐井处中国之西南，西藏自治区东南端，属青藏高原东南部横断山脉，位于碧罗雪山东麓，地理坐标为东经98°27′～99°05′、北纬28°37′～29°30′；处

---

① （清）夏瑚：《怒俅边隘详情》，见方国瑜主编《云南史料丛刊》（第十二卷），云南大学出版社2001年版，第149页。

② 参见燕门乡人民政府办公室于2012年7月提供的《燕门乡简介》。

于澜沧江东岸，芒康县城到德钦县城的中间，平均海拔 2 400 米左右。盐井所处的区域在东西直线宽约 250 公里之间就有金沙江、澜沧江、怒江 3 条大江，在区域平面上呈现为三江并流的地貌景观；且属于三江并流的上游，是碧罗雪山往东延伸的过渡山脉。其西边是玉曲河，东边是金沙江，澜沧江流经该乡，其地势呈现出北高南低。东北与四川巴塘相邻，南与云南德钦接壤，西与西藏左贡县扎玉、碧土、门孔等相连；主要的山脉有宁静山、怒山等，最高峰朋波日峰海拔为 5 084 米。纳西乡地形复杂，绝大部分地区为陡峻的山岭，山高谷深，属典型的干热河谷气候。全乡平均海拔 2 600 米，日均气温达 20 ℃，年降水量为 350～480 毫米；土地面积 375 平方公里，其中森林面积 10 337 公顷，耕地面积 210.27 公顷，人均占有耕地面积 0.05 公顷。盐井境内有包括纳西族、藏族、彝族、白族、傈僳族等在内的多个少数民族。

二、研究方法

在研究方法上，本书试图采用人类学的理论视角，以历史材料反映民族文化和族源为主线，以参与观察所得资料为内容；拟采用参与观察、深入访谈、比较分析、整体观、历史－逻辑分析等方法，尽可能地反映碧罗雪山两麓内多民族融合的多元生计图景。本研究主要以人类学参与观察的传统方式为主要研究手段，辅之使用资料分析、统计、绘图等技术，不仅采用生态人类学、文化唯物主义的理论方法，而且借鉴国内外相关的汉学人类学、文化地理学的有关理论，叙述过程还将强调历史与逻辑的统一，力求深刻揭示对象。

1. 参与观察法

人类学家杨成志先生早年深刻地说到，人类学是靠双腿走出来的。的确，参与观察是人类学工作者手中的利剑。人类学到了 20 世纪 20 年代，马林诺夫斯基开创了真正意义上的现代人类学的田野工作方法，并确立了民族志方法的"三大原则"[①]，真正做到人类学研究的参与观察，深入土著居民，与之同吃、同居、同劳动。该方法极大地推动了人类学田野调查的发展，众多学者纷纷效仿，走出书斋，进入田野。

本书的研究正是建立在笔者两人亲身观察碧罗雪山两麓人民的生计状况并进行实地调查的基础上。我们先后深入德钦县燕门乡、西藏盐井乡、贡山县丙中洛乡 3 个调查点亲身体会，这为分析该区域的多元生计奠定了基础。

2. 比较分析法

此种分析方法有两种情况：一种是多个不同田野调查点之间的比较。我们

---

① （英）马林诺夫斯基著：《西太平洋的航海者》，梁永佳、李绍明译，华夏出版社 2002 年版，第 4 页。

知道，同一个环境中的不同族群也会有不同的文化特点，因此在不同的调查点之间同一民族的比较，可以避免"身在庐山"不知"其真面目"的情况发生。更能看到两者之间的细微不同，以及不同的形成原因，这就是所谓的多点比较调查。另一种是在不同的文化群体之间进行的比较，这就是跨文化比较。跨文化比较的目的在于从"他者"的眼光来看待"我者"，又从"我者"的角度来分析"他者"。人类学家拉德克利夫·布朗对比较研究有很高的评价，称"对于社会人类学来说，任务是阐述和证实社会体系存在的条件和在社会变迁中可观察到的规律的理论。而这只有通过比较的方法系统使用才能做到"①。台湾学者黄应贵认为："人类学所说的比较的观点是复杂而有不同类型的。第一种是透过各种不同类型的社会或现象寻求更具普遍性与真实的性质和解释，……第三种是由个案研究所具有的批判性策略产生的比较的观点和意义。"②

本书的研究，一是通过比较碧罗雪山东西两麓不同民族采用的不同生计策略，寻找二者间的差异性和关联性；二是比较东西两麓同一民族不同的生计策略，寻找不同的根源，关注不同文化背景下民族的生存方式。

3. 整体观研究法

笔者认为，文化的研究是不断把一个大的系统逐渐分割成不同的小系统。美国人类学家埃里克·沃尔夫指出："人类社会是一个由诸多彼此关联的过程组成的复合体和整体，这就意味着，如果把这个整体分解成彼此不相干的部分，其结局必然是将重组成虚假的现实。诸如民族、社会和文化等概念只指名部分，其危险在于可能变名为实。唯有将这些命名理解为一丛丛的关系，并重新放入它们被抽象出来的场景中，我们方有希望避免得出错误的结论，并增加我们共同的理解。"③ 在碧罗雪山两麓生计模式的研究中，尽管盐井乡在地域上稍微靠北，但是考虑其盐业在文化传播中以及民族之间冲突和融合中扮演着重要的角色，因此，把这个区域的生计模式——盐业的生产，也纳入本书的研究范围，这是整体研究的一个方法和步骤。整体观的研究还试图把历时性研究和共时性研究整合起来，把文化的纵向和横向两个方面的内容扭成一股绳子。

4. 个案研究法

个案研究法是人类学研究的重要工具，也是常用的工具，这是由人类社会发展过程的不平衡性和特殊性决定的。通过个案研究，有针对性地进行访谈，有利于拓展问题研究的深度和广度，从纵向看是为了分析文化或社会现象存在

---

① （英）拉德克利夫·布朗著：《社会人类学方法》，夏建中译，华夏出版社 2002 年版，第 121 页。
② 黄应贵著：《反景入深林：人类学的观照、理论与实践》，商务印书馆 2010 年版，第 86~87 页。
③ （美）埃里克·沃尔夫著：《欧洲与没有历史的人民》，赵炳祥、刘传珠、杨玉静译，上海世纪出版集团 2006 年版，第 7 页。

特殊性的原因，从横向看是为了比较研究不同的点或村寨之间的差异性。个案研究将为课题研究提供更客观、更准确的分析材料。笔者在课题研究中深入调查后得知，位于燕门乡政府南部不到1公里的自然村——华丰坪人多地少，必须抛弃传统的畜牧业或农业，只能发展商业；这里的农民大多靠喂猪、做点小生意维持生计。但自从德维公路开工建设以来，绝大多数土地被占用或在施工过程中被毁坏，土地越来越少，目前人均土地面积不到0.02公顷；加上澜沧江上游的古水水电站开发建设逐渐成为趋势，一旦水电站建成，该村将面临库区水位提升而被淹没的情形，村里的人们对未来的生活甚是担忧。

5. 历史－逻辑方法

适当运用历史唯物主义的观点对人类学的研究有很大的帮助。"历史常常是跳跃式地和曲折地前进的，如果必须处处跟随着它，那就势必不仅会注意许多无关紧要的材料，而且也会常常打断思想进程；并且，写经济学史又不能撇开资产阶级社会的历史，这就会使工作永无止境，因为一切准备工作都还没有做。因此，逻辑的研究方式是唯一适用的方式。"① 因此我们可以采用历史－逻辑的方法来考察碧罗雪山两麓人民的生计变迁，舍弃那些无关的东西，重点把握生计本身所可能展现的脉络。恩格斯也曾经说过："历史从哪里开始，思想进程也应当从哪里开始，而思想进程的进一步发展不过是历史过程在抽象的、理论上前后一贯的形式上的反映；这种反映是经过修正的，然而是按照现实的历史过程本身的规律修正的。"② 这就要求我们研究一个民族的历史就要研究包括其族源、生计变迁等。一是要以历史的演变和发展为线索，顺藤摸瓜，才能找到生计变迁、文化传播的客观性；二是不仅要根据民族迁徙、文化调试的历史进行研究，还要适当地采用逻辑的方法，才能达到我们研究该区域内多元生计并存的目的。

第二节 碧罗雪山两麓生计研究的简要回顾

人类生产过程中的每种生计方式都有存在的必要性，任何一种社会实践活动都有其合理性。但是，我们也注意到研究倾向不同，对生计的关注点就不同。有人把生计问题当作经济问题进行研究，有人把生计的研究目光集中在人和环境的关系上。

---

① 《马克思恩格斯全集》（第13卷），人民出版社2001年版，第532页。

② 同上。

前者研究生计主要分析经济与文化之间的关系，从而逐渐发展成为经济人类学这一人类学分支。研究者主要有马林诺夫斯基和波兰尼等人。马林诺夫斯基通过对新几内亚东边特罗布里恩列岛库拉圈交易进行长达两年的研究，揭示了项链和臂镯在库拉圈背后的经济交换中承担的功能。这里所有的文化项目正式借助库拉圈达到彼此互相整合，以达到社会稳定。马氏通过物在经济交换、文化整合中的作用，描述了当地族群的一种生计方式，同时表明经济活动在文化中发挥了作用，认为人类的经济活动必须在非经济的社会文化中去阐释，提出了西方资本主义经济学的理论范式是否适合于非西方社会的经济现象的问题。此后，波兰尼与其学生合编的《早期帝国的贸易和市场》一书的问世，提出了三种交换体系：互惠、交易和再分配①；并使用了"嵌入"一词来表明经济是处在一种关系网络中，且从属于制度、宗教和社会关系，表明了不同的社会类型中将会产生不同的经济类型。因此，生计既是经济的问题也是文化研究的问题。

黄应贵在《物的认识与创兴：以东埔社布农人的新作物为例》②一文中分析了东埔社布农人从日本殖民时期刀耕火种的生计状态发展到后来的水稻耕作和茶艺等经济作物的种植这一过程，并讨论当地人如何理解人观、土地或空间、工作、认识等基本概念，以及这一经济变化过程中的生产、分配与交易等活动，对新的事物进行理解而创新的过程。这是从物的角度分析生计的一个实例，也是研究生计地方性知识的一个案例。

另一种研究倾向是关注生计与环境的关系，即传统意义上的生计研究，始终把生计方式当作人类直接从自然环境中获取资料的一种手段，而忽视两者之间的双向联系。20世纪以来，西方风靡一时的环境决定论正式将生计与特定环境和文化捆绑起来，认为物质环境是人类社会发展的动力，人总是逃脱不了所处环境的制约。20世纪20年代以后，为了克服环境决定论的缺陷，以克鲁伯、威斯乐、博厄斯为代表的一批人类学家提出了环境可能论，把物质环境看做提供人类活动的一个场所，而绝不是文化特征的起源。人们逐渐认识到："一个民族的生计方式是改造和利用其所处生态系统的产物。在这一过程中，人类的生计方式都离不开对所处生态系统的依赖，只能在生态系统中寻找自己的着生点，选出自己加工利用的对象，规避对自己不利的因素，以获得经济活动的成功。也就是说，生态系统对人类经济活动的影响是全方位的，但却是无意识的；而人类的经济活动则是在强大的自然环境面前，能动地发现其可以利

---

① 参见黄应贵著《反景入深林：人类学的观照、理论与实践》，商务印书馆2010年版，第202页。
② 参见黄应贵主编《物与物质文化》，"中央研究院"民族学研究所2004年，第379页。

用的空隙和机会，去实现自己的目标。"① 也就是说，人类和自然界之间是交换和互动的过程。"从某种意义上说，一个民族的生计方式的形成就是针对其所处的生态系统长期磨合的结果。也就是说，各民族生计方式在对其所处生态系统的改造、利用过程中形成了自己对资源获取和利用的方法，但这一系列方法要持续发挥作用，就一定要将这些方法纳入该民族的文化之中，成为该民族文化的一个有机部分，与该民族文化的其他部分形成一个社会事实，这一过程体现出该民族生计方式对所处生态系统的适应过程。"② 因此，人类的每一种生计方式都是在不断调和人与环境之间的关系，并且在无形中成为文化的有机组成部分；生计方式不是单纯获取资料的过程，而是人、自然、社会三方互动的过程。

从国内有关生计的研究情况来看，费孝通在《江村经济》③一书中，虽然没有采用"生计"这一概念来描述开弦弓村村民的生产和生活，但其内容涉及了生计本身的内涵，从"第七章生活"开始一直到"最后一章资金"无不包含着关于生计的各个方面；其中的"职业分化"、"农业"、"蚕丝业"、"养羊和贩卖"和"贸易"等章节更是对开弦弓村村民如何充分利用现有的资源维持生计以及对影响生计的因素等方面进行了深入剖析。在费孝通和张之义所著的《云南三村》中，他们利用两章的内容来谈生计，尽管没有对生计做明确的界定，但是内容折射出了费孝通一直关注农民自身的生活方式和生存技能。可以说，这两本书有异曲同工之妙。虽然《云南三村》所研究的是离云南省会（昆明）仅40多公里的汉族地区的农民经济生活，但是这对我们研究少数民族的生计方式有一定的借鉴意义，从某种意义上讲它是研究靠近城市的中国农民的生计方式的经典案例。

20世纪50年代，林耀华和苏联学者列文·切博克萨罗夫为了对世界民族进行语言谱系以外的分类而提出一个分类体系概念，这就是经济文化类型理论。这一理论在中国取得的学术成果，是由林耀华和切博克萨罗夫两位教授于1958年8月联手完成的《中国经济文化类型》一文。这篇长达3万字的论文直到1985年才在国内公开用中文发表，此时的切博克萨罗夫教授已溘然长逝，林耀华也已年过七旬。因国际政治风云变幻和中苏交流中断，这一具有很大学术和应用潜力的理论成果被束之高阁20余年，未能得到深入推广。④《中国经济文化类型》一文认为，我国少数民族的经济文化类型及分布情况大体为：

---

① 罗康智、罗康隆著：《传统文化中的生计策略——以侗族为例案》，民族出版社2009年版，第1页。
② 同上。
③ 费孝通著：《江村经济》，上海人民出版社2006年版。
④ 参见张继焦《经济文化类型：从"原生态型"到"市场型"》，载《思想战线》2010年第1期。

第一种类型组是采集、渔猎型,第二种类型组是畜牧型,第三种类型组是农耕型。① 文章还把每一种类型所涉及的地域及民族进行了划分,这无疑对我们理解我国各民族在不同的地理环境和社会运行体制下所形成的生计方式是有启发的。这一方面让我们深刻地认识到不同民族、不同地域的人们所经历的生计方式的不同,另一方面说明生计方式在一定的程度上与民族所处的自然环境和在自然环境基础上所形成的社会环境存在千丝万缕的关系,这也体现了生计方式的区域性。

国内对生计模式的研究著作中,《围屋里的宗族社会——广东客家族群生计模式研究》一书可谓登上了新的台阶。作者通过比较,研究了4个田野点不同生态环境下的村落,从而达到了对广东客家族群生计模式的全面认识;揭示了在不同的地理条件下,客家人是如何通过不断与自然互动、自我调试,最终达到适应的。在大量的资料收集和长期的田野调查基础上,该书作者何国强认为"广东客家是一个非常能够适应环境的民系,这种适应性最根本的内容就是他们发明和利用了许多有效的谋生方式从而使自己存活下来";接着指出"广东客家农民参与两个不同的系统,首先他们与所在区域内的生物群(包括人)构成一个生态系统;其次他们与所在区域外的地方群体交换妇女和活动,群体之间争取重新分配土地、人群重新分布,于是他们参与了一个地区系统"。② 尽管上述所研究的是广东客家地区的生计方式,但这对于研究滇西北多民族共居、多元生计方式并存的区域有启发意义。

云南自古远离中原,在中国西南这块39.6万平方公里的土地上,生活着26个民族,要讨论民族的生计问题这里当属最丰富的地方。多个少数民族共同居住在同一地域上,你中有我,我中有你;但是,这并不代表完全的融合,在互动的过程中,他们依然保持自己民族的边界。20世纪50年代以来,人们开始对各地各民族的生活有了极大的关注。在这一阶段里,很多民族——包括来自羌系的11个民族(其中包括本书研究的怒族、独龙族、濮系的3个民族,越系的3个民族和苗瑶族)——都经历了刀耕火种的阶段。③ 值得一提的是,尹绍亭所著的《人与森林——生态人类学视野中的刀耕火种》一书,在大量的田野调查和资料收集的基础上,认为"刀耕火种"不是所谓破坏生态的罪魁祸首,而是人类认识自然界、与生存环境相适应的一种生计方式;认为研究一个民族刀耕火种的生产情况,不能离开其文化和社会背景,更不能有先入为

---

① 参见林耀华著《民族学研究》,中国社会科学出版社1985年版,第104~142页。
② 同上。
③ 参见尹绍亭著《人与森林——生态人类学视野中的刀耕火种》,云南教育出版社2000年版,第47~48页。

主之见;并指出云南刀耕火种的现象多在滇西北与缅甸接壤地带,涉及傈僳族、怒族、独龙族等散居在怒江峡谷两岸高山地带的民族。① 但是,尹氏为我们展示的仅仅是较落后地区少数民族多种生计方式中的一种,其实除了刀耕火种之外,滇西北的多民族地区还有多种生计方式存在。

有关生计方面的研究还需提及与本书研究旨趣相同、研究区域相近的英国人类学家克里斯托夫·冯·菲尤勒-海门道夫(Christoph von Fure-Haimendorf,1909—1995 年)。他所关注的是印度原始部落及靠近中印交界的喜马拉雅山区一带传统民族的生计、社会组织、信仰等,并始终抱有关注部落文化和当地人民生活的理念,着重关注部落人民的生存。事实上,"中印两国是邻邦,有许多事情可以相提并论……1950 年前后,两国均面临境内民族发展的问题"②。因此,他的著作是研究滇西北少数民族地区生计的一面镜子。除此之外,作为一名人类学家,他不顾个人安危深入原始部落进行长期研究(先后长达 10 年)。一方面,这体现了他个人追求学术造诣不断挑战自己的精神;另一方面,这是不断追求部落福祉、反思人类学家在田野调查中遇到的种种尴尬局面的努力。他在深入喜马拉雅山山区部落社会调查后写就两部著作③,更加帮助我们认识中印交界地带的民族及其生计。今天,碧罗雪山两麓的人们已不再是传统封闭的民族,其生计方式也不再是单纯的采集狩猎。但是,对其生计的研究,无疑是人们认识民族的一种手段。

整体来看,有关碧罗雪山两麓的生计模式缺乏系统性研究的作品。最早记录怒江两岸各民族的生活情况当属明朝初年钱古训所著的《百夷传》。书中载有:"怒人,颇类阿昌。蒲人(崩龙、布朗)、阿昌、哈词、哈杜、怒人皆居山巅,种苦荞为食物,余('百夷'等)则居平地或水边,言语皆不相同。"④之后便是光绪三十四年(1908 年)夏瑚的《怒俅边隘详情》以及 1913 年方国瑜的《滇缅边界的菖蒲桶》、《新纂上帕沿边志》和《菖蒲桶志》等地方资料,简单介绍了清代以来,生活在怒江两岸怒族、独龙族、傈僳族等民族过着原始的采集狩猎生活,农业不发展,农耕技术落后,仅靠刀耕火种进行简单的种植。到 20 世纪 80 年代初,出版了基于五六十年代调查的成果,如《独龙族

---

① 参见尹绍亭著《人与森林——生态人类学视野中的刀耕火种》,云南教育出版社 2000 年版,第 10~11 页。

② (英)克里斯托夫·冯·菲尤勒-海门道夫著:《在印度部落中生活——一位人类学家的自传》,何国强译,国际炎黄文化出版社 2009 年版,第 9 页。

③ 参见(英)克里斯托夫·冯·菲尤勒-海门道夫著《阿帕塔尼人和他们的邻族:喜马拉雅山东部的一个原始社会》(劳特莱吉和保罗·开嘎出版公司 1962 年版)和《喜马拉雅山区的贸易者:尼泊尔高地的生活》(圣马丁出版社 1975 年版)。

④ (明)钱古训著:《百夷传校注》,江应梁校注,云南人民出版社 1980 年版,第 152 页;又见尤中著《中国西南的古代民族》,云南人民出版社 1980 年版,第 376 页。

社会历史调查》（一、二）①、《怒族社会历史调查》（一）②、《傈僳族社会历史调查》③等民族调查资料，对该地区民族的生活状况进行了描述。由于特定的历史条件和出于当时的调查任务，这些资料都未能系统阐述当地的生计情况，但是所收集到的材料成为现在研究这一带民族状况的重要参考资料。1979年进入贡山进一步做民族历史文化调查的宋恩常，1982年进入独龙江调查的蔡家麒、杨毓骧，都在原有的资料上进行了补充和修整。21世纪初，来自不同专业领域的学者和学生先后进入怒江等地关注该地区内不同民族的历史、经济、文化，但也未能改变关注生计系统性不足的局面。

有关东麓的生计研究，总体来看并不乐观。20世纪八九十年代对迪庆州藏族的研究，多涉及历史方面，包括对《格萨尔王》民间藏族小说的翻译、王恒杰的《迪庆藏族社会史》④。后者是唯一一部研究云南迪庆藏族社会史的学术专著，从历史的角度出发，结合调查资料展现了从新石器时代开始到20世纪末的迪庆社会历史状况，涉及政治、经济、文化三大方面，包含政权交替、民族贸易、宗教冲突和融合、地方制度等内容。

21世纪初，人类学、民族学爱好者纷纷踏上揭开迪庆高原藏族文化之路，其中包括云南大学的两篇博士学位论文即郭净的《卡瓦博格澜沧江峡谷的藏族》⑤和西绕云贞的《迈向繁荣——迪庆藏族百年社会发展简论》⑥。前者主要基于藏族空间文化的演变，对德钦藏族宗教信仰进程中所形成的认识观念进行了论述，展现了藏族在漫长的历史进程中形成的空间文化，谈论在人与自然的互动关系中人们如何利用自然资源维护传统文化；后者通过社会历史研究，讨论20世纪以来100年里迪庆藏族如何演化和变迁。此外，在这一时期，云南大学组织了调查组，对中甸尼西乡形朵村进行了为期1个月左右的调查，并出版《云南民族村寨调查：藏族——中甸尼西乡形朵村》⑦一书。该书包罗万象，自然、历史、教育、宗教、经济、人口、民族、社会组织等方面无不涉及，展示了中甸的一个村寨的历史文化。

---

① 《民族问题五种丛书》云南省编辑委员会编：《独龙族社会历史调查》（一），云南民族出版社1981年版；云南省编辑组编：《独龙族社会历史调查》（二），云南民族出版社1985年版。
② 《民族问题五种丛书》云南省编辑委员会编：《怒族社会历史调查》（一），云南人民出版社1981年版。
③ 《民族问题五种丛书》云南省编辑委员会编：《傈僳族社会历史调查》，云南人民出版社1981年版。
④ 王恒杰著：《迪庆藏族社会史》，中国藏学出版社1995年版。
⑤ 郭净：《卡瓦博格澜沧江峡谷的藏族》（博士学位论文），云南大学人文学院民族史专业2001年。
⑥ 西绕云贞：《迈向繁荣——迪庆藏族百年社会发展简论》（博士学位论文），云南大学人文学院民族史专业，2003年。
⑦ 高发元主编：《云南民族村寨调查：藏族——中甸尼西乡形朵村》，云南大学出版社2001年版。

2006年，出生在迪庆高原的章忠云，以自己的经历和感受，在调查的基础上完成了《藏族志：聆听乡音——云南藏族的生活和文化》①。该书介绍德钦境内几个村落的农业、畜牧、信仰等方面，展示藏族人的生产活动、传统节日、日常生活等，从而呈现了新中国成立以来迪庆藏族人们的生活及其变迁；其中部分内容描述了当地人的生计情况。

综上所述，我国对碧罗雪山两麓多元生计研究还存在不足，有待更细致地阐述不同生计在文化中的地位和作用。通过对生计模式的研究，人们可以从微观的视角观察一个民族在自然资源、社会条件有限的情况下如何维持自我生存和繁衍。

第三节　研究碧罗雪山两麓生计模式的意义

文化是人类学研究的重要概念，尽管对文化概念的认识各有千秋，但这并不影响民族生计长期以来在文化中的地位。即便是低等动物，在与自然环境斗争和竞食的生存过程中也会形成一套适合于自身的捕猎方式。当然，不能把作为高等动物的人类的生计方式和低等动物的生存方式相提并论，但这对理解人类的生物性是有帮助的。正如马克思所言："人体解剖对于猴体解剖是一把钥匙，低等动物身上表露的高等动物的征兆，反而只有在高等动物本身已被认识以后才能理解。"②

人类作为生物性个体以群居的方式存在，必将满足自身两个方面的生产：

一是物质资料的生产。这是人类发展到一定阶段后才能进行的活动。在低级阶段的时候，人类只能直接地从自然界中获取生存资料；随着人类学会培育种子、驯养动物，并逐渐走向物质资料的生产，人类才真正获得生存的基础。

二是人类为了延续种族所进行的人口再生产。人类文化得以继承和发展，离不开人口再生产，人类的繁衍是人类社会不断延伸的基础；人是文化的载体，一个民族的文化传统更要依托该民族的后继之人去传承，这是生物性自我延续的功能。不仅两种方式的生产都离不开人类本能的生存欲望，而且两种生产相互依托。显然，在此条件下，展现一个民族、一个区域内族群的生计方式有其特殊的意义。生计是文化系统中的一个子系统，对理解滇西北少数民族自

---

① 章忠云著：《藏族志：聆听乡音——云南藏族的生活和文化》，云南大学出版社2006年版。
② 《马克思恩格斯全集》（第12卷），人民出版社1995年版，第756页。

身的文化有着重要的现实意义,何况"社会的变化远要比自然界的变化迅速"①。对我们而言,"人类学家能够在思考世界的变化方面受益良多,某种意义上是因为我们这个学科似乎特别有助于理解和解释那些微观的、日常化的、熟悉的以及通常是具体的事物:通过发掘那些生活中平凡事物在宏大历史中的位置,赋予了这些事物以格外的意味,同时也可以使宏大历史本身得到更好的理解"②。

于是,笔者认为研究碧罗雪山两麓人民的生计模式有两个方面的意义:

第一,了解和认识三江并流地区的澜沧江和怒江两峡谷之间多民族、多元文化、多元生计方式并存的方式和原因。总体说来,所研究的区域从北往南,藏族人口所占比例越来越少,其他少数民族逐渐增多,民族间多元文化的融合更加凸显;从民族的信仰来看,也从主体信仰藏传佛教逐渐转变为多元信仰(即天主教、藏传佛教、东巴教三教)并存,涉及藏族、怒族、独龙族、纳西族、傈僳族、普米族、白族等少数民族。如果继续往南,则民族构成上汉族逐渐增多,交通、经济、市场更发达。

历史上的这个区域(迪庆州、大理州剑川县、怒江州兰坪县)是汉族和少数民族冲突与融合的缓冲带。该区域在长期的历史条件下形成了多元文化并存的格局,生动展现了地方民族文化;当然,民族间的互动和冲突也是最为明显的。自唐代开始,这里便是南诏国和吐蕃、唐王朝三者在军事上的必争之地;明代万历年间,木氏土司为了巩固地方权力、扩大势力范围大举北进,攻下了维西到德钦的大部分地区,直逼西藏盐井乡,占领盐井后则利用纳西族的制盐技术在澜沧江边开办了盐田。这种传统手工制盐的方法一直延续到现在,成为当地一大文化特色,成为研究藏族聚居区盐业和地方社会的"活化石"。清代金飞所记的"盐民摊晒盐之法,构木为架,平面以柴花密铺如台,上涂以泥,中间微凹,注水寸许,全仗风日。山势甚削,其宽窄长短,依山高下为之,重叠而上,栉比鳞次,仿佛町畦,呼为盐厢,又名盐田"③,正是描写了盐井传统制盐的壮观景象。

历史上民族间的冲突和迁徙,势必带来文化的变迁。盐井一带在历史上不仅是军事的必争要地,而且在宗教信仰上曾经有过藏传佛教和天主教之间的冲突,"维西事件"和"腊翁寺事件"甚至付出了流血的惨重代价。清代同治元年至同治三年(1862—1864年),法国天主教传教士顾德尔在德钦县燕门乡茨

---

① 何国强著:《围屋里的宗族社会——广东客家族群生计模式研究·前言》,广西民族出版社2002年版,第5页。

② (美)西敏司著:《甜与权力——糖在近代历史上的地位·中文版序言》,王超、朱建刚译,商务印书馆2010年版,第3页。

③ 金飞:《盐井县考》,载《边政》1931年第8期。

姑村修建了茨姑天主教堂；又于同治十一年（1872年）在德钦升平镇建立了阿墩子天主教堂。于光绪十八年（1892年）阿墩子教案中，阿墩子教堂被察瓦龙僧众与当地僧侣一道捣毁，光绪二十年（1894年），清政府修复；光绪三十一年（1905年），维西教案再次爆发，又被毁坏了。宣统二年（1910年），天主教会法国传教士彭茂美与德钦寺管事格规别、格兰香等协商立约，购买土地，重建阿墩子教堂；民国二十七年（1938年）德钦地方叛乱，教堂再次被毁。在整个藏族聚居区天主教堂仅有20余座，而云南迪庆州境内就有6座，西藏盐井乡上盐井村教堂是西藏境内唯一的一座天主教堂。天主教和佛教的不断冲突，从斗争的出发点来看，不仅是宗教之间为了势力扩张而大动干戈，也是藏族同胞针对西方殖民主义入侵的反抗；这种冲突最后导致藏传佛教和天主教在同一地区并存。

由此可见，多元文化碰撞的结果便是多元文化的并存，多元文化的并存往往带来不可预知的多元生计方式的存在。在这片区域内，依照物质资料的获取方式就有传统采集渔猎、畜牧、农耕、盐业生产、葡萄种植等，而且每一种生计方式无不与自身历史或民族习俗有着千丝万缕的关系。因此，深入了解和探究各民族的文化变迁和生计方式是有价值的，也是必要的。

第二，客观记录和描述当地文化实为紧迫。如果"从文化地理学的角度分析，研究区是川、滇、藏三种地域文化的交汇地带，也是高原藏族与汉、纳西、傈僳、彝等民族交融并存的文化融合带，植根于民族土壤中的传统文化呈现出鲜明的地域性、复杂性和差异性特征。同时，由于地处边疆，工业化程度低，现代文明对当地传统文化的影响较小，因而使滇、藏、川交接地带保留了较为完整的原生文化形态"①。同样，按照斯图尔德的观点，人类技术的发展带来的是从自然界获取能量的效能提高；反之，获取能量的效率提高能促进技术的革新。从人类诞生的那天开始，人类社会在不断地向前发展，人类对人与环境关系的研究也从单纯的环境决定论发展到环境可能论。随着人类社会的发展，民族间的互动变得越来越频繁，跨民族、跨地区的联系越来越紧密；同时，全球化、信息化、工业化也在侵蚀着某种文化的单纯性，因此记录当地传统生计模式显得尤为迫切。

---

① 吴映梅、周智生：《滇藏川交接地带经济成长的人文环境及其特征分析》，载《西南民族大学学报》（人文社科版）2007年第2期。

第四节 一次翻越碧罗雪山的经历

笔者两人于2012年8月上旬徒步来到贡山县捧当乡迪麻洛村，我们的目标是找到一位自称"阿洛"的藏族男子，他在迪麻洛村开有"阿洛生态旅游"客栈，专门为那些想通过徒步翻越碧罗雪山的游客提供向导和咨询。经两个半半小时的徒步，我们终于从捧当乡政府驻地走到了迪麻洛村，进村后一边问当地的藏族群众，一边寻找"阿洛生态旅游"的牌子。终于在热心的藏族群众帮助下找到了阿洛家。遗憾的是阿洛不在家。他已经带领七八人的外国游客小队翻越了碧罗雪山，当时已经抵达东麓澜沧江边上的茨中村。

7月的怒江两岸阴雨绵绵。我们原本打算到迪麻洛只休息一个晚上，第二天即使找不到合适的向导，也将冒险徒步翻越雪山。想不到，当晚雨下个不停，第二天白天雨下得更大。我们只好又停留了一天，通过电话和阿洛联系，让其介绍向导。但双方在向导费上产生分歧，考虑到此行开支较大，于是我们再三要求降低向导费，可是对方不答应，后来我们考虑到继续耽搁此地，每天的住宿和生活费也是一大笔开支，只得同意。出发当天的早上依然细雨蒙蒙，7：00起床，7：30吃过主人准备的早点（粑粑和酥油茶），8：15便开始上路。当时身上所负包括衣服、田野装备等有30余斤。我从小在农村长大，每次回家都要从澜沧江边往上爬十几公里的山路，认为翻山不过是件简单的事情，因此刚开始的时候劲头十足，第一阶段从阿洛家到白汉洛教堂用了一个半小时。尽管向导年龄在22岁左右，但看得出来在其姐夫的指导下，已经带游客翻过很多次山了。当他告诉我们按照这样的速度两三点钟就可以翻越第一个山顶时，感觉很兴奋。想不到之后徒步速度越来越慢，由于缺氧，越接近海拔3 000米，呼吸越困难，接近垭口（海拔3 600米）的最后三四百米时，我基本每走十几米就需要休息两三分钟才能继续行走；差不多到山顶的时候，有一种快气绝身亡的感觉，每走一步都是对自己体力极大的挑战，每走出一步都是一种自我的战胜。

下午5：30，我们终于到达了第一个山峰制高点，我立即看了海拔表，记下山顶的海拔是3 720米。刚刚停留了几分钟，突然下起了大雨，我们只得冒雨继续前进，只是这一次是走下坡路。路不算窄，能供驮运的骡马经过，但还是发生了惊险的一幕。亚锋兄在往山谷行进的过程中，不小心踩到路边因下雨松动的石头，结果栽了一个大跟斗。他和身上的背包，在惯性作用下立即滚向山谷，等走在他前后的我和向导反应过来时，他已经滚下离山路有两米多的地方；所幸有一山竹挡住了他，否则后果不堪设想，因为再往前一米就是深不见底的悬崖。我和向导拉起他后，我的心跳才开始减速，倒吸了一口气，幸好他只是受了点皮外伤，可惜他挂在腰间的数码相机已经坠落悬崖，一路所拍摄的重要照片就这样"葬身悬崖"了，不免有些遗憾。

　　让人难以忘记的是，经过三天两夜终于翻越了碧罗雪山，看到滚滚的澜沧江流淌在茨中村下面时，我们心里极度兴奋。第一件事情便是给家人、朋友、老师报平安，三天以来一直在雪山上没有任何手机信号，突然和外界断绝了联系，觉得自己在万物之间极为渺小。

　　翻越雪山自然觉得是一场大的经历。归来后，心中不免一直在思考，当时生活在两麓的人民，是如何翻越雪山的。即便是轻装上阵，对常人来说也不是件轻松的事情，何况身上负重，需要翻越高海拔的雪山实为艰难。可是，现代交通发达，已经不再像愚公移山那么缓慢，架高桥、凿隧道已经不再是新鲜事。德钦到贡山县的二级公路已经开始动工，预计不到两年的时间，现在需要几天时间才能翻越的茫茫雪山，将来只需四五个小时就能通过。公路通了，信息畅通了，物质交换方便了，德钦和贡山两地各民族之间的"距离"近了，那时新的文化元素将应运而生。

第一章　碧罗雪山两麓地理环境及历史

　　一个民族所处的生态环境无形中影响着该民族的生计方式，并始终伴随着这个民族的形成和发展。可以说，直到现在，人类的生存仍未能脱离所处的自然生态环境。于是就生态系统而言，它是提供民族成员生存的载体，任何一个民族都必须以此为基础去构建其生计方式，再凭借所构建起来的生计方式获取该民族成员的生存物质资料。[①] 也可以说，人类直到现在还未能证明不同生计的形成或一定文化的呈现与地理环境没有关系。在研究一个民族或族群的生计时，人们倾向于相信不同生计的形成受自然资源的制约，人类在长期发展过程中很难改变所处的生存条件。

　　虽然人类在局部领域已通过技术手段改变生物体的生存条件，如通过化肥改良土壤肥力、通过大棚种植提供植物生长适宜的气温条件，随着这些技术的改进，人类在很大程度上克服先前地理因素带来的制约和限制，但是物质交换的直接来源仍然是整个人类生存的生态环境。诚然，不是人类所生存的自然环境都是一样的，山川、湖泊、海洋、高原、雪山、河谷等都是影响人们生产生活常见的环境因素。人类赖以生存的这些条件一旦存在差异，将会带来文化和生计上的差异。除此之外，人们还必须认识到人类所生存的空间处在一个大的系统中，一个地方的气候甚至会为千里之外的某股海洋气流所影响。因此，对研究对象所处的地理环境的描述是为了更好地理解该系统内人与自然的关系。此外，人的社会属性是人从单个个体发展为一个群体逐渐形成的，也是人与自然和社会的二元关系发展的必然结果，并且这种社会属性一旦形成，就成为影响人类的关键因素。因此，本章将从民族生存环境和民族历史进行分析。

---

　　① 参见罗康智、罗康隆著《传统文化中的生计策略——以侗族为例案》，民族出版社2009年版，第1页。

第一节 自然气候

文化根源于自然，要彻底认识文化，只有联系人类自身所处的自然环境，这是一个事实。随着对环境和人类关系的不断研究，人们已经逐渐从"环境决定论"走向"环境可能论"；人类不再是消极面对自然界，而是积极改造环境。任何民族，不管是野蛮的还是文明的，都曾在改造环境上有过功劳。[1] 于是，人类从受自然因素限制的状态逐渐转向适应、改造和调试的状态。因此，了解研究对象所处的自然环境是有必要的。

按照地质学和古地理学的研究，现今的青藏高原在远古的时候是一片汪洋大海。为何变成如今的陆地和高原？板块学说解释为青藏高原是由于印度洋板块向北漂移与欧亚大陆板块碰撞而形成的；而喜马拉雅山脉是印度洋板块和欧亚大陆板块最后碰撞的交接地带，在其地壳运动中，不但形成了喜马拉雅山脉，而且导致了青藏高原的强烈隆起。因此，按照地质年龄来算，青藏高原是最年轻且最高的高原。[2]

碧罗雪山正属于青藏高原南延部分，是喜马拉雅山的余脉；碧罗雪山两麓区域位于藏东滇西北的交接地带，是横断山区的重要组成部分。横断山区位于青藏高原东南部，广义上为川、滇两省西部和西藏东部南北向山脉的总称，介于北纬22°～32°05′、东经97°～103°之间；东起四川盆地西侧的邛崃山脉，西至云南西缘的高黎贡山，北段插入川西高原，南段伸至云南哀牢山以西。自东北往西南主要的山脉有邛崃山、大雪山、沙鲁里山、云岭、碧罗雪山、高黎贡山，河流有大渡河、雅砻江、金沙江、澜沧江、怒江。山势由北向南降低，北段、中段岭脊海拔多为3 500～5 000米，谷地向南加深，相对高差一般为1 000～2 500米，南段山岭在滇西南呈扇形展开，形成中山宽谷和盆地地貌，面积达60余万平方公里。[3]

对横断山脉的认识，任乃强曾提到"横断山脉这个名称，是清光绪年间，江西贡生黄懋材，受四川总督丁葆桢派遣，从云南入印度去考查'黑水'源流时，见云南高原与缅甸间高山深谷，横阻去路，因而取了这个名称。他所指的，是澜沧江以东的云岭山脉（其北段为宁静山脉），澜沧江与怒江之间的怒

---

[1] 参见（英）雷蒙德·弗斯著《人文类型》，费孝通译，华夏出版社2002年版，第33页。
[2] 参见戴加洗著《青藏高原气候》，气象出版社1990年版，第1页。
[3] 参见徐裕华著《西南气候》，气象出版社1991年版，第3页。

山（今为碧罗雪山）山脉（其北段为他念他翁山脉），怒江与伊洛瓦底江之间的高黎贡山脉（其北段为伯舒拉岭）"①。显然，多山多河是横断山脉的一大特点。其中，怒江是西藏境内的第二大河流，发源于藏北唐古拉山吉热格帕峰南麓。其上游称那曲，在那曲地区索县与索曲汇合后称为怒江，流经西藏后于贡山县青拉桶流入怒江州高黎贡山与碧罗雪山之间，纵贯贡山、福贡、泸水三县，于泸水县蛮云进入保山地区。其河流总长1 393公里，流域面积达102 500平方公里；怒江州境内流程316公里，流域面积7 906平方公里，占全州面积的55.20%；年平均流量为每秒1 664立方米，河床比降大，水流湍急，多险滩，河床北高南低，海拔为1 400～720米，江面宽100米左右，谷底与山脊高差一般在3 000米以上，支流短小，呈羽状排列，支流141条。②

怒江峡谷在怒江州境内主要是藏族、怒族、独龙族、傈僳族等民族的聚居区，怒江的水文气候对当地少数民族的生产生活有极其重要的影响。"怒江地处青藏高原东南部横断山脉谷地，属低纬地区。由于这里是青藏高原的南下冷空气与北上的孟加拉湾暖湿气流交汇区，加之这里的相对温差太大，形成集北热带全寒带的多种气候类型于一谷，'一山有四季，十里不同天'的典型的立体气候类型。"③多数怒族、独龙族都居住在怒江两岸山腰的坡地上，海拔在1 500～3 000米之间，土地贫瘠，气温相对较低，仅能种植玉米、小麦、马铃薯、青稞等作物。当然，在低海拔的怒江两岸的台地上，也有少量地区可种植水稻，但是所占比例不大。

《菖蒲桶志》中描述道："怒山即碧罗雪山，发脉于昆仑山，连前藏唐古拉山，经川边西康，蜿蜒而下，直入菖境，盘亘怒江东西，入上帕属；高度由怒江边起九千五百余尺，山西为菖蒲区域，约长四百四十里，山多林木。其巅冬春积雪甚多，悬崖峭壁峥嵘屹立，夏秋之交，雪水暴涨，尽由山顶飞流而下，直入怒江，每届冬春大雪封山，必待次年五月，雪始融化，方能翻越。"④这是清末民初时记录的碧罗雪山和怒江一带的基本情形，由于长期以来很难和外界取得联系，总体来看比较封闭；唯有5月之后冰雪融化，当地人才能翻山越岭，与江外的其他民族有所接触。由此来看，生活在这一带的民族的生存条件相对来说比较恶劣。

澜沧江是中国西南地区的大河之一，下游出境后称为湄公河。其源头正源叫扎曲，发源于青海省唐古拉山东麓的加里苟孔桑公玛峰，在西藏流经昌都、

---

① （清）任乃强著：《羌族源流探索》，重庆出版社1984年版，第12页。
② 参见郝性中、杨子生、徐旌等编著《怒江州土地资源》，云南科技出版社1997年版，第8页。
③ 陶天麟著：《怒族文化史》，云南民族出版社1997年版，第18～19页。
④ 转引自李道生主编《怒江文史资料选辑》（第十八辑），政协云南省贡山独龙族怒族自治县委员会、政协云南省怒江傈僳族自治州委员会文史资料研究委员会1991年刊印，第15页。

察雅、左贡、芒康，从盐井入滇，经迪庆州由维西县维登流入怒江州兰坪县，流经碧罗雪山和云岭之间，于兔峨进入大理州云龙县。其中，云南省境内河段长1 227公里，区间流域面积9.02万平方公里，落差1 780米；怒江州境内流程130公里，流域面积0.431万平方公里，占全州总面积的30.1%。平均流量为每秒943.7立方米，江面宽80～120米，谷底与两山高差2 000～3 000米，河床北高南低，海拔1 557～1 373米；支流呈羽状排列，支流36条，其中较大的支流有7条。①

澜沧江中游的滇西北区，属亚热带，多高山峡谷，海拔多在3 000米以上，高山超过5 000米，峰谷相对高差超过1 000米；气温由北向南递增，垂直变化明显，年平均气温为12～15 ℃，最热月份平均气温为24～28 ℃，最冷月份平均气温为5～10 ℃；年降水量1 000～2 500毫米，西多东少，山区河多谷少。

因该地区特殊的地理位置，气候受东亚季风和印度季风的影响，同时又受来自青藏高原环流系统的影响，形成过渡地带独有的复合式气候带，气候比较复杂。盐井所在的昌都地区，由于地处中低纬度，又受南北走向的峡谷的地理因素影响，垂直分布比较明显，区域间的气候差异也很大，造成该地区"日照充足，太阳辐射强；日温差大，年温差小；降雨集中，季节分布不均，蒸发量大，相对湿度小"②。

总体来看，碧罗雪山两麓区域空气洁净，光照时间长，太阳辐射强。各地平均年日照数为2 100～2 900小时，昌都地区年日照时数为2 180～2 700小时，怒江州年日照数为1 322.7～2 204.8小时。从3个调查点来看，盐井乡年日照数为2 690小时，气温在11.6～19.8 ℃之间，日温差冬季为14.2～20 ℃、夏季为11.3～16.2 ℃，两者相差2.9～3.8 ℃。降雨量集中，季节分布不均，每年的5—9月降雨最多，在182.3～538.2毫米之间，占全年降雨量的77.9%～95.8%；10月至次年5月降雨量较少，在19.6～102.6毫米之间，仅占全年的4.3%～21.2%。③

茨中村正处碧罗雪山东麓，在澜沧江边的台地上。海拔在1 500～2 100米的江边一带年平均温度为14～17 ℃，海拔在2 100～3 000米的山地年平均温度为8～14 ℃，海拔为3 000～3 300米的高原坝区年平均温度为5～8 ℃，海拔为4 000米的高山带平均气温为0 ℃，海拔在5 000米以上的雪山年平均

---

① 参见郝性中、杨子生、徐庭等编著《怒江州土地资源》，云南科技出版社1997年版，第9页。
② 李光文、杨松、格勒主编：《西藏昌都：历史·传统·现代化》，重庆出版社2000年版，第3页。
③ 同上书，第4页。

气温为 -10 ～ -8 ℃。①

表1-1 是调查期间所记录的两麓各地海拔和温度情况，总体上来看无论是怒江还是澜沧江，7—8月的峡谷地带温度都较高。两岸的台地往往适合种植水稻、玉米、豆类，其中茨中村和丙中洛村都能种植水稻，茨中村还种植葡萄。

表1-1 2012年7月碧罗雪山两麓各调查点温度测量记录②

项目 地点	测量日期	海拔	温度1/时间	温度2/时间	温度3/时间
德钦县县城	2012-07-09	3 100 米	21.6 ℃/9：02	29.5 ℃/14：02	23 ℃/19：06
燕门乡华丰坪	2012-07-11	1 850 米	24 ℃/10：00	29 ℃/12：26	21 ℃/18：21
	2012-07-12		22 ℃/7：54	30 ℃/13：50	24 ℃/20：31
燕门乡茨中村	2012-07-13	1 860 米	23 ℃/8：40	27 ℃/14：21	22 ℃/17：06
盐井乡纳西村	2012-07-15	2 410 米	20.5 ℃/8：40	29 ℃/14：46	24 ℃/18：20
贡山丙中洛乡	2012-07-25	1 730 米	18 ℃/8：25	22 ℃/14：24	21 ℃/19：05

第二节 生物资源

一、植物

碧罗雪山两麓区域受温带和亚热带季风气候影响，形成如表1-1中所述不同温度的垂直分布带。海拔为1 500～2 100米的澜沧江和怒江的两岸台地，平坝区土壤肥沃，灌溉条件好，水源充足，气温高，作物成熟周期短，是经济作物和粮食作物的生产区；大部分地区能达到一年两熟（主粮小春各一季），主要产水稻、玉米、小麦、豆类、薯类。海拔为2 100～2 500米的山区，气温相对温和，适合种植玉米、小麦、青稞，可发展如核桃、板栗等果林的种

---

① 参见高发元主编《云南民族村寨调查：藏族——中甸尼西乡形朵村》，云南大学出版社2001年版，第10页。
② 据2012年7—8月田野记录整理。

植。海拔为2 500～3 800米的地带，是高山针叶林的主要分布地带。随着植被种类增多，森林覆盖面积越广，生物资源越丰富；大多数牧场都分布在该海拔地带，大量的珍稀动植物都分布于此。

数据显示，分布在怒江碧罗雪山和高黎贡山上的植物"就有200个科，900余属，3 000多种。30个种以上的有32个科，占云南同类植物科数的56.74%。列为国家重点保护的植物有秃杉、桫椤、珙桐、云南铁杉、红豆杉、乔松、独龙木莲及多种名贵兰花等60余种"①。此外，用于观赏的杜鹃花品种极为丰富，多达122种；各类兰花148种。食用菌20余种，包括人们最喜欢的松茸、羊肚子菌。野生药材品种达1 200余种，可开发品种有400个左右，分布广，储量丰富，其中最为名贵的主要有贝母、知母、天麻、当归、胡黄连、草黄连、竹茯苓、茯苓、三分三、黄樟油、黄精、岩白菜、中华血胆、青木香、细黄草、党参、虫草、珠子参等。

处在碧罗雪山西麓的贡山县，由于横断山脉纵谷区北面为亚热带向青藏高原过渡地带，又受印度洋暖湿气流的影响，全县雨量充沛、气候温和、植物种类繁多、资源丰富；不仅有丰富的喜马拉雅山植物成分，而且还呈现出浓厚的亚热带山体常绿阔叶林、落叶阔叶林的色彩。根据中国植被区划，贡山县为中国植被划分的第八区，属青藏高原高寒植被区；植被分布上既有热带、亚热带种类成分，也有温带、寒带成分的植物，仅珍稀植物就有秃杉、黄杉、树蕨（活化石）、乔松、垂枝香柏、云南红豆杉、大树杜鹃、厚朴、紫檀、楠木、董棕、珙桐等10余种。

整个贡山县共计高等植物1 000余种，药用植物100余种，杜鹃花种类180余种，兰草类70余种。②除此之外，碧罗雪山还有丰富的野菜类。例如，竹叶菜是当地人们在山顶雪水融化后最喜欢采集的野菜之一，不仅鲜嫩，且一旦发现就是成片生长，便于采集。蕨菜是另一种较好的野菜，三四月是最好的采集时间。人们在这个时候都会上山采摘蕨菜，背下山后第一件事情就是把蕨菜放入事先烧开的一大锅水中煮上10～15分钟，捞出锅后便可炒吃或腌吃；如果短时间内不能吃完，还可以晒干后储藏起来，等10月以后豌豆、四季豆等豆类成熟，便可一起煮吃，味道极美；富裕一点的家庭，还与腊肉一起煮，可谓佳肴。

---

① 郝性中、杨子生、徐旌等编著：《怒江州土地资源》，云南科技出版社1997年版，第11页。
② 参见《贡山独龙族怒族自治县概况》编写组、《贡山独龙族怒族自治县》修订本编写组《贡山独龙族怒族自治县概况》（修订本），民族出版社2008年版，第7～8页。

二、动物

碧罗雪山所处的地理位置特殊，气候独特，3 000米以上的原始森林形成了良好的原始生态系统，自身调节和恢复能力强，加之海拔高、道路险峭、人烟稀少，在无外力直接破坏生物链时，动植物之间得到有效调节，便形成了丰富的物种繁多的生态资源。

据中国科学院昆明动物研究所对怒江州动物考察结果和文献资料的记载统计，怒江州现有动物474种。其中，兽类124种，鸟类282种，爬行类24种，鱼类44种。这些动物中被列为资源兽类的有78种，其中属重点保护的有27种；重点保护的鸟类有13种。

怒江州有124种兽类，隶属9目27科。其中，犬科主要有狼、赤狐、豺，猴科主要有猕猴、熊猴、短尾猴、滇金丝猴、戴帽叶猴、白眉长臂猴等。其他常见的动物有虎、豹、熊、野猪、马鹿、羚羊、斑羚、穿山甲等。飞禽有巨鹰、竹鸡、山鸡等。

怒江州目前有两栖类动物24种，分隶2目、6科、11属。爬行类动物80种，分隶2目、6科、19属。爬行类动物主要包括蛙类13种、蟾蜍类11种、蜥类6种、蛇类25种。迄今为止，记载怒江州共有土著鱼类40种，另引入4种，共计44种，分隶2目、4科、24属。鱼类主要有草鱼、白鲢、鲤鱼、鲫鱼、角鱼、墨头鱼、后背鲈鲤、贡山裂腹鱼、澜沧裂腹鱼、独龙裂腹鱼、怒江爬鳅、张氏爬鳅等，这些鱼类主要分布在怒江、澜沧江和独龙江。怒江河流中的细鳞鱼、花鱼、鳖鱼、扁头鱼也很多。

怒江州还有不少珍稀动物，爬行类动物中的齿蟾、兽类中的戴帽叶猴、鸟类中的灰腹角雉仅产于怒江境内，别无他处。[①]

以上所介绍的这些动植物资源，为当地的土著民族提供了直接的物质资料。在生产力不发达的阶段，该地居民以此维持正常繁衍。

三、矿产、卤水资源

怒江、澜沧江流域属三江褶皱系，古生代以来，频繁的板块活动及多次构造运动的成矿作用，生成了丰富多彩的矿产资源，使该流域成为云南省"有色金属王国"的重要组成部分。目前，该地区已知矿产种类28种，其中有铅、锌、铜、锡、钨、锑、汞、锶、铍、金、银、铁等金属矿，大理石、盐、

---

① 参见中国科学院昆明动物研究所《怒江州动物分布介绍》，载《怒江方志通讯》1988年第1期。

硅石、石膏、云母、硫、水晶、绿柱石、海兰、碧玺等非金属矿及少量煤矿。① 在此要着重介绍盐井的卤水资源。盐井在藏东的昌都芒康县境内，其卤水资源最为丰富。深层地下盐卤水是一种特殊的液体矿产资源，其形成受到地质构造、水文地理、气候等多方面因素的影响。"盐井地区属于印度河－雅鲁藏布江和班公措－兹格塘－怒江构造带，是我国大陆最强烈水热活动带之一。本区所处位置为昌都－盐井陆块，东西分别以背江贡－察里雪山断裂和窝木扎断裂为界，东邻蟒岭接合带（在北段，两单元之间夹有金沙江－红河裂谷带），西邻扎玉碧土接合带。"② 盐类矿床属蒸发沉积矿床，它的形成必须具备干旱的气候条件。③ 据《西藏温泉志》记载，"盐井乡境内，在澜沧江两岸南北长约300米宽20米的范围内，有很多大小不等的泉眼涌出，水温而咸，最高温度41.4℃，总涌水量达每秒20升"④。

盐井的盐泉是地质运动和地质构架的结果，并形成了丰富的盐矿；又因澜沧江流经该地，两岸的卤水资源源源不断，为长期进行盐业生产提供了保证。由于盐在藏族聚居区人民生活中极其重要，因此盐井成为千年盐业生产之地，并在现代盐业技术高度发达的今天，依然保持着传统的制盐技术。这可谓一大奇观，并对当地文化产生了深远的影响。

第三节　族源及其历史

藏东、滇西北和川西之间无论是在族源或是在文化的传播上都有着密切的关系。有学者在讨论藏族和纳西族的关系时就曾指出藏、纳西之间在族源、政治关系、宗教关系、商贸往来、文学艺术和语言上都有着密切的关系。⑤ 进一步而言，整个滇西北的藏、纳西、傈僳、普米、怒等多个民族之间有着千丝万缕的关系，且是同源异流。因此，对各民族的文化进行分析时有可能要追溯氐羌文化。这是因为：一是从西藏的东部及滇西北、川西一带的石棺葬发掘的器物带有北方游牧文化的迹象；二是自吐蕃开始，这一地带便是民族冲突最激烈的地段，导致文化经南北走向的河流峡谷进行传播。童恩正指出："如果从大

---

① 参见郝性中、杨子生、徐旌等编著《怒江州土地资源》，云南科技出版社1997年版，第12页。
② 漆继红、许模、张强等：《西藏盐井地区盐泉同位素特征示踪研究》，载《地球与环境》2008年第3期。
③ 参见王清明《我国石盐矿床的地质特征》，载《地质科技情报》1985年第1期。
④ 佟伟、廖志杰、刘时彬等著：《西藏温泉志》，科学出版社2000年版，第258页。
⑤ 参见杨福泉著《纳西族与藏族历史关系研究·内容介绍》，民族出版社2005年版，第3页。

族系讲,我们将石棺葬文化视为北方循康藏横断山脉的河谷南下的氐羌民族的文化,可能不致错误。"① 格勒指出:这些古氐羌人大约从春秋战国时就从甘、青一带南下,沿横断山区的各条江河向南、向西迁徙。如果这种看法正确,那么"六牦牛部"进入西藏应是春秋战国至秦汉之际。迁徙路线为:甘、青→阿坝茂汶→雅安宝兴→汉源→石棉→木里→沿雅砻江而上→雅江→甘孜→石渠→进入金沙江流域→沿金沙江而下→白玉→巴塘→德钦(云南)→进入澜沧江流域→沿江而上→芒康(西藏)→向西经察隅进入雅鲁藏布江流域。上述地区均有石棺葬出土。②

考古发掘的资料一下子把古羌文化同西南各民族之间的距离拉近了很多,但是仔细思考后,我们会发现格勒上述有关民族迁徙路线有待商榷。例如,芒康离巴塘直线距离为100多公里,为何一定要取道澜沧江上的德钦,再一次北上进入芒康,而不是直接从巴塘进入芒康一带。有学者就曾指出:"如果我们综合考古和传说两方面的资料进行分析,似乎可以推测西藏的原始居民有两种来源:一种是土著民族,其定居在西藏的时代目前至少可以推到旧石器时代的后期,他们是一种游牧和狩猎的部族;另一种是从北方南下的氐羌系统的民族,他们可能是经营农业的。以后西藏的种族和文化,有可能就是以这两者为主体,再接受其他的因素综合而形成的。"③ 该观点已经考虑到文化的形成不是单线的传播,也不是仅仅依靠传播形成,而极为可能是土著居民和外来民族的一种融合,抑或是多个民族共同融合所形成的。何耀华也说道:"我认为藏族是古羌人与藏族聚居区的土著居民不断融合而形成的,但古代藏族不等于古代的羌族,它也不是单纯由藏族聚居区的土著居民发展而来的。由于古羌族是'三苗'等内地民族与西北土著的融合体,所以就古代藏族的族源来说,其中还包括了祖国内地民族的成分。"④ 总体来说,藏族起源是多元的,是居住在青藏高原上原始土著居民与其周边各民族长期互动的结果。

各民族之间的文化碰撞所造成的诸多关系是历史遗留给人们不断去探讨的问题,要深刻认识和摸清一个地方的文化,客观评价一个地域内共同体的生活方式和策略,必须从源头着手。以下对三个调查点进行简单的族源分析和区域历史描述。

---

① 童恩正:《近年来中国西南民族地区战国秦汉时代的考古发现及其研究》,载《考古学报》1980年第4期。

② 参见格勒《论古代羌人与藏族的历史渊源关系》,载《中山大学学报》(哲学社会科学版)1985年第2期。

③ 转引自西藏自治区文物管理委员会、四川大学历史系编《昌都卡若》(中国田野考古报告集考古学专刊丁种第29号),文物出版社1985年版,第155~156页。

④ 何耀华著:《中国西南历史民族学论集》,云南人民出版社1988年版,第84页。

一、盐井

生活在藏东盐井一带的民族从何处来、什么时候开始在此活动,均无法考证,在一定程度上给研究带来了困难。但是,考古发掘的资料显示,昌都一带早先就有人类活动。1978—1979 年由西藏自治区文物管理委员会主持,进行了西藏境内第一次科学的田野发掘——西藏昌都卡若新石器时代遗址。两次发掘共获房屋遗址 28 座,石器工具 7 968 件,骨制工具 366 件,陶片 2 万余片,装饰品 50 件,以及粟米、动物骨骼等。① 卡若遗址已有 10 余个放射性碳素鉴定结果,早期距今 4 655 ± 100 年(树轮校正 5 555 ± 125 年)~ 4 250 ± 100(树轮校正 4 750 ± 245 年),晚期距今 3 930 ± 50 年(树轮校正 4 315 ± 255 年)。② 考古发掘显然证明早在新石器时代昌都就有人类在活动。

从历史文献上看,《巴塘盐井乡土志》在"种族"一节中载:"据汉书图伯特人为古三苗种族,盖以舜窜三苗于三危,三危之地以喀木(今打箭炉至察木多等地)当之,是其人为三苗种族无疑。"③ 但是,根据《史记·五帝本纪》载"'帝尧之时',三苗在江淮荆州,数为乱",《帝王史记》载"诸侯有苗氏处南蛮而不服,尧征克于丹水之浦(今之湖北宜昌)",《史记·吴起传》认为"三苗氏,左洞庭,右彭蠡",尤中认为"洞庭即今洞庭湖,彭蠡即今鄱阳湖。可见,'苗民'退入南方后的居住区域,是今湖南、湖北、江西一带"④。由此推测,三苗有不断往西迁移的迹象。任乃强认为:"西康土著,非汉族,亦非藏族也,盖羌之遗裔,羌之源出三苗。"⑤ 由此推测,西康当地的民族起源可追溯至古之三苗,古老的羌族极有可能由三苗发展而来。他继续谈到:"其迁徙未归者,走匿南岭山箐间,化为若干部落,历世愈久,窜蔓愈远,分化亦愈繁,渐至语言风俗亦生差异,变为若干小族,曰蛮,曰苗,曰猺,曰黎,曰猓,曰㹎,曰玀,曰仲家,曰民家,曰么些,曰栗粟,我国古人不能细别之,统称曰西南夷,实皆三苗之遗于南方者,是为南苗。"⑥ 任乃强所谈到的这些民族后来演变为包括纳西族、傈僳族、白族、彝族、瑶族族、藏族等在内的多个少数民族。

---

① 参见童恩正、冷健《西藏昌都卡若新石器时代遗址的发掘及其相关问题》,载《民族研究》1983 年第 1 期。
② 参见中国社会科学院考古研究所实验室《放射性碳素测定年代报告》(八),载《考古》1981 年第 4 期。
③ (清)段鹏瑞纂:《巴塘盐井乡土志》(影印本),中央民族学院 1911 年,第 4 页。
④ 尤中著:《中国西南的古代民族》,云南人民出版社 1980 年版,第 11 页。
⑤ (清)任乃强著:《西康图经·民俗篇》,新亚细亚学会月刊社 1934 年刊印,第 1 页。
⑥ 同上。

《盐井县志》载,"本县人民分么些、猓猔(通'古宗')、獠夷、狭夷、貉夷及土著"①,对盐井的民族进行了详细记录。按照史料记载,下面对这六种民族中的"么些"、"古宗"和"土著"做些论述。

"么些"又称"末些"、"磨些"、"摩些""摩沙",为今天的纳西族。唐之前称为"摩沙"。最早记录该民族的史料为《华阳国志·蜀志》,载有"(定笮)县,渡泸水。宾刚儌,[曰]摩沙夷,有盐池,汉末,夷为锢之"。定笮为今天四川的盐源县,但并未记录此时的摩沙夷是从哪里来的。说明唐代之前,该民族主要分布在金沙江东岸和雅砻江流域。唐宋时期称为"磨些蛮",《蛮书》记载:"磨蛮,亦乌蛮种类也,铁桥上下有大婆、小婆、三探览、昆池等川,皆其所居之地也。土多牛羊,一家即有羊群。"②据方国瑜考证:"三探览位于今(丽江)永宁,似无大误,则小婆、大婆应在今华平、永胜之地。"③按照此说法,唐代的纳西族聚居区并没有太大的变化,仍在靠近盐源县的丽江一带。《云南志略》进一步谈到,"末些蛮在大理北又与吐蕃接界"。在大理北又与吐蕃接壤,应该在金沙江东岸的丽江以北一带;这时的纳西族分布范围和《蛮书》所记并无大的区别。据元代《元史·地理志》丽江路宣抚司所载:"昔么蛮、些蛮居之,……二部皆乌蛮种,居铁桥。"此时的纳西族在"通安(今丽江县城区)、永宁、宝山(今丽江县东区),初非么些所居,后始迁至"④。该记载说明,纳西族在元代以来,有往西南方向迁徙的迹象。"居铁桥"则明显说明纳西族已经到达现在的丽江塔城。明清称为"末些"、"摩沙夷"、"么些"。清代的《维西见闻纪》记载"末些,元籍丽江",便将纳西族的起源直接定为丽江,这是偏颇的,实为现在的四川盐源县一带。《续云南通志稿》载:"明万历年间,丽江土知府木氏渐强,日率么些兵攻吐蕃。"这是木氏土司于明代兴起后不断北扩的情况。木氏土司的家丁、随从沿途进入维西、德钦、盐井等地,是纳西族进入西藏盐井的关键因素。

"猓猔"通"古宗",应为藏族一支系。天启《滇志》卷三十说:"古宗,西番之别种。滇之西北与吐蕃接壤,流入境内,丽江、鹤庆皆间有之。男子辫发百缕,披垂前后,经年不栉沐,栉必以牲祭,披长毡裳,以牦牛或羊毛织之。妇女青白磁珠与砗磲相杂悬于首。其食生肉、蔓菁、麦稗。"⑤ 文中指出,因滇西北与吐蕃接壤,民族之间的互动导致部分藏族(他称"古宗")进入了

---

① (清)刘赞廷:《盐井县志》,见《中国地方志集成》编辑指导委员会《中国地方志集成:西藏府县志辑》,巴蜀书社1995年版,第389页。
② (唐)樊绰撰:《蛮书校注》,向达校注,中华书局1962年版,第96页。
③ 方国瑜著:《方国瑜纳西学论集》,民族出版社2008年版,第32页。
④ 同上。
⑤ (明)刘文征撰:《滇志》,古永继校点,云南教育出版社1991年版,第1000页。

滇的范围。历史资料也证明在唐代初期，吐蕃临近丽江的金沙江塔城一带设神川都督府，为的是南下与唐朝争夺洱海地区。《云南图经志书》卷五"风俗条"记："境内有古宗蛮，即西番之别种也。气习暴悍，……食生肉，披长毡，胸前结以小绳，其短裳用牦牛尾或黑白毛捻线为之。……风俗大抵与西番相同。"① 这与上述《滇志》所记基本相同。

《维西见闻纪》载："古宗，即吐蕃旧民也。有二种，皆无姓氏。"② 这说明古宗的确和吐蕃有着历史渊源关系。道光年间的《云南通志》引《清职贡图》言："古宗，乃西番别种，先为吐蕃部落，流入鹤庆、丽江、景东三府，土流兼辖，与民杂居。"进一步详细说明古宗不是云南境内的本土民族，而是由吐蕃部落流入靠近西番的区域和当地土著居民融合形成的。《怒江旧志》载："菖属喇嘛，系为红教。前清道光中叶，有西藏喇嘛，名教拱几者，率领古宗数人，来菖蒲桶转经，查悉其地肥沃，遂与古宗分地垦荒，建屋以居。后于丙中洛地方，创修一喇嘛寺。至光绪十三年（1887年），大喇嘛喃穹复于菖蒲桶地方，又修一喇嘛寺。"这说明古宗在文化上与藏传佛教有密切关系，在文化的渊源上实属藏族。云南境内的中甸、德钦、维西在明代归木氏土司所管，其后随明代走向没落；清朝在川边进行改土归流，丽江木氏土司的权力遭到削弱。因此《丽江府志略》载："古宗，即吐蕃，旧属木府，今归中甸管辖。金沙江边皆其种。"即在金沙江边的中甸一带，都是古宗人的后裔。

《维西见闻纪》载："古宗，即吐蕃旧民也。有二种，皆无姓氏，近城及其宗、喇普（今名乃同，在维西北）。明木氏屠未尽者，散处于么些之间，谓之么些古宗；奔子栏（今在德钦县东南）、阿墩子（今德钦）者谓之臭古宗。"③ 这更加体现了当时人们对古宗的偏见，故在古宗之前加"臭"字，这应是藏族进入迪庆一带引起政治和宗教上的矛盾所致。

综上所述，古宗族与藏族是同一支系的民族，在文化上有着共同的认同，只是在进入云南之后，人们为了区别在西藏境内的藏族，而取之为古宗，实质上是一种他称。

土著人，按照当地的传说，可能是"炯人"，即"囧人"，又称"姜人"、"浆人"。费孝通也曾提到："传说察隅地区原来还有一种称为'炯'的人，他们生产先进，所筑的梯田，遗迹尚在，大约在六代前被藏族打败，部分迁走，部分已藏化。这种人究竟属于什么民族现在还不清楚。"④ 这给了我们重要的

---

① 转引自尤中著《中国西南的古代民族》，昆明，云南人民出版社1980年版，第364页。
② （清）余庆远撰：《维西见闻纪》，见方国瑜主编《云南史料丛刊》（第十二卷），云南大学出版社2001年版，第63页。
③ 同上。
④ 费孝通：《关于我国民族的识别问题》，载《中国社会科学》1980年第1期。

信息，说明在藏东的察隅一带早就有了人类活动，因此我们不仅要考虑民族的迁徙，还须考虑土著民族对文化产生影响的可能性。

盐井所在的昌都地区的历史，在吐蕃之前没有确切的历史记载，只能通过考古材料的发掘进行推测。其中，最为重要的是卡若文化的发现，即卡若遗址的发掘。卡若遗址位于距昌都县城约12公里的卡若村，按照发掘的遗址，可分为早期和晚期，早期的卡若文化距今有4 955±100～4 280±100年。① 大体看来，昌都一带在吐蕃之前是部落社会，有东女国。据任乃强考证："西康之东女国，……昌都、察隅、类乌齐、八宿、察窒龙、盐井、门空、贫台，北至隆庆，西至丹达山之地，皆其旧境。"②

7世纪初，居住在臧河（今雅鲁藏布江）中游南部雅隆河谷的悉补野部落迅速发展起来，其首领是藏族历史上有名的民族英雄松赞干布。③ 638年，松赞干布攻下了吐谷浑，随后又一直往南征战，攻破党项、白兰等部落，680年基本上已经掌控了昌都的大部分地区。

10—13世纪，西藏各地的世俗封建头领分别与再度复兴的佛教各教派结合在一起，割据一方，不相统属，长期征战。1260年，忽必烈即位，尊八思巴为国师；在1264年成立了宣政院，统一管理全国的佛教事务和藏族地区的政教事务；在宣政院下设置3个宣慰使司，其中的"吐蕃等路宣慰使司都元帅府"具体负责昌都地区、四川阿坝州和甘孜州等藏族聚居区的事务。④

洪武四年（1371年）明朝政府置朵甘卫指挥使司，归属巴塘的盐井仍是其管辖的一部分。⑤ 洪武六年（1373年）设乌斯藏朵甘卫指挥使司，下设2个宣慰司、1个元帅府、4个招讨司、13个万户府、4个千户所。⑥ 洪武七年（1374年）升朵甘卫为朵甘卫行都指挥使司，盐井归朵甘卫行都指挥使司和磨儿勘招讨司管辖。洪武二十年（1387年），木氏土司在丽江崛起，木初继任土司后，他通过各种途径（包括贡献方物、马匹等方式）向明朝表示效忠，后来获得了明朝的信任，被授予"节制西番"的权力。从此，木氏土司真正成为明朝统治者统治各族人民的工具。⑦

为了稳定丽江一带的社会秩序和地方政局，木氏土司开始不断北扩，进攻

---

① 参见李光文、杨松、格勒主编《西藏昌都：历史·传统·现代化》，重庆出版社2000年版，第8页。

② （清）任乃强著：《任乃强民族研究文集》，民族出版社1990年版，第226页。

③ 参见李光文、杨松、格勒主编《西藏昌都：历史·传统·现代化》，重庆出版社2000年版，第28页。

④ 同上书，第48页。

⑤ 参见四川省巴塘县志编纂委员会编纂《巴塘县志》，四川民族出版社1993年版，第54页。

⑥ 参见（明）胡广著《大明太祖高皇帝实录·卷之七十九》，国家图书馆善本，1368年。

⑦ 参见王恒杰著《迪庆藏族社会史》，中国藏学出版社1995年版，第50页。

迪庆高原一带。根据王恒杰的观点，其路线有3条。西线为剑川到维西再到奔子栏。笔者认为，此线不必到维西以后转向东进入奔子栏，而是到了维西以后直接沿澜沧江北上到达德钦（阿墩子），这样继续北进可到达西藏盐井。此线为云南进入西藏的路线，也是木氏土司进攻的西线线路，途中经历维西县白济汛区、小维西、康普区、叶枝、换夫坪、羊咱、果念、阿墩子、盐井。① 1499年起，木氏土司开始进攻维西的你那等地，并获得胜利。《丽江木氏宦谱》（甲种本）记载，"（正德）四年（1509年），得胜你那阿得酋等处"②，即已经攻占了德钦升平镇。1509年，木氏土司沿着澜沧江一线侵掠阿得酋（阿墩子）后继续北进，到嘉靖五年（1526年）攻下盐井那胜寨，说明木氏土司进入盐井的时间应为1526年。至此，木氏土司的势力深入西藏。

"考余庆远《维西见闻录·序》载：'明万历间，丽江土知府木氏寖强，尝以么些兵攻吐蕃，吐蕃降。木氏遂屠其民而徙，其么些兵以戍之。'故其时巴塘理塘皆为木氏有。盐井为巴塘之瓯脱从而可知矣。"③ 从段鹏瑞的考证来看，盐井确实为巴塘土司所控制，而且有木氏土司留下来守卫盐井的纳西族子民，在盐井的宗岩还留有木氏土司当年兴建的碉楼。文献进一步证实："明隆庆二年至崇祯十二年（1568—1639年）云南丽江土知府纳西族木氏土司攻占巴塘，并派一大臣驻扎巴塘，以巴地为中心建立得荣麦那（得荣）、日雨中咱（中咱）、察哇打米（盐井）、宗岩中咱（宗岩）、刀许（波柯）等5个宗（相当于县）进行统治。这时期，巴塘属云南丽江土知府管辖。"④ 如此推算起来，盐井实为丽江木氏土司所管辖。

1671年（康熙十年）云南巡抚李天裕题请豁免中甸等处时曾称："丽江木府，元、明时俱资以障蔽蒙番。后日渐强盛，于金沙江外则中甸、理塘、巴塘等处，江内则喇普、处旧、阿墩子等处，直至江卡拉、三巴、东卡，皆其自用兵力所辟。蒙番畏而尊之曰萨当汗。"⑤ 在《清史稿·志四十四·地理十六》记载有"盐井，要。巴塘土司地。光绪三十一年改流，十四年设县"。余庆远在其著作中记载："明万历间，丽江土知府木氏寖强，日率么些兵攻吐蕃地，吐蕃建碉楼数百座以御之。维西之六邨、喇普其宗皆要害，据守尤固。木氏以巨木作碓，曳以击碉，碉悉崩，遂取各要害地，屠其民，而徙么些戍焉。自奔子阑以北，番人俱，皆降。于是，自维西及中甸，并现隶四川之巴塘、理塘，

---

① 参见王恒杰著《迪庆藏族社会史》，中国藏学出版社1995年版，第53页。
② 转引自郭大烈主编《中国少数民族大辞典·纳西族卷》，广西民族出版社2002年版，第544页。
③ （清）段鹏瑞纂：《巴塘盐井乡土志·序》（影印本），中央民族学院1911年，第1页。另，《维西见闻录》和《维西见闻纪》为同一书的不同称法。
④ 四川省巴塘县志编纂委员会编纂：《巴塘县志》，四川民族出版社1993年版，第54页。
⑤ 转引自（清）倪蜕辑《滇云历年传》，李埏校点，云南大学出版社1992年版，第528页。

木氏皆有之。收其赋税，而以内附上闻。"① 在此时期内，盐井一直属云南丽江土知府管辖。

明末清初，昌都地区一度处于战争之中，一是康区白利土司势力扩大，二是蒙古和硕特部首领固始汗兵进入昌都。"直到明崇祯十二年底，青海蒙古族和硕特部首领固始汗入康灭掉白利土司，南下打败木氏土司，结束了木氏土司在巴塘等地 71 年的统治，巴塘转隶青海和硕特部固始汗统治。"② 才有得"其孙世潘以此地赂青海，巴塘、理塘复沦入吐蕃"③，盐井顺理成章随巴塘转而隶属于青海和硕特部。

康熙三年（1664 年）起，西藏达赖占领巴塘，康熙四十二年（1703 年）西藏派弟巴（地方管理官员）管理巴塘。1718 年，康熙会陕、川、滇三军征剿准噶尔部，命噶尔弼为定西将军，副将岳钟琪于康熙五十八年（1719 年）攻抵巴塘，招降巴塘弟巴陀翁布，并随军招抚乍丫、察木多、洛隆宗等地；随后，藏、滇、川官员共商划界，将巴塘、理塘划归四川，中甸、维西并入云南。

1909 年，时任盐井县盐榷官的段鹏瑞在《巴塘盐井乡土志》"沿革"中载："康熙五十八年（1719 年）大军招抚番众，始以巴塘、理塘、维西、中甸分隶川滇。巴塘则设宣抚使土司一、副土司一，所辖崇俄，即宗岩协廠，兼管盐井。……光绪三十年，巴蛮之乱。戕杀大臣凤全。大二土司伏诛。改土归流。盐井于宣统元年七月勘划四至界限。……是为盐井专管地方之始。……盐井当巴塘西南一隅，为巴塘属地。"④ 因此，盐井在清朝属四川。从 1664 年达赖侵占巴塘开始到 1719 年清廷收复巴塘为止，西藏统治巴塘 55 年；期间，陀翁布被授为巴塘正土司（俗称大营官），其弟扎西次仁为副土司（俗称二营官），管辖巴塘、得荣、盐井、中甸、维西（含阿墩子）等地⑤，"巴塘土司乡设协廠一员驻扎宜宗崖，每岁仍驻盐井半载，所有盐租税粮及支应徭均归其管"⑥。

1953 年 10 月 12 日盐井解放，盐井宗（相当于现在的县级单位，但要比现在的县一级小）解放委员会成立。到了 1959 年 9 月，西藏获得全面解放，自治区人民政府成立，此时盐井划归西藏，成立盐井县人民政府。1960 年 4 月 9 日，经国务院批准后，撤销盐井县，与宁静县两县合并为宁静县（治所在嘎托镇），并成立中共宁静县委。1963 年，调整区后，县委的派出机构有 11 个区，

---

① （清）余庆远撰：《维西见闻纪》，见《大理行记及其他五种》，商务印书馆 1936 年版，第 1 页。
② 四川省巴塘县志编纂委员会编纂：《巴塘县志》，四川民族出版社 1993 年版，第 54 页。
③ （清）段鹏瑞纂：《巴塘盐井乡土志·序》（影印本），中央民族学院 1911 年，第 1 页。
④ （清）段鹏瑞纂：《巴塘盐井乡土志》（影印本），中央民族学院 1911 年，第 1 页。
⑤ 参见四川省巴塘县志编纂委员会编纂《巴塘县志》，四川民族出版社 1993 年版，第 55 页。
⑥ （清）段鹏瑞纂：《巴塘盐井乡土志》（影印本），中央民族学院 1911 年，第 5 页。（标点符号为笔者所加。）

其中盐井区辖觉龙、上盐井、下盐井、拉久西、小昌都、过水、加达、木许、阿东9个乡党支部。① 1965年11月，更名为芒康县，隶属昌都地区管辖。

1965年5月，芒康县成立革命委员会，取代了县委、县政府职权。到1971年人民公社时期，盐井区所辖的9个乡转变为与原建乡同名的人民公社，鉴于盐井特殊的生计方式——晒盐，于是成立专门管理盐业的人民公社。1981年撤销人民公社后成立4个行政乡（木许乡、上盐井乡、下盐井乡、曲孜卡乡）。其中，上盐井乡辖上盐井、觉龙、小昌都3个行政村，下盐井乡辖加达、达水、拉久许（西）23个行政村。1983年10月，经国务院批准成立盐井县，但因故未能正式成立。

1984年12月30日经报国务院、西藏自治区人民政府获得批准，芒康县盐井纳西民族乡于1985年1月24日正式成立。此时，纳西民族乡仅辖1个行政村纳西村、7个村民小组。1997年，将原来的4个乡缩减为3个乡，纳西民族乡下辖上盐井、觉龙、下盐井（现为纳西村）、加达4个行政村。1999年10月，经国务院批准撤销盐井县建制，仍归芒康县管辖。2013年10月，芒康县准备将原来所辖的16个乡增加到25个乡，之前归盐井纳西民族乡管辖的上盐井村，将成为一个新增乡。

盐井的盐采用风吹日晒的传统的手工制盐方式，从万历年间开始，至今已有574年的历史。盐井乡政府在澜沧江东岸高出江面380余米的台地上，盐田距离乡政府驻地有四五公里，现在已经修通了一条柏油路可直接到达澜沧江的东岸。江面上有两座桥，一座是现代化的水泥浇筑桥，可容两辆车并列通行；一座为钢绳吊桥，目前只能通行小型拖拉机和摩托车，不允许大型的车辆通行。

表1-2为2011年盐井乡辖区内从事盐业生产的3个行政村的人口结构情况。②

表1-2 2011年盐井乡辖区内从事盐业生产的3个行政村的人口结构情况

行政村	户数（户）	人口（人）	男（人）	女（人）	劳动力		
					男（人）	女（人）	合计（人）
纳西村	243	1 150	545	605	276	281	557
上盐井村	134	874	365	409	160	168	328
加达村	190	1 114	560	554	236	260	496

① 芒康县地方志编纂委员会：《芒康县志》，巴蜀书社2008年版，第50页。
② 据2012年8月调查材料整理，由盐井乡政府和各村委会提供。

二、德钦

德钦县位于滇西北部横断山脉地段，青藏高原南缘，滇、川、藏三省（自治区）结合部，跨东经98°36′～99°33′、北纬27°33′～29°15′，"东界川边德荣、巴塘等县，南界维西县，西界西藏属毕土擦阿龙，北界川边盐井县，东西蹙、南北长，纵计700余里，四面交通临境广阔，皆无市镇，墩境诚为川藏冲要之门户，商贾云集之巨市，军政外交之关隘"①。

整个滇西北地区各处不断出现的考古发掘遗址证明，新石器时代这些地方就有人类活动了，石器时代的遗物以维西县哥登和中甸县小中甸瓦丁的发现为代表；1958年哥登遗址出土了磨制石器2件，长方单孔石刀1件，遗址内还发现木炭屑。② 德钦境内，云南省博物馆文物队1977年对位于德钦西北70公里处、澜沧江东岸的纳古进行了实地调查，并试发掘一处石棺葬群。③ 出土的器物主要有陶器（共23件，20件为双耳陶器）和青铜器（包括矛、短剑、铜镯）。1974年云南省博物馆文物队在德钦县南部怒江与澜沧江分水岭的四莽大雪山尾端的永芝考古发掘，出土的器物与纳古古墓群发掘的器物相似④，其中青铜器13件、陶器9件。这些都证明远古时代人类已经在德钦境内活动，并过着原始的采集渔猎生活。

本书试图对德钦一带的主体民族——藏族以及对迪庆高原文化有过深远影响的纳西族作简要阐述，以便能把握两个民族之间的关系。

对于藏族和纳西族之间的关系研究，自21世纪初以来，几乎在同一时间段内（2004年和2005年）有两部著作面世，即《纳西族与藏族关系史》⑤和《纳西族与藏族历史关系研究》⑥。总体来看，这两部著作均从三个角度阐述了藏族和纳西族之间的渊源关系。

（1）历史渊源关系。通过对石棺葬的考古资料旁证两者之间的同源异流关系，即藏族和纳西族有着共同的文化渊源——氐羌文化。正如童恩正所提出的观点："如果从大族关系讲，我们将石棺葬文化视为北方循康藏高原东端横

---

① 王沛霖：《滇边要路略》，见徐丽华主编《中国少数民族古籍集成》（第85册），四川民族出版社2002年版，第391页。
② 参见熊瑛《云南维西县发现新石器时代居住山洞》，载《文物参考资料》1958年第10期。
③ 参见张新宁《云南德钦县纳古石棺墓》，载《考古》1983年第3期。
④ 参见云南省博物馆文物工作队《云南德钦永芝发现的古墓葬》，载《考古》1975年4期。
⑤ 赵心愚著：《纳西族与藏族关系史》，四川人民出版社2004年版。
⑥ 杨福泉著：《纳西族与藏族历史关系研究》，民族出版社2005年版。

断山脉的河谷南下的氐羌民族的文化,可能不致大误。"①

(2) 政治和宗教关系。基于唐、明两朝集中反映纳西族和藏族历史上有密切政治关系的事实,分析和总结两族之间曾经出现过的战争、友好再到融合的关系。② 宗教关系是两族之间最为密切的一个方面,自唐代以来,吐蕃的苯教就对纳西族的东巴教有了一定的影响。藏传佛教在滇西北的传播和纳西族木氏土司对康区的统治形成了双向的互动关系。

(3) 长期的贸易关系。出于地理、政治、宗教的关系以及藏族、纳西族在物产方面的互补性,自唐代以来藏族和纳西族保持了商业往来,藏族一般出产羊毛、牛皮、酥油等,往往用来换取粮食、茶、布匹等生活必需品,明末清初达到贸易的高峰。

从历史上看,德钦县内自春秋时代就有土著居民在境内的金沙江、澜沧江两岸活动。唐代,吐蕃南下,占领了川西和迪庆高原一带。为了保证其军事上的优势,吐蕃在迪庆边缘的铁桥镇设置神川都督,管理今丽江、维西和剑川以北地区。此时的德钦,应归神川都督府管辖。从《蛮书》中"大羊多从西羌、铁桥接吐蕃界,三千二千口将来贸易"③ 来看,吐蕃和丽江之间有着商贸往来。马长寿曾指出:"樊绰在交州做官多年,有些城镇他亲自去过,有些军事上、政治上的报道是他亲耳所闻、亲目所见。因此《蛮书》对于研究南诏史的价值,由古及今,真是第一手的可靠史料。"④ 因此,以上事件应该属实。

宋代以来,没有史料记载,但这段历史不应为空白。937 年大理国建立,逐步控制了永胜到丽江北一带。至于维西,据《元史·地理志》所载:"乃大理极偏僻之地,夷名罗衰间,居民皆摩、些二种蛮。"这说明维西应为吐蕃和大理统治的交界地带,没有哪一方完全控制该地;但是提到摩、些二蛮,说明该地区已经有纳西族了。

13 世纪,忽必烈封八思巴为国师,管理全国宗教和藏族地区的事务,所设置的宣慰府负责分管昌都部分地区与四川甘孜、阿坝及迪庆区域的事务。洪武六年(1373 年),德钦为招讨司磨儿勘(芒康)与万户府剌宗(巴塘)的管辖区。⑤ 明代基本上已经走上了土司制度,在藏族聚居区先后设置了"朵甘卫"来管理康区的一切事务,在朵甘卫下又设宣慰司和招讨司。

正德四年(1509 年)始,德钦称阿得酋,为丽江纳西族木氏土司所占;

---

① 童恩正:《近年来中国西南民族地区战国秦汉时代的考古发现及其研究》,载《考古学报》1980 年第 4 期。

② 杨福泉著:《纳西族与藏族历史关系研究·内容简介》,民族出版社 2005 年版,第 1 页。

③ (清) 樊绰撰:《蛮书校注》,向达校注,中华书局 1962 年版,第 204 页。

④ 马长寿著:《南诏国内部的部族组成和奴隶制度·前言》,上海人民出版社 1961 年版,第 23 页。

⑤ 参见德钦县志编纂委员会编《德钦县志》,云南民族出版社 1997 年版,第 2 页。

根据《丽江木氏宦谱》(甲种本)记"(正德)四年(1509年),得胜你那阿得酋等处"①,此时木氏土司已经占领了德钦县城。而《维西见闻纪》载"万历间,丽江土知府木氏寖强,日率么些兵攻吐蕃地,吐蕃建碉楼数百座以御之。维西之六邨、喇普其宗皆要害,据守尤固。木氏以巨木作碓,曳以击碉,碉悉崩,遂取各要害地,屠其民,而徙么些戍焉。自奔子阑以北,番人惧,皆降。于是,自维西及中甸,并现隶四川之巴塘、理塘,木氏皆有之。收其赋税,而以内附上闻"②,便是记载了木氏土司攻入维西、德钦一带的情况。

茨中村的纳西族最有可能是这个时间随木氏土司进入此地的。清代,德钦称阿墩子。康熙四年(1665年)至五十六年(1717年),受蒙古和顿特那和西藏达赖喇嘛管理;康熙五十九年(1720年)至雍正四年(1726年),受四川省巴塘土司管辖;雍正五年(1727年)划归云南,归维西通判所管辖。雍正七年(1729年),"维西创设通判,以剑川绿营协成移驻,维西协标之千总分防阿墩子外汛一员,另设土千总把总外委各一员以其子孙世袭罔替,统率蛮民纳粮供差应夫殿役,其地方税权及词讼事悉是喇嘛主持"③。光绪三十三年(1907年)设阿墩子弹压委员,民国二年(1913年)改为行政委员,民国二十一年(1932年)设德钦设治局至1949年,分别由省府第九、第十、第十三、第十五政务(行政)督察专员公署所管辖。

民国十年(1921年),王沛霖描述德钦道:"阿墩为云南入西藏之孔道,川边之保障,全滇之屏藩,开势险峻群山耸立如入云霄,四周六山戴雪数月,山岸陡险中有废墩数若平地,商贾旅居者约二百余户,左流金沙江,右流澜沧江,阿墩雄跨中处。"④尽管德钦地理位置特殊,道路艰险,地处滇、川、藏结合部,却是由滇入藏的必经之地,通往各处的道路极多。

其主要的干道有6条:①德钦北行至西藏盐井区,计程206里;②德钦西北行溜渡澜沧江至西藏左贡境内甲浪村,计程400里;③德钦南行至维西,计程450里;④德钦南行至维西、康普境内渡澜沧江至贡山,计程250里;⑤德钦东南行至中甸,计程350里;⑥德钦东南行经奔子栏渡金沙江至四川省得荣,计程400里。县内主要乡道有5条:①由县治西北行,沿澜沧江东行,经古水、纳古、必用贡至盐井界,计程210里;②由县治东北行,经阿东、翻甲吾雪山,过甲功、归吾、南格、顶拉至金沙江边巴塘界,计程350里;③由县治往东南行,翻白茫雪山,经书松、奔子栏、格浪水达金沙江边中甸界,计程

---

① 郭大烈主编:《中国少数民族大辞典·纳西族卷》,广西民族出版社2002年版,第544页。
② (清)余庆远撰:《维西见闻纪》,见《大理行记及其他五种》,商务印书馆1936年版,第1页。
③ 王沛霖:《滇边要路略》,见徐丽华主编《中国少数民族古籍集成》(第85册),四川民族出版社2002年版,第390页。
④ 同上书,第391页。

200里;④第③道至奔子栏后,西行翻格里雪山,经茨卡通、石茸、月仁、拖顶、其宗至丽江界,计程700里。①

上述道路,虽然四通八达,东可至四川,北可到西藏,西可入怒江,南可及丽江大理。但是,一直以来,道路多在山间峡谷之中、悬崖峭壁之上,陡险难行,仅作为一般的人马驿道。西藏解放以前,这里道路艰险,土匪时常出没。"由维西达阿墩子计程十站,途长九百多里,自维西而达叶枝已行其半路,稍略平,盗贼繁多,商旅集队同行,持械自卫,自叶枝而至加别途长四百里左右,竟乃深山大泽,森林最茂禽兽繁殖之间,就一羊肠鸟道,行旅必由来往兽啼鸟蹄之道,遍余沿途巉岩峭石,屏立澜沧江之两岸,道路轨线循行澜沧江东岸和西岸百余里路竟数寸之宽,山狭江逼,寸步难行,险途长箐深,人户稀疏,奇险甚绝。"②

民国期间,德钦境内有藏族、傈僳族、纳西族、白族、彝族、傣族、怒族、普米族、拉祜族、汉族、哈尼族、苗族、壮族等民族。目前,德钦辖六乡两镇,县城所在地升平镇,海拔3 400米,距州府中甸182公里,距省会昆明889公里。③ 据德钦设治局统计,民国二十九年(1940年)本县计1 236户、5 266人,其中升平镇890人、云岭乡1 217人、佛山乡899人、燕门乡2 260人。④

1950年,德钦由丽江地区管理。1952年设治局改为县的建置,设立德钦县设治局。1955年12月,改称德钦县;1957年9月,德钦县开始隶属迪庆藏族自治州。

调查点之一的茨中村现由燕门乡管辖,距离乡政府12公里左右。2012年调查资料显示,茨中村辖有9个村民小组,共有235户、1 305人。其中,藏族人口占90%。茨中村主要有三种信仰:天主教,信徒约占53%;藏传佛教,信教人数占40%左右;东巴教,信教人数占7%左右。该村居住着藏族、纳西族、傈僳族、汉族、白族、怒族等民族。

三、贡山

《元史地理志》载"兰州,在兰沧水(今澜沧江)之东,汉永平中始通博南山道,渡兰沧水,置博南县,唐为庐鹿蛮部。至段氏时,置兰溪郡,隶大

---

① 参见德钦县志编纂委员会编《德钦县志》,云南民族出版社1997年版,第124页。
② 王沛霖:《滇边要路略》,见徐丽华主编《中国少数民族古籍集成》(第85册),四川民族出版社2002年版,第382页。
③ 参见德钦县志编纂委员会编《德钦县志》,云南民族出版社1997年版,第1页。
④ 同上书,第70页。

理。元宪宗四年内附，隶茶罕章管民官，至元十二年改兰州（今兰坪县）"，指出今兰坪县一带在唐朝就有一个部落称为鹿蛮。又《大元混一方舆胜览》载："潞江，俗名怒江，出路蛮，经镇康与大盈江合，入缅中。"① 这说明"元代，怒人已作为一个独立的单一民族分布在怒江东西两岸"②。

明朝初年钱古训所著的《百夷传》载："怒人，颇类阿昌。蒲人（崩龙、布朗）、阿昌、哈词、哈杜、怒人皆居山巅，种苦荞为食物，余（'百夷'等）则居平地或水边，言语皆不相同。"③ 而这个时候的怒人居住在"当时'百夷'聚居北部的山区，即今（今）德宏北部境外的怒江以西地带"④。之后是《滇志》载："怒人，男子发用绳束，高七八寸；妇女结布于发。其俗大抵刚狠好杀，余与幺些同。惟丽江有之。"⑤ 但是，此时的丽江范围极广，"实际为丽江府西北边境有之。其时，今贡山、福贡、碧江、兰坪、维西等地皆属丽江府，这一带地方有'怒子'，而临近的其他府皆无，所以'惟丽江有之'"⑥。因此，人们对怒族的认识和了解应在明代后期才开始的。

从怒族的族源上看，根据尤中的描述，怒族应分为两部分。绝大多数的人口应分布在怒江以西，西北接西藏的"西南界缅甸孟养陆阻地"；另一小部分是从丽江府西部边境向靠内的地区迁徙的。⑦ 但是，随着研究的深入，人们越来越发现怒族族源的分析是一个棘手的问题，因为其产生的源头不止一处，一个地方的怒族既有土著居民，也有从外部迁入的。从现在的研究情况来看，怒族主要由自称为"若柔"、"诺苏"、"阿龙"、"阿侬"的4个部分组成。自称为"若柔"的怒族主要居住在兰坪白族普米族自治县兔峨乡和泸水县鲁掌镇；自称"诺苏"的怒族主要居住在福贡县匹河怒族乡、子里甲乡一带；自称"阿龙"的怒族主要分布在贡山独龙族怒族自治县茨开镇、捧当乡、丙中洛乡，西藏察隅县察瓦龙乡，迪庆藏族自治州维西县；自称为"阿侬"的怒族，主要分布在福贡县上帕镇、鹿马登乡和架底乡。⑧

对怒族有较多文献记载是在十六七世纪以后。杨慎在其《南诏野史》中道："怒人居永昌，怒江内外，其江深险，四序皆燠，赤地生烟，每二月瘴气腾空，两堤草头交结不开，名交头瘴，男子面多黄瘦……射猎或采黄连为生，

---

① （元）刘应李原编：《大元混一方舆胜览》，詹有谅改编，四川大学出版社2003年版，第481页。
② 王文光、段红云著：《中国古代的民族识别》（修订本），云南大学出版社2011年版，第247页。
③ （明）钱古训著：《百夷传校注》，江应梁校注，云南人民出版社1980年版，第152页。
④ 尤中编著：《中国西南的古代民族》，云南人民出版社1980年版，第375页。
⑤ （明）刘文征撰：《滇志》，古永继校点，云南教育出版社1991年版，第1000页。
⑥ 尤中编著：《中国西南的古代民族》，云南人民出版社1980年版，375页。
⑦ 同上书，第377～378页。
⑧ 参见刘达成主编《怒族文化大观》，云南民族出版社1999年版，第1页。

鲜及中寿，妇人披发，红藤勒首。"此段记载说明，当时怒江一带的民族还未开化，处在封闭的峡谷内，生存条件恶劣，均以采集渔猎为生。《云南通志》引《皇朝职贡图》记录："怒人，以怒江甸得名。明永乐间，改为潞江长官司。其部落在维西边外，过怒江十余日，环江而居。本朝雍正八年归附，流入丽江、鹤庆境内，随二府土、流兼辖。性猛悍，以弓矢射猎。"① 该记载说明，明代已经在潞江设立了长官司管理怒江一带的民族；但路途遥远，过了怒江还需要十几天才能到达，因此极为偏僻，管理上可谓鞭长莫及。到了清代雍正八年（1730年）才真正归附朝廷。对于归附过程，《云南通志》卷二十四也做了记录："怒人，在维西澜沧江外数百里崇山峻岭，有江曰怒江，环江皆怒人所居，故名。自古不通中国，本朝雍正八年，相率诣维西衙门，以羊皮、山驴皮、麻布、黄蜡等物充贡。"这一段文字说明两者之间的关系是通过纳税、上贡的方式来维持的，而维西土司这段时间内并没有直接派人进入怒江进行管理。

《丽江府志略》载："居怒江边，与澜沧江相近。男女十岁后，皆面刺龙凤花文，见之令人骇异。妇人结麻布于腰，采黄连为生。茹毛饮血，好食虫鼠。"② 雍正元年（1723年），清朝政府开始在西南进行"改土归流"，为的是加强中央对地方的统治，木氏土司由土知府降为土通判。明代万历年间，木氏土司攻打维西成功后，便有木氏土司的士兵留守维西。"后来士兵召回，留下木氏军事头目，授予土司世职，令其在澜沧江东岸的康普村，'世守斯土，破珠开荒'，进行土司统治。"③ 改土归流后丽江和维西两者之间尽管是隶属关系，但是两者都临近怒江，只要翻越碧罗雪山就能直接控制怒江。于是，丽江木氏土府都毫不示弱地对怒族进行剥削和掠夺。这可从文献中看到："怒江两岸怒子、傈僳五十八村寨向隶丽江土府木氏管理，嗣于雍正元年改土归流，皆系散居高山密林，刀耕火种，食尽迁徙岩穴，顷未报纳粮赋；因怒江距府窎远，叩着令浪沧江烟川保长和为贵，就近管束。"④ 又云贵总督硕色在乾隆十八年（1753年）的《伴送遣回倮夷》奏折中说："丽江府属之怒江两岸怒子、傈僳……散居高山密林，刀耕火种，食尽迁移，栖岩穴，原未报纳粮赋……"⑤

---

① （清）阮元、伊里布等修：《云南通志·南蛮志》，见方国瑜主编《云南史料丛刊》（第十三卷），云南大学出版社2001年版，第368页。

② 同上书，第369页。

③ 李道生：《维西康普、叶枝等土司管理怒江始末》，见李道生主编《怒江文史资料选辑》（第十一辑），政协怒江傈僳族自治州委员会文史资料研究委员会1989年刊印，第49页。

④ 《硕色奏折》，见李汝春主编《唐至清代有关维西史料辑录》，维西傈僳族自治县志编委会办公室1992年刊印，第274页。

⑤ 同上。

清代《维西见闻纪》记有：

> 怒子，居怒江内，界连康普、叶枝、阿墩之间，迤南地名罗麦基，接连缅甸，素号野夷。男女披发，面刺青文，首勒红藤，麻布短衣。男著裤，女以裙，俱跣。覆竹为屋，编竹为垣。谷产黍麦，蔬产薯、蓣及芋，猎禽兽以佐食。无盐，无马骡。无盗，路不拾遗，非御虎豹，外户可不扃。人精为竹器，织红文麻布，麽些不远千里往购之。性怯而懦，其道绝险，而常苦栗粟之侵凌而不能御也。雍正八年（1730年），闻我圣朝已建设维西，相率到康普界，贡黄蜡八十斤、麻布十五丈、山驴皮十、鹿皮二十，求纳为民，永为岁例。头人闻于别驾，别驾上闻，奏许之，犒以砂盐。官严谕头目，俱约其下，毋得侵凌。①

上述文献描写了怒族的居住区域、生活状况及地理上与维西、德钦毗邻。还提及雍正八年（1730年），闻及维西已经设置通判，怒族便到康普进贡黄蜡、麻布、山驴皮、鹿皮等，要求归附维西。根据成书于民国期间的《菖蒲桶志》的描述，"菖属在前清时，归维西土司管理"②。当时的维西由女千总禾娘执政，便接受了贡山怒族等人的归附。

1796年禾娘的丈夫和儿子相继死去，禾娘便请西藏的喇嘛为其念经超度。为了答谢，禾娘将康普土司对贡山丙中洛和独龙族上段的管辖权送给西藏喇嘛寺。③ 后来禾娘千总由于各种社会原因，权力逐渐衰弱。原维西改土归流中被封为土把总的王仁继禾娘后进入怒江，管理怒江事务。此后尽管管理人员有些变化，但是贡山一直由维西管辖。从雍正八年（1730年）到民国二年（1913年）的180多年中，维西县境内的康普、临城、桥头、吉岔、叶枝5个土司先后对怒江的贡山进行了管辖。光绪三十一年（1905年），怒江方面喇嘛仇视天主教，结党叛乱。光绪三十四年（1908年）夏瑚任阿墩子弹压委员，兼办理怒江事宜。但是，夏瑚并不常驻怒江，只是每年进入怒江巡察一两次。地方的治安由镇守的北营后哨维持。民国成立以后，设立菖蒲桶行政委员（公署），由丽江府保委杨瑴修担任第一任行政委员。总体上，碧罗雪山西麓的怒江一带，相较东麓而言历史时间短、文化沉淀薄。

今天的怒族主要分布在怒江州的3个县，即泸水县、福贡县、贡山县；其

---

① （清）余庆远撰：《维西见闻纪》，见《大理行记及其他五种》，商务印书馆1936年版，第10页。
② 菖蒲桶行政委员公署编纂：《菖蒲桶志》，见李道生主编《怒江文史资料选辑》（第十八辑），政协云南省贡山独龙族怒族自治县委员会、政协云南省怒江傈僳族自治州委员会文史资料研究委员会1991年刊印，第9页。
③ 参见李道生《维西康普、叶枝等土司管理怒江始末》，见李道生主编《怒江文史资料选辑》（第十一辑），政协怒江傈僳族自治州委员会文史资料研究委员会1989年刊印，第51页。

余的少部分分布在兰坪县、维西县。2007年，怒江州共计怒族26 987人，占总人口的5.6%。① 贡山县2005年人口普查，怒族人数为6 296人，占5%。丙中洛乡2007年末的人口情况为，全乡总人口6 283人，总户数1 517户；全乡共有13个民族，汉族146人，少数民族6 137人。其中，怒族3 136人，占总人口的49.91%；傈僳族2 042人，占总人口的32.5%；藏族547人，占总人口的8.7%；独龙族341人，占总人口的5.4%；其他少数民族70人。2011年末，全乡人口6 461人，总户数为1 988户；全乡有16个民族（汉族152人），其中怒族3 275人，占总人口的50.69%。②

---

① 参见《怒江傈僳族自治州概况》编写组、《怒江傈僳族自治州概况》修订本编写组《怒江傈僳族自治州概况》，民族出版社2008年版，第26页。

② 参见丙中洛乡政府提供的《丙中洛乡基本情况》。在此表示感谢。

第二章　多元生计的形成及其中介（上）

简单来说，"生计"就是人类的生活方式，"一旦人类终于定居下来，这种原始共同体就将依种种外界的（气候的、地理的、物理的等等）条件，以及他们的特殊自然习性（他们的部落性质）等而或多或少地发生变化。自然形成的部落共同体（在血缘、语言、习惯等方面具有共同性），或者也可以说群体，是人类占有他们生活的客观条件和占有再生产这种生活自身并使之物化的活动（牧人、猎人、农人等的活动）的客观条件的第一个前提"①。必须指出的是，"对马克思来说，生产本身包含着人与自然之间的不断变换的关系，包含着在人类改造自然的过程中必定要进入的社会关系，以及人类象征能力的必然转变，因此，严格的意义上，这个概念并不仅仅是一个经济概念，它也是生态的、社会的、政治的和社会心理学的概念"②。因此，生计涉及人类社会活动的方方面面，而不是孤立的。

每种生计都是一种生产，每一种生计的形成往往又不是单一因素造成的，有时是多种因素共同作用的结果。比如，游牧生计的产生，首先要有满足不断迁徙的地理条件如丰富的水资源、宽阔的草场等，其次是在高寒地带能够生存繁衍的牲畜，这两个条件缺一不可。本书主要关注游牧文化的传播对碧罗雪山东麓的影响。因为历史上这一区域地广人稀，大量的文献记载说明该区域的民族与古氐羌族南迁有关，迪庆高原文化受到古羌族文化的影响。因此，本章所讨论的问题，主要抓住影响各种生计的核心要素，始终坚持"文化的基本精神恰好就是一个民族生活样式的决定性因素"③。

---

① 《马克思恩格斯全集》（第46卷上册），人民出版社1995年版，第472页。
② （美）埃里克·沃尔夫著：《欧洲与没有历史的人民》，赵丙祥、刘传珠、杨玉静译，上海世纪出版集团2006年版，第29页。
③ 杨阳著：《王权的图腾化——政教合一与中国社会》，浙江人民出版社2000年版，第11页。

第一节 采集狩猎：一种生计遗存

据研究，距今1万年以前，地球上的人类全都是采集狩猎民，过着采集渔猎的生活。① 在人类社会演进的过程中，采集渔猎曾经一度是人们获取物质资料、保证人类得以繁衍的基本手段。任何一个民族或种族，最初都经历了采集渔猎这一阶段。为了便于研究，在历时性分析人类社会经历的漫长过程时，必须对人类原始所进行的采集渔猎和当下人们所进行的采集渔猎进行有区别的看待。前者可认为是"糊口型"采集渔猎，这一阶段的采集渔猎以满足人类自身生理的基本需求为前提；后者可认为是"经济型"采集渔猎，这是因为在现代社会的背景下，后者已经不再单纯以获得食物为首要目的，而是带有商品交换的性质，通过交换将所得的货币用于购买自己所需要的物品。

"在当代，可能有25万人——占60亿世界人口0.005%不到——主要通过狩猎、捕鱼和采集野生植物的果实来供养自己；然而，在栽培植物和驯化动物之前——这只是在1万年前才开始的——全部人类都通过采集野生植物、狩猎和捕鱼的某种形式配合来养活自己。"② 因此，采集渔猎仍然是人类所经历的较长的历史过程中的一种重要生计方式，对这一阶段的分析，对我们认识当代社会及其人类活动有关键意义。正如马克思所言，"人体解剖对于猴体解剖是一把钥匙"③，对采集狩猎的认识是剖析人类社会后来经历的各种生计方式的基础。

1977年8月，云南省博物馆工作队在碧罗雪山西麓的德钦县西北部70公里的纳古进行了考古发掘，共挖掘24座古墓。这些古墓全为石棺葬，17座中有器物发现。出土的随葬品多为陶器，也有矛或短剑的青铜器。陶器形状多为单耳、双耳、钵等。从陶器的造型、装饰及对还原火的使用可以看出，烧陶技术已超出原始制陶工艺水平；就器型来看，基本上属于罐的形状演变，或单耳、或双耳，底有圈足，但是多平底，主要用于煮食或盛饮。以上说明陶器主人生活方式简单，大多是牧猎者的生活用品。④ 就青铜制品而言，一类属于武

---

① 参见（日）秋道智弥、市川光雄、大冢柳太郎编著《生态人类学》，范广融、尹绍亭译，云南大学出版社2006年版，第14页。
② （美）威廉·A.哈维兰著：《文化人类学》（第10版），瞿铁鹏、张钰译，上海社会科学出版社2006年版，第169页。
③ 《马克思恩格斯全集》（第12卷），人民出版社1995年版，第756页。
④ 参见王恒杰著《迪庆藏族社会史》，中国藏学出版社1995年版，第14页。

器或猎具，用于防身或割开动物的皮肉；一类是日常用品，用于削制工具。出土的这些青铜器应该是牧猎民族的生活用品，或至少与牧猎民族有关。

王恒杰指出，江川李家山、楚雄万家坝、茂汶、齐家以及夏家店等诸文化已经有猪的出现，象征着畜牧业或农业的出现；而在纳古古墓及墓葬中，却丝毫看不出农业经济的内容，进一步说明了纳古古墓的主人还是以采集和狩猎为谋生手段。①

中国西南的横断山脉所在的地理位置特殊，特别是碧罗雪山西麓，地处中国之边疆，历来山谷纵深、悬崖陡峭、道路不通、长期封闭，也因有高黎贡山和碧罗雪山等山脉，使人们在生存过程中长期依靠采集狩猎来维持生存。总体来说，"人类对食物营养的需求，贯穿了整个生息繁衍的过程"②，然而"就自然方面而言，任何一种文化都需要从周围的自然环境中获取生存的物质，因而每一种文化必须与所处的自然环境相适应"③。碧罗雪山两麓人民自从诞生开始便不断利用自然界中存在的物质资料来满足自身的需求。

历史上的怒族、独龙族、傈僳族等民族所在的怒江峡谷，正是僻野之地，居住在这里的人们过着采集狩猎生活，常常是吃生肉、饮动物鲜血。清代《丽江府志略》上卷《官师略·附种人》载："怒人，居怒江边，与澜沧江相近……采黄连为生。茹毛饮血，好食虫、鼠"，说明怒族当时过着采集狩猎的生活。清代余庆远在《维西见闻纪》中说："怒子，居怒江内，界连康普、叶枝、阿墩之间，……谷产麦黍，蔬产薯、蓣及芋，猎禽兽以佐食。"④ 两则文献基本指出，怒族生活的区域与维西和德钦接壤，多以采集狩猎为生，所生产的物质资料单一，仅有青稞、小麦、薯蓣一类，采集和狩猎成为维系他们生活的主要方式。

历史上的怒族，还是一个地位低下、常被别的民族当作奴隶、受人欺辱、受政治压迫的民族。清代以来，"菖属地方（贡山）夷人，有喇嘛、古宗、怒子、傈僳、俅子五种。在昔，名义上虽归维西叶枝土司管理，其实系强者为酋，弱者为仆。土司对于怒俅两江，只每年派人收钱粮一次，地方之民刑案件，即由收粮人处理，收租人趸回后，民间发生争执，又由喇嘛寺解决。彼时

---

① 参见王恒杰著《迪庆藏族社会史》，中国藏学出版社1995年版，第18～19页。
② （美）西敏司著：《甜与权力——糖在近代历史上的地位·中文版序言》，王超、朱建刚译，商务印书馆2010年版，第15页。
③ （美）托马斯·哈定等著：《文化与进化》，韩建军、商戈令译，浙江人民出版社1987年版，第37～38页。
④ （清）余庆远撰：《维西见闻纪》，见方国瑜主编《云南史料丛刊》（第十二卷），云南大学出版社2001年版，第67页。

喇嘛众多，习性强横，古宗、怒子均畏惧之。虽威福擅作，生杀由己，莫敢谁何"①。贡山一带的怒族、独龙族人不仅生活在极为恶劣的自然环境中，而且还受到各种宗教势力和地方土司权力的压迫，因此造就了怒族、独龙族人较强的适应环境的能力。"从某种意义上说，一个民族的生计方式的形成就是针对其所处的生态系统长期磨合的结果。也就是说，各民族生计方式在对其所处生态系统的改造、利用过程中形成了自己对资源获取和利用的方法，但这一系列方法要持续发挥作用，就一定要将这些方法纳入该民族的文化之中"②，使之在不断互动的过程中成为该民族文化的一个有机组成部分，与该民族文化的其他部分形成一个社会事实，这一过程便是该民族生计方式对所处生态系统的适应过程。③ 这种适应主要表现在两个方面。

一、不断提升采集狩猎技艺

有人指出："就一个具体的民族来说，其生存环境的自然条件既是具体生计方式构建的依托，又是该生计方式的制约因素，同时还是该种生计方式的加工对象。"④ 明清以前，这里的绝大多数人还过着原始的采集狩猎生活，往往只能"靠山吃饭"。在生产力极为低下的阶段，人们为了生存就不得不采用原始的方式直接从自然界获得生存的必需品，这种直接获取物质资料的方式往往具有不稳定性和不确定性。尽管萨林斯认为，原始采集狩猎民族处在一个"丰裕"的时代，一天之内工作时间短，只需从树上采摘野果就能直接吃，一旦狩猎成功就能直接进食；但是，我们应该看到原始的采集狩猎生活必须建立在广袤的土地上，要求森林覆盖面广，生物资源丰富，最关键的是自然环境能满足人类不断摄取营养的条件，保证有足够的物质资料长期供人类直接获取，也就是要求自然环境具有恢复性和持续性。一旦人类的繁衍和获取物质资料超过一定的限度，两者之间的平衡被打破，无疑将影响自然环境恢复的能力。因此，怒族必须通过各种生存策略来维持人类生存资料的获得。这种生存策略表现在以下三个方面。

首先是采集狩猎工具的发明、改进。"一个民族的生计方式的形成及实际

---

① 菖蒲桶行政委员公署编纂：《菖蒲桶志》，见李道生主编《怒江文史资料选辑》（第十八辑），政协云南省贡山独龙族怒族自治县委员会、政协云南省怒江傈僳族自治州委员会文史资料研究委员会1991年刊印，第14页。
② 罗康智、罗康隆著：《传统文化中的生计策略——以侗族为例案》，民族出版社2009年版，第1页。
③ 同上。
④ 同②，第13页。

运用，与该民族的生态环境、活动空间、技术水准及习俗信仰等因素有密切关系。"[1] 怒族的采集狩猎活动就是基于对环境的认识，利用自身所具有的技术直接从环境中获取生存的必需品。《菖蒲桶志》对此有清晰的表述："菖属夷人男子，每于农隙时，即从事打猎。在冬春雪封山期间，各种鸟兽因气候寒冷，不能藏处深山，尽皆窜匿江边，围猎之人尤多，所用猎器，尽用弩弓、弩箭、猎犬，惟无渔户，亦无渔具。"[2] 为了保证每次捕猎都有较高的成功率，打猎者不得不利用各种闲暇时间练习各种狩猎技能，有时甚至要改进或创制狩猎工具来对付体型更大的野兽。

就人类所使用的工具而言，演进过程一般是木制工具或竹类工具→石器工具→机械类工具（如弓箭、投矛器）→铁器工具。木制工具主要利用树枝、树干的锋利部位来刺杀猎物。原始阶段主要采用石器来打磨树枝，有时候石器又需要木制的手柄，因此早期是木器和石器共用。之后便发明了利用机械原理的弩弓、弹弓等发射装置，优点在于不用近距离接触猎物。而铁制器具的发明，使得人们无须直接面对野兽，可以"守株待兔"。从木制到铁器，工具的改进大大提高了捕猎的效率，满足了人口增长对物质资料的需求和解决难以捕获大型动物的问题。

捕鱼是获得生存资料的另一项重要活动。从技术上看，人们最早采用的方式是"涸泽而渔"；但是，这种方式在静水湖或小溪中容易进行，对于如澜沧江和怒江这样的大江，显然难以实现。于是，人们发明了渔网、渔篓、渔钩等工具来捕鱼。上述渔猎方式和渔猎工具，将在第六章具体介绍，在此不再详细描述。

其次是采集狩猎方式的改变。狩猎方式普遍分为静态和动态。静态狩猎主要建立在人类发明捕兽工具的基础上，如利用支铁夹、扣子、陷阱等方法进行捕猎。这种捕猎方式不需要捕猎者直接参与，只需在动物可能经过的路上设置器具，然后在一定的时间间隔后来查看是否捕获。动态捕猎，就需要捕猎者直接参与，有时候还有猎犬参加捕猎活动。这两种方式都是为了提高捕猎效率。

最后是采集狩猎经验的传授与技能的提升。采集狩猎是人类经历最长的生计方式。长期以来，各民族在适应自然的过程中不断与自然进行互动。在此过程中，前人不断总结自身实践中获得的经验，通过各种方式如使用文字记录、口头告之（编成顺口溜、谚语）等，让下一代能很快掌握这些经验。经验传

---

[1] 张有隽：《吃了一山过一山：过山瑶的游耕策略》，载《广西民族学院学报》（哲学社会科学版）2005 年第 14 期。

[2] 转引自贡山独龙族怒族自治县志编纂委员会《贡山独龙族怒族自治县志》，民族出版社 2006 年版，第 525 页。

授包括两种，一是认识自然的能力，二是技能。前者以人们在采菌子中形成的经验为例。在碧罗雪山两麓，每年5—9月是采菌子的最佳时节，五颜六色的菌子琳琅满目，但绝非都可以食用。于是，人们总结出：异常美丽、色彩斑斓的菌子多是有毒的，而无毒的菌子多是不起眼的、白色或茶褐色。① 技能的传授，包括制作采集狩猎工具、提高射箭准度、辨别动物大小及其经常出没的地点等。

二、形成采集狩猎文化体系

碧罗雪山两麓人民在长期的采集狩猎活动中逐渐形成了一套适合于该种生计的文化体系，主要表现在四个方面。

一是掌握生存环境中的各种动植物资源。上面提及人们如何不断提高认识自然的能力并获得经验。在此需要强调的是，生活在特定环境的民族要全面认识所生活的环境中的各种动植物资源乃是长期的过程。就采集而言，需要掌握采集的种类、食用植物的哪一部分（如根、茎、叶或果实）、食用的方法、食物有无毒性、采摘的时间与危险程度等一系列的信息；就渔猎而言，要掌握动物的种类与大小、渔猎工具的制作和使用、采用的狩猎方法、动物经常活动的区域等信息。

二是形成多种采集和狩猎方式。长期以来，生活在两麓的人民形成了采集兼渔猎的生计方式。采集主要包括采摘野果（坚果）、拾菌子、捕昆虫、采蜂蜜、烧蜂巢、采野菜和竹笋、挖植物根茎等在内的多种采集方式，狩猎主要包括射箭、挖陷阱、支网、下扣子、支铁锚、下竹签、打火枪、置地弩等方式，打渔主要有钓鱼、叉鱼、网鱼、炸鱼（炸药炸）、毒鱼、电鱼等方式。在各种渔猎过程中，人们还促进了与动物的互动，利用驯养的动物提高捕猎效率，如训练猎犬扑咬与追踪猎物、驯养老鹰进行捕鸟和捕鱼。

三是形成共同的认知体系。20世纪50年代前，怒族和傈僳族居民将一年中的季节划分为：花开月，相当于3月；鸟叫月，相当于4月；烧火山月，相当于5月；饥饿月，相当于6月；采集月，为大批上山采集的季节，相当于7—8月；收获月，收割各种大春作物和忙于秋播，相当于9—10月；煮酒月，相当于11月；狩猎月，时值初冬农闲，动物的皮毛厚、肉肥，相当于12月。可见，当地民族对月份的认知和划分主要以在该月进行何种生计为标准。此外，这种生计的组织活动和动物、植物的自然规律紧密联系。

四是在采集狩猎活动中，形成了图腾、禁忌和各种祭祀活动。以图腾来

---

① 参见刘怡、芮鸿编著《活在丛林山水间——云南民族采集渔猎》，云南教育出版社2000年版，第31页。

说，在傈僳族社会里，各种图腾遗迹十分丰富。仅在怒江州境内就有虎、熊、猴、蛇、羊、鸡、鼠、鸟、鱼、蜂、荞、竹、菜、麻、柚、木、犁、火等18个氏族图腾。① 这些图腾都是人类在认知有限的前提下对与动植物之间亲缘关系的表达。此外，人们在采集狩猎过程中早已认识到对动植物的保护，而且遵守合理采集、适当捕猎等基本原则。以藏族为例，每个村寨都有自己的神山，大的区域内有更大的神山。例如，德钦境内的卡瓦博格雪山就是当地最大的神山。一旦被人们公认为神山，则任何人都不得在神山内从事任何活动。这一禁忌有利于对神山区域内植物和动物的保护。另外一种禁忌直接要求当地民族在特定的时间内不允许从事狩猎，如在动物产子的时间不允许进行捕猎，这也是一种合理捕猎的体现。

除了图腾禁忌外，在采集狩猎中人们还会进行各种祭祀活动，如敬山神能庇佑族人捕获更多的猎物。怒江的独龙族、怒族、傈僳族在进行狩猎之前都要选择吉日，选最大的树木，在树根前烧香，举行狩猎仪式，以求捕猎成功。

第二节　游牧：民族迁徙与文化传播

游牧"从最基本的层面来说，是人类利用农业资源匮乏之边缘环境的一种经济生产方式。利用草食动物之食性与它们卓越的移动力，将广大地区人类无法直接消化、利用的植物资源，转换为人们的肉类、乳类等食物以及其他生活所需"②。上述王明珂的观点包含两层含义：一是游牧文化往往在边缘性的地域上产生，且农耕文化欠发达；二是充分利用植物资源，发挥草食性动物食用草本植物、善于移动和长途迁徙的习性。喂养草食性动物的优点是在人与自然之间起到了桥梁作用——人不能直接消费植物的根、茎、叶，但可以通过宰杀放养的草食性动物获得肉类食物。具体来说，游牧的"生态学原理就是在人与地、人与植物之间通过牲畜建立起一种特殊的关系，构成一条以植物为基础、以牲畜为中介、以人为最高消费等级的长食物链。这一点与狩猎生计不无相似之处"③。这种方式使不同植物为不同动物提供丰富的食物种类，以便保证整个食物链的有机进行。

---

① 参见刘怡、芮鸿编著《活在丛林山水间——云南民族采集渔猎》，云南教育出版社2000年版，第151页。

② 王明珂著：《游牧者的抉择：面对汉帝国的北亚游牧部族》，广西师范大学出版社2008年版，第3页。

③ 林耀华主编：《民族学通论》（修订本），中央民族大学出版社1997年版，第70页。

民族学家林耀华从经济文化类型学说的角度对整个中国的文化做了较为详细的划分。他认为,"畜牧经济文化类型组"的分布"东起大兴安岭西麓,西到准噶尔盆地的西缘,南到横断山脉中段(云南中部)的广大地区内,基本上构成一个从东北到西南的半月形畜牧带"①;并进一步指出,属于这个类型组的有蒙古族、哈萨克族、裕固族、塔吉克族、藏族和部分鄂温克族、达斡尔族等民族。

按照经济文化类型的划分条件,"畜牧经济文化类型组"包括 4 个类型,即以部分鄂温克族为代表的苔原畜牧型、以蒙古族为代表的戈壁草原游牧型、以哈萨克族为代表的盆地草原游牧型及以藏族为代表的高原草场畜牧型。本书所研究的正是以藏族为典型的高原草场畜牧型,青藏高原成为传统游牧文化底蕴较深的区域。

影响高原游牧文化的根本原因是高原气候,游牧地区往往处于干旱和半干旱地带,降水少且不稳定,气温低,很难发展农业。受中国传统文化"中心"与"边缘"定式的影响,人们普遍认为农业文明发达地带处于中心位置,而游牧文化却受地理因素的影响,只能在边缘地带发展。事实上,青藏高原同是人类文明的发源地;不仅如此,青藏高原还孕育了多元的游牧、宗教、艺术等高原文化。正是"地理条件决定了青藏高原的生产方式,雪域藏族群众唯有选择畜牧业才有生存可能。古老而智慧的藏族群众在严酷的自然环境下,创造了具有鲜明世界屋脊特色的游牧文化,这是对人类文化的贡献,是世界文化遗产宝库中的一颗稀世珍珠"②。追本溯源,滇西北、藏东、川西一带的藏族聚居区,无不受到来自青藏高原游牧文化的影响。但是,青藏高原文化不仅由单一的民族所创造,还受到古羌文化的影响。经过深入研究就会发现,碧罗雪山两麓区域受古羌文化的影响更为明显与持久。其主要表现在羌族是中国最古老的民族之一。东汉许慎在《说文解字》中说:"羌,西戎牧羊人也。从人,从羊;羊亦声。"这说明羌族是主要以养羊获得生存资料的一个民族。《后汉书·西羌传》中说,羌人"所居无常,依随水草,地少五谷,以产牧为业;其俗氏族无定,或以父名母姓为种号",说明当时的人们以牧羊为主要生产活动。《风俗通义》亦称:"羌,本西戎卑贱者也,主牧羊。故'羌'字从羊、人,因以为号。"这更加说明,"羌"是由于放养羊而成为该群体的一个称号的。

根据考古发现,距今四五千年前在今甘肃、青海、河湟东至陕西泾渭流域的广大地区活动的先民正是古代的羌人。《后汉书·西羌传》又载:"西羌之本,出自三苗,姜姓之别也。"也就是说,羌是姜的一种。冉光荣、李绍明、

---

① 林耀华主编:《民族学通论》(修订本),中央民族大学出版社 1997 年版,第 70 页。
② 尕藏才旦、格桑本编著:《青藏高原游牧文化》,甘肃民族出版社 2000 年版,第 1 页。

周锡银所著《羌族史》认为,实际上"羌"和"姜"本是一字,"羌"从人,作为族之名;"姜"从女,作羌人女子之姓。① 这是根据傅斯年在《姜原》一文所说:"鬼方之鬼在殷墟文字中或从人,或从女。照这个例,……地望从人为羌字,女子从女为姜字。"② 章太炎《检论·序种姓》言:"羌者,姜也。晋世吐谷浑有先零,极乎白兰,其子吐延为羌酋姜聪所杀,以是知羌亦姜姓。"③ 而根据历史传说,三苗是帝舜时期的一个部族,是黄帝的夏官缙云氏之后。缙云氏姓姜,炎帝之苗裔。这里追溯到西羌的本质,即是上古姜姓部落炎帝后。④

汉代之时,羌族主要在甘、青一带活动,这时进入中原的羌人已基本上与汉族融合,而未进入中原的羌人除部分生活在陇西外,大多散布于长城以西,特别是河湟地区。⑤ 这时的羌族依据《后汉书·西羌传》记载,"所居无常,依随水草,地少五谷,以产牧为业",即主要以畜牧为主,很少有农业。

此后羌族不断分化,和各地土著相融合。到了唐代,羌族和青藏高原崛起的吐蕃部落的冲突更为频繁,结果形成了不同的支系,如白兰羌、成都平原上的"西山诸羌",这个时候的羌族系统,已经逐步到达岷江上游。根据考古发掘资料,岷江上游不断发现的石棺葬能证明这一文化传播现象。

1964年3月27日,童恩正被派去阿坝藏族自治州理县和汶川县调查石棺葬,均发现新石器时代的遗址⑥,所发掘的器物有石斧、石磷、石凿、小型石刮刀、剑头形两用石刀、石铲、折石挫、石环等。在汶川县镇后山姜维城和理县薛城区佳山寨发现完整的彩陶容器和残碎的彩陶片。此次发掘的器物其纹饰和陇西、陇南、四川理县和汶川县一带出土的器物有相似之处。显然,岷江上游和杂谷脑流域的石棺葬与古羌文化有一定的关系,岷江上游石棺葬可能是古羌人不断南迁形成的。

1964年以后,人们越来越关注川西、藏东、滇西北一带的石棺葬考古发掘,提出了"石棺葬文化"概念。这一阶段,大量关于石棺葬的文章和考古文献发表,如冯汉骥的《岷江上游的石棺葬文化》、冯汉骥与童恩正合著的《岷江上游的石棺葬》⑦、曾文琼的《岷江上游石棺墓族属试探》⑧、陈祖军的

---

① 参见冉光荣、李绍明、周锡银著《羌族史》,四川民族出版社1984年版,第1~2页。
② 傅斯年:《姜原》,见傅斯年著、欧阳哲生编《大家国学·傅斯年卷》,天津人民出版社2009年版,第121页。
③ 转引自刘凌、孔繁荣编《章太炎学术论著》,浙江人民出版社1998年版,第10页。
④ 参见陈蜀玉主编《羌族文化》,西南交通大学出版社2008年版,第2页。
⑤ 参见冉光荣、李绍明、周锡银著《羌族史》,四川民族出版社1984年版,第53页。
⑥ 参见林向、童恩正《四川理县汶川县考古调查简报》,载《考古》1965年第12期。
⑦ 冯汉骥、童恩正:《岷江上游的石棺葬》,载《考古学报》1973年第2期。
⑧ 曾文琼:《岷江上游石棺墓族属试探》,载《中央民族学院学报》1984年第1期。

《西南地区的石棺墓分期研究——关于"石棺葬文化"的新认识》①、徐学书的《试论岷江上游"石棺葬"的源流》②等。

童恩正在《试论我国从东北至西南的边地半月形文化传播带》一文中指出,在青海省内,石棺葬的分布折向了南方,而盛行于青藏高原之东部,包括四川的川西高原、西藏东部的藏东峡谷区和云南滇西北横断山脉高山峡谷;并将此分为"四个亚区":四川阿坝藏族自治州岷江上游地区、大渡河—青衣江流域、金沙江—雅砻江流域和滇西北横断山高山峡谷区,指出滇西北横断山高山峡谷区可视为"金沙江—雅砻江流域"亚区石棺葬文化向南的延续,说明两者之间关系密切。③

川西的石棺葬多分布在金沙江、澜沧江上游及其支流两岸的台地或山坡上,已发现并清理的墓地在云南中甸④、德钦永芝⑤、德钦纳古⑥、德钦石底⑦、四川巴塘扎余顶⑧。这些发掘的石棺葬中,陪葬品有陶器、铜器、骨器、石器、绿松石珠、海贝等。相比较,中甸发掘的石棺葬在出土器物上与金沙江中游东部的宁蒗、永胜地区土坑墓所出同类器物有共同之处,但石棺葬的随葬品形制独特。根据对该墓地的两个人骨标本做的碳素测定,中布 M2 距今 2 850 ± 80 年,中布 M6 距今 2 810 ± 80 年,再结合出土器物的情况来看,时代定在春秋时期比较合适。⑨

从发掘的整体情况看,这些石棺葬的主人都与畜牧或游牧民族有关。进一步来说,川滇地区(主要是川西地区)的石棺葬文化与甘青地区新石器时代文化和青铜文化有相似之处。原因如下:一是都有石棺葬发掘。考古发掘展示新石器时代的甘青地区就有石棺墓的分布,而且时代最早当属马家窑文化。随后青海宗日文化、辛店文化、卡约文化中也有石棺葬。二是都出土了大量的双耳罐。从甘青地区的齐家文化发掘情况来看,人们已经开始将双耳罐作为生活器皿,而且从时间来看要早于川、滇地区所发现的石棺葬。随后在四坝、卡

---

① 陈祖军:《西南地区的石棺墓分期研究——关于"石棺葬文化"的新认识》,见《四川考古论文集》,文物出版社 1996 年版。
② 徐学书:《试论岷江上游"石棺葬"的源流》,载《四川文物》1987 年第 2 期。
③ 参见童恩正《试论我国从东北至西南的边地半月形文化传播带》,见《文物与考古论集》,文物出版社 1986 年版,第 22 页。
④ 王涵:《云南中甸县的石棺墓》,载《考古》2005 年第 4 期。
⑤ 云南省博物馆文物工作队:《云南德钦永芝发现的古墓葬》,载《考古》1975 年第 4 期。
⑥ 张新宁《云南德钦县纳古石棺墓》,载《考古》1983 年第 3 期。
⑦ 王涵:《云南德钦县石底古墓》,载《考古》1983 年第 5 期。
⑧ 童恩正、曾文琼:《四川巴塘、雅江的石板墓》,载《考古》1981 年第 3 期。
⑨ 参见中国社会科学院考古研究所实验室《放射性碳素测定年代报告》(一六),载《考古》1989 年第 7 期。

约、辛店等文化中，往往也能看到双耳罐这一类型的器物。三是出土器物都证实与家畜有关。牲殉的现象在甘青地区发掘来看很普遍。齐家、四坝、卡约等文化的墓地中也有牲殉的迹象，随葬的牲畜大多有马、牛、羊、猪、狗等，大体与川滇出土的石棺葬相同。

从自然地理环境来看，藏东、川西、滇西北是西藏高原的东南边缘地带，属横断山脉区域，往往是海拔较高、峰峦叠嶂、山高谷深、落差极大，气候与植被呈垂直分布，气温多变；这一地带的经济、文化、族属极为复杂。本地带的经济、文化并非全部封闭，各地区间存在着频繁交流，几大河谷更是民族迁徙的孔道。①

从民族分布看，垂直气候特征适宜不同经济类型的民族生活在不同的地理空间。活动在河谷地带的民族偏重农业、手工业，高山民族偏重牧业；加之这一地带正位于"边地半月形文化传播带"②上，还分布有金沙江、岷江、澜沧江等南北走向的河流，成为民族迁徙的必经之地，也是我国历史上西部各民族活动频繁、文化冲突和融合明显的区域。早在新石器时代的后期，黄河上游氐羌系统的民族即有一部分向南迁徙，进入川滇诸省；"其中有的在川西北地区与当地原有的民族杂居，发展了一种农耕而兼畜牧的文化。在定居农业的过程中，他们与羌族的区别日益显著，从而构成了川西北氐族的先民。以后再从河湟进入当地的羌族，在经济文化上似乎还受过他们的影响。在秦汉时代，此种文化的传播已经遍及今阿坝、甘孜两州和西昌专区的一部分，达到了最为繁荣的阶段"③。无疑，从石棺葬的发掘来看，迪庆高原上的民族的确受到来自西北游牧文化的影响。

对于青藏高原藏族的游牧生活，有必要在此作简要介绍。总体来看，整个青藏高原越靠近西缘越发达，越往东越削弱。前面已经提及，藏东一带、迪庆一隅受游牧文化的影响，但逐水而居、住帐篷的游牧现象实为少见。民国年间钟秀生的《藏族平民生活鸟瞰》一文详细描述了从事游牧业的牧人的生活情况，指出"康藏等地，因气候、地势等关系，形成广大之牧场。是以藏族同胞，游牧者占全人口二分之一以上，牧场所据之地，大于耕地百倍"④。从所描述的内容，我们可以侧面了解到牧民的基本生活现象，其大概包含了以下两

---

① 参见罗开玉《川滇西部及藏东石棺墓研究》，载《考古学报》1992 年第 4 期。
② 童恩正：《试论我国从东北至西南的边地半月形文化传播带》，见《文物与考古论集》，文物出版社 1986 年版。
③ 童恩正：《四川西北地区石棺葬族属试探——附谈有关古代氐族的几个问题》，载《思想战线》1978 年第 1 期。
④ 钟秀生：《藏族平民生活鸟瞰》，载《旅行杂志》1943 年第 5 期。

个方面的内容①。

（1）居住条件。进入康藏地区看到的是一望无垠的草原，首先映入眼帘的是无数的羊群、牦牛在休闲自在地吃草；其次是黑如蜘蛛般的帐篷密密麻麻地竖立在草原中间，时而听到藏獒在犬吠。牧人的生活可以完全独立，所居住的黑帐篷由牦牛或山羊的毛编织而成。女性负责织成块状，再由男性负责缝制成帐篷。帐篷可达 5～16.7 米，一般为长方形，在顶部开 1 米半宽的窗天，以便空气流通。帐篷的中间一般用木架支撑，4 个角分别拉一根绳子到远处用石头或木桩固定，达到稳固帐篷的作用。帐篷四周用石头垒起来，或用树枝搭成篱笆，有时还涂上牛粪，这样的帐篷一般能容纳七八人。这就是游牧者居住的基本情况。

（2）分工及其闲暇生活。一般情况下，木制器物、衣服、鞋帽及各种皮制用具均由牧民自己制作，而铜铁等金属器物则需要依靠专门的匠工。牧人的家庭实行分工合作，身强力壮的男子多去放牦牛，而青年或儿童——不分性别——一般都是放羊，他们外出放牧时还须自己随身携带午餐。午餐后，壮年男子一般骑马、赛马或打猎，儿童一般比较喜欢数十人聚集在一起讲故事、下棋、唱歌、甩石及玩各种有趣的游戏，女子一般揣着羊毛进行纺织。在家中工作的人多为妇女，幼童和老人多从事编毛绳、缝纫、织布、制酥油、烤奶酪等工作。当藏族人工作时，有些喃喃诵念经文，有些高唱歌曲，很少有不出声的。

藏族人一般天不亮就起床，草草洗脸后开始背诵经文，一个人烧香祈告，求神明保佑人畜。到红日东升之时，一家人吃完早餐后便开始各自的工作；午膳则用两次，即上午 9：00 及下午 3：00 各食一次，牧人与农夫都会将午餐带至田野间自用，以免中途要返回家中吃午饭浪费时间；到下午五六时家人渐渐回来，这一天的工作告一段落。在使用晚餐时，各自简单聊聊这一天的见闻或工作情况。晚上则围坐在炉旁，家长指示或分派明天的工作；平时也有谈笑风生或闲聊故事的时候。藏族人每天的生活大概就是如此，很少有变化。

上面基本描述了从事游牧业的藏族群众的家庭结构、人口、住所、交通工具、男女分工或年龄分工以及一天工作的情况，这为我们了解牧民生活勾画了一幅图景。

现在，无论是在碧罗雪山东麓的维西、德钦等地，还是在碧罗雪山西麓的贡山、福贡等地，人们再也看不到游牧的影子。以上描述表明，目前的畜牧业有可能和古代游牧民族之间有着千丝万缕的联系，人们通过长期和自然界的互动，逐渐从原始的迁徙不定的采集狩猎生活走向半农半牧兼有其他生计的生活。

---

① 参见钟秀生《藏族平民生活鸟瞰》，载《旅行杂志》1943 年第 5 期。

第三节　畜牧业：转场放牧

如果民族的迁徙、族群之间的互动，给滇西北碧罗雪山两麓人民带来游牧文化的基本元素，那么能维持畜牧业这种生计的原因归根结底是自然气候因素起到了关键性的作用。不可否认"游牧是在特定环境中，人们依赖动物来获得主要生活资料的一种经济手段"①。地理条件决定了青藏高原的生计方式，雪域高原的藏族唯有选择畜牧业才有长期维持生存的可能。郑逸苹在描写西康的畜牧经济时提及畜牧业是西康经济的主要来源，一般"在四千公尺至五千公尺之地，即为西康之高原部分，约占全面积之十分之五，甚不适宜于各种农业作物之繁殖"②，大部分面积仅适合于畜牧业的发展。古老而智慧的藏族在严酷的自然环境下，创造出了具有鲜明世界屋脊特色的游牧文化，这是对人类文化的贡献，是世界文化遗产宝库中的一颗稀世珍珠。③

综观碧罗雪山两麓的畜牧业情况，可以从地理环境、气候、海拔等自然因素进行分析，显然碧罗雪山两麓地区具备这些条件，适合发展畜牧业。海拔"高三千公尺以下的河谷方可言其耕种，而此河谷地仅得全康面积十之二三，且被绝壁斜坡占去大部，可耕之土，又仅得十之二三，森林及裸岩占十之七八，是故西康粮食奇之，至于不能供给每方公里一人之需要"④。地理和气候条件严重限制了农业的发展，除了海拔在 1 000～3 000 米内的土地基本能从事农业耕作外，其余未能从事农业生产的草原放牧用地占有很大的比例。⑤ 因此，西康之地难以发展农业，使得畜牧业成为西康经济的主要收入来源。从另一个角度来看，藏族聚居区畜牧业的发展还有物质本身的需要与文化的内在要求两个方面。

（1）生存的需要。该区域多为藏族，即便有少数的其他民族，由于深受藏族的影响，饮食习惯上也逐渐和藏族相同。这就导致人们普遍以牛羊肉为主要食物来源，以保证纤维素的摄取。食料主要靠奶渣、酥油等乳制品，这样"方能保持体力，以御高寒，并用牛羊毛皮做衣，至于居住的帐篷，亦用牛羊

---

① 王明珂著：《游牧者的抉择：面对汉帝国的北亚游牧部族》，广西师范大学出版社2008年版，第7页。
② 郑逸苹：《西康与畜牧》，载《中国建设》1936年第13卷第6期。
③ 参见尕藏才旦、格桑本编著《青藏高原游牧文化》，甘肃民族出版社2000年版，第1页。
④ 郑逸苹：《西康与畜牧》，载《中国建设》1936年第13卷第6期。
⑤ 同上。

毛揉成之细线织之"①。可谓,衣食住行样样离不开牛羊。奥德雷·查理兹就曾指出:"摄取营养作为一种生物过程,比之性生活更为根本。在有机个体的生命过程中,它是一种更为基本、周而复始得更快的需求;相较于其他生理机能,从更为广泛的人类社会的角度来说,它更能决定社会群体的特性,以及其所采取的生活方式。"② 人们出行因受悬崖峭壁、高山险阻、峡谷纵深、道路艰险、跋涉艰难等条件制约,牲畜成为交通的主要工具,马、骡是常用的运输和出行工具。喜马拉雅山部分地区则有时会用体型较大的羊来运输盐,一般一次能运 15～20 千克,而骡或马一次能驮运 80～150 千克。

(2) 文化上的影响。这主要表现为藏族信仰藏传佛教。众所周知,喇嘛教徒在供奉佛祖、家有大小红白之事、生病做佛事等亦需要大量酥油,这些需要人们养很多的奶牛。除此之外,藏族人热情好客,重大传统节日"烹羊宰牛且为乐",无不与牲畜有关。总体来看,畜种主要有马、牛、羊三大类。马类可分为马、骡子、毛驴,由于地势所限,一般不养驴,以养马、骡为主,但骡必须有驴进行配种;牛可分为牦牛、黄牛、犏牛三种;羊主要是绵羊和驹羊两种。除此之外,家畜有猪、狗等。牲畜的数目是很大的。民国期间统计显示,西康大约有牛 600 万头、羊 800 万只、马 20 万匹、骡 10 万余头、毛驴 3 万头、猪数万头。③

时至今日,人们越来越认识到游牧文化是畜牧业的起源,游牧者是驯养动物的最大功劳者。古老的游牧民族在驯化野生动物上创造了奇迹。就野牦牛来说,体格高大健壮,身长可达 3 米,体重超过人类 10 倍,在千斤以上,力大无穷,剽悍凶猛;其肉鲜嫩可食,营养丰富,皮可以制成毡帽或毡子,绒可纺织高级呢绒。桀骜不驯、凶悍暴躁、富有进攻性的野牦牛,最终还是被人类驯化了。④ 唐代李延寿所撰《北史》载有"饲养牦牛、羊、豕以供其食",说明唐之前已经成功驯服了野牦牛。任乃强认为,藏羊是羌族驯养最成功最早的家畜。羌族又是最早把这种古代野羊改良成绵羊的民族。⑤ 羌族不但早在中原文化诞生前就已经成功驯养牛羊,而且在殷周之际,把牦牛与黄牛杂交,繁殖出犏牛这样的新型家畜。⑥ 驯养动物似乎是古代游牧民族的另一个重要的职业。

无疑,畜牧业在一定程度上是游牧文化的继承和发展。游牧生活要逐水草

---

① 郑逸苹:《西康与畜牧》,载《中国建设》1936 年第 13 卷第 6 期。
② 转引自(美)西敏司著《甜与权力——糖在近代历史上的地位·中文版序言》,王超、朱建刚译,商务印书馆 2010 年版,第 15 页。
③ 参见郑逸苹《西康与畜牧》,载《中国建设》1936 年第 13 卷第 6 期。
④ 参见尕藏才旦、格桑本编著《青藏高原游牧文化》,甘肃民族出版社 2000 年版,第 9 页。
⑤ 参见任乃强著《羌族源流探索》,重庆出版社 1984 年版,第 19～20 页。
⑥ 同上书,第 22 页。

而居，赶着牛羊实行季节性迁徙；游牧生计使人们不断适应环境，包括更换草场与掌握天气。不管是游牧业还是现在的畜牧业，都必须处理动物和食物来源之间的关系。即牧人必须掌握自然环境及牧畜动物习性的知识，以发展适当的游牧技术与节奏。① 其原因在于三个方面。一是季节性气候的影响。有些高海拔的草场，10月末开始进入降雪期，无疑给放牧带来了困难，有时候更会引发灾难性后果。对此，人们如遇上降雪期，会将牛羊赶到海拔低的河谷地带。二是协调农业和畜牧业的需要。一般情况下，5—10月正是农户庄稼生长和成熟的阶段，河谷台地土地资源珍贵，不可能腾出更多的土地来进行放牧，这样农业土地和放牧场地之间就产生了矛盾；如果达不到平衡，就会出现牛羊糟蹋庄稼的情景。这种矛盾最终还会转变成牲畜和庄稼主人之间的矛盾，如何赔偿成为最终需要解决的问题。有时候也有人出于邻里之间的考虑，不会提出赔偿，但是次数多了，肯定会影响彼此之间的关系。基于这种情况，在这个阶段绝大多数牲畜都被赶到高山牧场，几家的牲畜统一起来由一个人来照看，各家只需要定时提供人和牲畜所需的粮食、饲料即可。而到了10月以后，庄稼已经收割完，在气候不允许再种植的情况下，多数土地开始闲置，这个时候将高山牧场上的牛羊赶下山，即可利用这些土地进行放养，各类农作物的茎叶刚好为牲畜提供饲料。到了第二年5月左右又要种植庄稼时，高山上的积雪开始融化，小草开始发芽，又到了把牲畜赶上牧场的时节。三是畜牧的品种应适应自然环境，才得以扬长避短。"牦牛耐粗饲、有耐力，在泥沼、雪地、险陡的山路上能行走自如，而且负载量大，长途运输、搬迁帐房全靠牦牛，在不少地区，牦牛还被调驯为骑牛，供放牧、搬家、交际时骑乘。"② 但是，牦牛是一种适合在高海拔地区生活的动物；相反，将其赶到低海拔地区饲养，它们易生病、无活力，甚至失去繁殖力。③ 所以，现在有经验的商人到藏族聚居区购买牦牛，一般交易成功后，不会立即将牦牛运到低海拔地区，而是逐渐从高海拔到低海拔地区放养，待其适应了低海拔地区的气候条件后才运送到目的地。人们在放牧的过程中还总结出了牦牛在气温高的地方不能大负荷劳动的特点，否则易发狂而死。犏牛则比较耐劳耐热，故凡是在高原长途运输需要翻越温暖的河谷时，一般只用犏牛，不用牦牛。④ "羊，山羊与绵羊，各品种的山羊与绵羊，都有其特殊动物性以生活在特定环境中。羊的品种多，广泛分布在各种纬度的游牧类型中，因而它们成为对牧民或对全人类最有贡献的一种牧畜。我曾

---

① 参见王明珂著《游牧者的抉择：面对汉帝国的北亚游牧部族》，广西师范大学出版社2008年版，第7页。
② 尕藏才旦、格桑本编著：《青藏高原游牧文化》，甘肃民族出版社2000年版，第5页。
③ 同上书，第9页。
④ 参见任乃强著《羌族源流探索》，重庆出版社1984年版，第22页。

在内蒙新巴尔虎地区观察'出冬场'（牧畜移往春季草场），那时的夜间气温是摄氏零下 28 度。"① 这说明了游牧文化中的动物也在不断地适应环境，且不同种类的牲畜适应不同的环境。

在德钦县，茨中村是茶马古道的必经之地。来自滇西的商人和藏族商人长途跋涉地进行南北贸易，就是用马、骡组成马帮驮运交换品的。例如，滇西、川西的盐、茶、布匹，西藏的毛皮一类，都是用马、骡作为交通工具的。西藏盐井所产的盐，自明清以来，一直靠马来运输；茶马古道鼎盛时期，可谓人马不绝，马铃不断。

游牧文化的经验，无疑对当今的畜牧业产生了深远的影响。如果一定要对着牧民喋喋不休地问很多个为什么，或许答案会让发问者失望。牧民往往很无奈地看着你，最后来一句："没有为什么！"这些经验是牧民在长期放牧的过程中总结出来的，似乎没有那么多的"为什么"。今日德钦的茨中村、贡山的丙中洛和捧当乡一带的畜牧业，长期以来都表明了人畜对环境有较强的适应能力。为了适应碧罗雪山的气候，人们从 5 月开始把牛、羊、马、骡赶到位于碧罗雪山两个高山之间的牧场。

2012 年 8 月上旬，笔者从丙中洛乡到捧当乡的迪麻洛村，翻越碧罗雪山，在行程中经过了两个牧场。翻过 3 400 米的高山后，进入第一个牧场——色洼隆巴牧场。这是迪麻洛村的牧场，海拔为 2 670 米，大约有 20 户（每户 1 人）人家的牛羊在此放养。其后再一次爬山，翻越 3 840 米的山脉，进入第二个牧场——杜洼扎楚牧场，该牧场属于茨中村。到了 10 月，大雪来临之前，村民不得不把牛羊赶下山。不过，好在此时坝区的作物已经收割完，有足够的空间来放养从山上赶下来的牲畜。

贡山怒江两岸的怒族、独龙族人过江或过河，只能靠溜索与猪槽船。但是，在坡陡的山路上运送粮食、山货、木材等，只能靠马、骡。迪麻洛村到新科牧场，需要一天的时间，牧场和村落之间的往来全靠马和骡子，上牧场驮的是人畜必需的粮食、食盐、油，下山驮的是牧场所制的酥油。酥油一般是由高山放牧者用挤到定量（一桶 20 公斤）的牛奶亲自做成的。

现在，随着交通不断地延伸到僻野之地，村村通公路，寨寨相连接。乡镇一级的公路一般都铺上了柏油路面。慢慢地，马、骡很难再有用武之地，饲养的人也少了。只有在公路未通、道路难走的自然村，还有一些人在放养马、骡。这一切都是因人类环境的变化不断随之改变的结果。

---

① 王明珂著：《游牧者的抉择：面对汉帝国的北亚游牧部族》，广西师范大学出版社 2008 年版，第 1 页。

第四节　农业生计与土地所有制

一、土地是农业的基础

无论是采集狩猎、游牧、畜牧，还是农业生计，都与自然环境有着密切的关系。若暂不论气候、海拔、气温、湿度等自然条件对农业生计的影响，则土地所有权对农业生计的影响是根深蒂固的。因为从事农业生产活动是在一定的土地上进行的，没有土地作为前提，农业就无从谈起。"土地是一个大实验场，是一个武库，既提供劳动资料，又提供劳动材料，还提供共同体居住的地方，即共同体的基础。人类素朴天真地把土地看作共同体的财产，而且是在劳动中生产并再生产自身的共同体的财产。每一个单个的人，只有作为这个共同体的一个肢体，作为这个共同体的成员，才能把自己看成所有者或占有者。"①这段话包含了三层含义：一是土地是人们进行任何农业活动的场所，不管是采集狩猎、游牧、农业，还是工业生产，土地总是人类赖以生存的基础，即共同体的基础；二是土地不仅为人类提供了劳动场所，还提供了劳动资料和各种生态资源；三是人类自古以来把土地作为共同体活动时所拥有的一种财产，只有作为共同体的成员，才能把自己视为土地的实际占有者。总而言之，人不能脱离土地而存在，土地的所有权应归社会共同体所有而不是归个人私有。

农业是建立在一定土地上的，对千百万农民而言，"土地比命还重要"，没有土地，农民难以维持生计。因此，自古以来为土地而发生的斗争和案件数不胜数。"土地本身，无论它的耕作、它的实际占有会有多大障碍，也并不妨碍把它当作活的个体的无机自然，当作他的工作场所，当作主体的劳动资料、劳动对象和生活资料。一个共同体所遭遇的困难，只能是由其他共同体引起的，后者或是先已占领了土地，或是到这个共同体已占领的土地上来骚扰。"②土地往往成为部落之间争夺的对象。这是因为部落共同体的扩大和发展必然导致对其他部落氏族的进攻，目的无疑是为了扩大地盘，占有更加广泛的土地资源。此外，"农耕生计开辟了把劳动直接注入生态系统的途径，使人类可以通过强化劳动和改进技术来放大或增加生态系统的输出功率，从而在生产力和劳动产品之间第一次建立起并行发展的正比例关系。以此为基础，人们不仅能安居乐业，而且能积聚财富，发展技术，创造出前所未有的文明"③。农业得到

---

① 《马克思恩格斯全集》（第46卷上册），人民出版社1995年版，第472页。
② 同上书，第475页。
③ 林耀华著：《民族学通论》（修订本），中央民族大学出版社1997年版，第93页。

发展，是人类社会从游牧走向定居的标志。

二、碧罗雪山两麓农业不发达的原因

农业生计不仅是农民生产粮食的主要方式，以农业为基础的农业税一度是国家税收的主要来源。遗憾的是，到目前为止有关中国农业方面的史料记载极为缺乏。正如法国昆虫学家法布尔所说："历史赞美把人们引向死亡的战场，却不屑于讲述使人们赖以生存的农田；历史清楚知道皇帝私生子的名字，却不能告诉我们麦子是从哪里来的。这就是人类的愚蠢之处。"① 英国一位研究中国农业史的学者同样认为："中国几千年的封建社会，积累了非常丰富的农业生产经验和农业科学知识，正是这样杰出的农业系统哺育了灿烂的中国古代文化，为什么中国的史书尽管浩如烟海却对农业科学几乎全不提及。"② 这不得不承认是种遗憾。

在研究碧罗雪山两麓的农业情况时，如同上述情况，很难找到农业方面详细的记载，涉及有关土地制度、所种植的作物类型寥寥无几，往往只能依靠地方志零星的记录，如同显微镜下的微小细胞，只有不断仔细寻找，才有可能发现关于农业方面的蛛丝马迹。造成这种结果的原因，应该有三个方面。

（一）自然地理条件

一是藏东的昌都一带及云南的滇西北迪庆高原，农业无疑受自然地理条件的限制；历史上，农业只在零星的河谷地带进行，何谈农业有较大的发展。有文本谈及怒江峡谷的农业甚是落后的根源。据《菖蒲桶志》记载：

> 菖属各种夷人，异常懒惰，不事生产。以农业言，傈僳、曲子，每年只种杂粮一次，古宗、怒子虽每年种杂粮两次，然一家之计，均不能足。每届青黄不接之际，大半苦于无粮，仰屋兴嗟，忍饥耐饿，以俟粮熟，成为习惯。足食之家，全境不过数户。森林天然所产，毋庸人种。因菖属土质相宜，雨雪又多，山场宽广，林木极为繁多，几无隙地，因交通不便，不值一钱。……设治后，官署见其生计薄弱，极力劝令种植小春，尽系阳奉阴违。③

---

① 转引自游修龄编著《农史研究文集》，中国农业出版社1999年版，第198页。
② 同上。
③ 菖蒲桶行政委员公署编纂：《菖蒲桶志》，见李道生主编《怒江文史资料选辑》（第十八辑），政协云南省贡山独龙族怒族自治县委员会、政协云南省怒江傈僳族自治州委员会文史资料研究委员会1991年刊印，第35页。

鉴于这样的情形，几任贡山行政委员都努力引入各种作物种子，试图改变贡山的农业情况。

民国十二年，经梁委员之彦购办豆麦子种，发给三、四区。劝令播种，终归无效。民国二十年，电陈委员作栋，又由维西岩瓦购办蚕豆、大麦十余石，经陈委员应昌发给三、四区人民，勒令栽种，严定赏罚。现经查勘，均已播种出芽，此后三、四区小麦必能成效。民国十七年，电姜委员和鹰购备棉种，发交打拉火头试种，因水过多，芽苗出土即烂，毫无效果。红薯、洋芋、花生等，试验种植，均属相宜。迄今统计，红薯每年可得数百斤；洋芋则一、二两区尽皆种植，数难估计；花生每年可得千斤。①

上述资料说明，怒江峡谷一带的怒族、傈僳族、独龙族等民族，直到民国时农业还处在较低水平。而且，在文献中还未发现有玉米的种植，也就是说这个时候玉米还极有可能未引入。

（二）人文地理位置特征

各种政治势力的斗争阻碍了农业的发展。盐井、迪庆、怒江三地均长期处于政教合一制度的控制下，税收苛刻，各种势力相互勾结，土地所有权一直被土司、寺院、贵族占有，带有极强的封建土地制度色彩，使得人们无法在土地上施展，农业毫无起色。因此，土地所有权不是如人所愿的"耕者有其田"，而是受政治和社会等因素的制约。

大体来说，该地区在6世纪以前处于部落和氏族社会，由于资料缺乏，很难准确描述人们放牧兼采集狩猎的生活。唐代，吐蕃和南诏都是由奴隶主进行统治，他们以掠夺人口为务，不断地通过战争进行野蛮的人口掠夺，并将掠夺的人口用于赠送和交换。所以，直到9世纪末，迪庆高原一带还停留在奴隶社会阶段。

吐蕃和南诏之间的贸易主要是牛与羊，从这点来看，当时的生计还以畜牧业为主。② 元代以来，迪庆归西番宣慰司管辖，在民族地区和边疆上，元代中央王朝采用了"因其俗而柔其民"的方法。当时的中甸分为3个宗卡，而宗卡就是后来的县，只是当时的县范围较今天的要小；宗卡之下就是属卡，是在农村公社之上逐渐发展成为基层的一个组织，该组织还一直延续到解放，并制

---

① 菖蒲桶行政委员公署编纂：《菖蒲桶志》，见李道生主编《怒江文史资料选辑》（第十八辑），政协云南省贡山独龙族怒族自治县委员会、政协云南省怒江傈僳族自治州委员会文史资料研究委员会1991年刊印，第35页。

② 参见王恒杰著《迪庆藏族社会史》，中国藏学出版社1995年版，第43页。

定了一整套的制度。①

在1950年西藏解放以前，昌都地区还处于等级鲜明的封建社会。按照在社会经济结构中的地位，可分为农奴主阶级和农奴阶级两大阵营。前者以占有土地所有制为目的，无偿占有或剥削农奴的劳动力；而后者只能任凭前者宰割。根本原因在于，农奴没有土地所有权，丧失了劳动权利，只能靠出卖自己的劳动力为生。从1964年中国社会科学院民族研究所西藏少数民族社会历史调查组所编《昌都地区社会调查材料专册》（初稿）来看，西藏解放前期，其封建农奴制有以下三个特点：①政教合一。呼图克图的采邑，以及土司、贵族割据的地区，在经济制度、土地所有权观念和农奴对领主的身份依附关系上有很大的独特性。②本区由于地理环境、气候和其他方面的特点，造成农牧交错、没有大片可耕地的情况，因而没有出现贵族、寺庙经营的大庄园经济。土地多交给差巴、俄惹（呷杂）去分散经营，也形成各地地租、劳役的不平衡性。除少数宗外，差巴的人口和使用的土地占有多数。③三岩宗的部分寺院土地已形成封建占有形式，有的寺院还使用农奴生产，但都没有实现全宗的统一。世俗头人、群众以血亲"帕措"为单位占有土地。土地买卖自由，但价格昂贵，同时，因为习惯的约束，故买卖极少。②

上述文献揭示了地方政权以政教合一为主，各种势力均占有土地。20世纪50年代昌都地区的调查资料显示，只占总人数1.59%的地方头人，却占有总耕地面积的23.33%的土地；而占人口总数86.07%的差巴和呷杂两个阶层，只占53.89%的土地。③ 此外，本区有洛渝、僜人、独龙（俅）、门巴等人数更少的部族。这些部族的社会阶级分化还很不明显。洛渝、僜人等可能停留在原始氏族公社阶段，独龙（俅）族多居住在中国、印度、缅甸未定界限内，他们保持土地共有及共同耕作、平均分配的氏族公社制度。

（三）土地占有形式

就土地占有的形式而言，碧罗雪山两麓存在以下三种方式④：

一是寺院占有土地的形式。就是在一个宗内，寺院实行政权和教权的统一。寺院各扎仓及下属的小寺院各自占有一份土地，同时还以政权形式占有差地。寺院的僧侣执事和世袭贵族又得到一部分土地的暂时占有权和世袭权。但是，土地的真正所有权归呼图克图个人所有。一般寺院，即未受封号的活佛所

---

① 参见王恒杰著《迪庆藏族社会史》，中国藏学出版社1995年版，第47页。
② 参见中国社会科学院民族研究所西藏少数民族社会历史调查组《昌都地区社会调查材料专册》（初稿），1964年10月刊印，第35页。
③ 同上书，第18页。
④ 同②，第36～39页。

在的寺院,也占有一定的土地。这种寺院几乎全区都有,唯一区别的是只能享有使用权,没有土地所有权。一般寺院的土地来源有:"信徒的布施、捐献地;僧尼的奉献地;占有或受赠送的死绝户的遗地;最高领主的封赐地;寺院初建时,由当地藏政府拨给的部分差地;差巴的投靠地;差巴因缺种子或其他原因无力经营时,租给寺院的土地;差巴因欠债抵押给寺院的土地;寺院利用权力(如利用调解纠纷,强占当事人的土地)或假证据、假账等,霸占差巴的土地;寺院自行开垦的土地等多种。"① 总之,寺院有多种土地来源,经过出租给差巴或呷杂来获得收入。在贡山的丙中洛,寺院占有的土地,水田95.5架(约191亩)(1亩≈0.066 6公顷,下同,不再标注)、牛犁地249架(约498亩)、锄挖地5架(约10亩),除自耕(实际为当地农民代为耕种)8架(约16亩),其余都是租给农民耕种。喇嘛寺总体占有全村耕地面积的34.7%,约占固定耕地面积的40%,占牛犁地的40.5%,占水田面积的76.4%。②

二是贵族占有土地的形式。具体可分为四种情况:

(1)贵族"甲波"占有方式。

根据调查组的判断,本区(昌都一带)在唐宋之际建立在家长奴隶制基础上的部落酋长就是割据地方的统治者。这些酋长的名称如"甲波"(土司头人,意为"王")、"德哇"、"德巴"("德哇"和"德巴"意为部落首领和族长)等。

(2)三十九族军事组织和地方行政合一的贵族占有方式。

(3)活佛世家、陪臣占有方式;政教合一的宗、呼图克图的家族及其有功的陪臣,可以被封赐或并吞一部分土地,成为贵族世家。

(4)世袭头人占有方式。

贵族的土地来源主要是:内地王朝或藏政府的赏赐,霸占绝后户或逃亡户的土地,欠债户的抵押地,由婚姻关系得来的土地,买卖所得的土地以及薪俸地。

三是藏族政府直接领有土地的形式。这是因蒙古族固始汗占领本区以后,牧区由骑兵驻扎直接管辖,将农区的大部分送给达赖喇嘛以后,这些地方就成为藏政府的直接辖地。各宗土地都属最高领主,由西藏政府派宗本管理差税和行政事宜;宗以下头人由宗本任免,也有少数是世袭。

迪庆藏族社会在封建农奴制下,情况与昌都地区相同。只是农民从喇嘛、领主和贵族或他们控制下的属卡中领取份地。属卡成员都可以领到门户地,承担门户责任。唯一不同的是,属卡中取得的份地只有使用权,没有转让、典当

---

① 参见王恒杰著《迪庆藏族社会史》,中国藏学出版社1995年版,第39页。
② 参见云南省编辑组、《中国少数民族社会历史调查资料丛刊》修订编辑委员会《傈僳族 怒族 勒墨人(白族支系)社会历史调查》,民族出版社2009年版,第43~44页。

和买卖权，也就是没有绝对的所有权。①

综上所述，影响碧罗雪山两麓的农业发展有三个原因。首先，该地区历史上长期处于政教合一的制度下，封建领主、寺院喇嘛、王权贵族占领了大量的土地，严重限制了农业的发展。其次，有地理环境的因素，地势险要、坡度较大、海拔高、温度低、降水量少，都使农业难以发展起来。从1811年直到民国期间，傈僳族还有"耕种择山地之腴者，砍其树而焚之，即施种子，种不用肥料，谓之刀耕火种，且今年居此，明岁徙彼"②的生活，处在刀耕火种、"垦（垦）山而种，地脊则去之，迁徙不常"的原始阶段。生活在中甸的纳西族，试图发展农业，却遇上"无水利可修，土人开渠种稻，屡试无成"③。最后，农业难以发展还与该地区长期处于多民族冲突地带有关。吐蕃从青藏高原顺金沙江自北向南扩充以来，不断和唐朝、南诏处于征战状态；宋代偶有平息，末期在蒙古族将领成吉思汗的领导下，占领了迪庆高原；明代，长时期处于木氏土司的控制下，其野心勃勃，曾在万历年间占领了整个云南藏族聚居区以及四川巴塘、理塘、西藏盐井一带。无疑，该地区在新中国成立后农业才得以全面发展。

三、碧罗雪山两麓农业发展概况

由于上述影响农业发展的原因，直到清末，无论是昌都的盐井还是迪庆高原，农业发展缓慢。农作物的种类都比较单一，只适合种植耐寒耐旱的作物，主要以青稞为主，小麦、荞麦、豌豆、圆根次之。海拔不同，气温不同，农作物的种类也有差异，播种及收割季节也不同。一般而言，青稞、豌豆、荞麦的成熟期为120天，小麦的成熟期为120～150天，圆根的成熟期为90天。二是农业的生产工具和耕作技术落后。盐井一带的农业工具有犁（主要分铁铧木犁和纯木质犁，且后者较多）、木耙、锄头、两齿耙、斧头、刀、木钩、打青稞板、砍刀等。工具主要由当地的木匠师傅自造，有时候要从云南运入犁、锄、斧头等。

中甸一带，民国《中甸县志》载："其江边一境，虽略有水田，而地仅金沙江左岸之一线，为数不多。"又载："江边境天时温和，五谷皆产，霜降后播种，立春四月收获。四月朔播谷，霜降后收获。"④ 这时的中甸金沙江沿岸已经有水稻的种植，只是较小规模；而影响水稻种植的关键因素是水资源，虽

---

① 参见王恒杰著《迪庆藏族社会史》，中国藏学出版社1995年版，第237页。
② （民国）《中甸县志稿》，见《民族问题五种丛书》云南省编辑委员会编《纳西族社会历史调查》，云南民族出版社1983年版，第165页。
③ 同上书，第164页。
④ 转引自许鸿宝、王恒杰《纳西族史料汇编》，见《民族问题五种丛书》云南省编辑委员会编《纳西族社会历史调查》，云南民族出版社1983年版，第165页。

然有大江大河，但是没有现代的抽水技术引水灌溉导致"中甸无水利可以修，土人开渠种稻，屡试无成"①。

相对于西藏盐井和云南德钦等地区，生活在怒江的怒族、独龙族、傈僳族等民族农业技术更为低下，主要表现在工具的使用上。这是因为生产工具是生产力水平的标志，也是最活跃的因素。民国李生庄在滇西北等地调查，记有："其（傈僳族），器具之属于木器者，有木甑、木盆、木盌、木箱、木桶、木槽之类；属于石器者极少；属于竹器有竹筒、竹箕、竹筐、竹盒之类；属于陶器者多为汉人所制。"② 又载："（怒子），所用器具，与粟粟略同。"③ 与此同在一个区域内的独龙族（曲子、俅子），还过着刀耕火种的生活，"曲子因无农器，故栽植法甚简陋，大抵平常栽植，不用锄耕，惟将树木茅草，砍伐晒干，焚之成灰，散灰于地，厚约数寸，于是以竹锥地成孔，点种包□，……名曰刀耕火种"。④ 民国《维西县志稿》也记载："傈□喜山居，其耕种择山地之腹者，砍其树而焚之，即施种子，种不用肥，谓之刀耕火种。"以上均描述了当地的傈僳族、怒族、独龙族在生产力低下的情况下，生活在不耕地、不施肥、不锄草的刀耕火种时代，还处于原始社会的形态。

该耕作技术落后地区的人们在长期的实践中已经懂得，土壤肥力由于连年耕种逐渐下降，为了能保持土壤的肥力和所含的矿物元素，已经开始使用轮作和休作的方式。所谓轮作，就是针对较好的土地，第一年种青稞，第二年种小麦，第三年又种青稞；也有的采用第一年种圆根，第二年种青稞，第三年又种圆根；这样的方式不仅仅只有这几种。休作，就是针对土壤肥力较差的土地，第一年种青稞，第二年种小麦，第三年休种；特别贫瘠的土地，甚至采用种一年、休一年的方式。

新中国成立以后，各地先后得到解放，土地所有权逐渐收回到国家和集体手中。土地承包制的实现，极大地鼓舞了农民的信心，农业得到了发展；特别是到 21 世纪初，包括取消农业税、土地补助的各种政策随之而来，农业相对来说得到了较大发展。需要指出的是，政策导向在不断起作用，当地的农民也不断认识到土地的重要性，两麓在种植的种类上已经没有太大的差别，传统的青稞、小麦、玉米依然是农作物的主角，仅在食物的加工和食用的方法上受自身文化的影响而有所差异。现阶段农业的具体情况，将在第四章进行论述。

---

① 转引自许鸿宝、王恒杰《纳西族史料汇编》，见《民族问题五种丛书》云南省编辑委员会编《纳西族社会历史调查》，云南民族出版社 1983 年版，第 165 页。

② 李生庄：《云南第一边区域内之人种调查》，见《云南边地问题研究》，云南省立昆华民众教育馆 1933 年刊印，第 143 页。

③ 同上。

④ 同②，第 169 页。

第三章　多元生计的形成及其中介（下）

第一节　传统制盐业：生理需求与族群互动

如果说采集狩猎、畜牧、农业是人类从自然界获取物质资料的常规生计方式，那么盐业获取资料的方式似乎有些特别。不但如此，历来青藏高原整体上盐的来源途径少，这与西藏没有形成集中的专业制盐盐场有关。因此，盐对于生活在青藏高原的藏族群众来说极为珍稀，可称得上是"生命之盐"。

对于人体一年内到底需要多少盐，"夫食盐多寡，虽人无定额，然大抵每人每年食盐十斤，作为平均数"①；学者通过研究，基本认为中国人均每人每年约消耗 10 斤盐②。新加坡学者姜道章认为，清代，中国平均每人每年食盐量为 13 斤。华南、华中因气候温湿，出汗较多，对盐的需求量较高，其平均则需 14 斤；在西南地区则为 13 斤；华北地区因气候干燥且北方人食肉较多，需盐量较少，平均每人每年为 12 斤。③ 这是有关中国整体上每年每人消费食盐的大体情况。不过，有时人畜使用的盐很难分开，因此不一定准确，但是对了解人类对盐的需求情况而言非常重要。

一般情况下，盐以液态方式存在于自然界中，其中大海中盐的含量最高。青藏高原仅有少量的湖泊形成池盐，因此不可能有大中型盐场，更不能与海边进行工业化制盐的产地相媲美。西藏的盐以湖盐和池盐、井盐、岩盐的方式零星地分布在各个区域，总体上西藏地区一直以来没有形成大规模的制盐产业，其特点是分布零散、产量低、规模小。盐业生产不发达是因西藏地理环境特殊、经济发展落后所致，也使得西藏成为历代中央政府从未实行盐政管理的较少区域之一。可是，盐对于人们的生产生活极为重要，不仅人体需要补充氯化钠（盐的主要成分），从事畜牧业的牧民都知道，牲畜也需要摄取盐，因此藏

---

① 盐务署盐务稽核总所编：《中国盐政实录·第一章"总叙"》（第 1 册），文海出版社 1979 年版。
② 参见姜涛《食盐与人口》，载《中国经济史研究》1994 年第 3 期。
③ 参见吴海波、曾凡英著《中国盐业史：学术研究一百年》，四川出版集团 2010 年版，第 196 页。

族地区人们努力通过传统方式利用有限的盐资源进行制盐。明代以来藏东盐井的盐业兴起，对昌都、德钦、中甸、察瓦龙、贡山等一带有着重要的意义。

人类对自然盐的发现与动物一样，是出于生理需要的本能；我国自古便有"白鹿饮泉"、"牛舐地出盐"、"群猴舔地"、"羝羊舐土"等有关动物发现盐的记载。① 很多情况下，人类发现盐与动物的某些行为有直接关系。各地有关盐的神话很多。例如，四川盐源县的纳西族所供奉的"盐神"是一位美丽的少女，相传她在牧羊时发现盐水，后来在此开发盐井。② 同样，盐井盐的发现也流传着很多故事，其中一则是这样描述的：

> 在1万年以前，生活在这里的人们是不懂得吃盐的，所有人不到10岁，头发就自然全部变白。有一天，有个放羊的年轻小伙在高山上放牧，看到牛羊悠闲地吃着嫩草，他就靠着一个大石头打个盹，可不知道为什么就这么睡着了。梦里他看到了一位漂亮的姑娘，奇怪的是这位姑娘头发全是黑黝黝的。姑娘明亮的眼睛一直看着小伙子，那么漂亮迷人。小伙子问道："你，你怎么头发是黑的，哪里来的？"一下子问了两个问题，姑娘什么也没有回答。这样的事情在小伙子身上接连发生了好多次，每次都能梦到那美丽的黑发姑娘。
>
> 小伙子开始慢慢地喜欢上了梦里的姑娘，每天都会把羊群赶到这个地方，并开始自己的美梦。这天小伙子把自己喜欢上姑娘的想法说了。姑娘开口了："除非你也有像我一样的黑发。""怎么才能头发不白了呢？"小伙子问道。"在天上的老鹰经常停留的地方，你能找到答案。"姑娘说。小伙子正要再问什么，一阵凉风吹来，他醒了。梦里的姑娘让他寻思着为什么她的头发是乌黑的。看看四周，羊群不见了，他赶紧四处寻找羊群。这里经常有狼把羊叼走，想到这里他心里一惊。他翻过了一山又一山，还是没有看到羊群，最后实在走不动了，准备休息一会再走。但是，此时他的耳边响起了水流的声音，他意识到附近不远处应该有条河。再翻过一个不高的小山，他眼前呈现着波涛汹涌的江水。这时头顶上突然聚集了一大群老鹰，盘旋着。时不时有几只老鹰落到江岸边的沙滩上，在啄着什么。小伙子很好奇，走近一看，没有发现食物，看到的是沙滩上的晶体状颗粒。梦、老鹰、姑娘的话，让他想起了那是梦里姑娘让他寻找的答案；看到老鹰把这些颗粒吞了下去毫无事情，自己壮着胆子尝一口，结果发现味道特别。

---

① 参见郭正忠主编《中国盐业史·古代编》，人民出版社1997年版，第13页。
② 参见宋兆麟、黎家芳、杜耀西著《中国原始社会史》，文物出版社1983年版，第362页。

第二天，他又到自己常去的地方放羊。他急着把自己的发现告诉姑娘，他更想知道为什么自己的头发还是白的。梦里又有了对话，年轻的姑娘要他每天吃那些颗粒三四颗。羊群去了，也喜欢上了那些颗粒，每天一到下午都会向江边走去。一个月后，他变成了村子里第一个头发黑的人，所有的人都在奇怪，问他发生了什么，他只能把发生在自己身上的事情告诉了大家。大家把这些晶体状的颗粒捡回家，放入菜中，发现菜是那么香美，慢慢地大家的白头发也变得乌黑了。小伙子激动着上山，不想只在梦里看到这位姑娘，他一直呼唤她，从高山到江河，从峡谷到草原。终于有一天，老鹰在上空盘旋，天好像变黑了。突然一阵风吹来，姑娘出现了。他们最终走进了爱的殿堂，这对爱人从此就到江边把这些颗粒捡回家，卖给人们。从此，盐走进了人们的生活，老鹰受到人们的敬重。盐、老鹰、爱情成了藏族人的佳话。①

除了上述神话之外，藏族的著名史诗《格萨尔王》的《保卫盐海》，详细描写了以格萨尔王为首的岭国军民反抗姜国王萨丹王侵略的历史神话故事，而萨丹王发起侵略的主要目的就是争夺丰富的盐资源。

在盐井乃至整个康南地区，人们都认为《保卫盐海》的故事就发生在盐井，其依据是康南各县的石碉称为"姜妖房"，认为这些石碉就是《保卫盐海》中的萨丹王的城堡，木氏土司就是住在这些妖房中的妖魔，又将《保卫盐海》中的盐海说成是今芒康的盐井，认为格萨尔王赶走了木氏土司夺回了盐井等。② 法国学者石泰安也指出："江地（Vjang，即丽江流域的么些）的国王被称为'木族老爷'，但他也是一位魔王般的人物，颇懂魔法。其中的真正成分可能是木氏（Mu），丽江的首领们从1382年之后就享有这一尊号。"③ 这里的"江"即通"姜"，这样姜岭大战就是吐蕃和木氏土司之间因盐而起的战争。

也有学者指出，姜岭大战就是发生在姜国和岭国之间的一场关于盐池争夺的战争，而姜国之姜（Ijang 或 Vjang）又称"绛"，姜国一般认为是藏族史料中的"绛域"（Ijang-yuI 或 Vjang-yuI），既指地区又指政权，一般指唐代以云南为中心的地方政权——南诏国。④ 因此，《保卫盐海》所依托的历史背景应是吐蕃崛起后其势力南下今滇西北、川西并争夺洱河一带（今洱海）以及昆

---

① 2012年7月，盐井田野调查资料。
② 参见赵心愚著《纳西族历史文化研究》，民族出版社2008年版，第103页。
③ （法）P. A. 石泰安著：《川甘青藏走廊古部落》，四川民族出版社1992年版，第98页。
④ 参见赵心愚著《纳西族历史文化研究》，民族出版社2008年版，第95页。

明一带（今四川盐源）的战争。① 根据史料记载："及至兔年（703年）冬，赞布赴南诏，攻克之。""及至龙年（704年）冬，赞布牙帐亲赴南诏地，薨。""赞布推行政令于南诏，使白蛮来贡赋税，收乌蛮于治下。"② 证明吐蕃和南诏国之间发生了持续性战争。但是，这是否与盐池争夺有关，且是否发生在吐蕃和南诏国之间，还有待进一步论证。不过，相关文史资料的确记载了各种势力争取盐井。盐井的盐业生产的确满足了当时康南地区人们对食盐的需求，一方面体现了盐在藏族生活中的重要性；另一方面也体现了盐作为一种资源，必然成为民族间和区域间各种势力斗争的因素之一。

从现有的历史资料看，西藏盐井盐田可能为木氏土司北进西藏时纳西子民所开辟。《巴塘盐井乡土志》记载："考余庆远《维西见闻录·序》载：'明万历间，丽江土知府木氏寖强，尝以么些兵攻吐蕃，吐蕃降。木氏遂屠其民而徙，其么些兵以戍之。'故其时巴塘理塘皆为木氏有。盐井为巴塘之瓯脱从而可知矣。"③ 段鹏瑞在《盐井源流》中又谈到："今传盐井为么些（音梭）王所开，又谓宗崖土城为木天王所建，边荒文献固属无征，然传闻固非无自。……盐井及宗崖城皆其封藩，云南时所创，而惟于书无所考见，惟据《一统志》吐蕃之地北起陕西，迤南而历四川、云南、西北之地，则当明之世巴、里、中、维尚属同壤，盐井之开创于木氏无疑矣。"④ 可是，有关木氏土司进入盐井开创盐田的过程，只是单方面的论述，未发现有其他史料能进一步旁证该事实。因此，有关西藏盐井制盐史还需不断深入研究。

宣统年间的《盐井乡土志》中的材料多不是抄自旧地方志和史籍，而是出自编纂者的实地调查，这使此志记载既有地方特色又真实可靠。⑤ 那么，我们姑且相信盐井的盐业技术的确与纳西族跟随木氏土司进入盐井有关，仍会产生两个疑问：一是如果盐井盐的确由木氏土司开创，那么之前生活在盐井的土著民如何获得食盐，这些盐来自何处；二是开创盐田这么重要的事件为何在木氏土司的《木氏宦谱》中没有任何蛛丝马迹。鉴于这两个疑问，可以做这样的假设：盐井在木氏土司进入之前已经产盐，但是规模极小，只限于家庭食用；木氏土司进入以后，利用权力占有盐田所有权，并扩大生产规模。

盐井最大的特点是至今保存着这种传统的晒盐方式——将卤水井中的卤水运输至盐田靠风吹日晒使之结晶成盐。由于澜沧江两岸地势陡峭、坡度大，很难在坡地上建起盐田。人们就靠人工改造，用大量的木头，如建木质结构的房

---

① 参见赵心愚著《纳西族历史文化研究》，民族出版社2008年版，第96页。
② 王尧、陈践译注：《敦煌本吐蕃历史文书》，民族出版社1980年版，第1109～1141页。
③ （清）段鹏瑞纂：《巴塘盐井乡土志·序》（影印本），中央民族学院1911年，第1页。
④ 同上书，第13页。
⑤ 参见赵心愚著《纳西族历史文化研究》，民族出版社2008年版，第167页。

子一样，利用几排木柱做支撑，木柱上面平铺木头，后又铺上沙土，建成人工"田"，晒出盐来，故被人们称为"盐田"。金飞在宣统二年（1910年）记有："盐民摊晒盐之法，构木为架，平面以柴花密铺如台，上涂以泥，中间微凹，注水寸许，全仗风日。山势甚削，其宽窄长短，依山高下为之，重叠而上，栉比鳞次，仿佛町畦，呼为盐厢，又名盐田。"① 经过历代盐民不断的努力，这一传统的制盐方式一直被传承。站在澜沧江边的加达村往东面的山坡看去，支撑几千块盐田的木柱气势非凡。不管是旅游者还是研究者都惊讶这一奇观——眼前呈现的这密密麻麻的木柱，一排挨着一排，一排高过一排，看似楼屋，实为盐田。

宣统元年（1909年）底，程凤翔进军桑昂时，带有文学性地写道，"盐楼鳞比数千，岁缙累巨万，诚天生利源也。齐西螺旋而上百余盘始至噶翁寺"②，为盐井又添笔墨，增加色彩。的确，盐井的盐田，如果是站在东岸的公路上往下看去，那映入眼帘的是几千块的"水田"，实为壮观；如果是站在江的西岸往江东看，真有程凤翔之感慨。民国时盐田的数目为"东岸盐厢一千二百四十二，盐池八百零二；西岸盐厢二千七百二十四，盐池四百七十四。两岸共盐厢三千九百六十六，盐池一千二百七十六，此宣统二年查点数也"③。2012年7月调查的情况是盐田总共3 249块，这和清末相比显然盐田数有所下降。但是，这些盐田和制盐技术是纳西族和藏族在长期融合中留给人们的宝贵的文化财富。

在西藏，不管是寺院还是土司，都会利用手中的权力去获得利益的分配。长期以来，盐井的盐税落到了地方土司、寺院手里，盐井地方的盐税为当地的腊翁寺所揽。这种情况直到清末民初才改变，当赵尔丰在川边进行轰轰烈烈的改土归流时，清军与腊翁寺之间的矛盾开始激化，上演了腊翁寺事件，而该事件发生的直接原因是各自对盐税的追求。

光绪三十二年（1906年）十二月二十二日，赵渊禀报腊翁寺喇嘛肇事及布置情形道："缘盐井河西腊翁寺喇嘛，历来跋扈。地界川、滇、藏，藏问之则曰属川，川问之则曰属滇。规避差粮，形同化外。该处盐利久为该寺霸居。"④ 由于特殊的地理位置，处在三省（自治区）交界地带的盐井，在归属的问题上可随意左右偏向，导致腊翁寺有空可钻。"盐利久为该寺霸居"说明长期以来盐井的盐业税收为河西腊翁寺所收，腊翁寺剥削盐民已成事实，这势

---

① 金飞：《盐井县考》，载《边政》1931年第8期。
② 吴丰培辑：《川藏游踪汇编》，四川民族出版社1985年版，第444页。
③ 金飞：《盐井县考》，载《边政》1931年第8期。
④ 转引自四川省民族研究所《清末川滇边务档案史料》编写组编《清末川滇边务档案史料》（上册），中华书局1989年版，第103页。

必引起正在进行如荼如荼改土归流的边务大臣赵尔丰的重视；又从《巴塘盐井乡土志》所载"巴塘则设宣抚使土司一、副土司一，所辖宗俄（即宗崖）协廒兼管盐井"① 可知，这里是土司和寺院两者结合起来形成联盟操纵地方事务的特殊政治形式。后来的电文"从前（攻克喇嘛翁寺之前）巴塘土司、喇嘛历年派头人在（盐）井按驮抽盐"② 可证实，两者之间有着密切的关系，共同来获取利益。

《清末川滇边务档案史料》记载："光绪三十一年冬间，于巴、里等处平定之后，即经委员前往察看，正在设局筹办之际，而河西腊翁寺番僧屡出滋扰，以致商贩裹足，无从措手。"③ 由此可见，清政府将盐业税收收回官办、设置盐局的这一举动使得腊翁寺在盐利方面无利可图，因此其产生了怨恨之心，致使"王令会同到差以来，屡次触犯王令"④。段鹏瑞在宣统《巴塘盐井乡土志》中有记："复以梗于河西腊翁寺之喇嘛，盘踞山顶，抗厘伤勇。"⑤ 显然，腊翁寺当时的势力庞大，不想轻易将盐的税收归清军。当时的清军还未站住脚跟，兵力不足，不想与腊翁寺有过多的冲突。但是，两者之间的矛盾不会因清军一时的退避而减弱，无论是腊翁寺还是赵尔丰，都想通过控制盐业税收来进一步加强地方社会的统治。就清军来说能收回盐权可谓一举两得，不仅控制了地盘，盐税收入还可充当军费。

光绪三十二年（1906年）十一月初旬，"吴令锡珍到井，开陈利害，使之投诚，该寺不应"⑥。到了二十一日夜里，腊翁寺竟然教唆他人贩卖私盐一驮，被守卡的勇丁拿获，连马带盐一次充公。

赵尔丰方面于光绪三十二年（1906年）十二月二十五日出动250余人的兵力，攻克腊翁寺，具体可从赵渊禀报军官攻克盐井的情况看出战争的经过。

> 二十五日未刻，倾巢来犯，我军侦知，凭垒静待，逆近发枪，应声而倒。逆犹拼死直扑。适左哨哨长张绍武率兵五棚人新到，直前渡水助战。逆怯退，我军乘势夺据半山要隘，逆遁归老巢。程管带以机不可失，即分三路进攻，中路虚张声势，程管带由左冒险直上，帮带顾占文卑兵绕出山后，从高压下，前后夹攻，逆见势不敌，弃巢分向山径逃遁，我军即将逆

---

① （清）段鹏瑞纂：《巴塘盐井乡土志》（影印本），中央民族学院1911年，第1页。
② 四川省民族研究所《清末川滇边务档案史料》编写组编：《清末川滇边务档案史料》（中册），中华书局1989年版，第517页。
③ 同上书，第446页。
④ 同②，第103页。
⑤ （清）段鹏瑞纂：《巴塘盐井乡土志》（影印本），中央民族学院1911年，第17页。
⑥ 四川省民族研究所《清末川滇边务档案史料》编写组编：《清末川滇边务档案史料》（上册），中华书局1989年版，第103页。

寺夺据。共毙逆僧七十余人，生擒二人，阵斩首级九头。夺获抬枪四杆，火枪三十七杆，骡马五匹，禁毁大碉三座，大昭及余碉三十余座同时俱下，我军受伤三人。①

在平息腊翁寺事件后，赵尔丰需要进一步在盐井扎根，以便恢复当地的盐业。从"自纳工（腊翁）寺寻衅以后，盐厘顿减，前已据实禀陈，想已仰邀慈览。数月以来，抚衅流亡，招徕逃窜，三月初旬，两岸蛮民已渐复旧业，厘（盐）务亦渐有起色"② 可知，腊翁寺事件发生后对当地的生产生活产生了重大影响，部分盐民为了逃避战乱，选择离家出走，严重影响了盐业的发展；随着腊翁寺地方权力的解体，人们开始看到了曙光，才使得两岸的盐民开始恢复生产，盐业逐渐有了起色。

第二节 民族商贸：共生与互动

私有制的产生，是人类社会发展过程中的一种必然现象，其产生的过程是漫长的。在此仅关注由不同民族对物质资料的互补需求所引致的各民族的交换贸易关系，这对我们分析碧罗雪山两麓人民在长期的历史河流中所形成的经济互动关系有一定的启发。藏族聚居区长期处于政治和宗教的双重压迫下，土地往往被地方封建领主、寺院、贵族等占有；丧失土地的人民只能长期成为奴隶，生活极为艰苦。

藏族和滇西各民族的商贸交往，据历史记载最早出现在唐代。例如，《蛮书》所记："往往有吐蕃至赕贸易，云此山有路，去赞普牙帐不远。"③ 这时的交换关系已形成，在《元一统志》中有记载："州治三赕，亦曰样渠头赕。"据方国瑜考按：样渠头为丽江城区。又《元史·地理志》"丽江路永宁州"载："昔名楼头赕，地名答蓝。"方国瑜考证楼头为永宁城区。④ 综合看来，赕是丽江城区的代名词，那么此时的贸易已经穿过迪庆高原，到达丽江的纳西族聚居区。在《蛮书》卷七中又提及"大羊多从西羌、铁桥接吐蕃界，三千二

---

① 转引自四川省民族研究所《清末川滇边务档案史料》编写组编《清末川滇边务档案史料》（上册），中华书局1989年版，第106页。
② 同上书，第117页。
③ （唐）樊绰撰：《蛮书校注》，向达校注，中华书局1962年版，第43页。
④ 参见方国瑜著《方国瑜纳西学论集》，民族出版社2008年版，第89页。

千口将来贸易"①，说明吐蕃此时和滇西所交换的是牲畜。但是，交换双方只限于地方势力的高层之间进行交易还是已涉及民间就不得而知。

吐蕃和南诏国之间尽管战争不断发生，但在经济上保持着贸易往来，未曾中断；原因在于不同区域所生产的物质资料的特殊性，以至于在某种程度上物质资料的供给必须与需求达成平衡，而这种平衡无疑是生产资料种类间的互补。一般来说，"康藏需要内地的茶叶、布匹、糖及各种手工制品，内地则需要康藏的各种毛皮、山货、药材和土产，他们之间已形成相互依存的关系。正是这种贸易往来，到清末民初，德钦的升平镇、维西的保和镇、中甸的中心镇已成为滇西北三大贸易集镇。升平镇有商号四十余家，中心镇有商号四五十家，除中心镇外，归化大寺前的白腊谷也是重要贸易街市"②。从藏族文化本身来看，茶叶是做酥油茶的必需品，喝酥油茶是藏族文化中不可替代的习俗，这与藏族所处的自然环境有关，只能通过食物来补充自然环境中所缺乏的微量元素。

滇藏之间的这种交换关系，到元朝及明朝初期有了明显的发展，并且逐渐走向了制度化。这种滇藏贸易，即便在明朝嘉靖年间云南丽江木氏纳西族土司攻取中甸、维西、德钦和盐井等也未曾中断过，仍然长期保持着民族之间的贸易往来活力。③ 本书着重讨论明清以来滇藏之间的贸易关系，以及所涉及的民族、地域、贸易通道和各类商人。

需要指出的是，"近代云南，特别是滇西北这个民族聚居区内，大量的少数民族商人的产生和崛起，并不是近代历史上的一个孤立现象，也不单纯是近代云南开关通商后社会经济发展的畸形结果，而是明清两代随着滇西北大部分封建地主经济的逐渐确立和发展，随着云南与周边地区商贸交流管道的逐渐拓展、社会剩余产品的逐渐丰富等多种因素共同铸就的一个历史趋势"④。特别在明代，丽江木氏土司将其势力扩展至整个迪庆藏族聚居区后，大规模地发展农耕。

清初实行改土归流，以稳定地方社会和推动社会经济的发展。清末引入新的粮食品种，继续扩大耕地面积。与此同时，茶马古道上的贸易日趋活跃起来，最终形成了滇西北藏族地区农、牧、商三业并举的生产方式和经济结构。由于这种经济结构形式是以山地、草原和茶马古道三者为依托的，完全适应当

---

① （唐）樊绰撰：《蛮书校注》，向达校注，中华书局1962年版，第204页。
② 张雪慧、王垣杰：《从几份档案中看滇藏经济贸易——兼谈对云南藏区社会经济与历史研究的重要性》，载《中国藏学》1989年第1期。
③ 参见王恒杰《解放前云南藏区的商业》，载《中国藏学》1990年第3期。
④ 周智生著：《商人与近代中国西南边疆社会：以滇西北为中心》，中国社会科学出版社2006年版，第10页。

地的自然环境和生产条件，从而一经形成就不断得到巩固和发展。① 总体看来，明清影响该地区经济发展的因素有三个。

（1）迪庆高原上的民族格局已经形成。从唐代开始，吐蕃不断进攻南诏国。而丽江和迪庆的大部分地区是吐蕃进入洱海区域的必经之地，吐蕃不断南下必然带来人口的大量迁徙，部分随军而来的藏族群众战后留在了迪庆高原。元宋以来，两个区域之间的战争没有停止过，到了明代木氏土司的统治时期，迪庆高原上的中甸、维西、德钦等境内的民族构成基本定型，且绝大部分为藏族。这一区域内的藏族和西藏境内的藏族有着同样的饮食习惯，茶叶、布料、粮食等生活必需品依然需要和洱海地区的人们进行交换。这一因素极大地推动和保证了滇藏之间的物质交换。

可以说，"民间贸易是润滑剂和催化剂，是不可遏止的改善民族关系、促动社会发展的积极因素。尽管蕃唐之间也有冲突乃至兵戎相见，但民间商业往来一直保持和发展着，并往往成为增进官方友好、扩大经济文化交流的契机"②。滇藏之间的贸易关系之所以得到保证，关键在于上层政治受到影响时，民间贸易依然保持特有的活力，为民族之间的往来提供了保障。

（2）权力斗争基本平静下来。明清以来，滇藏之间的政治格局基本稳定，木氏土司名义上是中央委任管理地方的官员，但是因为地方势力强大，中央对边地鞭长莫及，使得木氏土司在改土归流之前拥有绝对的地方管理权。因此，在1723年，中央将土司降为土通判，保证了对丽江一带的统治。改土归流之后，中央王朝对地方实行了直接的统治，长期禁锢的生产力得以发展的关键因素——封建领主经济得以废除，为经济社会的发展带来了契机，极大地推动了大量自耕农和新兴地主阶层的产生。③ 社会的相对稳定，带来了人口的增加。人口流动或数量的增长，将影响到区域间的贸易发展；人口基数大且流动频繁，又将促进商业的快速发展。在乾隆初年，滇西、滇西南等少数民族聚居区仍地广人稀，所以很多农民纷纷向那里移垦，外省民户前往落籍的也不少。④ 根据册籍记载，乾隆三十年（1765年），临安府共有民屯29 819户、83 344口，到嘉庆三年（1798年），增至67 037户、229 271口，30余年中，户和口均增加一倍以上。⑤

---

① 参见郭家骥《生态环境与云南藏族的文化适应》，载《民族研究》2003年第1期。
② 张雪慧：《试论唐宋时期吐蕃的商业贸易》，载《西藏研究》1998年第3期。
③ 参见周智生著《商人与近代中国西南边疆社会：以滇西北为中心》，中国社会科学出版社2006年版，第11页。
④ 参见郭松义《清代的人口增长和人口流动》，见《清史论丛》（第五辑），中华书局1984年版，第126页。
⑤ 参见江浚源《临安府志》（卷六），见《清史论丛》（第五辑），中华书局1984年版，第126页。

(3) 从德钦到西藏盐井的滇藏线的疏通。在明代之前，藏族和纳西族之间无论是在政治上的交流和冲突，还是在经济上的互动，主要以金沙江两岸的河谷和台地为通道，从南到北连接了大理、剑川、丽江、中甸、巴塘、芒康、昌都、康定等地。因此，几乎没有文献表明德钦到盐井的这条滇藏线有商贸往来。但是在15世纪中叶，木氏土司开始分三路进攻藏族聚居区。东路，从石鼓过江，沿冲江河北上经小中甸、大中甸、尼西、奔子栏、阿得酋（阿墩子）进藏；中路，自丽江或鹤庆，经塔城到奔子栏；第三条路，是从剑川经维西到奔子栏。① 16世纪初，木氏已经攻克维西等地，到达德钦，并于1526年到达盐井。至此，木氏土司已经进入现代意义上的西藏境内，德钦到盐井的路线得以疏通。

以上因素的交织，造成了滇藏交易通道上的德钦成为贸易的重镇。清末李式金写有《云南阿墩子——一个汉藏贸易的要地》一文，对德钦（旧为阿墩子）的地理、气候、民族、通道等进行了描述。其中提到，此地没有公路通往外界。德钦向北是云南商人进入康区的必经之路，顺澜沧江而上便是西藏的盐井，再到昌都；进入昌都的线路还有一条，就是先翻越碧罗雪山，后转北进入昌都。向南顺江而下，到维西进丽江。向东则要翻越白茫雪山，进入维西属地奔子栏（旧属维西管辖，现为德钦县）；或可先顺江而下至岗普，再转向西，进入怒江的菖蒲桶（现为贡山县）。② 王恒杰认为："云南藏区的商业贸易是以德钦的升平镇、茂顶银厂和中甸的中心镇、小街子及金江区的桥头为中心来进行的。……这是因为德钦在历史上一向是西藏来滇贸易的必经孔道，德钦藏族的藏靴、木碗和毛袜很受四川和西藏的藏民喜爱。同时，自清初以来，在德钦的茂顶发现了银矿，随着江西、湖北等内地矿工的流入、人口逐渐聚集，后因升平镇处于交通孔道，人口就转向镇上。"③ 此观点无疑说明德钦是滇藏贸易线上的重镇，往往以地理位置优越取得商贸先机，而来往的商人和到当地采矿人员的增加又推动了该地商业贸易的发展。

盐井的重要性，在明代没有过多的文献提及，但是到了清末，因其所处的地理位置及作为藏东一带的盐业生产重地，历史给予了它浓厚的一笔。特别在改土归流的过程中，因盐税引发的械斗和军事冲突事件可谓不少。重要的是以盐井为中心出现了盐业交换的民族间互动关系。盐井因盐联系了东西南北不同方向的贸易关系，当时来盐井进行交换的商人、马帮依托茶马古道络绎不绝。盐粮交换成为当时主要的交换方式。从此，盐井成为商人、马帮从德钦进入西

---

① 参见王恒杰著《迪庆藏族社会史》，中国藏学出版社1995年版，第53页。
② 参见李式金《云南阿墩子——一个汉藏贸易的要地》，载《东方杂志》（第40卷）1944年第16期。
③ 王恒杰：《解放前云南藏区的商业》，载《中国藏学》1990年第3期。

藏的重要集结地。

在贸易的商品运输上，由于道路崎岖，有时甚至要过江过河，主要依靠马匹来运送。"当时（光绪二十一年）中甸、德钦系联系西藏和四川打箭炉（即今康定）的交通枢纽，这种交通贸易来往，是通过驮夫和骡子完成的。"[1] 行商在滇藏线上实属不易，不仅需要长途跋涉，步行上千公里（如从德钦到拉萨要走半年以上，1年也就只能往返1次），而且沿途土匪出没，常常劫掠货物。因此，人们常常是10人以上组成马帮，1人只能照顾3～5匹马，以便能团结起来抵御土匪的进攻。

从中甸到打箭炉，驮运往返4次可得脚银150余两，分到股银200两左右，共可得银300余两。驮夫多为贫寒之家，为生计不辞辛苦往返西藏数次，积11年可攒脚本银200余两，但都存于驮主处。一旦驮主赖账，驮夫则分厘无着，甚至因欠西藏货主银两而无法偿还债务。驮主多为殷实门户，家中有田产并有驮骡和资金经营驮队运输，其本人往往不亲自进藏去冒风险，只是坐收渔利。[2] 这一阶段，社会分层明显，资本投资已经出现，各种势力中商人、喇嘛、头人纷纷将资金投入民族贸易，只有那些没有权力、没有资源的穷苦百姓坚持利用传统的生计维持生活，一旦连最低的生活需求都不能保证时便走向了另一条生计。这也是滇藏贸易线上出现大批土匪的原因之一。此外，在滇藏线上，随着民族之间的贸易愈加频繁，为保证不同民族之间顺利交易，还出现了交换环节中的"中间人"，也被称为房东，房东还起到"牙人"的作用。这在德钦等地是常见的，具体内容将在第九章第三节进行阐述。

第三节　天主教的传播：葡萄种植

葡萄种植在茨中村得到发展，乃至整个德钦县内都大面积种植。本来葡萄的种植与天主教毫无关系，也不是天主教传入茨中的首要目的，但是法国葡萄在茨中村落地生根的历史因素的确与天主教传入藏族聚居区有关。2000年以后，当地葡萄种植逐渐为人们所重视，现在茨中村酿制的葡萄酒已经成为与地方文化（天主教）密不可分的特产，商业广告总标榜当地的红酒酿制技术源自传统的法国葡萄酒酿造技术。

---

[1] 张雪慧、王垣杰：《从几份档案中看滇藏经济贸易——兼谈对云南藏区社会经济与历史研究的重要性》，载《中国藏学》1989年第1期。

[2] 同上。

从历史上看，茨中的葡萄的确与法国天主教传入茨中有关。有时，文化对一个地方的影响是深远的，甚至在一定的条件下，一种文化的植入长期影响一个地方的经济、政治和文化；葡萄得以在滇西北茨中村生根发芽，关键在于葡萄酒是天主教仪式过程中不可或缺的祭祀用品。在宗教仪式的推动下，常人看来平凡的葡萄酒变成了耶稣的"血液"，信徒喝下耶稣赐予的圣品就能获得保佑，这就是葡萄能在茨中长期种植的根本原因。但是，理解一种文化现象，不能只重视现象或结果，必须究其根本。天主教传入中国有不可告人的政治目的，传入西藏、云南、四川等边疆之地显而易见是殖民主义扩张的行为，是以宗教行为掩盖其政治目的。

天主教最早在唐朝传入中国。据资料显示，1623年在西安附近鳌屋（今周至）县出土一块长期埋藏地下的石碑。碑高2.36米，宽0.86米，厚0.25米。石碑上端饰有十字架图案；下为碑文，题为"大秦景教流行中国碑颂并序"，后经中外学者的研究，确认碑文中所说的景教就是基督教中的聂斯托里派传入中国后的称呼。① 到元朝时，基督教在中国小规模传播过，但天主教与元朝兴衰有着密切关系，在元灭亡后几近绝迹。16世纪，天主教随着西方殖民主义的浪潮，试图通过各种渠道传入中国。从天主教传入中国的路线来看，传播一般从沿海到内陆，从开放口岸到边疆。

在和法国签订《黄埔条约》后，中国被迫允许天主教在内地传播，法国传教士利用这个机会，开始对四川、云南、西藏进行宗教传播。最早在1845年，法国传教士开始在川边藏族聚居区展开传教活动，想乘机进入西藏地区，主要目的就是利用传教的名义来进行殖民掠夺。"其实早在1840年鸦片战争以前，四川主教区已经存在，地辖四川、云南、贵州三省。当冯达拉任主教时，有外籍教士九人，本地教士二十三人。"② 1858年，中国、英国、法国签订的《天津条约》规定，允许传教士在包括康区在内的边沿地方从事传教活动，使得法国人以胜利者的姿态争先恐后地闯入川、滇、藏交界处，即历来为清廷及藏政府难以顾及的现今四川巴塘，云南维西、德钦、察瓦博木噶，西藏芒康、盐井、扎那、门孔等地，进行所谓的"传教活动"。③ 1847年（道光二十七年）下半年，法国传教士罗启桢先抵巴塘，从四川崇庆出发，准备西进藏族聚居区，不料在次年2月，到昌都后被清兵发现并押回四川。他不得不再改道云南，在德钦西南的察瓦博木噶建立起了第一个传教据点。天主教在咸丰年间（1851—1861年）传入德钦。咸丰七年（1857年），天主教法国巴黎外方

---

① 参见杨学政主编《云南宗教史》，云南人民出版社1999年版，第343页。
② 冉光荣：《天主教"西康教区"述论》，载《康定民族师专学报》1987年第1期。
③ 参见保罗、泽勇：《盐井天主教史略》，载《西藏研究》2000年第3期。

传教会传教士顾德尔潜入康边藏族地区，伺机入藏，不料受到西藏人民的强烈反对，结果地处滇藏交汇的德钦，就成为外国传教士的据点之一。①

1860年法国传教士顾德尔、丁德安等几位神父来到燕门乡巴东，在巴东、自古（茨姑）、六九、角仁等各地进行传教活动，并在自古（茨姑）筹备修建教堂。茨姑教堂于1862年破土动工，历时4年，于1866年竣工，成为迪庆州境内的第一座教堂。保罗在盐井调查时听村民讲："关于天主教传入盐井之前，诸传教士先后在左贡县的门孔、扎那，云南的维西、察瓦博木噶、茨中、德钦，以及四川的康定、巴塘进行传教活动，但他们在上述地方始终遭到以黄教寺庙为首的地方官员的强烈反对，后来都被驱逐出境。"② 这说明盐井上盐井村的教堂是在德钦茨姑教堂之后建立的，并归茨姑教堂所管；传入盐井的时间据保罗分析应为1865年9—10月。

"清同治二年（1863年），法国天主教神父巴布埃来巴塘，在城郊四里龙修建一所教堂和两座住房。自此，天主教传入巴塘，当时仅有藏族群众教徒17人。"③ 教堂建立后开办学校、诊所，进行传教活动，还发展种植业，从法国引进玫瑰蜜葡萄、苹果、桉树。由于神父做弥撒时需要使用红葡萄酒，因此罗启桢将这种称作玫瑰蜜（Rose Honey）的葡萄引入茨中村，先在教堂周围小面积种植，后来，又由安德勒神父扩种到两亩多。

2012年在茨中调查时，姚飞神父提及，教堂的确曾经拥有两块田作为教堂的葡萄园种植地。神父还说，"茨中教堂是茨姑教堂遭到破坏后重建的"，1905年以前茨姑教堂为天主教法国外方传教会西藏教区属下的云南铎区主教座堂，此后在"维西教案"、"打箭炉教案"、"百汉罗教案"一系列的教案中，巴塘、德钦、维西、贡山等处的天主教堂均被毁坏。茨姑教堂在这次藏族群众反洋仇教斗争中无以幸免遭受破坏，后来法国教会用因三次教案所获得的15万元赔款在离茨姑不远的地方建起了现今的茨中教堂。"传教士在教堂的后院开辟了两亩葡萄园，播种上从法国带来的葡萄籽——玫瑰蜜。院里的葡萄酿成葡萄酒后，一部分用于教堂做弥撒，一部分在日常生活中喝，直到新中国成立后，当教堂最后两个传教士古纯仁与罗维于1951年被驱逐出境后，葡萄园由县林管所打理，一直保留至今。"④

历史已经走过了100多年。现在种植葡萄的人不仅仅是天主教虔诚的信奉者，也有当地的佛教信奉者，生活在茨中这块方圆不过20平方公里的土地上

---

① 参见德钦县志编纂委员会编《德钦县志》，云南民族出版社1997年版，第328页。
② 保罗、泽勇：《盐井天主教史略》，载《西藏研究》2000年第3期。
③ 四川省巴塘县志编纂委员会编纂：《巴塘县志》，四川民族出版社1993年版，第449页。
④ 郑向春：《景观意识："内""外"眼光的聚焦与融合——以云南迪庆州茨中村的葡萄园与葡萄酒酿制为例》，载《青海民族研究》2011年第2期。

的人们，或多或少都种着葡萄，或种过葡萄。费了那么多笔墨来展现历史，就是想要说明跨越国家、区域的宗教文化的传播，对当地农民乃至一个地区百姓的影响是深远的。如今，无论是作为研究者还是作为旅游者，进入茨中的教堂或是百姓家庭，你都能品尝到源自法国而且是纯手工酿造的葡萄酒。2000年以后，科技种植葡萄已经成为一种趋势。政府依靠葡萄展现着文化渊源，打着法国葡萄品种的旗号，大力推广葡萄种植；在政策上，在2003—2007年5年时间里对葡萄种植的土地进行每年每亩300元的补助。①

据村民介绍，2000年初德钦县开始计划葡萄种植项目的开发，到2007年葡萄已经成为德钦县农民增收的重点。现在葡萄种植的面积将近1万亩。该项目于2000年启动，在之后4年的准备阶段县领导主要在省里跑项目，并在茨中做了一些实验田。最早的时候只有30多亩，其中一部分是由红河州弥勒县带过来的玫瑰蜜，到2002年底葡萄种植面积达250亩，到2003年底葡萄种植面积已经达到3 000亩，到2008年又增加了1 350亩，总亩数达到4 350亩，到2009年年底茨中村种植的葡萄达8 600亩。就产量而言，2004年之前没有估算，2005年葡萄产量达到166吨左右，2006年是200吨，2007年是217吨，2008年是1 500多吨，2009年已达1 958吨。

2011年，燕门乡葡萄种植面积达1 917.93亩，生产总量达503 147吨，其中巴东村和茨中村分别为163 357吨和144 200吨，占德钦县总产量的60%以上。② 从葡萄价格来看，葡萄成熟后市场价每斤在2.5～4.0元之间，但是一般村民都不会直接销售成熟的葡萄，而是酿成葡萄酒后出售，价格基本保持在每斤10～15元。2012年笔者到茨中调查，据茨中一位退休老师介绍，他家里种了3亩葡萄，采用搭架技术，又赶上风调雨顺获得丰收，酿制成葡萄酒5 000斤，以每斤10元来计算，收入在5万元左右。

茨中的葡萄主要分两类：①水果类——用于生吃，成熟的时候即可采摘，被称为食用型葡萄。②酿酒类，又可分老品种（玫瑰蜜）和新品种。前者种植面积少，产量不高，不容易得病；后者又称赤霞珠，种植面积广，产量高，容易得病，需要不断喷洒农药。

2012年8月，笔者翻越碧罗雪山到达茨中已经是当天下午6点多，没有车辆到德钦县城了，只能暂住此地。经向导介绍入住其亲戚家，歇脚不久，交谈间主人的女儿（30岁左右）极力推荐她家自酿的葡萄酒；当问及价格时，她开口"友情价"——每斤15元。显然，她没有料及我们已经来过茨中，把我们当作普通游客，不仅未给出"友情价"反而提高了价格。

---

① 参见德钦县委、县人民政府编《支农惠农政策资料汇编》，2011年，第4页。
② 参见燕门乡政府2012年7月10日提供《茶业、水果及食用坚果生产情况3-2》。

需要进一步指出的是，茨中的葡萄酒基本上家家都有，已成为当地的文化特色。几次在和村民闲聊的过程中，笔者都会被问及是否"喝过我们这里的葡萄酒"。有位 50 多岁的阿伯还推荐了自己的酿酒经历，并介绍了他酿制的葡萄酒有何特点。他不仅在家中随时储藏葡萄酒，而且在德钦、中甸、大理乃至昆明都有销售点。这些都表明，茨中人现在已经形成了商品化意识，也懂得如何推销自己的葡萄酒。昔日在天主教宗教仪式中扮演重要角色的葡萄酒，现在已经逐渐淡化了在天主教仪式过程中的重要意义。葡萄酒无形中成为地方文化的品牌，起到了商业途径下沟通不同人群的桥梁作用。

第四节 "政治场域"下的别样生计

"场域"最初是物理学概念，是指人类生存所依赖的地球整体上是一个大磁场，地球上任何物体都将在特定条件下受到磁场的影响，这是不以人的意志为转移的客观存在；指南针最能说明这个问题，无论将其放在任何位置，最终指针"S 端"将指向南磁极。布尔迪厄在物理学概念基础上进一步指出："从分析的意义上来说，场域可以定义为位置之间的客观关系的网络或构型。就这些位置的存在及其强加于它们的占据者（无论是行动者还是机构）的种种限制而言，这些位置在客观上是由它们不同类型权力（或资本）的分配结构中实际或潜在处境以及它们与其他位置的客观关系（支配、服从、类似等）所决定的，而拥有权力和资本，则意味着可以获取场域中利害攸关的各种特定利润。"[①] 这是布尔迪厄研究实践社会学的关键概念。

从清末民初到西藏解放，短短的 40 多年间，川、滇、藏交界地带政治风云变幻，上层的政治风波影响到了底层的各个地方，各种势力相互角逐，正统与非正统之间的斗争严重，生产力的发展受到了限制，导致地方社会混乱、资源匮乏、民不聊生。很多利益团体想方设法进行资源和权力的争夺，刀枪见血是常有之事。民间土匪人数众多，且十分猖狂，更为可怕的是，土匪有自己的组织机构，人员分工明确、装备齐全；由于每次出动都有计划性、组织性、选择性，又有人提供准确的情报，故抢劫的成功率高。

土匪常常会利用特殊的地理环境。例如，滇西北金沙江、澜沧江两岸，道路狭窄，左右两面均是悬崖峭壁，乱石丛生，这是土匪选择伏击的好地点。一

---

① （法）皮埃尔·布尔迪厄著：《科学的社会用途——写给科学场的临床社会学》，刘成富、张艳译，南京大学出版社 2005 年版，第 13～14 页。

且过往的人员或商队进入埋伏地点遭前后堵截,他们将在劫难逃,两边要么是滔滔江水,要么是悬崖绝壁,前不能进,后不能退,只能任其宰割;土匪的手段还极其残忍,如有人冒死强烈反抗,结果要么是被绑架,要么直接命丧黄泉,更有甚者直接被丢入江中。因此"(德钦)境内民性凶悍,不论男女均佩刀以自卫,睚眦之怨,历代不忘,故常有仇杀之事。因为民性强悍,交通阻梗,故匪徒多出没,常有不服当局命令的举动。现时虽然安静得多,但闻以前阿墩子人民会与西康盐井贡噶喇嘛械殴,兵祸连绵七八年之久,阿墩子被劫曾有二次呢!"① 土匪沿路设点抢劫,使得滇藏之间的贸易受到影响,"自阿墩子(德钦)北行,经盐井宁静,以达昌都,这条路本来是云南商人入康藏的大道,但因盐井附近近来多匪,故云南人入藏不敢取经盐井的道了"②。无疑,在这样的时代下,各种为了生存而出现的手段层出不穷,在商业通道上对过往商人、马帮进行抢劫是最为普遍的。

对于20世纪初期迪庆高原上匪乱情况,西绕云贞曾论述到:

> 迪庆在20世纪上半叶是一个土匪猖狂、匪患不断的地区。几乎每一年都有土匪作乱。例如,民国十年(1921年)春,乡城土匪甲措尼玛、沙加登巴等一千余,攻陷中甸县城,大肆烧杀抢掠,县署、电报局被毁,并勒索贿赂银8 500元,江边千总被害。③

上述表明时局动乱,土匪猖狂。土匪不仅有组织有预谋,而且形成团伙到处实施抢劫,有时翻越几座大山进行远距离的行凶抢劫。土匪抢劫所带来的严重后果可体现在以下具体的数据中。

> 此次匪患,仅三坝乡被杀92人,烧毁房屋557所,骡马被抢1 294匹,牛1 620头,羊3 926只,粮食831石,损失折合旧币65 357元,300余户逃亡,土地荒芜5 835亩。民国二十二年(1933年)秋,乡城匪首瓜顶巴率一千余匪,攻破中甸县城,占据县城34天,居民四处逃亡乞食。土匪横行迪庆各地,各族人民在寺院、土司的压榨下已经痛苦不堪,难于为生。1950年前,德钦县禾、吉、王、赵等几户土司头人,为了各自的利益,长期互相械斗,冤冤相报,倾轧残杀,加上土匪作乱,年年兵荒马

---

① 李式金:《云南阿墩子——一个汉藏贸易要地》,载《东方杂志》1944年第16期第40卷。
② 同上。
③ 西绕云贞:《迈向繁荣——迪庆藏族百年社会发展简论》(博士学位论文),云南大学人文学院民族史专业2003年,第21页。

乱，动荡不宁，许多无辜百姓死于非命，民不聊生，痛苦不堪。①

迪庆境内发生的匪乱情况，在某种程度上反映了中国20世纪初期政权交替期间，地方社会由于未能受单一方面的政治统一，各种小势力地方割据现象严重。这些土匪中，有些是穷苦农民自发组成，也存在原地方头人叛变后的残余力量，后者比前者威胁更大。其中就有原川兵管带张占彪在宣统二年（1910年）发动兵变，由定乡组织人马袭击中甸。从宣统二年（1910年）开始直至新中国成立，迪庆境内先后发生10余次大规模匪乱事件，小规模的事件无以计数。每次大规模的土匪行动，少则10余人，多则上千人。

解放过程中，地方政权的建立，首要任务就是打击叛匪，消除匪乱，其中包括打击贩卖鸦片、消除等级、逐渐提升妇女的地位。第九章将主要讨论土匪如何组织人员进行抢劫，及其使用的手段和方法、实施过程和带来的影响；分析抢劫、乞食等生计方式出现的原因，考察妇女在察瓦龙一带如何作为奴隶主的财产和财富象征进行交换。

---

① 西绕云贞：《迈向繁荣——迪庆藏族百年社会发展简论》（博士学位论文），云南大学人文学院民族史专业2003年，第21页。

第四章 峡谷农业

不论是西麓的怒江峡谷，还是东麓的澜沧江峡谷，两侧的山坡上都星罗棋布地分布着大大小小的农田。从面积上看，这些田地大小不一，有些呈零星分散的小块状，有些则是成块相连的片地。从位置上看，有些位于山势平缓的坝区和台地，有些则位于陡峭的山腰地带，还有一些掩映于云雾缭绕的山顶。在这些田地中，既有旱地又有水田，但总体来看，旱地占绝大部分，水田则极少。怒江和澜沧江两侧都是呈 V 形的深切峡谷区，山高坡陡、地势险峻、交通不便，可耕地面积极少，尤其是适合农作物生产的平地更少，而且各种自然灾害频繁。在这样极为不利的条件下，该地区的各族人民依然不畏艰险，克服种种困难，开荒垦地、修堤筑坝、引水灌溉，积极发展农业生产，从事各种粮食和经济作物的种植，从而使自己在这块土地上得以顽强地生存下来。

第一节 土地类型和耕作条件

一、地理环境与气候

碧罗雪山身处我国西南的横断山区，两麓为典型的高山峡谷地带，其间各种大山、深谷、河流交错相间，地理地貌复杂多样，从寒冷的山顶到炎热的河谷，气候的垂直差异十分明显。这些自然条件直接影响着该区域的农业生产。

西麓为水流湍急的怒江，经西藏进入云南，奔腾于西岸的高黎贡山和东岸的碧罗雪山之间，形成了举世闻名的怒江大峡谷。高黎贡山的海拔最高达5 000多米，碧罗雪山的海拔最高达4 000多米，而谷底的江面海拔为2 000米左右，即山顶到江面的落差达到2 000～3 000米，如此悬殊的海拔差异造成了该区域极为典型的垂直气候。从高山到谷底，依次形成寒、温、热三带兼有的垂直气候。概括来讲，就是江边燥热，山腰温和，山顶寒冷。每年春季来临，山顶的积雪尚未消融，江边的河谷早已郁郁葱葱、树木茂盛了。如果沿着河谷向山上攀登，从不同的海拔高度可观察到不同的自然景象，可谓是"十里不同天，万物在一山"。东麓即为澜沧江，河道穿行在横断山脉之间，河流深切，两岸高山对峙、坡陡险峻，形成了和怒江一样的 V 形大峡谷。其主体部分位于德钦县境内，北起佛山乡，南至燕门乡，长 150 公里；峡谷江面海拔 2 006 米，左岸的梅里雪山卡瓦格博峰海拔 6 740 米，右岸的白马雪山扎拉雀尼峰也高达 5 460 米，峡谷的最大高差达 4 734 米。这里也是云南省海拔落差最大的地方。澜沧江以江流湍急而著称，冬季清澈而急流，夏季混浊而澎湃，狭窄江面狂涛击岸，水声如雷，十分壮观。

海拔高差和复杂的地域环境影响了热量的再分配，各地的温差极大。从气候类型上看，该区域内主要有亚热带山地季风气候和寒温带山地季风气候两种；其中碧罗雪山的西麓以亚热带山地季风气候为主，而东麓则以温带和寒温带山地季风气候为主。从降水来看，碧罗雪山西麓处于西南季风的迎风坡，因而降水较多；而东麓的地势较高，尤其是靠近北边的德钦地区，再加上处于西南暖湿气流的背风坡，因而干燥少雨。这些从东西两麓的植被覆盖情况就可以明显地看出来。

西麓的怒江峡谷，从最北的贡山到南边的兰坪，山谷两旁皆为绿荫葱葱的树木丛林；而在东麓的澜沧江峡谷，山谷两旁除了少量的绿洲和台地外，绝大部分山体为赤裸的红褐色沙石或者灌丛，植被覆盖明显不如怒江地区，穿行其间，不由给人一种荒凉的感觉。只是随着海拔的升高，降水逐渐充沛起来，树木长势较好，植被覆盖明显好转。

论及土地类型，沿江一带的河谷地带分布着各种河漫滩、阶地、冲积扇、洪积扇、泥石流扇等；半山的山地则有斜坡、峭壁和少量平缓台地；高山地带有冰川、古冰川形成的 U 形谷、冰水扇、冰渍物等。其气候和降水规律主要表现为：秋冬短、春夏长，雨量充沛、湿度大；春夏洪涝成灾，秋冬雨少；个别年份还有干旱，但主要还是以洪涝为主，危险性大。每年 2 月以后，江水见涨，水色逐渐变混，最高时水面可以上涨 20 多米；10 月底，随着雨季结束，江水逐渐落潮，逐渐变得清澈。雨季从 2 月至 6 月左右开始，主要下桃花雨，其间时晴时雨，直至 10 月中旬才结束。

在地表和植被上，高山、河流、草地和森林占据了绝大多数的面积，能开垦为耕地的面积只占极少部分。然而，情况的严重性还不止如此，在这些面积极少的可耕地里，坡度大的山坡地又占了绝大比例。有时候，不同坡向的土地，由于接受光热的数量与光照时间不同，造成生产条件上的差异。

以山地为主的耕作条件是云南农业生产中最重要的方面。除了河谷和半山腰等地分布有少量平地和一些坡度比较平缓的土地外，其他差不多为陡峭的坡地和高山寒地。根据怒江州国土资源局 2001 年的调查数据，坡度在 2 度或者

2度以下的平坦耕地只占耕地总面积的0.43%，坡度大于25度以上的耕地占到总耕地面积的30.77%，几乎80%的耕地坡度在15度以上。这一显著因素对该地区的农业结构、土地利用方式和生产特点等方面产生了极为重要的影响。坡度大，一方面影响耕地的开垦，使之不易集中连片；另一方面容易导致水土流失，同时还给平整土地和机械化耕作带来了不便。

相较于低海拔平坦耕地而言，垂直气候带来的立体差异既为农业生产的综合发展提供了良好条件，又为因地制宜提出了较高的要求。一般而言，高山地区多为寒温带气候，这里山高、谷深、坡陡、土层薄、气温低、生长期短，基本不适宜耕种；但是森林资源丰富，山地草场、高坝草场和林间草场颇多，草质较佳，因而适宜发展林牧业。一般来说，海拔1 300～1 400米以下的河谷和低坝地区，盛产热带、亚热带双季经济作物；1 300～2 300米中海拔的坝子和半山腰地区是粮食作物的主要生产基地，也是甘蔗、油茶、茶叶等经济作物的重要产地；2 300米以上的高海拔坝子和高山，除能种包谷、洋芋、小麦、荞子外，可用来发展林牧业；4 000米以上的地方因积雪期长，只适合发展林牧业。

二、耕地类型

概括来讲，峡谷地带的耕地主要分水田和旱地两种。水田主要为缓坡台地上修建的灌溉梯田，而旱地则为人们通常意义上"靠天吃饭"的土地。碧罗雪山上的水源极为丰富，既有山顶上的冰雪融水，又有山林间的泉涌溪水，众多的小溪汇集成一条条的河流从不同的山涧河谷中流下；人们通过挖渠架槽，便可将这些雪山流水引入到村庄附近的农田里，从而形成峡谷中灌溉农业的生产方式。

水源灌溉既可以用于水稻种植，也可以用于浇灌一些旱地作物。在海拔较低、热量充足的河谷平坝地区，人们利用河水灌溉来种植水稻；而在海拔较高的山坡台地上，人们利用高山流水来浇灌旱地，积极发展农业生产。

澜沧江峡谷内的藏族群众多半过着半农半牧式的生活。人们一般在山谷平缓地带建筑房屋，形成人口聚集的村落，既在靠雪山融水浇灌的旱地栽种青稞、小麦等农作物，又到高山牧场放养牲畜。每年5月，各家便分出人手驱赶牲畜上山，到海拔3 000米以上的高原去寻找水草。等到10月天气转冷，人们便返回村中过冬。

雪山是绿洲灌溉的源泉。每当初夏，山上的冰雪消融，汇成溪水，流下山谷。人们架槽挖渠，将山上流淌下来的河流溪水引入村子周围的田地里，在田地周围挖一些网状的小沟渠，这样，河水就能流到所有田地。每年的浇灌从春季前后开始，这时的小麦、青稞等冬季作物由于经过长时间的干旱，需要及时补充水分。从春节到 6 月，一般需要浇灌 5～6 次。6 月收割完小麦、青稞，紧接着犁地播种玉米和荞麦，等到 7 月出苗以后锄草一次，再浇灌 2～3 次。8 月施一次肥，到了 9 月底 10 月初就可以收获玉米和荞麦了，收获完之后，将牛、羊放入地里吃草，接着往地里运肥料，再施肥犁地，播种小麦和青稞。一年之中，浇水 10 余次。

澜沧江从北往南，一路流经德钦县的佛山、云岭、燕门等乡，境内就有阿东河、五十一河、丰桶河、雨崩河、永支河等 40 多条较大的支流，这些河流是当地藏族群众赖以为生的重要水源。从峡谷一路走下来，时不时地会看到山脚下或山腰上一处处小块绿洲，这在植被荒凉的澜沧江峡谷里特别显眼。可以想象，没有这些山谷槽地中的一条条河流，人们是无法在此长期生存下来的。

云南西部地区多受印度洋上吹来的西南季风影响，一年分干湿两季，一般 5—10 月为雨季，其余月份则为旱季。旱稻、玉米多在 4—5 月播种，这时刚好进入雨季，作物可以充分吸收所需水分来发芽生长。在云南，有时候也称雨水灌溉的田地为"雷响田"，人们一般利用这些"雷响田"来播种旱稻。

正是由于不同海拔和气候的影响，多种耕地类型同时存在。最有代表性的如居住在怒江峡谷北部的怒族在 20 世纪 50 年代以前普遍实行季节性垂直游耕。由于其水田、牛犁地、锄挖地、火烧地以及黄连地五种地类依次从江边分布到高山，耕种时上下远距离往返运肥运粮颇为困难，而且峡谷气候垂直差异十分显著，夏季深谷闷热又多洪水，冬季山顶积雪气候严寒，皆不宜常年久居。所以，过去丙中洛一带几乎所有的怒族人家都建有两个住所，一个在江边，一个在高山；一年之中根据农牧业的需要和气候的变化，冬入深谷，夏处高山，形成了有规律的季节性垂直游耕方式。① 以下主要介绍四种类型的耕地。

（1）火烧地/轮歇地。火烧地是在热带和亚热带地区曾经存在过的一种"原始的"耕作方式，怒江解放前还大量存在，有些偏远的地方甚至还保留到不久之前。火烧地/轮歇地的耕作方法是春天将森林砍倒，暴晒干，播种前放火把树木烧成灰烬，选择吉日点种玉米或者撒播荞麦等粮作物种子。按照传统习惯，由男子手持木棍或竹竿在灰地里戳洞，妇女和小孩则跟在后面点种粮食种子。庄稼长大后，最多只薅一次草即可等待收获。火烧地的耕作特征是砍烧一次可连续耕种 2～3 年，随后即抛荒 7～8 年或 10 多年，待灌木长高或树木茂盛时再次砍烧，因而是不固定的耕地。

一般来说，利用火烧地种植农作物需要具备以下条件：一是要有大面积可供用来砍伐焚烧的林地。因为一次轮歇往往要相隔 10 年左右，如果没有足够

---

① 参见尹绍亭著《云南山地民族文化生态的变迁》，云南教育出版社 2009 年版。

多的山林地，就不能支撑火烧地的耕作轮休方法。二是气候条件，火烧地多分布于热带和亚热带地区，因为在这一地区，雨水丰富，适合林木的繁衍生长，有利于植被的恢复。三是较少的人口压力，火烧地上难以精耕细作，只能实行粗放型生产方式且产量较低，因而只能维持一定的人口数量，如果人口过多，这种粗放型耕作方式势必遭到淘汰或进行改变。

（2）手挖地（锄空地）。在峡谷两侧的陡峭山坡上，或者一些高山深处的狭窄槽地上，分布着一些坡度极大的旱作地，这些土地，有的坡度甚至达到60度左右，当地人称为"挂在壁上"的土地。在这些陡峭的斜坡地上无法进行牛耕，多靠人工来挖地进行耕种，因而被称作手挖地。手挖地一般种玉米、高粱、小米、黄豆、蚕豆、洋芋、芋头等作物。在山高坡陡、悬崖峭壁、涧溪纵横、石块较多的山区，特别是在草莽荆棘丛生、毒蛇猛兽出没的地方，能找到一块相对平整的土地进行开垦耕种是件不容易的事情。

为了生存，必须充分利用每一处陡坡、崖角、壁边，种植各种豆类以及其他杂粮。在耕种季节，只见人们背着篓筐，冒着各种危险，在块状的狭小陡坡和崖壁上挖地，点种玉米，其后薅草；秋收季节，人们又飞快地穿梭其上，摘取玉米。手挖地是牛犁地的补充，在耕地极度缺乏的峡谷地区，即使其耕作难度非常大，人们也不会轻易浪费一片可耕地。虽然手挖地的产量极为有限，但对以维持生计为主的农民来说，能多产一点粮食就能减轻一点生活压力。

手挖地由于翻土不深，施肥困难，因而土地比较贫瘠，再加上一些山腰地海拔较高、作物的生长期较长，因而很难实现一年两熟的耕作方式，只能是两年三熟或者一年一熟的轮作。一年一熟即每一年只种单一作物，如第一年种玉米，第二年种小麦，等到第三年再种荞麦，通过这样的作物轮换，来使得土地得到休养。两年三熟的轮作方法是第一年的四五月种植玉米，九十月种植小麦；第二年的四五月小麦成熟以后，不再种玉米，而是等到七八月撒种荞麦。手挖地是半固定的耕地，因为耕种几年之后，土地肥力跟不上，人们就会逐渐将其抛荒，等到四五年土地的肥力恢复之后再行耕种。

（3）牛犁地。牛犁地是较为平坦的旱地，由于海拔较高或者缺少灌溉水源，不能用来发展水田生产。牛犁地一般位于人们生活和居住的周围与村庄附近，施肥方便，土地肥沃，耕作起来容易。因此，一般来说，牛犁地产量较高，是该区域内最为重要的一种土地利用形式。牛犁地一般用来种植玉米、小麦、青稞和荞麦等作物，而且可以实行一年两熟的复种耕作。例如，每年的四五月种包谷，九十月玉米成熟以后再种小麦或青稞，等到第二年的四五月收割麦子、青稞再种玉米，这样循环不已，因而土地的利用率极高。牛犁地是适合精耕细作的土地，也是较为固定的耕地，可以连续耕种，不用轮歇使用。但在一些海拔较高的地方，由于作物的生长期长，每年只能播种一季青稞或者小麦。

（4）水田。在峡谷地带，水田极为珍贵，因为能用来开垦为水田的土地非常少。水田的分布一般取决于三个因素：第一要有充足的热量，第二要有合适的地形，第三要有良好的灌溉条件。充足的热量需要在海拔较低的河谷地带；合适的地形要么为平地，要么为可修筑为梯田的平缓地；良好的灌溉条件一般需要水量稳定的河流。只要这三个条件都具备，就可用来发展水田种植。

具备开发水田条件的大多是一些河谷边的坝子和台地。坝子和台地一般位于山脚和河谷的缓冲地带，坡度平缓，一般在25度以下，多数位于江水的拐弯处，也有一些由山间河流冲积而成的冲积扇、冲积堆等。在这些坝子和台地之上，按照地势高低修堤筑坝、引水架槽，便成了可从事农作物种植的梯田。在怒江和澜沧江两岸，坝子和台地数量较少。而在怒江河谷，较大的冲积扇和冲积堆有蛮因坝、丙贡坝、赖茂坝、六库坝、灯笼坝、上帕坝、永垃嘎坝、丙中洛坝等；在澜沧江河谷，有兔峨坝、营盘坝、石登坝、中排坝等。这些坝区，都是该区域目前主要的水稻和粮食产地。秋季因寒潮侵袭会形成低温，对水稻的产量威胁很大。

在澜沧江边的干热河谷中，主要分布着两种类型的土地：一是平坝上的水浇地，二是山坡和沟谷里的旱地。水浇地可以一年耕种两季，而旱地只能每年耕种一季。土地是当地藏族群众依赖程度最高、利用强度最大的自然资源，很多人家虽然都是农业、牧业、商业兼营，但是农业仍然被放在第一位。水浇地是当地的基本农田，也是粮食生产的主要来源，一般种青稞、玉米和小麦；旱地是辅助农田，产量不高，除了种玉米，主要用来种土豆和蔓菁。在耕地总面积中，基本农田约占80%，都在平坝地区，只有少量耕地在山坡上。当地农业均为自给自足型，所产粮食很少出售；因为不能生产大米，为了改善饮食结构和提升生活水平，每年每家反而从市场上买进数百斤大米。

由于政治、生产方式、医疗条件等方面的原因，20世纪50年代以前，当地的少数民族无法在江边居住，固定耕地面积较少，一般只在20%左右。新中国成立后，在党和政府的关怀下，部分怒族被动员来到了江边居住。经过几十年的开发，火烧地、轮歇地与固定耕地所占的比例发生了变化，怒族因此过上了安居乐业的生活。江边的固定耕地由于坡度小、土壤肥，地里的石头等杂物少，适宜犁耕，产量较高，已经成为当地人们维持生计的主要粮食生产地。

但是，在此后的"大跃进"和人民公社化期间，出现了与生产方式和自然条件不相符合的政策导向。当地政府不顾怒江和澜沧江两岸少数民族大多居住在不宜农耕的高寒山区和峡谷山区，强制推行"以粮为纲"的生产方针，迫使少数民族大规模毁林毁草开荒种粮。在"学大寨、赶大寨"的浪潮下，有的地方迫使群众在25度以上的山坡上开"大寨田"，搞人造平原。此外，对粮食的生产品种也追求统一，有些地方甚至提出"枪毙旱谷，打倒小红米，消灭老苦荞"的错误口号，全部山地只准种玉米，从而使得原本适应环境的多种生产方式遭到破坏。喜好酥油糌粑的藏族人民曾被强令种植小麦，不让种青稞，结果藏族人民因吃不上糌粑而产生不满。在适合种植糯谷的地方，有关人员认为糯谷的产量不高而不允许种植，甚至把已经栽下的糯谷秧苗拔掉而改种其他稻谷。结果从外地引进的"优良品种"因不适应气候和土壤条件而大大减产，使得原本粮食生产自足的地区严重缺粮，需要从外地调入粮食来维持人们的生活。这些事件都是违背实际自然条件造成的。①

20世纪80年代初，经过人民公社化运动的贫苦群众，抓住家庭承包责任制的大好政策，纷纷上山砍树开荒、扩大耕地面积以解决温饱问题，几乎家家户户都在承包地外获得了数亩开荒地。90年代以来，由于农用有机化肥的大量使用、良种的引进以及水利条件的改善，粮食亩产量大大提高，一亩地可以顶得上过去几亩地的粮食产量；与此同时，市场得到开放，人们可以通过其他途径换来大米等自己喜欢的食物，人畜用粮问题基本得到解决，许多村民已经放弃了产量微薄的开荒地。一些农户在原来的荒地里甚至在承包的旱地中自动退耕，种上了经济林木。

第二节　作物种类和农事活动的地方性知识

一、作物种植模式与时节划分

碧罗雪山处于西南横断山区，由于地势高低差异太大，因而气候各不相同。河谷狭地，气候较热；山腰地带气候凉爽、雨量较多、湿度较大；山顶寒冷，霜期较长，每年9月至次年1月为降雪降霜期，夜积昼融。由于气候差异，农作物的种类、种植时节和成熟时期也各有不同。江边气候较热，一般在3月先种江边的耕地，再及山上。收割顺序也是先江边后山上。江边除了能种植山腰地带所能种植的作物外，还可以种植水稻、高粱、花生等作物，也可以栽种桐树；山区地带一般种植玉米、小麦、青稞、荞麦、漆树、核桃等作物；山顶则可以种植黄连等药材。

民国以前，碧罗雪山两麓的农作物种类相差甚多。东麓的澜沧江峡谷，上

---

① 参见郭家骥著《发展的反思——澜沧江流域少数民族变迁的人类学研究》，云南人民出版社2008年版。

接德钦，下连维西，和丽江以及澜沧江下游的汉族地区交往频繁，农业生产相对较为发达，作物种类也较为完备；而西麓的怒江峡谷，由于交通险峻，极为闭塞，在殖边队未进入以前，人们大多以玉米、荞麦等杂粮为生，很少种植水稻、小麦等。民国以后，伴随着边疆地区的开发和治理，农作物的种类也开始得到扩展和推广，人们的食物种类也开始变得丰富起来。《菖蒲桶志》曾记载：

> 设置后，官署见其生计薄弱，极力劝令种植小麦，尽系阳奉阴违。民国十二年，经梁委员之彦购办豆麦子种，发给三、四区。劝令播种，终归无效。民国二十年，由陈委员作栋，电由维西岩瓦购办蚕豆、大麦十余石，经陈委员应昌发给三、四区人民，勒令栽种，严定赏罚。现经查勘，均已播种出芽，此后三、四区小麦必能成效。民国十七年，电姜委员和鹰购备棉种，发交打拉火头试种，因水过多，芽苗出土即烂，毫无效果。红薯、洋芋、花生等，试验种植，均属相宜。迄今统计，红薯每年可得数百斤；洋芋则一、二两区尽皆种植，数难估计；花生每年可得千斤。①

由此可见，小麦、蚕豆、红薯、洋芋、花生等作物在民国以后才开始在怒江地区推广种植。

在农作安排上，当地的作物种植主要有三种模式：第一种是一年两熟的复种模式。人们在春季种植玉米和水稻等大春作物，等到秋季收获以后，再种植小麦、青稞、蚕豆等小春作物，这样土地在一年之内得到充分利用。适合这类耕作模式的主要是一些海拔相对较低的河谷和半山腰地带的肥沃土地，而且坡度不能过大，一般使用牛来犁地。这类耕作模式在东西两麓的分布比较普遍，是该区域主要的耕作模式。第二种是两年三熟的轮作制。即第一年种植大春作物和小春作物，第二年的夏秋时节只种一季作物。例如，第一年的春天种植玉米，秋季接着种植小麦，等到来年的七八月再种一次荞麦。这类耕作模式多用于一些坡度较大的手挖地，是为了保持土地的肥力，防止利用过度导致地力衰竭。第三种是单季作物耕作制。这种耕作模式基本上位于海拔较高的高寒山区，典型的作物是青稞和小麦。由于缺少热量，作物的生长期较长，不能进行小春作物的种植。也有一些贫瘠的山坡地，为了节省肥力，也会采取单季轮作的耕种模式。例如，第一年种植玉米，第二年种植小麦或青稞，等到第三年再种荞麦，这样通过不同作物的轮种来使得肥力得到休整和恢复。

---

① 菖蒲桶行政委员公署编纂：《菖蒲桶志》，见李道生主编《怒江文史资料选辑》（第十八辑），政协云南省贡山独龙族怒族自治县委员会、政协云南省怒江傈僳族自治州委员会文史资料研究委员会1991年刊印，第35页。

在长期的劳动过程中，当地少数民族积累了一套适合当地气候和环境的农业科学知识。人们借助各种野花的开放、山鸟的鸣叫以及山影映照位置的高低等来判断和掌握生产节令，用以安排农作物的种植时间。对于农民来说，农事活动的时间安排每年并不固定，而且家庭之间有时也会有差异，人们大多凭借自己的经验，根据自然界的变化来判断作物的播种和收割时间。

《菖蒲桶志》中记载："夷人不知节令气候，傈僳、曲子每届春季，听雀叫即种包谷，古宗、怒子亦届春季樱桃开花即种包谷，又届秋末胡桃叶落种青稞、小麦。"① 有些少数民族将雪和播种庄稼联系起来，认为山顶的积雪未化，说明播种庄稼还算及时；如果积雪已化，说明播种的季节已经过去，再播种庄稼便不会丰收，等等。傈僳族依据一年中的主要活动，将他们的时节依次分为春耕月，即1—3月；种植月，即4—5月；薅草月，即6月；撒荞月，相当于7月；秋收月，相当于8—9月；狩猎月，即10月；煮酒月，相当于11月；过年月，即12月。

新中国成立以前，怒族没有文字，当地群众不会计算日历，月亮看不见了，就认为过了一个月，月亮出来了就为下月的开始，月亮圆时即为月中。人们凭借听鸟鸣、虫叫以及看树木发芽、开花等来进行生产。从桃花开花时算起，一年的季节依次划分为："燥那哈"（3月），背柴、犁秧田，做春耕准备；"利哈"（4月），撒秧、薅包谷等；"娃哈"（5月），栽秧、点玉米；"雀哈"（6月），点包谷、薅包谷、撒饭豆；"十哈"（7月），种稗子、薅玉米、薅芋头、撒饭豆；"斯哈"（8月），薅谷子、整荞子地；"顾哈"（9月），撒荞子、收玉米、找蜜蜂、打老鼠；"此哈"（10月），收谷子、收饭豆、收稗子；"此提哈"（11月），挖芋头、打荞子、收麻；"基叫哈"（12月），砍柴、煮酒、剥麻；"页齐哈"（1月），婚嫁、做客、喝酒、织布、背柴；"尼图哈"（2月），修房、修猪圈，准备农具。② 不同的季节和特定的农事相联系，人们通过这种对应关系来安排自己的生产和生活。

农作活动有忙闲之分。每年的3月至10月底是人们的农忙阶段。一般到了3月就算正式步入了农忙时节，农民要逐渐开始犁田、平整田地、撒秧苗、种玉米，为刚刚越冬的小春作物除草，碧罗雪山东麓干旱地区的藏族群众还要为小麦和青稞浇水；4月，薅田除草，水田里插秧苗；7—8月，收玉米，种甜荞；9—10月，收打谷子。等到这些大春作物收获完了，人们紧接着又要播种

---

① 菖蒲桶行政委员公署编纂：《菖蒲桶志》，见李道生主编《怒江文史资料选辑》（第十八辑），政协云南省贡山独龙族怒族自治县委员会、政协云南省怒江傈僳族自治州委员会文史资料研究委员会1991年刊印，第35页。

② 参见云南省编辑组、《中国少数民族社会历史调查资料丛刊》修订编辑委员会《傈僳族 怒族 勒墨人（白族支系）社会历史调查》，民族出版社2009年版，第120页。

小春作物，这样，一直忙碌到 10 月底或 11 月初。

11 月至第二年 2 月是一年当中的农闲阶段，村民要么在家休息，要么出门做副业。在这段时间里，晴多雨少，柴火也容易干燥，是村民拾柴和砍柴的好时机。火在人们生活中是不可或缺的。村里的人大部分都烧柴火，住在山上的人家更是一年四季都要生火塘避寒、做饭。因此，人们在这一阶段准备柴火供过年、农忙季节以及每天生活所用。此外，修建房屋以及人们的婚嫁仪式等社会活动也多在这一阶段进行。

由于碧罗雪山两麓处于同一纬度，农作活动的时间安排也基本相同，差别主要体现在作物的种类以及人们的种植目的上。一般而言，农民的种植对象主要有两种：一是粮食作物，主要用来满足家庭自身的生存需要；二是经济作物，主要为工商业提供原料。怒江地区的农业种植主要以粮食作物为主，间或发展一些林业经济，产业比较单一；而澜沧江峡谷的农民既种粮食，也栽培葡萄，收入多元化。从作物的种植情况来看，怒江地区较为传统，仍然以自给自足的农业生产方式为主，而澜沧江地区则明显地受商业化影响，农民已经不再是简单地维持生存，而是为了追求更高收入，以更好地享受物质生活。

二、作物种类及用途

按照用途，可以将当地的作物主要分为三类，分别是粮食作物、油料作物和经济作物。其中，粮食作物主要有玉米、水稻、小麦、荞麦、青稞、马铃薯和蚕豆等，油料作物主要有漆树油、核桃油和菜子等，经济作物包括葡萄、油桐以及黄连等药材。

（一）粮食作物

1. 玉米

玉米是怒江峡谷和澜沧江峡谷种植最为广泛的一种粮食作物。夏天的峡谷里，无论是在河谷还是在山间，无论是在平地还是在陡坡，一路走过，除了极少数的水稻田外，几乎全为玉米地。玉米的适应性极广，其垂直分布上限可以达到 2 900 米左右，非常适合横断山区的气候和地形。玉米是一种高产作物，一亩普通牛犁地的产量可以达到七八百斤。除了为人们提供一定的口粮，还可以用来喂养牲畜、酿酒，因此玉米以其广泛的用途受到山区人民的喜爱。

阿图洛·瓦尔曼在《玉米与资本主义》一书中说："玉米早期出现在中国西南省份和周围发展缓慢的地区：山区和丘陵不能开展帝国其他地区普遍推行的农业方式。除了少数例外，玉米在中国是穷人和少数民族的食物……16 世纪以来中国人以各种方法食用玉米：早收的玉米被当作蔬菜食用，而成熟后收获的玉米则被磨成粉，而后加工为玉米饼或玉米粥（劳尔非，1906）。玉米还被用来制作烧酒、啤酒，甚至有时蒸馏成威士忌。"① 这表明玉米在中国有多种用途，种植广泛。具体而言："人们在各种纬度种植玉米，而高纬度地区更广泛。玉米曾是夏季作物，在季风季节生长。它易于为刀耕火种的农业方式接受，同时可以和其他作物间种。虽然人们对稻米有极大的渴求，玉米仍是山区居民的主要食物。"② 因此，在不同的高山谷地见到玉米不足为怪。

关于玉米的种植时间，没有固定规律。一般来说，在地势较低、气温较高的河谷地带，气温回升得比较早，三四月就可以开始下种了。另外，在一些上季没有种植小春作物的土地里，下种的时间也会比较早，这样等到七八月就能吃到早熟的青玉米了。但是，在高寒的山区地带，早种往往面临着雪冻、倒春寒等气候灾害，因而收成很难保证。早玉米的播种面积一般较小，大面积种植包谷都要等到5月麦子收割完毕之后才开始。当地的玉米种植方法极为多样，以下简单介绍几种。

（1）点种法。点种法非常普遍，多盛行于一些山区沟壑地带，笔者在农村时也曾经亲身体验过这种"原始"的播种方法。点种方法又分很多种。在刀耕火种时代，人们用一根削尖的竹竿或木棒做成点种棍，在地上戳洞；点种棍戳进土里以后，往一边压一下，投入种子，再往回压一下，拔出点种棍，这样，泥土就会自然落下将种子埋住。在不能用牛犁的陡坡地带，人们先用锄头挖地，疏松土壤，再挖深浅适宜的小坑，往里面投入玉米种子，然后顺势用脚拨土将种子掩盖，最后再将小坑抹平。也有用牛犁的方式来播种玉米的，即一个人先在前面用牛犁出沟渠，后面的人紧跟着将玉米种子投放到犁沟中间，当牛返回犁另一道的时候，掀起的土壤便顺势将之前播下种子的沟渠掩埋住。

（2）行垄种法。行垄种法一般适合于比较平坦的土地。播种前先要犁地施肥。在平整好的土地里，用一根长绳子两头各拴绑一个削尖的竹竿或木棍，将其固定在土地两头，就成了一条标准线；往这样的两根标准线中间填土，就起成了一个土垄，在垄上按照一定的间距打洞，再点播下种子，这样，将来长出来的玉米就成为整齐的一行行的了。行垄种法易于排水防涝、施放肥料、清除杂草，还可以在整齐的行间距里间种其他作物，因而具有很大进步。

（3）薄膜覆盖法。近年来，一些地方又开始采用薄膜覆盖的方法来种植玉米。薄膜覆盖法是在行垄种植方法的基础之上发展起来的一种较为先进的种植方法，笔者在德钦县燕门乡的拖拉村就曾看到过当地的藏族群众用这种方法来种植玉米。在通往村子的山坡上，地里一行行的白色薄膜在太阳的照射下闪闪发亮，格外引人注目。薄膜覆盖有助于玉米保墒保温，在气候多变的山区地

---

① 阿图洛·瓦尔曼著：《玉米与资本主义》，谷晓静译，华东师范大学出版社2005年版，第45页。
② 同上书，第43页。

带，无疑能给作物的顺利生长带来一定保护。但是，在那些陡峭的山坡地上，此种方法依然不能得到应用。

和小麦等作物相比，玉米之间的空隙要大很多，因而可以用来间种一些豆类和瓜类作物，以提高土地的利用率。鉴于玉米在山区地带的重要性，人们对玉米的关照似乎更多一些。当玉米苗长到1尺多高的时候，就要锄草一次，同时要给玉米去苗（选苗），即在禾苗比较稠密的地方，将那些小的长势不好的苗拔掉，每窝只留下一两株长得比较健康的大苗。这样，整个地里的禾苗就会显得比较均匀，而且将来长出来的玉米棒颗粒也比较大而饱满；锄下来的草和禾苗也不会浪费，可以带回家喂猪和鸡。

到玉米长到齐腰高的时候，人们还要给玉米"追一次肥"，因为这个时期正是玉米拔高和出穗的关键时刻，肥料充足与否直接影响到将来玉米棒的大小和收成情况。"追肥"的方法是在每棵玉米根部附近挖一个小窝，抓一小把肥料投放进去，再用土掩盖。施肥的时间一般在阴雨天和下雨前，这样，肥料很快就会被稀释化解，进而被玉米根部吸收。"追肥"一般用的是尿素等化学肥料，这一方法应该是当地近现代才有的事情。根据记载，以前人们都是播下种，锄一次草，就等收获了，因而产量不高。

玉米开始长粒以后，尤其是长到颗粒饱满的时候，是人们极为操心的时候，因为每年到了这个时候，鸟雀和野兽就会前来糟蹋和损害庄稼。对玉米损害最严重的是山上的熊，当地人一般称其为"老熊"。熊的体积庞大，所过之处，被撞断和踩倒的玉米往往一大片，而且熊专挑大个的玉米，往往是掰下一个嚼一口便丢掉，继而又去掰另一个。因此，一旦熊进入一片玉米地，就会破坏掉一大半，严重影响收成。由于熊对庄稼的损害如此之大，人们也想尽各种办法来对付它们。以前，人们用毒箭和机关等方法来捕杀熊，人民公社化时期，为了保证生产，队里甚至组织群众携带弩弓、猎枪等武器集体上山打熊。20世纪80年代以后，禁猎的法令逐渐颁布，熊等动物开始受到保护，政府没收了人们的猎枪，不准人们随便上山打猎，打死熊的人也会被追究责任。因此，人们只能想办法来吓唬熊，使其不敢靠近玉米地。

由于人类长期以来的围捕和惊吓，现在熊一般都是在夜间出来活动，因此，很多人白天劳动以后，晚上还要上山到地里看护玉米。这也体现了当地人为了保护庄稼的辛苦和无奈，因为一旦玉米被糟蹋，一家人全年的口粮就要受到影响。虽然现在平常已经很难再发现熊的身影，但是熊吃庄稼的事情仍然时有发生。政府为了保护群众的利益，目前已出台很多措施补偿农户庄稼被野兽糟蹋造成的损失。具体办法是：当灾害发生以后，先要上报乡里或县里，乡里或县里再派专人前来核实和评估受灾庄稼的面积和产量，根据核实的情况和赔偿标准对受害农户进行经济补偿。政府对农户的玉米受灾补偿其实是非常低的，目前每公斤玉米的补偿金额只有0.8元，但是有总比没有好，村民们对此也很无奈。

不过，收获的心情总是喜悦的，也是急切和渴望的。玉米刚一成熟，村民们就纷纷进入地里掰玉米棒子，大人小孩齐上阵，将掰下来的玉米装进口袋里、箩筐里，一袋一袋、一筐一筐地背回家里的院子和屋篷底下。为了保护这些来之不易的粮食，人们得用最快的速度将粮食从地里转移到安全的地方。玉米棒子掰完以后，过几天就要砍掉地里的玉米秆，为种小麦和青稞腾出地方。砍下来的玉米秆一般要晾干了之后才背回家去，在冬天下雪的时候喂牛、猪等牲畜；有些离家太远的山坡地的玉米秆，由于难以背运回来，只好放火烧掉。

此外，当地的玉米还有老品种和新品种之分。老品种的产量不高，但是口感和质量较好。人们做玉米稀饭、爆玉米花都喜欢用老品种的玉米，而不喜欢用推广的新品种，用当地人们的话来说，就是"不好吃"。因而，现在的新品种玉米虽然提高了玉米总产量，但是主要用来喂养牲畜和酿酒。

2. 小麦和青稞

小麦和青稞在怒江和澜沧江峡谷都有种植。小麦和青稞耐寒，都适合于海拔较高的山区和高原地区种植。在海拔较高的山区地带，太阳辐射强，昼夜温差大，有利于小麦和青稞积累营养物质。小麦和青稞既是良好的越冬作物，也是山区人们的主要粮食来源。小麦磨成面粉既可以做成粑粑，也可以做成面条，糠麸还可以用来喂养畜禽；而青稞磨成面则可以做成糌粑，它们的秸秆也可以作为牲畜的饲料，因而青稞在山区的用途十分广泛。

小麦和青稞一般在每年的9月和10月播种，而这段时间也正是最繁忙的秋收季节。人们收完玉米后，紧接着就要种植小麦、青稞。播种小麦的时间既不能早也不能迟。如果种得太早，小麦就会在冬季拔节开花，容易冻伤造成减产；如果播种太晚会影响出苗率，也会影响来年春夏时节的包谷播种。另外，由于山区垂直气候的差异，河谷低地和山腰、山顶高地的种植时间也存在差异，因此，种植时间要综合考虑气候和作物衔接的因素。

一般来说，到了10月中旬左右，就可以开始种植小麦和青稞。先是犁地，要犁两道。第一道是深犁，主要是翻土、松土和犁掉地里的玉米根茎。清理和疏松好土地以后，便往地里背肥料，给土地施底肥。肥料有农家肥和化肥，肥料要均匀地扬到地里面，施完肥料以后便播撒种子。由于这里的土地多为狭小的块状，不适宜用垄行来播种，适合比较密集的撒播方法。撒播完麦种以后，再用牛犁一道地，这一道要犁得比较浅，一来可以将种子翻盖到土壤下面，二来可以进一步均匀地里的肥料。犁完的土地不再需要用耙来磨平。当地鸟雀多，为了防止播种下去的种子被鸟儿啄走，人们要在地里面插上各种用来吓唬鸟儿的草人、旗幡等。

禾苗长出来以后，村民就很少再进行田间管理。到了第二年4月，小麦和青稞逐渐成熟，这时候又到了看护庄稼的繁忙时节，驱赶鸟雀、猴子等鸟兽成为人们的一项经常性活动。麦子和青稞成熟以后，山间谷地一片金黄，在绿色的草木衬托下显得格外漂亮。当地人们收割小麦有两种方式：一种是用镰刀将麦秆从底部割断，麦秆和麦穗一起收回家中；另一种是只将麦穗割下，麦秆仍然留在地里。小麦收到家中后先堆放晾晒，等到空闲的时候再脱粒。

3. 水稻

由于气候、地形和灌溉条件的限制，水稻在怒江峡谷和澜沧江峡谷的分布极少。《纂修云南上帕沿边志》中曾记述："米，帕属之稻分水旱两种。种水田者曰水谷，种旱地者曰旱谷。旱谷壳红，米最白，唯略干，油质甚少，煮食不甚增长；水谷壳黄，米色稍亚于旱谷，性最软糯，油汁甚多，煮食亦最发长。然仅江边一带能种。高山之地气候寒冷，不甚相宜，概种杂粮。以故帕属杂粮最多，米谷甚少，各怒、傈食米者尚属寥寥。且人户稀少，村落零散，江边芜地尚多。将来边地进化，汉人迁移繁盛，加以官署劝导，提倡陆续开垦，随时改良，米谷自多也。"[①] 由此可见，当时水稻在人们的粮食比例中所占的比例极小，很多人家基本上都是以各种杂粮为生，很少能够吃到白米饭。

民国以后，随着政府对边疆地区开发和管理的重视，怒江峡谷两边的水稻种植才逐渐多起来。新中国成立后，在国家"以粮为纲"的政策引导下，怒江峡谷和澜沧江峡谷的耕地资源进一步得到开发，在政府动员和安排下，一部分原来居住在山区地带的少数民族群众迁移到了河谷下面，人们将那些土地平坦且可以解决水利灌溉的地带陆续开辟为水田。经过半个多世纪的发展，如今峡谷中适合开垦为水田的土地已经非常稀少，想要进一步发展水田农业就显得十分困难了。

澜沧江峡谷的稻田主要位于德钦县的燕门乡和维西县的望天阁等少量地方。茨中村处于澜沧江峡谷腹地，整个村落散布于江面之上的一个缓坡台地上，全村有耕地面积955.11亩，其中水田166.63亩、旱地788.48亩，虽然水田的面积只占很小比例，但是在水田稀少的峡谷地区，这已经算是比较大规模的水稻种植了。茨中村海拔在1800米左右，日照充足，山上有水势较大的河流从村子中间穿过，因而有充足的水源可以用来灌溉。夏季的茨中，从山脚底下的村庄到江边悬崖，一眼望去，全是绿油油的稻田，一株株的秧苗长得苗壮挺拔，稻田边的水渠纵横交错，潺潺的水流声不绝于耳。

茨中村的西边，翻过碧罗雪山，即为怒江州的贡山县。贡山县的丙中洛乡

---

① 《纂修云南上帕沿边志》，见《怒江傈僳族自治州文物志》编纂委员会编《怒江傈僳族自治州文物志》，云南大学出版社2009年版，第344页。

也是栽种水稻比较集中的地方,丙中洛乡政府所在地的丙中洛坝子,面积为15平方公里左右,是怒江峡谷中地势比较开阔的地方。丙中洛坝子的四周群山环绕,其海拔和茨中基本相同,在1 800米左右,日照较为充足。人们沿着坝子,从上往下修建了层层梯田,而且通过挖渠架槽,将高处的河流溪水引入田地之中,形成了良好的灌溉条件,再加上人们犁地、施肥等精耕细作,水稻长得格外好。据甲生村主任介绍,每亩稻田可以产稻500公斤左右。目前,水稻已经成为甲生村和附近的丙中洛村的主要粮食作物,人们除了自己食用外,还将多余的水稻拿去街上出售。

攀天阁乡位于维西县城以北,东、南与永春乡接壤,西及西北端与白济汛乡连接,东北与塔城乡为邻,境内的安益河、工龙河、阿克河、菖蒲底河自高山流入永春河。全乡最低海拔1 750米(新华村苍蒲底)、最高海拔2 760米,相差1 010米,属高寒山区,地势呈梯阶状分布,适宜种植多种农作物。

攀天阁是世界上高海拔产稻区之一。在清代及以前,攀天阁盆地原为沼泽地带,清末开凿落水洞将水泄出后攀天阁渐成平坝,此后逐渐开垦为农田,居民日渐增多。传说在1916年,当地的居民曹氏和彭氏在回鹤庆老家扫墓的途中,发现了一种叫作"黑谷"的寒带谷种,遂将其带回攀天阁进行试种,取得成功。到1949年,攀天阁坝子种植稻谷面积已达280多亩。20世纪70年代,当地又培植出一种叫作"攀龙一号"的稻种,一直种植至今,使得海拔在2 000多米以上的地区有了稳定的水稻产量。到现在,攀天阁坝子上的水稻种植面积已达1 500多亩,亩产可达800斤以上,大米也已经成为当地人们的主要食粮。

然而,总体上水稻在峡谷地区的分布极不均匀,大多数地方的人们只能以玉米和小麦等作为主要的粮食来源。在以前交通不方便、商业不发达的时候,人们想吃到米饭是很困难的;随着公路的修建和商业的繁荣,如今在峡谷的任何一个乡镇街道都可以买到大米了。人们利用多产的玉米、小麦和一些豆类作物,积极地从事畜禽的饲养,通过这些副业收入到街上买回大米。如今,村民吃大米饭已经是一件很平常的事情了。

4. 荞麦

荞麦也是山区的一种主要粮食作物,而且当地的人们很早就开始种植了,明初钱古训所著的《百夷传》中就已经记载,怒族"居山巅,种苦荞为食"。荞麦生长期短,可以在贫瘠的酸性土壤中生长,不需要过多的养分和氮素,下种晚,在比较凉爽的气候下开花,适合在高寒地区生长。通常,人们将其去壳后磨成面食用。

荞麦分两种,一种叫甜荞,一种叫苦荞。甜荞粒为三棱卵圆形,表面光滑,最外边的是果皮,脱去果皮即为荞麦米。荞麦米与大米、黄米、小米的食用方法一样，煮粥、蒸饭都可以，荞麦米进一步加工成为荞麦面粉。苦荞表面有三条深沟，一般很难脱去果皮成为荞麦米，大多直接加工成苦荞粉食用。荞麦对土地的要求不高，相反，如果土地的肥力太好，反而会使荞麦只长秆而不结子或少结子。所以，当玉米地的肥力下降时就可以种植荞麦。荞麦子粒、皮壳、秸秆和青贮都可喂养畜禽，而广泛用作牲畜饲料的是碎粒、米糠和皮壳。

荞麦种植较为简单。先将荞麦种子用手撒到地里，再用锄头挖一遍地，将种子用土覆盖。撒种子虽然是一件看似简单的工作，但也要把握好种子的稠密度，如果种子撒得太密集，就会影响荞麦的生长。种荞麦也要掌握好时间。如果播种太早，则结子不多；而播种得晚，长出的颗粒则不饱满。荞麦的生长期较短，每年的七八月播种，到 11 月中旬就可以收获。

荞麦虽然颇具营养，但口味远远不能与大米、玉米和小麦相比。随着水稻、玉米和小麦在当地的大面积种植，现在很少人再种荞麦，尤其是退耕还林以后，高山上用来播种荞麦的土地越来越少了。由于荞麦生长期短，而且不挑土地肥力，因而适合用来和其他作物进行轮作。例如，在山坡地上种植几年包谷和小麦之后轮换种荞麦，可以使得土地的肥力得到恢复和保持。

5. 其他作物

（1）蚕豆。人们历来认为蚕豆是懒庄稼，产量不高不稳，垂直分布在海拔 600～2 500 米之间。一般来说，蚕豆的播种和收获时节与小麦差不多，也是 10—11 月播种，来年的五六月收获，因此不会影响到玉米和水稻等大春作物的种植。蚕豆是水稻的优良前作，能培养地力，是优良的轮作庄稼。

（2）薯类。从垂直分布情况来看，海拔 1 800 米以上以马铃薯为主。马铃薯生长期短，适应性强，不论山区、坝区、板田，在大春、晚秋都可以种植。海拔 1 600～1 700 米之间以马铃薯、甘薯交错分布，1 600 米以下以甘薯为主。甘薯又名山芋、红芋、番薯、红薯、白薯、白芋、地瓜、红苕等，因地区不同而有不同的名称。甘薯是喜温作物，耐储藏，一般在日照充足的地方产量高、质量好，尤其是山间、河边的砂质土壤，有利于薯块的形成和膨大。怒江栽种洋芋的时间不长，《菖蒲桶志》中记载："菖属洋芋分洋、中两种，洋种由法国传教士运来，先发与教友栽种，发育极易，形大味淡。中种形小味浓，每年可种两季，可以入菜蔬。"① 而天主教传入贡山的时间已经到了 19 世纪末期。当地也有一种说法，洋芋是从澜沧江峡谷的维西地区传入的。当时的商人翻越碧罗雪山来到怒江峡谷，人们用一个鸡蛋换取一个洋芋。

---

① 菖蒲桶行政委员公署编纂：《菖蒲桶志》，见李道生主编《怒江文史资料选辑》（第十八辑），政协云南省贡山独龙族怒族自治县委员会、政协云南省怒江傈僳族自治州委员会文史资料研究委员会 1991 年刊印，第 38～39 页。

（3）旱稻。旱稻一般在农历五月点种、十月收割，一般用来酿酒。

（4）天仙米。天仙米一般套种于玉米地中，玉米成熟时天仙米也成熟了。该种作物可以磨成面粉做成粑粑吃，也可以与玉米粉混合在一起蒸、煮，此外还可以和玉米混在一起煮酒。

（5）小米。小米一般也是套种在玉米地中，和天仙米一样，等到玉米成熟时便可以收割；一般用来煮稀饭和酿酒。

（6）燕麦。燕麦一般秋季撒播，单产较低；可以用来磨面，也可以酿酒。

（二）油料作物和经济作物

1. 漆树油

漆树很早就开始在怒江地区种植了，漆树不仅可以用来割漆，漆树子还可以用来榨油食用。《纂修云南上帕沿边志》中曾记载："漆油：帕地怒、傈遍种漆树，多不割漆，结子后取子榨油，以碗盛之。凝结后去碗取出，状似牛油。怒、傈生活简单，中等人家使用猪油、胡桃油等，然亦掺杂漆油食用，贫寒之户概食漆油。唯出数甚广，每年除本地食用外，尚余数万斤，运销内地。"① 可见，漆树当时在怒江地区的栽种规模之大。

在菜子和花生未传入以前，漆树油是当地少数民族的主要油料来源。漆树油是一种具有地方特色的油料，味道不错。一些外地人食用漆树油后会过敏，而当地人对其已经完全适应。现在，人们食用经过特别加工和处理的漆树油不会再产生过敏的现象。当地村民有一道独特的待客菜称作漆树鸡。其做法就是用漆树油来炒鸡肉，然后再加水炖煮，不仅味道可口，而且营养丰富。村里的妇女生完孩子以后，漆油鸡通常是最好的补品。如果在漆油鸡中加些白酒，就成了下拉。这是当地有名的一种保健食品，对祛风除湿非常有效。

2. 核桃油

核桃树在怒江和澜沧江峡谷的栽种极为广泛，无论是在房屋周围的空地里，还是在村庄周围的山坡上，到处可见一棵棵枝繁叶茂的核桃树。核桃树是一种木料和果实两用的树木，树干是质地良好的木料，核桃是一种用途广泛的油料。核桃有脆壳核桃和铁核桃两种。前者皮薄易碎；后者坚硬如铁，食用起来颇为不便。核桃树非常适宜峡谷和山区的气候，每年的8月底9月初，是核桃成熟的季节。这时候，核桃外面的绿皮和里面的核开始脱离，熟透了的核桃皮会自动裂开，有些会直接掉下来。

捡核桃是夏末秋初时节当地人们的一项主要活动。在核桃成熟的季节，只

---

① 《纂修云南上帕沿边志》，见《怒江傈僳族自治州文物志》编纂委员会编《怒江傈僳族自治州文物志》，云南大学出版社2009年版，第344页。

见人们爬到树上，挥舞着一根长竿子"噼里啪啦"地将核桃敲打下来，树下的人就边捡边用袋子和篮子装起来。在一些够不到的树枝上，用脚猛力踩踏或者用手使劲摇晃树干，核桃也会纷纷掉下。收获山上的核桃一定要及时，因为松鼠和一些尖嘴鸟会来偷食和破坏。人们常常会发现这样一个现象：大大的核桃下面有一个小洞，里面的核桃仁已经被掏空。但是在当地，这段时间也正是人们的秋收时节，很多家庭没有足够的劳动力专门去收核桃，从而造成很大浪费。一些人家，甚至一直等到10月，才去山上捡拾由于成熟自动落下来的核桃。核桃收回以后，先要将外面的绿皮去掉。这个时候的外皮和内核已经分离，所以只要用手一掰或者用脚稍微一踩，外面的皮就会被弄掉。然后，将核桃晒干，等到农闲的时候，再将这些晒干的核桃一一敲碎，取出里面的核桃仁，收集足够多的时候，就可以熬制核桃油了。

3. 菜子

菜子在当地的种植是近几十年来才有的事情。菜子是越冬作物，既能充分利用冬天闲置的土地，也能为人们提供优质的油料来源。菜子适合集中种植，产量较高，相比于漆树油和核桃油，菜子为人们提供的油料更加充足，因而受到人们的广泛喜爱。菜子刚传入的时候，人们还没有完全掌握种菜子的技术，只是随便撒下种子就了事，产量极低。现在，人们都是首先把地犁好，将大的土块全部犁碎或者用锄头打碎；然后整齐地挖好格子，再放进菜子，盖上土，在上面撒些复合肥；等到一个多月后，把长出来的幼苗拔掉一部分，只留下几棵菜子苗，顺便拔掉杂草。

在江边的时候，笔者曾亲眼目睹了一户人家在地里种菜子的过程。由于坡上的土地面积比较小，并且分散成好几块，不适合用牛来犁地。该家男子先拿锄头把地挖了一遍，刨除大块的泥土，然后用锄头背将泥土打碎，再把土块垄好；女子背着孩子，也一起帮忙垄土。平整完土地以后，男子在前面用锄头挖出整齐的小窝，女子跟在背后点放种子，并用土把小坑填好，等土地全部播种完，再用瓢给每个坑浇水。这样，菜子就算种完。这时，他们又收拾好工具，转向另外一块土地。尽管菜子在人们的食物中扮演越来越重要的角色，但是仍然面临很多问题。在丙中洛乡的时候，笔者观察到这样一种现象，就是在冬季，坝上的大部分土地仍然闲置，因为冬天人们要在地里放养牛羊等牲畜，农牧矛盾使得这些土地并不能得到很好的利用，实为可惜。另外，当地的雪灾和寒潮灾害严重，有的年份雪量过大或者发生倒春寒，菜子会发生减产和绝收的情况，因而风险极大。

4. 葡萄

葡萄是澜沧江峡谷的主要经济作物。19世纪末，法国传教士来到澜沧江地区传教的同时，也带来了葡萄的栽培技术。新中国成立以后，葡萄在该区域里的种植停止了二三十年,但是在 20 世纪 90 年代初,葡萄的栽种又恢复了。如今,从西藏的盐井一直到德钦的茨中,沿着峡谷往下,都可以看到一排排的葡萄架,当年法国传教士带来的葡萄又漫山遍野地种植起来了。这种叫作"玫瑰蜜"的葡萄在法国本土已经绝迹,但在云南偏僻的深山中依然生长良好。由于经济效益明显,政府现在也开始推广和鼓励农民种植葡萄。

茨中村是澜沧江峡谷里种植葡萄比较密集的地方之一。全村 200 多户人家,几乎每家现在都种有 1～2 亩葡萄,有些人家甚至种到 3 亩或以上(如村里的吴老先生)。吴老先生全家信奉天主教,由于目前去茨中旅游的人逐年增多,吴老先生在自家院子里建了一个小旅馆,专门为游客提供食宿。谈到葡萄种植,吴老先生感触颇深。据他回忆,茨中村在改革开放以后的葡萄种植是最先由他带动起来的,20 世纪 90 年代初,他曾专门去西藏盐井(西藏境内唯一有天主教的地方)学习过葡萄的栽培和酿酒技术,现在家中种有 3 亩葡萄,葡萄已经成为全家的主要经济来源。此外,吴老先生的家人还会自酿葡萄酒,并且设有专门的酿酒室和储藏室。

葡萄的出售有两种方式:一种是直接摘下来就出售给外面进来的商贩,这样获得的收入较少,一亩地每年能卖四五千元,好一点的能稍微多卖一点;还有一种就是自己加工,将葡萄加工成香甜可口的葡萄酒,成品的葡萄酒 1 斤可以卖到 10～15 元,一亩葡萄如果全部酿制成葡萄酒可以卖到上万元钱。葡萄的栽种,大大改善了农民的生活,如今的茨中村已是德钦县较富裕的村子之一。

(三) 果蔬

在过去,由于交通封闭,内地的蔬菜种类很少传入,当地的蔬菜种类极为单调,人们每年除了能吃到一些瓜、豆类和蔓菁外,其他的果蔬很少吃得到。蔓菁是一种可充饥的蔬菜。此种作物耐寒,主要种在山坡地里,撒种即可,产量较高,通常种一小片便可够全家食用。其皮色鲜艳,类似萝卜圆润,根细无筋,辛辣味浓,质地脆嫩,口嚼无渣。吃不完的蔓菁可以储藏在地窖,也可以切成片、丝晒干后保存,随吃随取。蔓菁一般在冬季种植,除了供人们食用外,还可以作为牲畜的饲料。

现在,几乎家家都有一块菜地,种有白菜、瓜、葱、蒜、萝卜等,有的人家还种辣椒、香菜、茄子和番茄等。黄瓜、南瓜、四季豆、白萝卜等是山区地带人们的主要蔬菜。南瓜和黄瓜主要是套种在附近的玉米地里,不用刻意栽培就能够自由生长。黄瓜是即时性的蔬菜,熟了就要摘吃,不然会老掉。而南瓜则是越老越好吃,而且容易保存,可以作为冬季的食物,煮在玉米稀饭里,也不失为一种美味。当地还有一项主要的副食,那就是山上采集回来的各种菌子和野菜，可作为人们食物结构的一个补充部分。就自种的蔬菜而言，除了自己食用外，那些离集市和街道比较近的人家也会将多余的蔬菜拿到街上出售。伴随着人们商业意识的增强，致富的观念开始在人们心中迸发，少数有胆识的人也开始投资兴建蔬菜大棚来种植茄子、辣椒、番茄、包菜、苦菜等，收成后拿到市场上卖。

当地还种植多种果树：①橘子树，3月开花，11月成熟；②板栗树，3月发芽，4月下旬开花结果，10月叶落；③漆树，3月发芽，4月结子，8月叶落，中秋种子成熟；④核桃树，2月发芽，3月开花，8月落叶，同时果实成熟；⑤桃树，2月开花，4月底结果，七八月成熟；⑥油桐树，3月开花，4月发芽，5月结果，10月成熟，11月降霜后叶落。村中栽种的苹果树、柑橘树、梨树等因为成熟期长、品种不好、个小味淡，除了村民自己食用，很少出售。

种植的多样化是当地农民进行农业生产的最主要特点。其原因，一是适应多种气候和土地类型，二是满足各方面需要。作物的种植并不是一成不变的，人们一般在耕作良好的基本农田上种植玉米和水稻这些最核心、最基本也是最重要的作物，以满足人们的基本粮食需求；在轮歇地和荒地上种植荞麦和豆类等杂粮，一部分为家庭自己食用，一部分作为各种家畜和家禽的饲料。人们通过各种作物的相互补充，满足各种生活所需，同时降低生产上的风险。

伴随着商业化的兴起和发展，有些家庭已不再满足仅仅可以糊口的维生经济，而是将目光投向了其他能带来货币收入的经济作物，如葡萄。葡萄的种植，并不是为了农民家庭消费，而是主要作为工商业的原料，人们通过出售这些经济作物，再从集市或更远的市场上购买其他生产生活用品。这样，人们的生活水平便逐渐得到改善和提高。在茨中村调查的时候，我们发现很多家庭已经不是原来想象中的那样传统和落后，他们不仅各种家电齐全，而且摆设讲究，谈到未来的生活，人们满怀信心。而这一切，都得益于近年来葡萄的种植。

伴随着农村商业化的发展，农民的生产业已卷入了工商业生产的链条当中。经济作物的种植虽然为人们带来了可观的收入，但是也给人们带来了一定的风险，因为人们的收入已经直接受到外界市场条件变化的影响，一旦外面的酒厂经营不善或者行情不好，势必严重影响到当地人对葡萄的种植。这样，人们又会倒退到以前的粮食种植时代，依然过起自产自销的小农生活。农民自己对现实中的风险应考虑得更为清楚，所以他们一边发展经济作物的种植，一边仍然用心经营粮食作物的生产。

第三节 耕作技术与生产方式

20世纪50年代,生活在碧罗雪山周围的少数民族的生产力水平还相对低下,尤其是西麓的怒江地区,主要表现在生产工具的落后以及粗放型的耕作方式。由于耕地坡度较大,土层较薄,农具较小,所以牛犁旱地的翻土深度一般只有十几厘米,手挖地更是只有较浅的7厘米左右。火烧地仅以木棍削尖的一端戳洞点种,不犁不翻。水田依靠山涧流水灌溉,收成较好。山腰上的耕地由于湿度较大,即使在雨水较少的年份,也可得到较好的收成。所有耕地一般每年只种植一季,不种植小春作物。除了房屋附近的麻地和菜地外,无论旱地和水田都不施肥。

在耕作技术和所需要的生产劳动时间方面,不同类型的土地存在差异,收获量也不同。水田和牛犁旱地由于坡度较小,肥层不易流失,此类耕地为固定耕地,一般逐年耕种,不间歇,产量比较稳定。水田一般是犁三道,薅一道,每亩水田从播种到收获,需要的人力和耕牛是所有土地中最多的,产量也是最高的,牛犁地其次。手挖地由于坡度大和土层薄,肥力容易流失,因而产量不高,一般在耕种三五年或七八年之后即抛荒,属于半固定耕地性质。火烧地的耕作技术更是简单,将树木砍倒晒干,点火和杂草一起焚烧,等土壤冷却后,用木棍在铺满草木灰的地里戳洞点种玉米种子,一般从播种到收获中间只薅一次草,其收获量主要取决于草木灰的肥沃程度。从整个收成上看,一亩优质牛犁耕地与一亩手挖地的产量,通常会相差五六倍之多,固定耕地和火烧耕地在产量上的差别就更大了。

新中国成立后,在政府的指导和组织下,当地的生产力得到很大提升。当时,由于外地干部多,他们利用内地的经验,指挥合作社兴修水利,实行精耕细作。人民公社化时期,田地的犁耕程度和施肥率都进一步提高。经过二三十年的发展,怒族地区的生产工具发生了重大变革,铁制农具开始发挥主导作用,牛耕地的面积大大增加。人们根据实际情况,在坡度稍大的地方使用单牛犁地,在坡度缓的地方使用双牛犁地,在那些坡度实在太大、无法使用耕牛犁地的情况下依然采用简单的锄挖方式。

一、耕作方式

20世纪50年代,铁制农具在碧罗雪山地区的农业生产中已占有主要地位。由于当地的怒族、傈僳族等尚不能锻制铁器,仅能加工简单的铁工具,因此，多数铁制农具如犁铧、锄头、砍刀等仍然依赖兰坪、云龙、维西等地的汉族、白族和纳西族。在耕作方式上，当地已经出现了刀耕火种、锄挖和犁耕等多元并存的局面，犁耕在人们的农业生产中开始占据主要的位置。

(一) 刀耕火种农业

清代，碧罗雪山地区的少数民族群众普遍使用刀耕火种的农业生产方式。夏瑚在《怒俅边隘详情》中记载："农器亦无犁锄，所种之地，惟以刀伐木，纵火焚烧，用竹锥底成眼，点种包谷，若种荞麦稗禾等类，则只撒种于地，用扫帚扫匀，听其自生自实，名为刀耕火种，无不成熟，今年种此，明年种彼，将住房之左右前后地土，分种完毕，则将房屋弃之，另结庐居，另砍地种；其已种之地，须荒十年八年，比俟其草木畅茂，方行复砍复种。"① 刀耕火种的生产方式在滇西北地区保留了很久，一些零星地方甚至保留至2000年左右。

根据以往的调查和描述，刀耕火种的程序大致为：

第一，备耕。备耕于年初开始，打造、修整、准备好各种必要的工具，如木锄、小铁锄、点种棍和砍刀（见图4-1）等等。

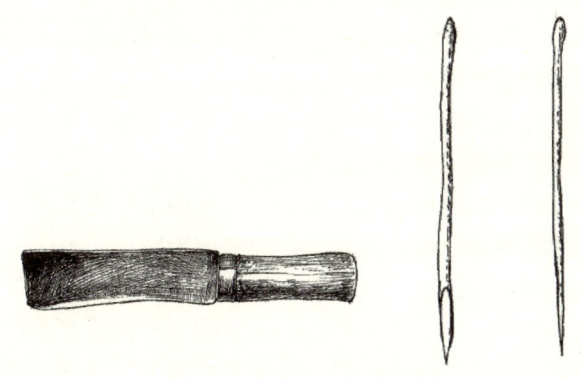

图4-1 砍刀与点种棍

第二，选地和号地。一种是由本族或本村头人出面，按轮歇顺序，选择确定当年耕种的地块。找好确定火烧地并按当地习俗将火烧地号好，然后由头人召集全体成员确定砍伐日期。另一种是村社成员中的缺少土地者，可以单独或者伙同其他几户人家于春耕前在自己认为合意的一块公荒地上砍去一片树林，或垒石为界，或插上树桩为记，这块地就算被"号定"。凡是已经被人选择和号定的荒地，他人即不能再来开垦，如果违反这一规定，将会受到众人的谴

---

① (清) 夏瑚:《怒俅边隘详情》，见方国瑜主编《云南史料丛刊》(第十二卷)，云南大学出版社2001年版，第149页。

责。号定的土地可以长期占有和耕种,但不能买卖。这些号定的土地抛荒以后,其他村寨成员可以再来号定耕种。

第三,砍地和烧地。砍地一般在每年的二三月进行,需要一段时间让其充分干燥。烧地与砍地一样,时间不宜过早也不宜过迟。过早易造成肥料流失、杂草丛生,过迟会耽误整地和播种。人们一般在播种前10天左右烧地。树木经过一次焚烧,不可能完全烧尽。人们要将烧剩的树枝堆积起来继续焚烧,直到树枝全部化为灰烬。

第四,搭建房屋。农忙季节,人们除了在村寨有固定的房屋外,往往还在耕地附近搭建简易房屋,既避免了每日长途往返之辛苦,还可以看护快要成熟的庄稼,以防止动物的糟蹋和破坏。

第五,播种。播种的方式主要为点播,男子在蓬松的灰地里用尖木棍或竹竿戳洞,妇女跟在后面点放种子,点完后随即用脚顺势拨土将洞覆盖,播种完后的土地基本不做平整。

第六,锄草。一般来说,人们在火烧地里很少锄草,最多只是偶尔锄一次,基本不施肥,播种完以后就等待收获了。

第七,收获。收获庄稼一般只取粮食,不割秸秆。例如,种的是玉米,就只掰玉米棒,玉米秆则继续留在地里,等到来年播种时再放火焚烧。由于山路崎岖,粮食多靠人力背运。

刀耕火种需要有充足的山林面积来进行轮歇。尹绍亭认为云南山地民族过去的刀耕火种农业主要有三种轮歇方式①:

第一种为一年耕种的轮歇方式。这是刀耕火种中最为典型、最为粗放的一种轮歇方式,最基本的特征是有规划、按顺序地轮歇。实行这种轮歇方式的村寨,将本村寨的农用林地按照轮歇年限划为若干大片,大家一年集中耕种其中的一片,一片土地只种一年,到了第二年又换种一片新地,这样不断循环。轮歇时间取决于人口和土地面积的比例,如果人少地多,则土地轮歇期较长,土地可以得到充分休整。实行这种轮歇方式,就必须具有足够的土地资源,土地越广,可以规划的土地片数就越多、轮歇时间就越长,就越能减少对自然生态的破坏。如果不实行轮歇,而是固定在一块土地上连年耕种,那么不出几年,土地的肥力就会耗尽,地力衰竭,杂草丛生,最终导致无法耕种。

第二种是轮作轮歇方式。山地民族通常按照坡度大小、土壤肥力、海拔高低、向阳背阴等条件将土地分为不同的类型,然后再采取不同的轮歇方式。例如,怒族、傈僳族等将耕种的坡地分为火烧地、锄挖地和牛犁地三种。其中,火烧地通常实行一年耕种轮歇,而其他土地则实行轮作轮歇,即每年种植不同

---

① 参见尹绍亭著《云南山地民族文化生态的变迁》,云南教育出版社2009年版。

的作物，等到地力衰竭后便轮歇几年，等地力恢复后再耕种。

第三种是人工种植林轮作轮歇方式。这是在抛荒的土地上种植速生树木或经济林木，以缩短土地休闲期或者获取经济效益的轮歇方式。种植的树木一般有水冬瓜树、漆树和松树等。

火烧地实行免耕，具有保肥的作用。地里的树木焚烧后，作为肥料的灰分覆盖于表土，当雨水降临，灰分渗入土中，有利于作物吸收；如果以锄挖或者用牛犁地，则会使地下的生土上翻，将灰分埋入底下，造成能量的损失。免耕也具有防草防虫的作用，因为土地表面经过大火焚烧，杂草害虫多被烧死，这时如果进行深耕，将会使下层土壤中的草子和害虫又在地面复苏，对庄稼造成危害。翻土不深还有一个原因，当坡度较大的山地遇到大雨，松软的土壤会被冲走。

（二）锄挖农业

锄挖农业就是在播种前翻一次土，随后即进行播种。刀耕火种是一种不断游走的农业生产方式，而锄挖农业则是逐渐过渡到固定农业的标志。但是，就锄挖农业本身来看，也是经过了一个极其缓慢的发展过程。人们开始使用的锄头只是一些简单的石锄、竹锄、木锄，最后才发展到铁锄。

怒江地区使用铁制锄具的时间极晚。新中国成立前的几十年里，才在个别地方出现铸造和打制条锄的手工匠人，但是所使用的铁料仍然由其他地方运送进来。1956—1958年，中国社会科学院民族研究所云南民族调查组在怒江福贡县的古木甲村、原碧江县的老母登等地发现了新石器时代的遗址，遗物有磨光的石刀（穿孔）以及带柄的磨光石斧、石锄、石锛、石碓、石镞等。其中有10件石锄是在古木甲村的耕地里发现的。据当时村里的老人讲，过去在耕地时，常有类似的石锄出现，数量相当多。由此可见，早在石器时代，当地的先民就已经开始锄耕农业的生产了。

除了原始的石锄以外，当地在新中国成立前还普遍存在着竹锄和木锄等锄类工具，用来除草和挖地。竹锄一般选用坚硬的黄竹，将其一端削成尖刃状，再用火烘烤使其弯曲，这样便可以当锄头来使用。木锄有两种，一种是选用坚硬的栗木或青冈木的树杈，将其砍制成锄头形状；一种是选用一块坚硬的小木板，一端凿孔，再穿入一根长木棍，作为锄柄，就可进行一些简单的锄草和挖地活动。

和怒江地区相比，澜沧江的德钦和维西在农业生产技术上无疑要先进很多。碧罗雪山东麓的德钦和维西，由于地缘因素，和内地的各种交往活动也比较频繁，因而很早就开始了铁器的使用。而一山之隔的怒江地区，由于地势险峻，交通不便，在很长的一段时期里，都极其缺乏铁制农具，大多时候只能以竹木代替。

17世纪以后，为了反抗压迫，原来居住和生活于维西等地的傈僳族开始大规模西迁，他们翻过碧罗雪山，进入到人烟稀少、气候恶劣的怒江峡谷地区。傈僳族的西迁，为原本封闭落后的怒江地区带来了先进的铁制生产工具，包括砍刀、斧头和小铁锄等。这些铁制工具主要来自维西、德钦和西藏的察隅等地方。怒族最初用麻布到维西和德钦交换铁制的条锄、板锄，也有外地的商人（主要是纳西族）到怒族地区用铁锄交换当地的土特产。

可以想象，使用石锄、竹锄和木锄进行挖地的效率是极为低下的，其耕作效率远不如刀耕火种农业。继这些原始的农业生产工具之后，又出现了一种铁木结合的锄具，即在原始木锄的尖端处套上一块铁皮锄刃的小型铁锄。关于这种锄头的名称和叫法并不统一，但由于其在怒江尤其是在怒族地区的使用最为普遍，因而人们一般将其称为"怒锄"（见图4-2）。怒锄的锄刃中间略宽，尖端细窄，整个锄刃颇似一个细长的鹤嘴，因而也有人形象地将其称作"鹤嘴锄"。怒锄作为一种套銎尖形锄，是该地区最有特点的锄具，锄嘴和锄柄之间的夹角很小，这种锄头专门为人们耕种陡峭多石的山坡地而设计，因而不适合在平地使用。用这种锄头来挖地，既省力，又不至于将大块的泥土挖滚到山底下去，因而还具有保护土壤的优点。

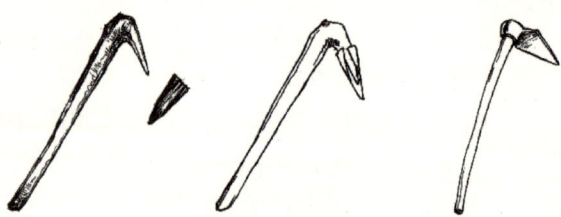

图4-2 怒锄的形态演变

走在峡谷两边的村子里，随处可见人们背着这种锄头上山下山。这种小铁锄一经出现，就广泛地被人们使用到平常的农业生产活动当中，不论是挖地还是除草，相比以前的石锄和竹木锄，怒锄的劳动效率都大大提高。况且，横断山区的峡谷地带山高谷深、地势险峻，山坡上的旱地被人们形象地喻为"挂在壁上"。因而，适合在坡地锄草和挖地的小铁锄便能大显身手了。在那块寒冷的土地之上，德钦的藏族主要依赖种植青稞和小麦为生，青稞地和麦地一般播种比较稠密，禾苗之间的距离较近，因而在中耕锄草的时候不适宜用宽大的锄头，只适合锄头窄长的小铁锄。

如今，该地区的锄类工具已经变得非常丰富，原来的竹木锄具已不多见，套銎的怒锄也已经变成了纯铁制的锄头，此外还有板锄和条锄等。由于交通的便利以及商业的发达，乡镇的街道和集市上都可以买到这些生产工具，原本稀缺的东西如今已变得非常普通。

正是由于铁制锄具的传入，锄挖农业变得可能，这为刀耕火种农业向锄挖农业过渡、迁徙农业向固定农业过渡提供了初步的物质基础。锄挖农业最初应该只是简单的、小面积的园艺农业。在进行锄挖的过程中，人们逐渐发现挖地可以改善土壤的质量，可以重复种植作物。应该承认，锄挖农业的耕种规模存在一定限度，因而只是部分地实现了土地的固定化。但是，我们也可以想象，是否是锄挖农业启发了更大的犁耕农业的发明呢？一旦人们认识到挖地可以改善土壤，从而固定种植作物，那么人们就会想方设法使用更高效率的挖地工具。这样，犁也就产生了。

虽然人类的农业生产工具已经迈进了机械化时代，但是对于碧罗雪山两麓的峡谷地区来说，锄挖农业仍然保留着很大空间，而且在很长的时期内，这一状况仍然不会得到改变。其原因有二：一是有相当多坡度比较大的土地的存在，二是小块耕地面积的大量存在。由于山高、坡陡、石多、土薄等客观因素的限制，可以用来耕种的土地面积本来就极为有限，人们不得不去开垦利用坡度在 25 度以上的山坡地。由于树林、悬崖、高山和河流的分隔，这些山坡地大多呈分散的小块状，很少见到有面积较大的连片土地。走在峡谷里，我们可以看到，在江边稍平的滩地、半山腰、崖底、树林中间，到处都分布着一小块一小块的庄稼地，真可谓是"地尽其用"；在这些小块的土地上，人们连牛耕都难以使用，更何况是拖拉机等机械。

（三）犁耕农业

犁的出现是人类农业文明进步的一大标志，是传统农业生产技术达到最高水平的代表之一。新中国成立前，怒江地区已经由锄耕农业过渡到犁耕农业，但是犁耕的历史并不算长，总共只有 100 多年的时间。犁耕技术在该地区的传播和应用，也是经历了一个逐步发展的过程。在铁器比较缺乏的时代，人们主要使用木制的犁头来耕地；后来，随着交通条件的改善以及商业交换的扩大，木犁上才开始套上了铁制的犁铧。

铁犁的应用对于农业生产效率的提高是不言而喻的，犁耕和施肥技术使得人们在土地上进行精耕细作有了可能。相比于锄头，犁耕的土地面积大大扩大，粮食产量也极大提高，从而可以养活更多的人口；在此基础上，逐渐形成了固定的村寨，人们不再奔波于轮歇的游耕生活。犁耕也使得畜力的应用得以实现，大大节省了人力。

犁耕能够充分疏松土壤，不仅可以将作物的根茎铲除，也能将地里的石块翻起，这些都是人力所不能及的。从技术原理上来说，犁的构造都大同小异，但是由于每个地方的土地条件存在着很大差异，因而犁的形状也不尽相同。对于云南地区的犁文化，尹绍亭在《云南物质文化》① 一书中已经做了全面的介绍。笔者主要调查了碧罗雪山地区的两种犁，分别是东麓藏族群众的犁和西麓怒族群众的犁。

在德钦县燕门乡的拖拉村，笔者在一个退休教师的家里拍到了一副犁的照片（简图见图4－3）。该犁最突出的特征是犁身呈细长状，没有犁柱，属于无框架结构犁。由于德钦藏族的农地多是高山峡谷中土壤浅薄、石头较多的水浇地，所以犁铧极为细小，仅在木尖上套装一块三角形的厚铁片。德钦犁的犁铧虽然较小，然而犁辕特别长，前面的犁杠也极长。

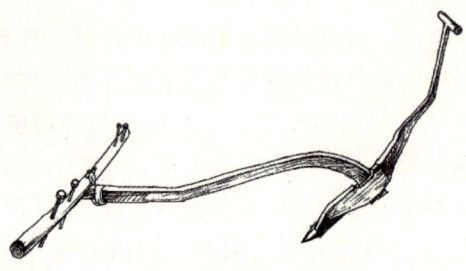

图4－3　德钦地区的犁

在贡山丙中洛乡的甲生村，笔者看到了怒族群众独具特色的犁（见图4－4）。该犁为小型三角框架长直辕犁。犁身、犁辕、犁柱皆以较细的木料制作而成，整个形体显得轻巧，适合于在峡谷坡地上使用。在使用方法上，既有用二牛抬杠的，也有因山势险峻而仅用一头黄牛抬杠的。

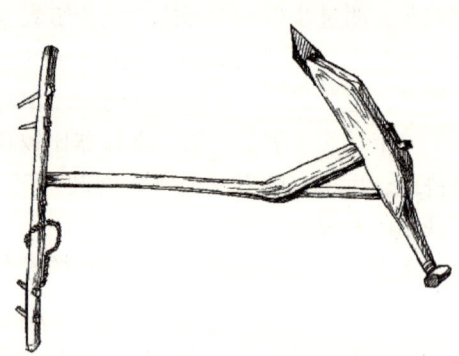

图4－4　贡山地区的犁

---

① 尹绍亭著：《云南物质文化·农耕卷》，云南教育出版社1996年版。

峡谷地带的土地，不仅土壤浅薄，而且石头较多，所以犁装配的是套銎小型犁铧，然而其犁铧比较长，二牛牵引所抬之横杠亦十分粗长。耕牛主要使用黄牛、犏牛和骡马。黄牛的使用比较普遍；骡马在该地区相对较少，一般多用来驮运东西；犏牛是藏族地区特有的牛种，为牦牛和黄牛的杂交种。交配亦有讲究，即公牦牛与母黄牛交配，被称作真犏牛；如果相反，则被称作假犏牛。假犏牛体弱力小，远远不如真犏牛体强力壮。第三代母犏牛与公牦牛交配，便回归为牦牛。母犏牛产奶较高，适合做奶牛；公犏牛强壮力大，适合驮运东西和犁地。

为适应怒江地区山高坡陡的自然特点，牛犁耕作的方法有两种：一种是单牛犁地，适合比较陡峭的山地；另一种是二牛抬杠，适合比较平缓的土地。耕牛的使用率很低，每头耕牛每年农忙时投入耕种的时间一般仅为30多个劳动日，其余大部分时间便在山林中放养。

二、施肥情况

新中国成立前，人们在农田中也有施放肥料，但缺乏肥源，也没有形成施肥习惯。他们将使用人粪肥视为禁忌，不仅田里不施人粪肥，平日里也不积攒。至于牲畜粪便，也由于农民素无积肥习惯，在畜圈内不垫草而任凭肥料流散浪费。

据说在以前，当地的怒族群众认为肥料是一种不洁的东西，如果背了肥料就会头疼或生病。后来，逃荒到内地的人回来介绍说，内地的土地施肥，庄稼长得好，人也不会生病，施肥的人家才逐渐增多起来。当时施肥也只是施牲畜粪，而且不知道如何堆积肥料。20世纪50年代，在"以粮为纲"的生产方针指导下，为了增加粮食产量，人们想尽各种办法为土地施加肥料，村民们不仅上山背树叶子堆肥，有时甚至被动员到山洞里去掏鸟粪。积肥需要饲养猪、羊等牲畜，在怒江和澜沧江峡谷的少数民族地区，几乎每个家庭都有猪圈，里面养着数量不等的猪。

积肥的方法有两种：内地的大多汉族地区主要是用土来积肥，即将干燥的土铺在猪圈里面，等到猪的粪便积累到一定程度的时候，就将猪圈里的粪肥掏到外面堆起来，等到开春季节，再将肥料运送到庄稼地里去；碧罗雪山周围的怒族、傈僳族和藏族群众则使用另外一种完全不同的方法，即利用树叶和草来积肥，即往猪圈里面铺垫树叶和绿草，这样由猪粪和树枝草叶混合生成的肥料也叫"绿肥"。为什么会产生这一差别呢？原因可能在于峡谷地区的土地资源比较缺乏。峡谷地区本来就多山地，土地资源极为珍贵，猪圈一般都建在人们的房屋底下或者院子旁边，周围本来就稀缺的土地还要用来种菜，所以没有足够的空间再去挖土；相比之下，村子周围漫山遍野的树林使树叶成为极易得到的资源。伴随着人们对施肥的重视，背树叶积肥就成了当地群众一项必不可少的生产劳动。

背树叶积肥，一年分冬夏两次进行：冬季人们忙完了农活，有了充足的时间可以上山采集树叶，为第二年的春播季节做好准备；夏季的背树叶活动主要在七八月进行。冬季所背的树叶主要是刺梨叶和松树叶。刺梨叶上带有锯齿状的小刺，采摘起来比较麻烦；松树叶比较简单，由于本身比较细小，背回来以后可以直接垫到猪圈里面。其实对于用来积肥的树叶，村民们本身并没有固定的要求，全凭生长的数量和采集的方便程度。

在茨中村的时候，房东刘文高每天早上天微亮就出去修建葡萄架，早饭时就会背回来一大捆剪下来的葡萄枝叶，一部分喂给圈里的小猪和小牛，一部分就拿来垫在圈里积肥。因此，积肥的关键除了要有绿叶，还要有牲畜在上面不断排泄粪便与踩踏，这样才能使农家肥得以产生。每年夏冬季节的两次积肥和作物的生长安排是协调的，积肥时间一般为3个月左右。因而，冬季的积肥刚好可以为第二年开春的耕作做准备，而七八月的积肥又可以为深秋的小春作物耕种做准备。

为了提高劳动效率，当地村民除了自己家里人，还要从村子里请其他村民来帮忙一起上山背树叶，请的人数根据自家的土地数量和所需肥料数量而定。集体协作是当地农作劳动的传统，今天你请我帮忙，明天我再请你帮忙，根据这种互惠的原则，一般谁都不会拒绝谁。夏季草木比较茂盛，人们不用跑很远，就会在村子附近的沟谷田边割砍到一捆树枝草叶背回来，所以背的次数也比较多；而在冬季，村子附近的草木都已经干枯，人们则要爬到较远的山上去背树叶，由于路途较远，背的次数也较少。背树叶的同时，主人家还要专门留人在家里剁树叶，即将背回来的树枝草叶剁碎，然后集中起来，再铺垫在猪圈里面。

由于当地的交通条件不便，人们运送东西几乎都是靠自己的体力来完成的，尤其是在那些坡度比较大的陡坡地带。背树叶已经很辛苦，将这些堆积好的农家肥运送到田地里更是一件辛苦的劳动。村子里和村子附近的基本农田每年需要的肥料，运送起来较为方便；村子上面山地里的肥料运送起来则极为困难，一块地往往需要背肥很多趟，村民们不仅请人帮忙来背，有些还专门请骡、马来驮。为了犒劳请来帮忙的村民，主人家通常会为其准备"下拉"。

背树叶积肥不仅耗时耗力，还会破坏生态环境，造成植被减少、水土流失，因而不是一项长久之计，对此村民们也有很多抱怨。如今，国家实施退耕还林政策，在一定程度上限制人们对树枝的砍伐。山坡耕地的面积大大减少，很多山林也逐渐得到保护。另外，由于工商业的发展，很多村民利用闲暇时间到外面做工，用赚回来的钱直接购买化学肥料，这样效率更高。因而，目前人们的施肥方式已经多样化，化肥在农作物中的使用比重越来越大，人们不再只局限于农家肥的积累了。

施肥在很大程度上促进了当地农业生产的固定化。20 世纪 50 年代初期，当地的火烧轮歇地仍然占有相当比重，随着施肥程度的加大，人们种庄稼不再是依靠焚烧后的草木灰，因而不再需要频繁迁徙，一块土地往往可以使用多年而不用轮歇。可以说，施肥带来的最大变化就是土地耕作的固定化，也就是原来的火烧轮歇地大大减少，牛犁地和手挖地增加。火烧轮歇地转化为固定耕地有两个条件：一是离住处不太远，能够背去肥料；二是作物轮种。可见，施肥不仅和提高作物产量有关，而且和耕地的固定也有关系。然而，当地轮种制度仍很不发达。房屋附近的土地，每年大春都种植玉米，不实行轮种；高山上的公荒地，一般只种一茬小春。在这些地方，有的采用大麦、小麦、荞麦等作物轮种，如果三种作物的收成逐年降低，就抛荒另寻他处耕种，等过五六年地力恢复后再来耕种。

三、土地共耕与劳动互助

新中国成立前，由于生产工具占有的差异以及劳力的不足，怒族和傈僳族群众中广泛存在着一种土地共耕关系，有时也称"伙有共耕制"①。土地共耕主要有四种情形。

（1）家族共耕。弟兄分居以后，土地不分开或部分土地仍共同耕种。共耕的土地一般离家比较远，干活时晚上要歇息在地里，还要赶走来破坏的猴子等动物，所以人多方便。另外，这些土地坡度很陡，再加上农具简陋，如果分散经营，势必造成生产困难。

（2）土地买卖形成的共耕。这有两种形式：一种是几户合资买一块土地，共同耕种；另一种是贫苦农民因婚丧祭鬼，出卖整块土地的一部分，但土地不分割，买主与卖主共耕。近些年来，买卖关系构成的共耕逐渐增多，这说明农村阶层逐渐分化；另一方面也反映了由于生产力低下，人民生活困苦，单户农民的经济力量有限，因而不得不采取共耕的方式。

（3）共同垦荒，共同耕种。土地原属氏族或村寨公有，几户家庭相约共同占有一块氏族公荒地，共同耕作。伙有的户数少则两三户，多则十来户。这些进行伙耕的家庭，平均付出种子、耕牛、劳力，平均分配收获的粮食。

（4）姻亲关系构成的共耕。怒族的婚姻，主要以牛作为聘礼，有些贫苦农户没有牛，只能以部分土地作为聘礼，双方共同耕种，平分粮食，也有个别

---

① 《民族问题五种丛书》云南省编辑委员会编《怒族社会历史调查》，云南人民出版社 1981 年版；《民族问题五种丛书》云南省编辑委员会编《傈僳族社会历史调查》，云南人民出版社 1981 年版。

以土地作为陪嫁。

　　落后的生产力是共耕的基础，虽然个体农业有了一定程度的发展，但是耕作水田、开垦荒地等劳动需要凭借集体的力量才能实现。怒江地区自然条件特殊，山高坡陡，土地多呈块状、面积小且极为分散，这些都造成了共耕关系的存在。

　　共耕的土地以犁耕地为主，因为犁耕地需要多家合作，才能克服耕牛、劳动力缺乏的情况。共耕地还有一大特点就是普遍距离村落和住所比较远。从形式上看，共耕是集体协作，但是共耕关系是十分复杂的。在伙有共耕制下，各家庭共同出种子、劳力，收获物也是按家庭数量平均分配。由于各个家庭的劳动力有多有少且强弱不同，劳动力多的家庭往往要付出更多的劳动量，但是所分配的成果仍然和其他共耕的家庭一样，因而就降低了这些多劳力家庭的生产积极性。发展到轮换地以后，产量有所提高；因为这种耕作方式采取的是"谁种谁收"，因而刺激了人们的生产积极性。

　　根据20世纪50年代的少数民族调查发现，怒族地区在土地耕种上还普遍存在一种"分种"制度，怒语称为"棉白"。① 分种的方式很多，大约可以归纳为四种：①一方出土地、耕牛、种子，另一方出劳力，收获时双方对半分配粮食。②一方出土地，另一方出种子和劳力，收获时六四分成（出土地者六成，出种子和劳力者四成，已具有土地出租性质）。③一方出土地及部分劳力，另一方出种子及主要劳力，收获时对半分配。④一方出土地、耕牛，另一方出种子及劳力，收获时四六分成。这四种耕作中的合作关系明显是由以前的"伙有共耕"制发展而来的。

　　农民之间一般以相等的劳动交换进行协作，傈僳语称为"瓦刷"，就是大家互相帮助的意思。在举办"瓦刷"的前五六天，主办人在准备好酒肉后，便向亲友发出邀请，参加者一般不限范围。应邀者参加与否完全自愿，没有任何强制。缺粮的穷人一般乐意参加，因为有酒饭招待，一来解馋，二来也可以解决几日口粮。参加"瓦刷"的人数视实际需要而定，一般十几人，最多不超过20人。农忙时，亲戚邻居互相帮助干活，不计出工多少，也不付工资，主人只要煮一锅水酒或玉米稀饭请大家喝就行了。据说在以前，"瓦刷"完后，大家就在地里喝酒、跳舞、唱调子，充分表现出劳动的欢乐气氛。

　　时至今日，换工互助的劳动方式在当地依然广泛盛行。人们在播种和收获的时候并不是单靠一个家庭自身的力量，而是根据劳动所需邀请相应数量的村民、朋友一起干活，分享劳动的欢乐。在这里，我们发现了农民经济中社会关系的作用。

---

　　① 参见《怒族简史》编写组《怒族简史》，云南人民出版社1987年版，第57页。

四、作物灾害及其防治

农业生产中的自然灾害主要有水灾、滑坡、旱灾、霜冻、低温冷害、风灾、雪灾、虫灾。由于山谷两侧有些地方草木稀疏、岩层裸露，甚至为不毛之地，或者山坡陡峻、土质松散，松散的堆积物出露江面以上20～100米，况且土层砾石成分复杂，大部分是大砂岩、变质砂岩、粉砂岩，呈半胶质泥状态，因而地裂、崩塌、滑坡、错落现象时有发生，尤其是遇到暴雨情况就更加严重。

（一）自然灾害

（1）水灾、滑坡和泥石流。夏秋季节，尤其是7—9月间正值雨季，加上高山上的冰雪融水，有时候会造成特大洪水，冲毁农田、道路和房舍。峡谷两旁的山坡此时会发生严重的滑坡和塌方，尤其是怒江峡谷里的福贡到贡山段。滑坡、塌方和泥石流不仅会阻断交通，而且会冲毁农田、房屋，甚至危害到人的生命。记得在贡山秋那桶做调查的时候，在去往尼打当村的公路上，笔者就看到怒江对面山坡上刚刚发生不久的一场泥石流痕迹，山坡上的玉米地被冲去一大片，旁边紧挨着一座木楞房屋，所幸的是泥石流和房屋刚好擦肩而过，没有造成人员伤亡。

（2）霜冻、低温冷害。该区域多位于高寒山区，每年有长达7～8个月的霜期，来得早，去得晚，给当地农作物造成很大危害；特别是秋季的低温冷害，又称"寒露风"，往往出现于每年的8月中旬至9月中旬，期间气温骤然下降，严重影响农作物的抽穗、扬花与结实。

（3）风灾。每年10月至第二年5月为大风出现频率高的月份，严重危害小春作物的生长和收获。

（4）雪灾。春秋季短、冬季长，其间频频下雪，尤其是1—3月为降雪次数多、降雪量大的月份。每逢较大雪灾时，县境内农牧民饲草短缺，致使牛、羊等家畜冻死、饿死，住房、粮架倒塌，电力、交通和通信中断，造成很大的经济损失。

（5）旱灾。冬春季节的干旱少雨会影响到小麦、蚕豆等小春作物的生长。

（二）动物灾害

除了气候等自然灾害，还有动物灾害。该地区由于山林面积广阔，动物的种类和数量也极多，通常给农作物带来很大危害，尤其是远离村落和人烟的高山地区受灾情况更为严重。每年春耕下种后就有老鼠、鸟、猴子等前来为害，玉米和小麦在成熟季节受灾最为严重。

对此，当地群众也总结了一定的经验。例如，黄斑最喜欢叼豆子，绿莺专啄谷子，在田边"啾啾"叫的小鸟雀最喜欢啄食谷穗。玉米成熟的季节，狗熊和猴子是最大的祸害。人们一旦掌握了这些鸟兽的习性和活动规律，就能够未雨绸缪，提前做好各种防备工作。除了亲自到田间地头去捕打、驱赶鸟雀外，他们还和内地的农民一样，采用稻草人进行惊吓的方式使其不敢近前。稻草人的形状极具地方特色。大多怒族和傈僳族地区的人为手持弩弓的草人；而藏族地区的稻草人则身绕五颜六色的长布条，远处看去，随风招展，如果再配上一顶毡帽，俨然一副活人的样子。

除了现实中的应对措施和努力，人们也将收成的好坏归因于各种超自然力量的存在，与此相伴随的则是丰富多彩的巫术活动。当地民众普遍信仰鬼神，他们认为种谷有谷神，于是在播种以及收割尝新时要祭谷神、谢谷神；认为鸟兽前来糟蹋庄稼也是鬼神在作祟，同样也需要用美酒好肉来祈求鬼神别放它们来伤害自己的作物。举凡在过年、砍火烧地、播种、收割、尝新等重大活动之前乃至送鬼魂时均要求祭鬼神。

例如，为祈求来年风调雨顺、五谷丰登，贡山地区的怒族要举行一种祭供山神、祈求丰收的"楼打初"风俗。"楼打初"仪式在每年的庄稼下种前举行。这时，怒族村寨便忙开了。妇女们酿制咕噜酒，男子们准备鸡、蛋等祭山神的供品。待一切准备就绪后，全村男女老少穿上整洁的衣服，带上酒、肉、蛋等供品，聚集在村头的山坡上，在祭神台前烧香，摆好供品，由一位德高望重的老者领唱祷词：司兽禽的山神，请听我们的祷告吧，我们的庄稼就要下种了，请不要让鸦雀鼠来糟蹋。我们给您献上可口的酒浆，供上喷香的好肉，请把损害庄稼的禽兽赶走吧。……祷毕，众人敲起锣鼓，高唱山歌，围着祭台绕三圈；而后，大喊大叫，一起走到田地头，烧火熏撵鸦雀。①

傈僳族群众在祈求风调雨顺时也有着自己独特的巫术仪式。例如，祈雨仪式：①用竹片或木条织成一个方块，涂上泥巴，由属龙的人在上面烧一堆火，将它放入龙潭或江中去，如果烈火为江水冲熄，即象征天将下雨；②用毒药毒死江中的扁头鱼，认为这样做就能使天下雨；③传说古时还以弩弓射入龙潭，触动龙神，使之下雨。对于风灾的祈福仪式：①祭山神，由氏族长老用一碗酒，一片树叶，泼向四方，念咒说"管岩石的神，管树林的神……我将花花的碗盛着我没有吃过的酒，先给您吃，您别吹倒我的庄稼，您要保护我的庄稼，风吹到山上去吧！酒中无毒，酒味很香，您喝后我也喝……"②对着风

---

① 参见李道生主编《怒江文史资料选辑》（第十八辑），政协云南省贡山独龙族怒族自治县委员会、政协云南省怒江傈僳族自治州委员会文史资料研究委员会1991年刊印，第125页。

吹牛角或羊角，以为这样做就可以止住风。①

　　巫术活动广泛存在于前工业化的部落和乡村社会当中。对于巫术，不同的人有着不同的看法。现代化和科学论者视巫术为迷信和非理性的活动，将其归结为民众科学知识的低下和思想的愚昧所致；而以马林诺夫斯基为代表的人类学者则从地方社会的整体环境出发，认为巫术活动在满足人们的特定需要方面发挥着特殊的文化功能，进而承认其存在的合理性。巫术活动的产生，源自于人们对生活当中各种未知结果的难以预料和把握的担忧，最典型的如对经济生产和人身安全。在巫术活动中，人们通过运用咒语和仪式，实现对所信奉的超自然力的沟通和控制，进而增强自己的信心。巫术和人们的实际努力并不矛盾，相反，"实用的工作和巫术仪式是分得清楚的。巫术从没有被用来代替工作。掘地及刈草、筑篱及插柱，从来不因有了巫术而略加忽略的"②。

---

　　① 参见《民族问题五种丛书》云南省编辑委员会编《傈僳族社会历史调查》，云南人民出版社1981年版，第71页。
　　② （英）马凌诺斯基著：《文化论》，费孝通译，华夏出版社2002年版，第61页。

第五章 转场放牧

农牧结合是碧罗雪山两麓各民族的主要生计模式。碧罗雪山东麓的迪庆藏族自治州地处半农半牧区域的交错带上，自古以来从事畜牧业和农业的各民族在此杂居，由于这些民族在历史上不断往来和交融，促使这一地域逐渐形成独具特色的半农半牧文化。这是生活在迪庆州的藏族群众传统的生计方式。

历史上，迪庆州的人民由于受居住环境、气候条件与周围农耕民族的影响，最终走向定居生活并开始发展农业，在保留畜牧业的同时，形成了农牧并重、农牧互养的生计体系。长期以来，畜牧业一直是当地藏族群众赖以生存的重要生计方式，不仅满足了当地民族的生活必需，而且提供了农作物所需的圈肥，成为发展农业的基础；同时，牲畜还可以贩卖给邻近的其他农耕民族，成为家庭收入来源的一部分。西麓的怒江地区，人们很早就开始饲养鸡、猪、狗，用来食用和杀牲祭祀。后来，随着牛耕技术的传入，黄牛、牦牛和犏牛逐渐得到普遍饲养，加之道路的开通以及商业的兴起，专门用来驮运货物的马、骡、驴等牲畜也受到碧罗雪山两麓人民的重视。在20世纪50年代前，畜牧养殖已经成为该地区农民家庭主要的经济来源之一。

第一节 牧场资源的分布以及放牧方式

碧罗雪山地区的畜牧业尤为独特，每年不同时节在村子周围、半山腰和高山牧场之间的转场放牧成为其最大特点，这主要取决于当地的垂直生态环境。

影响畜牧业的主要因素是牲畜的食物来源，这由气候、海拔、土壤、草场等因素决定。高山峡谷地区的草场分布状况决定了人们在不同的地带进行转场放牧；除了草场资源的自然分布外，人们在畜牧业和农业生产之间需要做到两者兼顾。因为，在每年夏季，如果大量牲畜滞留在村里会践踏地里的庄稼，因而需要将这些牲畜转移出去，等到秋收季节过后再赶回村子。长期以来，当地的人们已经形成以村落为单位的村规民约，严格规定各个农户的放牧范围。

根据牧草资源的分布范围以及人们在不同季节的放牧特点，可以将当地的牧场分为三类，即河谷牧场、山腰牧场和高山牧场。河谷地带是人们日常生活的地方，海拔一般在1 800～2 500米之间，是村庄和耕地的主要所在地；山腰牧场位于村子上方，是河谷和高山牧场的过渡地带，海拔一般为2 700～3 000米，路程大约需要2小时；高山牧场是夏季的主要放牧场所，这里面积较大，牧草丰富，海拔一般在三四千米，路程大约需要一天，有些甚至需要两天。对此，当地群众也有着自己的区别和划分。例如，生活于澜沧江峡谷里的藏族群众，将高山牧场称作"rura"，意思为"有雪的草场"，即位于海拔4 000米左右的高山草甸地带；将山腰牧场称作"rumei"，意思为"中间的草场"，即位于海拔3 000米左右的草甸和坡地；将河谷牧场称作"rubo"，意为"家附近的草场"，即位于海拔2 000米左右的村落周围的山坡地带。① 不同的牲畜对于饲草的要求不同。一般来说，牛对于饲草的要求较高，对气候条件的适应不同，因而，当地的牛主要在三个牧场之间转场放牧；而羊群对于饲草的要求不高，主要集中在冬季河谷牧场放牧。下面分别是东西两麓几个村子的实例。

　　迪麻洛位于滇西北怒江州，北毗邻西藏、东毗邻德钦县。当地主要的生计方式为半农半牧。饲养的牲口主要为牛（包括少量牦牛和犏牛）、绵羊、山羊、猪、马、驴、骡子和家禽等。其中，牛是村民最珍贵的牲口，能提供用来种庄稼的积肥、犁地并提供牛奶和酥油，同时作为大部分农户的资产起到储蓄的作用。当地主要的农作物为玉米，而每年收成的相当一部分粮食被用于喂养牲口。另外，如果没有牲口，就没有积肥，那样每年的庄稼收成将受到影响。许多农户自产的玉米不足以满足自家牲口的需求时还需到市场上购买。因而，协调农业和畜牧业之间的关系是当地生计的主要问题。

　　10月下旬至次年的5月，牲口会在村寨周围的森林和荒山上放养。村内的村规民约规定，5月下旬种完玉米以后，牲口（除家禽和每年每家养的年猪以外）不能在村寨内放养，直到10月玉米收完以后才能回到村子里。10月中旬，牲口被迁移到半山腰牧场，玉米收完后就回到村子周围的山坡和空闲田地上；次年4月下旬至5月初，村民开始准备种玉米的时候，牲口又被赶往半山腰的牧场。

　　高山牧场上部分是原始森林，部分是高山草甸。农户所使用的牧场是他们牧屋的所在地，但他们也会互相借用。因此，季节性游动的具体路线因农户而

---

　　① 参见尹仑、赵之铭、梁烨《迪庆藏族自治州畜牧业变迁调查研究报告》，见《云南省生物多样性与传统知识研究会社区生计部研究报告23》，2006年。该报告对澜沧江峡谷里的果念村、佳碧村和贡坡村的牧场与放牧情况做了详细的调查，以下关于澜沧江峡谷牧场情况的描述也主要参考该报告中的一些内容。

异,并不是全村集体行为。由于某些牧场离村寨驻地有10多个小时的路,所以一般来讲农户偏向于利用离村寨较近或有牧路通过的牧场,这样更方便接送物资。

雨崩村和明永村①坐落于澜沧江西岸,位于海拔6 740米的卡瓦格博峰山麓,都属德钦县的云岭乡管辖。明永村位于著名的明永冰川末端,海拔2 400米左右,是典型的河谷经济类型区;而雨崩村的海拔达到3 100多米,属于高寒山区经济类型。两村居民全为藏族。在历史上藏族就是一个游牧民族,经过长期的历史发展,这些峡谷地区的藏族群众已经形成了农牧并重的家庭经济结构。

在雨崩村,冬季的时候牲畜被关在圈里,喂粮食和作物秸秆;开春时节,人们将牲畜赶往玉米地里吃秸秆和一些刚长出来的青草,这时,蔓菁等作物已经成熟,也是牲畜的良好饲料;五六月,过完射箭节之后,牛群开始被迁到海拔大约3 600米的"奶酪"牧场;7月中下旬,牛群被赶往海拔4 000米的"笑浓"牧场;8月,牛群又被赶往同一海拔的"尼塞河"、"肖罗尔"等其他牧场进行轮牧;9月,牛群又再一次被赶回到"笑浓"牧场;10月中旬,牛群返回半山腰的"奶酪"牧场,到了月底,驱赶牛群陆续返回村子;11月,将牛群赶往田地吃秋收后的庄稼秸秆、菜梗;12月,牲畜全部回村,继续喂粮食和秸秆。

在明永村,冬季的时候牲畜在村子附近放养,白天上山,晚上回棚圈,喂粮食和秸秆;到了5月,牲畜逐渐被迁往海拔3 500米左右的"郎主"牧场;6月,牲畜再迁往海拔4 000米左右的"坝戈"牧场;七八月,牲畜迁往海拔4 500米左右的"郎主溪"牧场;9月,牲畜重新迁回到海拔3 500米左右的"郎主"牧场;10月,牲畜陆续被赶回村子;11月,将牲畜赶到地里吃作物秸秆,然后准备过冬。就这样,人们利用当地独特的高山垂直分布的草场资源和气候条件,每年在河谷、半山腰和高山牧场之间进行迁移性的放牧,这一放牧方式是和该区域的生态环境相适应的结果。

一、夏季高山牧场

夏季高山牧场位于海拔3 000～4 000米的高山草甸区。在澜沧江峡谷的一些藏族地区,村子所在位置本来海拔就高,牧场的海拔更高,有些海拔可以达到4 500米左右。碧罗雪山上分布着大量面积不等的高山牧场,如色洼隆巴牧场、杜洼扎楚牧场以及孔雀山牧场等等。其中,有些牧场位于地势比较平坦

---

① 参见郭家骥著《发展的反思:澜沧江流域少数民族变迁的人类学研究》,云南人民出版社2008年版。

开阔的山顶，如阿鲁拉卡山上的牧场；有些牧场位于高山上的河谷地带，如色洼隆巴和杜洼扎楚牧场；还有一些牧场位于坡度比较大的斜坡上，主要分布于高山上的垭口两旁。该自然地带里，既有大面积的原始森林，也有河流、草场以及林间草地。每到夏季，冰雪消融，绿草茵茵，气候凉爽，非常适宜牛、马等牲畜的生长。

新中国成立前，由于山路未通，道路崎岖，大量的高山牧场没有被充分利用；新中国成立后，尤其是人民公社化时期，畜牧业由原来的家庭饲养变为集体放牧，牲畜数量扩大。政府动员群众修通了大量上山的路，高山上的森林和草地从此变为人们放牧的场所，原来没有高山牧场的村社在这一时期也分到了自己的牧场。到现在，几乎每个村子都有自己所属范围的高山牧场。

长期以来，人们在使用高山牧场的过程中，已经形成了比较固定的放牧范围。每个村子都有自己比较固定的放牧场所，彼此不得越界。从使用范围上来讲，既有整个行政村集体使用的牧场，也有几个村小组共同使用的牧场；此外，还有一些小块的高山牧场，主要归附近的小组使用。除了村规民约的规定和限制外，村民在牧场的使用上也有着自己的考虑。一般来讲，村民首先都会选择距离自己村子比较近的牧场进行放牧，而不愿长途跋涉到远处的牧场。

迪麻洛是贡山县的重点畜牧村，畜牧业在村民家庭经济中占有很大比重。在村子周围的高山上，分布着色洼隆巴、新科、穷苦、穷他、楞日等多块高山牧场。其中，色洼隆巴牧场位于碧罗雪山山脉中间的色洼隆巴河谷，东边紧挨德钦县茨中村的杜洼扎楚牧场。杜洼扎楚牧场分布于色洼隆巴河河谷两旁，河水清澈，草甸丰厚，是迪麻洛行政村的公共牧场，村下所属的12个小组的村民都可以来此放牧。色洼隆巴牧场距离村子较远，从村委会所在地的初尼出发，大约需要一天的时间才能到达。新科牧场位于迪麻洛河上游，北靠西藏，东邻德钦县；大部分属于原始森林，基本上由阿鲁拉卡（在迪麻洛山谷的西面）的补它、龙坡和各科当3个小组的农户使用。

在澜沧江峡谷，以云岭乡的佳碧、果念和贡坡三村[①]为例。佳碧村的夏季高山牧场有一块，位于澜沧江河谷东岸、海拔4 000米左右的云岭山脉白马雪山高山草甸，面积有600～700亩，藏语名叫"jiabazhura"，意为"强盗出没的地方"。据说该乡在新中国成立以前，由于交通不便和地形险要，经常有土匪在这一带活动。果念村的夏季高山牧场有两块，都位于澜沧江河谷西岸。第一块地处海拔4 500米左右的碧罗雪山山脉梅里雪山高山草甸，藏语名叫"niubuga"，意为"纳西牧场"，据说纳西族最早在这里放牧，面积有400～500

---

① 参见尹仑、赵之铭、梁烨《迪庆藏族自治州畜牧业变迁调查研究报告》，见《云南省生物多样性与传统知识研究会社区生计部研究报告23》，2006年。

亩；第二块地处海拔4 000米左右的碧罗雪山山脉太子雪山的高山草甸上，藏语名叫"yire"，意为"森林围起的地方"，面积有500～600亩。贡坡村的夏季高山牧场有一块，位于澜沧江河谷东岸、海拔4 000米左右的云岭山脉白马雪山高山草甸，面积有1 000亩左右。这些牧场分散于村子两边的碧罗雪山和云岭之上，基本上归每个小村单独使用。

到了7月，高山牧场上到处是野花盛开、绿草一片了。在这段时间里，放牧的村民要一直生活在牧场上。为此，人们在牧场上修建了房屋，专门用来照看牲畜。牧场上所放的牲畜各式各样，不仅有牛、马，还有猪和鸡。每个房子周围都有狗看护，有些是极为凶猛的藏獒，陌生人一般不敢靠近。房子一般分作两层，上层住人和放东西，下层晚上关养牲畜。牧场上的生活极为单调，房子里的陈设也极为简陋，基本上都是一张木板床、一副铁三脚架。牧民平日里除了照看牲畜，还去山林和草丛里采集菌类、药材和野菜。他们白天将牲畜赶出去吃草，晚上要给母牛挤奶、打酥油；遇到阴雨天气，就待在木屋里抽烟、喝酒，以此来打发时间。

图5-1是笔者在碧罗雪山东麓的牧场上见到的一户牧民的房屋与围栏。该房屋用山上的石头堆砌而成，屋顶上用不规则的木板块覆盖；房屋里面有床、火塘和一些简单的生活用品，牧民吃住都在里面。石屋的旁边是一个用木料圈起来的围栏，用来圈放牲畜。

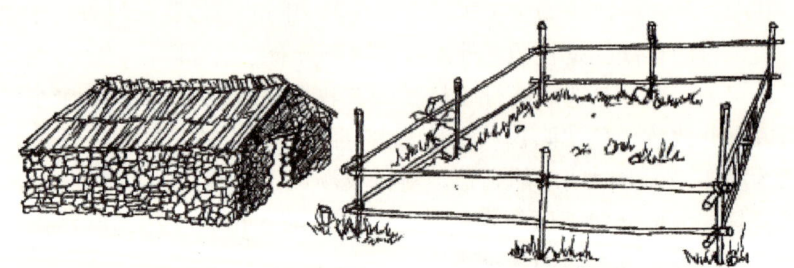

图5-1 高山牧场上的石屋与围栏

由于牧场上人烟稀少，牧民之间的房屋离得比较远，因而大多时候都是一个人在牧屋里面度过。放牧的既有30多岁的小伙子，也有四五十岁的中年人，那些有手艺的人在放牧的同时，还会上山砍竹子用来编织箩筐等篾器。山下的家人要定期为山上的放牧者运送米粮、琵琶肉、盐和酒等生活必需品，然后再将加工好的酥油和奶渣等奶制品以及编织好的竹篾器运回山下。奶制品一部分自己食用，一部分也会出售；同样，竹篾器也是一部分自家使用，一部分拿去集市上出售。因而，村民在放牧的同时进行的副业生产同样可以为家庭增加收入。

并不是所有的家庭都会去高山牧场上放牧。由于山高路远，去牧场上放牧需要家庭派出一个专门的成员，而且还要在牧场上建造房屋，因而对于一些牲畜数量比较少的家庭而言极不划算。于是，就出现了代牧和帮放的现象，即村民将自己的牲畜托付给专门在牧场上放牧的家庭，然后给其一定的报酬。因而，一个放牧者所放养的牲畜，不仅有自家的，也包括其他村民的。

对于高山牧场的使用，当地政府并没有成文的管理规定。2000年，我国生态保护工程全面展开，实施了天然林保护工程和退耕还林还草工程。随着国家林业政策的实施，山林被划分为三类，分别是村子四周的林地、属于各家农户的自留林和责任林，村寨上方的集体林，再往上则是国有林。从法律上来讲，高山牧场都属于国有林的保护范围之内，然而事实上，当地村民仍然在按照传统习惯使用着这些高山牧场。虽然高山牧场为整个村子的公共牧场，所有村民都有权使用，但是在具体的使用规则上，仍然保留着一些当地的"地方性知识"。

根据惯例，牧屋周围牧场的使用权属于牧屋主人，但是使用权可自由转让，其他区域自由使用。在高山牧场，各个村社的村民都可以自由上山放牧，只要一个村民在一片牧场上盖了房子，房子周围的牧场便由他家使用，这也就成为他家固定的放牧地点，其他村民不可以再去侵占。如果达成口头协议，也可以由几家共同在一片牧场上放牧。当地少数民族向来都有帮助他人的传统，认为人们彼此之间应该团结互助，如果违反，就会遭受其他人的议论和不满。所以，当地很少发生为抢夺牧场而争吵打架的事情，人们一般都会自觉地按当地的传统习俗利用牧场，并尊重他人的权利和意愿。

除了村子之外，还存在着不同村子和不同地域之间的牧场利用方式。其中，既有能和平共处的，也有冲突发生的。例如，色洼隆巴河下游位于捧当村委会管辖范围内的林区，在冬季（10月至次年5月）由邻近的迪麻洛村的一位村民使用；他在那里建了牧屋，而附近就是捧当村民的玉米地。据该牧民说，这片土地是20世纪60年代由迪麻洛村民在森林中开垦的。这一说法奠定了迪麻洛享有这片土地使用权的"合法性"。该牧民还和捧当村民达成协议，即在玉米下种前他可以使用这片区域；而从5月起捧当村民可以在这里种玉米，该牧民则要迁到其他地方去放牧，等到玉米收获以后再迁回来。①

另外一个特殊情况涉及不同地域之间在牧场使用上的问题，即"越界"放牧的问题。碧罗雪山的北端为贡山县和德钦县的分界线。德钦县位于青藏高原南缘滇、川、藏三省（自治区）结合部，西南与维西县、贡山县接壤。流

---

① 参见安迪《迪麻洛村牧场管理机制的创新过程：三个"以社区为基础的自然资源管理"案例》，见《云南省生物多样性与传统知识研究会社区生计部研究报告11》，2005年。

经德钦县的澜沧江的峡谷地区,东有云岭山脉,西有碧罗雪山山脉,均为南北走向,地势北高南低。山脉和河谷共同形成了德钦县的三种地理环境,即高山河谷、山区和高寒山区。境内最高海拔为卡瓦格博峰,即6 740米;最低海拔为澜沧江边,即1 840.5米。德钦县是农业和畜牧业并重的半农半牧区域,农业耕地主要集中于金沙江、澜沧江两岸的河谷地带和山区,畜牧业草场则多分布于云岭、碧罗雪山山脉的坡地和高寒山区。夏季草场一般在海拔4 000米左右的高山草甸,冬季牧场则位于海拔2 000～3 000米的山坡地带。德钦以藏族群众为主,畜牧业是其一大经济传统,人们历来对牧场资源极为重视。

碧罗雪山西边的贡山县和东边的德钦县主要通过两条山路相连:北线大致以孔雀山垭口为界,西边为桶当村,东边为永芝村;南线以蛇拉腊卡垭口为界,西边为迪麻洛村,东边为茨中村。德钦县和贡山县在碧罗雪山之上都有高山牧场的分布。一般而言,县界就是两地牧民的分界线;但是,在实际中,两边经常发生越界放牧的现象。在南线,如果东边的德钦牧民越过蛇拉腊卡垭口放牧,牧民必须向迪麻洛村委会支付一笔"资源管理费",通常是以双方约定的一定数量的酥油的形式支付。由德钦过来使用碧罗雪山迪麻洛这边牧场的牧民,要先去迪麻洛村公所商议牧场的使用价格。如果迪麻洛的牧民要求使用该牧场的话,迪麻洛村委会可以取消先前的安排。有时候,对于牧场的使用并没有如此和平。

挂职于贡山丙中洛乡的新农村指导员李洪林为笔者讲述了一个由于牧场使用引起纷争和冲突的例子。2010年,在碧罗雪山北端的孔雀山垭口附近,发生了一次牧民之间的冲突。由于双方都坚持享有该地区牧场的使用权,因而争执不下,最后发生了烧毁木屋和伤牛的事件,双方牧民一度用弩弓对峙,最后,在两地政府和公安机关的调解下才解决此事。有些牧民甚至扬言要在垭口附近投放毒药,要是对方再敢将牛群赶过山来放牧则后果自负,等等。可见,牧民对于牧场资源的使用是极为珍视的,其权利意识也是极为强烈的。在村民们认可的习惯规范内,大家都是一视同仁,公平使用;但是,一旦遇到外地村民的"侵入",会立即奋起反抗。

二、春秋山腰牧场

山腰牧场是村子通往高山牧场的过渡地带。山腰牧场距离村子的距离较近,海拔多在3 000米以下,一般步行两个多小时便可到达。每年5月,牧民们将牲畜赶出村子以后,并不直接赶往高山牧场:一是因为高山上的积雪尚未融化,牧草尚未长高;二是因为在这些半山腰上,同样有大面积的草场和林间草地,可以供牲畜食草。人们一般在山腰牧场停留两个月,等到7月山腰牧场上的牧草已经差不多被吃光了,这时才继续迁移,将畜群赶往高山牧场。到了

9月或10月，天气转冷，人们又将牲畜从高山牧场赶下来，此时山腰上的牧场经过了几个月的恢复，又可以继续为牲畜提供饲草，人们又在此放牧一段时间。等到村子里的玉米等庄稼收割完毕，牲畜就可以赶回村子里过冬了。因而，山腰牧场可以在春秋两个季节里为牲畜提供饲草，这样就顺利完成了牲畜在一年四季中的转场。

山腰牧场的使用规则不同于高山牧场。高山牧场基本上都是位于国有林的保护范围内，在牧场的使用上实行公共放牧，即全村村民都可以上山放牧。而山腰牧场一般位于每个村小组的上方，在权属上归村组集体所有。也就是说，每个村民小组都拥有自己固定范围里的山腰牧场，其他村小组不能越界使用。在该村小组内，每个家庭都可以在此放牧。如果有其他村子的村民要前来放牧，则需要交一些酥油来作为草场的资源使用费。

迪麻洛位于碧罗雪山脚下，当地村民有很多半山腰牧场可以利用，如那新当、达拉登、齐坡、彭工、榜王、卡木义恰、永达恰等牧场。村里的村规民约规定，每年5月20日玉米下种以后，牲畜（鸡和猪除外）不能继续留在村里，而且在10月玉米收获之前不能回来。另外，也有其他一些规定来处理牲畜破坏粮食的事件，这主要是指那些没有去高山牧场而在村里四处游荡的猪、鸡或者马造成的损坏。规定要求根据受到破坏的农田的面积赔偿相应的粮食。这类问题，或者是由原告和牲畜所有者协商解决，或者由邻居来裁定解决；如果还不能解决争议，就由村民小组组长裁定。

玉米下种的准备工作在4月末5月初就开始了。如果农户在村寨上面位于半山腰的牧场有第二个住所的话，牲畜就会先被迁移到那里去。那里主要是一片一片的树林，也有大面积的草地和蕨菜林。其中，有一些在20世纪50年代末就被清除，让出土地用来种荞麦；或在60年代和80年代被用来种药材，如木香。总之，农户会将他们的牲畜迁移到他们或亲戚房子的所在地。在一个特定地点拥有住所的事实决定了对某一个特定牧场的使用。大多数情况下，这些半山腰的牧场都和村子位于同一座山岭或者位于村子上方的山岭上。这些牧场形式上是集体林，但是仍然按照传统习惯使用，即谁在这里建了房子，房子周围的牧场就归房屋主人使用，其他人不得轻易越界。

白汉村是迪麻洛村户数最多的一个自然村。由于每个农户的可耕地面积有限，白汉村的村民主要依靠采集野生植物和打工来赚取现金，再来购买大米和短缺的牲畜饲料。该自然村的牲口数量较大，村民尤其重视牛酥油的价值。每年准备种玉米时，牲畜要么就被迁移到位于村子上方集体林中的第二个住所，要么就被迁移到离白汉村1小时路程的叫作"达拉登"的牧场。牲畜会在那儿待上一段时间，当草越来越少时，牲畜继续迁移到海拔更高的高山牧场。在10月玉米差不多收获时，牲畜再被赶回到达拉登，等到玉米收完后再被赶回到村子的居住区。

再来看澜沧江峡谷的山腰牧场，仍然以佳碧村等为例。佳碧村的春秋季山坡牧场都位于澜沧江河谷东岸、海拔3 000米左右的草甸和坡地，共有4块。第一块藏语名叫"diere"，意为"四家的地"，据说是佳碧村历史上4家奴隶主的牧场，面积大约为400亩；第二块藏语名叫"muqugunian"，意为"斜坡上的地"，面积大约为900亩；第三块藏语名叫"bazhonggu"，面积只有50多亩；第四块面积为70亩左右。果念自然村的春秋季山坡牧场只有1块，位于澜沧江河谷西岸、海拔3 000米左右的碧罗雪山草甸，面积为400～500亩。贡坡自然村的春秋季山坡牧场也只有1块，位于澜沧江河谷东岸、海拔3 000米左右的草甸，面积为400～500亩。[①]

山腰牧场作为河谷和高山牧场之间的过渡牧场，是春秋季节人们进行放牧的主要场所，在当地的畜牧业中起着极为重要的作用。有些村民不仅在这些山腰牧场上修建了房屋，而且还在房屋周围圈围起一片土地，用来种植一些蔬菜，以供自己食用。在翻越碧罗雪山的途中，我们到达了半山腰上的一户人家，在那里停下来休息。该户人家当时不在，估计是去牧场放牛了。房屋虽然有围栏保护，但是并没有上锁，向导便带着我们进去。向导介绍，按照当地的习俗，即使主人不在，路人也是可以进去休息落脚的，只是在走的时候要把自带的物品清理干净。从这一事例可以看出，牧场并不只是简单的放牧场所，也是当地社会和文化的一部分，体现着当地人慷慨好客的性格和乐于助人的精神。

三、冬季河谷牧场

河谷地带海拔较低，气候相对比较温和，是人口和耕地的主要分布地，也是人们的主要生活场所。碧罗雪山西麓的怒江及其分支峡谷海拔一般在1 500～2 000米之间，而东麓的澜沧江峡谷海拔一般在1 800～2 500米之间。例如，茨中村的海拔即在1 800多米，是碧罗雪山东麓地势比较低的村子之一，而在上游的其他河谷地区，村子的海拔差不多都在2 000米以上。受垂直气候的影响，在该区域里，冬季的高山上异常寒冷，而且几乎都是大雪封山，每年山上的冰雪覆盖期长达5个月左右，因而在这段时间里山上不能放牧，牲畜要全被赶回河谷的村子。每年秋收过后，正是牲畜陆续被赶回村里的时间。

从每年的冬季一直到第二年的5月，牲畜基本上都是在河谷地带放养。在这段时间，牲畜被赶往收获后的玉米地里吃秸秆，河谷旁边的菁沟以及村子周

[①] 参见尹仑、赵之铭、梁烨《迪庆藏族自治州畜牧业变迁调查研究报告》，见《云南省生物多样性与传统知识研究会社区生计部研究报告23》，2006年。

围山坡上的杂草和灌木丛等都是牲畜的饲料来源；遇到冰雪天气，牲畜即被赶回家中，喂玉米料以及干草。因而，牲畜在河谷地带的放养时间比较长，从每年的11月到第二年的5月，时间长达半年之久。但不容否认的是，河谷牧场里的草地资源比较贫乏，大多数牲畜在冬季都出现饥饿的现象，这段时间也是一年之中牲畜掉膘的时间。由于饲料缺乏，奶牛的产奶量也大大下降，很多奶牛所产的奶只能够用来维持小牛犊的生存，不能再为人们提供牛奶来打酥油。

河谷牧场的使用也是以各个村社为单位，即每个村子只能在自己村子的土地上进行放牧，这些土地包括村子旁边的菁沟、秋收后的田地和村子周围的山坡树林等。当地的土地在秋收以后很少再用来种植小麦和青稞等小春作物，而是大量闲置，这和当地的作物生长期有关，也和当地的畜牧业养殖有关，因为在这样的放养状态下，很难保证作物不受到牲畜的践踏。为了弥补牲畜在冬季饲料的不足，一些村民也尝试着圈围起一块土地，用来种蔓菁和牧草。但是，大面积圈围土地的成本是极高的，因而牲畜在冬季进行放养的方式短时间里仍然难以改变。

在有些靠近江边的村子里，由于没有大面积的山腰牧场作为过渡，人们就直接实行村落到高山牧场这两者之间的轮牧模式。查腊自然村属于贡山县丙中洛乡双拉行政村，村落位于怒江东岸的台地上，最低海拔约1 500米，村落中心海拔为1 600米左右。查腊自然村处于横断山脉纵谷地带的腹地，东边紧靠碧罗雪山山脉的分支阿鲁拉卡山，西边濒临怒江。阿鲁拉卡山海拔2 800米，山顶平坦，冬季寒冷积雪，夏季气候凉爽、水草丰美，植被以高山草甸为主。农业和畜牧业是查腊村的主要经济构成，人们一边在河谷地带从事农业生产，一边在村子高处的阿鲁拉卡山上放牧。

阿鲁拉卡山山顶有大面积的草场资源，除了一些海拔较低的地方已经被开垦为耕地用来种植大麦、土豆、饭豆等耐寒的庄稼外，其余的草场主要用来放牧。牲畜的种类主要有黄牛、山羊和猪，近年来也从外地引入了少量绵羊。由于海拔较高，阿鲁拉卡山一年中有两三个月的积雪期。期间牧草被大雪覆盖，当地村民根据气候的变化从事迁移性的放牧，夏季把牲畜赶到水草充足的高山牧场，冬天则把牲畜赶回气候温和的江边的家中。为了方便，有十来户村民专门在阿鲁拉卡山上修建了牧屋，便于夏季在山上放牧、挤奶。畜牧业在查腊村民的家庭经济中占有较大的比重，通过放牧和出售牲畜，解决了人们日常的肉食来源以及盐、茶、酒等生活必需品的经济支出。

第二节　牲畜的种类与用途

　　农户从事牲畜养殖，大多是出于生计和文化上的需要。对于牲畜种类的选择，一方面受实际需要的影响，如犁地或肉食和奶源的提供；另一方面也受到当时当地牲畜种类客观上的限制。在过去，碧罗雪山西麓的怒族地区的牲畜种类极为有限。清代余庆远在《维西见闻纪》中曾描写道："怒子居怒江内，……无骡马。"到了20世纪50年代，黄牛已经传入怒江地区，但是由于各种因素的影响，畜牧业在当地仍然不发达。《怒族社会历史调查》中曾写道："碧江县一区九村，由于山高坡陡，水草不丰，饲料缺乏，畜牧业的发展也颇受限制。九村饲养的牲畜只有黄牛、猪、羊三种，无骡马等畜种。黄牛主要用于耕作，数量很少。以甲加、罗宜益两村33户为例统计，只有黄牛21头，其中有的还是体态瘦弱的病牛及幼犊，能用于耕作者仅有11头，为耕牛总头数的51.16%。羊的数目更少，两村仅有羊4只。猪的数目相对来说还算多些，平均每户有猪1只。由于饲料缺乏，管理技术落后，牲畜都是自然放养，牛羊夜不归厩，亦不过问。山高坡陡，耕牛跌死事故时有发生。"[①]

　　相反，在碧罗雪山东麓的迪庆藏族地区，历史上的畜牧业一直比较发达。其原因主要有两个方面：一是藏族历来有畜牧业传统；二是该地区位于滇藏交通线上，商业运输一直比较兴盛，刺激了人们对牲畜的饲养。北部的德钦地区，地处"滇末极苦之境，地瘠民贫之所，递年播种荞麦一次，往往夏遭暴蚁之害，秋有冰雹之惨，三年耕不足供一年之食"[②]，自然条件极为艰苦，农业生产不足，畜牧业成为当地藏族群众的主要生计来源。人们除了食用酥油和奶渣，还将多余的牲畜以及牲畜的皮毛、奶制品拿到市镇出售，换取食盐和茶叶等生活必需品。50年代以后，其畜牧业有了极大发展，不仅牲畜的种类有所扩充，而且数量也大大增加了。目前，人们饲养的牲畜种类主要有牛、猪、马、骡、羊、狗和鸡等，每种牲畜都在人们的生产生活中发挥着极为重要的作用。

---

　　① 《民族问题五种丛书》云南省编辑委员会编：《怒族社会历史调查》（一），云南人民出版社1981年版，第24页。

　　② 王恒杰著：《迪庆藏族社会史》，中国藏学出版社1995年版，第207页。

一、牛

碧罗雪山地区的牛主要有牦牛、黄牛和犏牛三种。牛的分类非常仔细，既有按性别分的，也有按海拔高度划分的，不同的品种之间都有着严格的区别。例如犏牛就有 4 种配种方式：公牦牛与母黄牛配种生下犏牛，母牦牛与公黄牛配种生下犏牛，母犏牛和公黄牛配种生下犏牛，母犏牛和公牦牛配种生下犏牛。犏牛原本是青藏高原地区特有的牛种，现在已经广泛传播到滇西北的高原和峡谷地带。犏牛为牦牛和黄牛的杂交品种。犏牛有真犏牛和假犏牛之分：公牦牛和母黄牛交配所生的为真犏牛，真犏牛体强力大；而母牦牛和公黄牛交配的品种即为假犏牛，这种牛体弱力小，不堪重力，因而在交配的时候要特别讲究。公犏牛一般用来犁地和驮运东西，母犏牛主要用来挤奶。

在怒江地区，还有一种特别的牛种叫作独龙牛，又名大额牛，原来是独龙族人驯养的一种牛，独龙语叫"阿布"，主产于贡山县独龙江一带，为半野牛半家养珍贵肉用畜种，现在也已经为邻近的怒族、傈僳族和藏族等所饲养。独龙牛毛呈黑色或深褐色，四肢下段为白色；体躯高大，肌肉沿肩部隆起至背中央，丰满厚实；角向两侧平伸后略向上弯；四肢短劲，蹄小结实，样子甚为凶猛。独龙牛有极强的攀登能力，公牛性猛，母牛临产前隐蔽于丛林或草丛，离群独居。

在过去，怒江地区牛的数量很少，原因是：一方面，当地的怒族、傈僳族、独龙族等长期处于刀耕火种的农业生产状态，耕地唯以刀伐木，放火焚烧成灰即行耕种，并不以牛犁地；另一方面，交通闭塞，外界的牛种也难以传播和运输进来。独龙族地区虽然有一些牛，但是并不用来犁地。《怒俅边隘详情》载："江尾虽间有曲牛（即独龙牛），并不以之耕田，只供口腹。"① "曲、狄各江，虽不用牛犁地，而以杀牛享众为乐。年获粮食，悉以造饭煮酒，宰牛杀猪，约集十站内外亲友到家，削丈余木坊五根竖立门外，男女分行鸣锣亮刀，围坊歌舞，以牛、猪、酒、肉等项，分享众人，或五日，或七日，必将此项分享酒肉食尽始散。终岁孜孜，惟在此牛。"② 清朝乾隆年间，藏传佛教开始传入贡山地区，受藏文化的影响，当地居民开始食用酥油等奶制品，牛的饲养开始被重视。

20 世纪初，民国政府开始重视对怒江地区的开发，不仅在怒江地区设置了正式的行政建制，而且还修通了不少人马驿道。这时候，内地的汉族、白族

---

① （清）夏瑚：《怒俅边隘详情》，见方国瑜主编《云南史料丛刊》（第十二卷），云南大学出版社 2001 年版，第 149 页。

② 同上书，第 150 页。

人员开始大量进入怒江峡谷深处，带来生产技术。牛耕技术和黄牛在这一时期大量传入怒江。内地的商人将黄牛、铁器以及其他生活必需品带进怒江，当地的少数民族则利用山林中采集来的土特产品进行交换。随着耕牛和铁器的传入，沿江两岸的土地开始被开垦为耕地，原来在山上从事刀耕火种的怒族和傈僳族等少数民族群众开始转向农业生产。到了20世纪50年代，学者进行怒族社会历史调查时发现，当地的绝大部分耕地已转为牛犁地，并在所有耕地中占到了80%左右。可以说，牛的大量引进，是当地农业生产上的一次革命，这在很大程度上改变了人们的生活面貌。

  黄牛一经传入，立即受到当地少数民族群众的青睐。人们除了利用黄牛犁地，在每年的祭鬼仪式活动中也离不开它。当地的怒族、傈僳族普遍信鬼，认为自然界中的山林、土地、岩石、江水都由鬼来管理，因而在耕种、打猎前后都要杀牲祭鬼，表示对鬼神的崇敬。在黄牛未传入之前，人们主要用猪和鸡等动物来祭鬼，黄牛在传入以后则成为当地的一项高级祭品。除了在打猎和农作时祭祀鬼神外，人们在遇到病痛时也要祭鬼。他们普遍信奉巫医，认为生病是触犯了鬼神，因而需要杀牲来祭祀，小病杀鸡、猪，大病重病则一定要杀牛。很多家庭没有足够的牲畜，往往需要向亲戚朋友借牲畜来祭鬼。有些富裕的家庭，为了彰显自己的财富，每年祭鬼至少要杀掉一两头牛，多的时候甚至达到三四头牛。受此驱使，人们出卖土特产所得的收入除了购买布匹农具之外，主要用来购买黄牛。

  随着牛在当地社会中的作用越来越突出，人们对于牛的需求也变得更加迫切。由于每个家庭所拥有的耕牛数量和种类差别很大，为了满足不同家庭对于牛的不同需要，当地曾广泛地存在过许多颇为有趣的交换现象。例如，某家以半头大牛换别家的一头小牛，用钱购买别人家的半头牛，用自己家的半头牛抵债，用半头乳牛换半头公牛，用半头牛交换其他生产、生活日用品，等等。

  活牛是一个不可分割的整体，假如一头牛同时归两家所有，各家占有一半，那么在牛的喂养上，两家都负有责任和义务。具体方法是，在农忙时，两家各养5天；农闲时，要么赶往公共的山地进行放养，要么各养一两个月。在使用耕牛的时候，根据各家实际情况进行协商，规定每家各使用一定的天数。至于共养的乳牛，所产的牛奶和酥油则平分。①

  在当时，牛的价格不菲。一方面，购买牛需要额外的资金；另一方面，饲养一头牛更是需要消耗大量粮食，这在本来就缺乏粮食的怒江地区不是一般家庭所能承受得起的。于是，几户比较贫苦的家庭联合起来共同饲养一头牛或者

---

  ① 参见《民族问题五种丛书》云南省编辑委员会编《怒族社会历史调查》（一），云南人民出版社1981年版，第81页。

其他牲畜，饲料由共养户平均分摊，推定由某户负责饲养；在宰杀牲畜时负责饲养的家庭多分得一个牛头，其余部分平均分配，如果牲畜产子，则饲养户还可以多分得一头幼子。靠着这种共同合作和相互依赖的社会生产关系，人们顽强地维系着自己的生存。这一事例证明，在经济极为低下的生存环境里，单个家庭的力量往往是很微弱的，不足以应对生产活动中的各种需要，因而需要人们的广泛合作与互助。这也反证了俄国学者恰亚诺夫在论述农民经济时的一些疏漏和错误，即乡村地区的农民家庭从来不只是独立进行生产和存在的，而是和当地的社会发生着紧密联系。

在货币经济尚未兴起以前，怒江地区的少数民族群众主要进行物物交换的原始经济活动。而牛由于其所独有的实用价值和象征意义，几乎成为商品交换中的一般等价物。因为黄牛的使用价值比较固定，而且可以传给子孙后代，因此，人们普遍将拥有黄牛当作一种财富，每个家庭占有黄牛数量的多寡也成为衡量其社会地位的标志。20世纪50年代以前，黄牛曾是买卖土地和奴隶的等价物，一头中等黄牛可以交换两三亩土地，一个健壮的女奴可值四五头黄牛。黄牛还可以用来抵偿债务和劳役负担，也可以作为娶妻的聘礼。娶一个女子一般需要送给对方家庭4头黄牛，有些健壮貌美的女子值更多黄牛，说明怒族女子过去的身价是用黄牛来计算的。同时，黄牛可以用来折合计价。例如，一头标准大小的黄牛可以折合口径两尺宽的铁锅三四口。这一切都表明牛在当地社会中的珍贵性和稀缺性。

对于藏族群众来说，饲养牛更是必不可少的。人们不仅用牛来犁地，还用牛来挤奶、打酥油，酥油和奶渣是藏族群众日常生活中必不可少的食品。清末有人曾以"夷食"为题作诗形象地描述道："被体羊毛与苎麻，平生粒米未粘牙；忽来宾客调牛乳，敬接长官奉糌粑。白屑临风飞雪蕊，青浆羊火涨梨花；围炉膝坐欢相聚，伴食霜黄酸奶渣。"① 酥油茶和糌粑几乎已经成了藏民族的代名词，生活于海拔较低的河谷地区的藏族群众在食物上虽然已经多元化，不食糌粑而食米饭和面食，但是喝酥油茶的习惯一直没有改变。走进藏族群众的厨房兼客厅，给人印象最深的就是佛像前面的火塘和铁三脚架，铁三脚架上放着一铜壶专门用来烧水煮酥油茶。

现在，一些富有的家庭已经改用煤气，不再在厨房中烧柴火，但是在一些特殊的节日里仍然会开塘烧火。除了藏族群众外，贡山地区的怒族和傈僳族人，由于受藏文化影响较深，也保留着喝酥油茶的习惯。由于酥油在该地区人民生活中的重要性，养牛挤奶倍加受到重视。养牛更凸显了极大的经济价值。现在，贡山丙中洛地区的酥油价格已经涨到了每斤50元左右。这更加刺激了

---

① 转引自王恒杰著《迪庆藏族社会史》，中国藏学出版社1995年版，第208页。

一些农户对牛群的饲养。

牛的放牧方式很多,这和农户家庭的劳动力数量、牛本身数量的多少以及对挤奶的重视程度都有关系。就迪麻洛村而言,最主要的放牧方式是村民自己上高山牧场放牧;也有很多村民由于家庭的劳动力不充足和牛的数量少而选择不亲自去放牧,而是将牛托付给亲朋好友或其他专门上山放牧的村民代放,代放也称帮放。要请别人帮放一般需要提供一些粮食、盐巴、烟或酒,有些村民为了省去或减少这笔费用的支出,直接让别人看放。帮放的人要替牛主人挤奶和喂玉米面等;而帮看则不用,只要保证牛的安全就可以了。

在丙中洛的日当村和甲生村,我们发现了另外一种放牛方式,即让牛自己在山上跑。具体做法是,在5月把牛牵到村寨后面的山林里并将它们留在那儿,每两个星期、一个月或更长一段时间带上盐巴和饲料去看管它们一下;有些村民甚至到10月才去看(如果牛当时还在的话)。在碧罗雪山东麓的茨中村,还有一种有趣的放牛方式。一天早晨起床,笔者便听着牛铃声,走到村子的小路上,路上碰到纳西族的何大爷。何大爷年近七十,腰上缠绑一条红丝巾,问其原因,他说是腰疼。这会儿,他赶着两头黄牛正要去放,笔者也跟随着一同前往。到了村子外不远处,爬上一段山林,牛便进入觅食,何大爷停下稍作休息后便要返回家中。笔者好奇地问道:"牛不用看吗?"何大爷答道:"不用。"笔者又问道:"下午再往回赶吗?"何大爷又答道:"不用,牛吃饱了会自己回来。"笔者不禁愕然。

夏天到来,牛大部分都被留在高山牧场上。一方面,这是为了防止牲口破坏正在生长的农作物;另一方面,夏天质量最好的草料都在高山牧场上,而且海拔越高牧草的营养价值越高,因此在最高的牧场上待过的牛其牛奶乳汁率最高。不过,牛的营养状况不是牧民在夏天考虑的唯一问题。5月以后,高山牧场上还能找到许多药材(如虫草、重娄、黄精果、天麻等),而这些药材是大部分农户的重要收入来源。部分药材能够边放牧边采集,而大部分必须专门去找。因此,夏天农牧民面临着一系列的选择:自己去高山牧场上放牛还是请别人代放;如果请别人代放,他们会不会好好照顾自己的牛;请人代放还需要支付一些报酬,是否划算、是否有能力支付;如果是自己放牧,那么用在管理庄稼上的劳动力够不够;等等。总之,对于一个重视酥油生产并拥有几头正在产奶的牛的牧民来讲,这种放牧方式显然是不理想的。

二、猪

猪是农民家庭中最为普通的一种牲畜。不管是在澜沧江峡谷还是在怒江峡谷,不论是藏族、纳西族还是怒族和傈僳族,几乎家家都喂养有数量不等的猪。猪的种类也是多种多样的,有黑色、白色和黄色的,也有黑白、黄白等颜色相间的。除了一般常见的猪种外，海拔较高的藏族地区还有一种特别的猪种叫"藏香猪"，体格较小，肉味极为鲜美，经过烹调能成为招待客人的一道美食。

猪大部分都是圈养，该地区的猪圈也多种多样。藏族盛行两层三楹式的建筑结构，一般上层供奉佛像，中层住人和摆设家具，下层关养牲畜和堆放杂物。所不同的是，用来关养牲畜的下层开口朝向侧面或相反的方向。西麓的怒族和傈僳族地区，人们一般在斜坡上建房，也是中间住人，房子下方的斜坡空处即用来做猪圈。现在，有些富裕的家庭对居住环境有了讲究，不再将猪圈建在房子下面，而是专门在院子的角落里搭建一个小棚子，用来圈猪和喂猪。

猪的饲料来源多样化，除了玉米面，不管是剩饭剩菜，还是地里割回来的青草，都可以拿来喂猪。喂猪主要是妇女的任务，每天早上，妇女就要早早地起来煮猪食。猪食主要是玉米面，水烧开以后，倒入玉米面进行搅拌，玉米面被稀释和泡软后即被倒进猪槽。每天饭后，妇女会将剩下的饭菜以及洗碗洗锅水一起倒入猪槽喂猪。除了喂猪食，还要喂猪草。猪草的割取比较简单，大人小孩都可以做。用草来喂猪，可以省去不少粮食，降低养猪的成本。在德钦燕门乡的拖拉村时，笔者的房东藏族阿姆每天都会背两三次猪草，她的儿子有空也帮忙剁猪食。背猪草既可以用一根长绳子，也可以用箩筐。在山上的村子里，笔者经常发现肩背箩筐、腰挎砍刀的藏族妇女，一问她们，都说是去割猪草的。怒江地区的群众平常自己酿酒，酿过酒的糟渣也用来喂猪。

除了圈养，少量的猪还在山上放养。在碧罗雪山上的色洼隆巴和杜洼扎楚牧场上，都能观察到猪的放养现象。猪多为小猪，在木屋旁边的草地里自由觅食，活泼可爱。在杜洼扎楚牧场上，主人将两头小猪揽在怀里逗乐，场景极为融洽。长在牧场上的猪，遍食各种野草，肉质鲜嫩且营养极为丰富，深受人们的喜爱。但是，在牧场上放猪，会对牧场造成破坏，因为猪不仅啃草，还会将草根拱起来。

猪的用途极为广泛，对于农户来说，养猪的主要目的是为了获得肉类，其次是为了积肥，只有在猪繁殖较多或经济紧张时才将猪出售。在怒江地区的少数民族里，猪还被用来祭鬼。猪是最好的积肥动物，怒江地区的怒族和傈僳族在过去实行刀耕火种时很少对农地施肥，但是牛耕农业固定下来后，往地里施肥成为必不可少的事情。当地山多地少，取土不便，人们普遍用树枝草叶来垫猪圈进行积肥。每年夏冬两季人们都要上山收集树枝草叶，背回家后将其剁碎，然后铺垫进猪圈中，猪的粪便堆积在上面，经过长期的踩踏，树枝草叶逐渐被踩烂，最后化为成熟的农家肥；到了开春播种之前，再将这些肥料运往田地当中。猪粪是良好的农家肥，肥力极大，对于玉米等作物的生长必不可少。如今，虽然应用化学肥料比例增加，但是人们仍然热衷于农家肥，按照村民的说法，农家肥种出来的庄稼好吃。在怒江和澜沧江峡谷地区，猪和玉米基本上形成了一条完整的生产链条，即人们用玉米来喂猪→猪为玉米地积肥→猪肥用来助长玉米，如此形成一个生态循环。

猪的食用主要有两种：一种是杀幼猪做乳猪吃，一种是杀过年猪做琵琶肉。在过去，几乎每个家庭都喂有母猪，但由于粮食饲料缺乏，养不起太肥的猪。母猪产子后一般将种猪和年猪留下，其余小猪长到两月大小时就可以杀着吃。乳猪不仅是友人团聚时的重要招待食物，也是招待远方来客的美食之一。

制作乳猪，要先将乳猪杀死，用火将猪毛烧除刮净，有些会将猪头和肠子丢掉。乳猪的具体食用方法有两种。一种是烧烤。将乳猪肉砍成小块，用盐和辣子类的作料将肉拌匀后用一根竹片夹着在火上烤，烤熟后吹一吹肉上的灰渣，就可以吃了；或者将盐、辣子、葱、姜等作料一起放入猪的腹中，再将整只猪放在炭火上空，一边烧烤一边翻转，等到乳猪的皮被烤至金黄时即可上桌食用。另一种是蒸煮。将乳猪肉砍成小块，与姜、葱等作料一起放入锅中蒸熟煮烂即可。吃乳猪时，大家围坐在一起，一边吃肉一边喝酒，彼此之间非常随意，轻松而快乐。因而，食物对于人类来说，不仅具有果腹的功能，还是休闲消遣的中介。

在当地，人们一般在过年的时候都要宰杀一两头猪做成琵琶肉。琵琶肉是碧罗雪山两麓地区少数民族非常喜欢的肉食之一。走进人们的家中，常常会发现屋内火塘之上有一个被烟火熏烤得发黑的木架子，木架子上面放着大块略微呈红黑色的猪肉，这些猪肉就是当地有名的琵琶肉。琵琶肉是一种经过特殊加工和处理的猪肉，能长时间保存，因而能为人们一年四季的生活提供肉食来源。

除了食用之外，猪还被普遍用作祭品。在怒族和傈僳族地区，过去人们逢年过节时要举行祭祀，祈求丰收，祝祷平安。祭祀时，由一户出一口肥猪宰杀，全村每家各户出一升包谷补偿出猪户，共同负担祭品。除妇女外，村民都可参加祭礼，喝酒吃肉。人们普遍信奉鬼的存在，认为人生病了是撞了鬼被鬼缠住了，要杀牲祭鬼。鬼的种类很多，有山鬼、岩鬼、水鬼、路鬼、江鬼、核桃树鬼、咒鬼、房鬼等；除了这些自然界的鬼灵，还有勒墨鬼和怒鬼。祭鬼的方法很复杂，生什么病，祭什么鬼，用什么来祭，都有一定的规矩。一般是先杀鸡来祭祀，家里的老人普遍都会，如果病情不见好转，就杀猪或羊，最后杀牛。因而，猪在人们的祭祀仪式中也是不可缺少的祭品。

现在，养猪已经成为每个家庭不可或缺的副业之一。乡村地区的人们，总是想方设法增加自己的收入。由于养猪不需要特别强的劳动，也不需要占用特别多的时间，因而成为人们青睐的副业。

三、骡、马、驴

在现代交通工具未出现之前，骡与马是人类主要的驮运工具。对于道路崎岖不平的山区来说，使用骡与马来驮运东西更是必不可少，因为在这些地方，即使木轮车也是难以通行的，单靠人力更是难上加难，如果没有骡与马等大牲畜，长途运输和大宗货物的补给与贩卖都是不可能实现的。如今，虽然人类已经迈进了机械化时代，车辆运输逐渐取代了原来的牲畜驮运，但是对于交通条件复杂的高山峡谷地区，骡、马、驴等牲畜在人们的生产生活当中依然占据着相当重要的地位，在一定程度上说，它们的价值是无法取代的。在碧罗雪山两麓的怒江和澜沧江峡谷里，公路基本上都沿着江边两岸修建。然而，很多村庄都分布于大山深处，或者分布于陡峭的山腰甚至分布于遥不可及的山顶之上，这些地方的人们出行大多是靠双腿，粮食和货物的运输基本上都要靠牲畜。

碧罗雪山东麓的迪庆州，地处滇藏交通要道，历史上就是骡、马运输比较兴盛的地方。清末，迪庆地区对外贸易进一步发展，商业贸易和货物运输大大刺激了人们对骡、马的需求。各种土特产品和商品的运输是由马帮来完成的。迪庆境内从事这些商业活动的有喇嘛寺、土司、农奴主和殷实的农牧家庭，前三者都是靠庄户和农奴替他们经营。此外，每年二三月和六七月都有大批川藏商人经中甸和维西前去参加大理的"三月三"及丽江的七月骡、马大会，进行商品交换。① 其盛况可见一斑。

西麓的怒江地区和东麓迪庆藏族聚居区的情形有着天壤之别。至清代余庆远在《维西见闻纪》中的描述，怒族地区尚处于"无骡马"状态，这主要是由当地交通条件的险恶所致。民国以后，怒江地区逐渐得到开发，除了在当地设置正式的行政建制外，最重要的就是修建了一些人马驿站，连通了当时怒江峡谷里的交通往来。《菖蒲桶志》中记载："菖属干道，尽在怒江、俅江两岸，俅江干道尚未修建，怒江两岸旧道合计长七百余里，宽不容掌，坡坎陡险，荆棘滞塞，行人苦之，鸟道羊肠，莫喻险阻。民国十八、十九两年，经姜委员和鹰、杨委员作栋，次第新修，亲身指导，竭两年之力，始告成功，迄今怒江两岸干道均已畅行无阻，牛马亦可通行。"②

从以上描述可知，道路和交通因素限制了骡、马等大牲畜在怒江峡谷中驮货通行。伴随着人马驿道的修通，骡、马运输也开始在怒江地区兴盛起来。

---

① 参见王恒杰著《迪庆藏族社会史》，中国藏学出版社1995年版，第180页。
② 菖蒲桶行政委员公署编纂：《菖蒲桶志》，见李道生主编《怒江文史资料选辑》（第十八辑），政协云南省贡山独龙族怒族自治县委员会、政协云南省怒江傈僳族自治州委员会文史资料研究委员会1991年刊印，第36页。

1931年，菖蒲桶行政委员陈应昌与维西县协商合修腊咱至岩瓦的毛路。双方商定，菖蒲桶从腊咱沿碧罗雪山往东修，维西从岩瓦沿着碧罗雪山往西修，最后在阿欠里汇合。这条山路于1935年修通，很快就成为碧罗雪山东西两麓相互往来的主要通道，维西的商人用骡、马、驴驮运着茶叶、布匹、针线、食盐等各种日用品进入到怒江，换取当地的贝母、黄连和野兽皮毛等土特产品。怒江的公路未修通以前，这条山路一直是内地运往贡山的货物通道。1959年，被分配到贡山任教的陈凤楼曾沿着这条路进入怒江。据当时的向导说："运进贡山的物资，全靠这条人马驿道，每年上千头骡马加全县几千民工，人背马驮要从这儿经过，这几年差不多把路给踏通了。"① 从这段话中可以看出骡、马在当时的使用数量极大。

新中国成立后，国家更加重视怒江地区的交通建设，但在当时的技术和财力条件下，所修建的道路仍然以人马驿道为主，仅在1951—1961年的10年中，政府就先后新修和整修了兰坪至剑川、兰坪至碧江、碧江至泸水、泸水至云龙、碧江至福贡、福贡至贡山、贡山至维西、贡山至西藏察瓦龙等多条主干驿道，全州境内驿道发展到2 000多公里，是怒江1949年以前所修驿道总和的3倍多。随着大量道路的修建和开通，当地的交通运输业也随之发展起来。1954年，怒江州建起了第一个民间运输管理站，备有驮马1 231匹。到1962年，民间运输站增加到8个，驮马发展到2 001匹，而且还增加了69辆畜力车，几乎每个县都拥有运送生产、生活物资的民间运输队。除了怒江本地的骡与马运输，每年开山季节，丽江、迪庆等地都要组织三四匹驮马来支援怒江的生活物资运输。② 这一时期的交通条件和20世纪50年代相比虽然改善了许多，但是由于大部分道路还是人马勉强可以通行的山路和狭道，因而行走和运输极为危险，一旦遇到暴雨或者连续的阴雨天，随时都会发生塌方、滚石和滑坡的现象，给行人和牲畜带来灾难。

由于用途广泛和需求旺盛，当地少数民族家庭也开始积极买进骡、马进行饲养繁殖。对于普通家庭来说，骡、马等大牲畜不仅可以用来帮别人驮运东西，增加副业收入，而且还可以广泛地用于日常生活的各种劳动当中，减轻人们的劳动负担。对于前者来说，帮别人驮运水泥、砖块和木料等是最为普遍的业务，人们一般按照货物的重量、路途的距离和跑的次数来计算人和牲畜受雇的工资，对于原本收入单调的山区居民来说，运输业实在是一种难得的谋生和致富手段。

---

① 转引自李道生主编《怒江文史资料选辑》（第二十二辑），政协云南省贡山独龙族怒族自治县委员会、政协云南省怒江傈僳族自治州委员会文史资料研究委员会1993年刊印，第108页。
② 参见陶天麟著《怒族文化史》，云南民族出版社1997年版，第31页。

随着社会经济的发展，骡、马运输也呈现出不断的变化。20世纪80年代后，外界市场对于当地山林中的菌类和药材的需求大大增加，很多商贩来到怒江和澜沧江峡谷收购这些土特产品，帮这些商贩和老板驮运土特产就成为很多家庭的副业。90年代末，随着居民收入的不断增加，旅游业开始兴起，云南由于其丰富的自然资源和人文资源，每年都会吸引来自国内外的大量游客。在公路不通的山区，带客人进山、牵马、驮运行李又成为当地人的主要经营业务。碧罗雪山北端的卡瓦格博，是藏族群众心中的神山，每年都吸引着大量前来转经的藏族群众和旅游者。每年5月和10月，人们成群结队地牵着马，驮着干粮和帐篷，绕着转经线路转圈。明永村位于卡瓦格博神山脚下，著名的明永冰川就在明永村落上方的山峰上，每年光是为前来冰川旅游的客人牵马和驮运行李获取的收入就可以达到几千元甚至上万元。

2000年以后，伴随着大量公路的修建，很多地方都通了车，骡、马在运输中的作用开始下降。尤其是国家的退耕还林政策实施以后，骡、马的数量更是直线下降。以前，人们利用陡峭的山坡地来种植玉米、高粱和一些豆类作物，这些作物和杂粮都是喂养骡、马不可缺少的精饲料。退耕还林和退牧还草以后，这些山坡地不能再用来种植杂粮作物，骡、马的饲料要从集市和外地买进，骡、马的养殖成本大大提高，从而导致很多家庭最终卖掉骡、马，放弃了对这些大牲畜的饲养。

虽然如此，骡、马在怒江和澜沧江的高山峡谷地区仍然存在使用空间，因为公路不能通到山区的每个角落，而人们又居住得如此分散。在进入峡谷的道路旁，笔者依然看到有不少人在赶马；在碧罗雪山的高山牧场上，笔者也发现河流旁边正在吃草的成群骡、马。在高山牧场上放牧，需要定期往山上运送食物等东西，由于道路崎岖、路途遥远，单靠人力背运是不行的。

在保留骡、马的同时，人们开始注重对驴子的饲养。驴子的驮运能力虽然不及骡、马，但是也有着自己的优势，在这些地形复杂的山区，有时候驴子的使用反而显得更加方便和实用。首先，驴子体小身轻，食量较小，饲料也比较简单，相比于骡、马，饲养的成本要低得多；其次，驴子体质结实，日常生活中可以帮助人们驮运烧火做饭的木柴，运送粮食、工具等小型和轻质物品，从而大大节省人们的劳力，方便人们的生活。在崎岖不平的山区，驴子通常走得更稳。在碧罗雪山的杜洼扎楚牧场，笔者就亲眼见到一户牧民用驴子来驮运上山的粮食，再将山上的酥油和箩筐等物品驮到山下去。下山的时候，驴子走在前面，主人背着手跟在后面，样子悠然而轻松。试想，如果没有这样的牲畜来役使，又该是怎样的一副情形呢？

四、鸡

鸡也是农民家庭养殖最为普遍的畜禽之一。鸡的养殖比较随便，无论是在内地的汉族地区还是在滇西北的少数民族地区，走进村子里，随处可见路上四处奔跑啄食的鸡。对于农民家庭来说，养鸡主要是为了满足家庭自己的需要，很少拿去出售，鸡肉和鸡蛋也是人们比较常见的营养食物。鸡的饲料极为简单。每天吃饭过后，将剩饭剩菜倒入鸡槽，即可成为鸡的食物。除了喂食，白天人们一般对鸡不做过多的管束，任其四处游走、啄食路边和草丛中的小虫子，鸡通常也会吃一些地上的小石头，这样有助于消化。总之，养鸡的成本极为低廉。在碧罗雪山两麓的怒江和澜沧江地区，当地的少数民族家庭一般很少修建专门的鸡舍，鸡通常都是待在猪圈里，和猪一起生活。当地的干栏式房屋建筑比较普遍，房屋下面通常用来关养牲畜，鸡和猪等牲畜就生活在下面。由于养鸡简单，成本又低，再加上鸡在当地人们生活当中的用途比较广泛。因而，人们通常所饲养的鸡的数量都比较多，多则三四十只，少的也有一二十只。

鸡的用途极为广泛。其主要体现在：平常生活或重要节日的时候，杀鸡来吃可以改善单调的饮食结构；遇到客人到来的时候，鸡是最为普遍的招待食物；农忙时分，请人帮忙干活，也要杀鸡款待；探望病人，鸡也是良好的营养补品。

进行祭鬼仪式的时候，鸡是经常使用的祭品之一。例如，以前刀耕火种的时候，人们在砍伐林木之前，就要带着酒水、鸡和蛋等供品前往耕种的地方祭神。祭神的方法是：把公鸡挂在一棵大树上，然后由主祭唱祭词；祭词唱完以后，将公鸡从树上取下来杀死，用火将鸡毛烧掉，开膛取出鸡肠等杂碎，将鸡砍成小块，放进锅里煮熟，然后连同鸡蛋一起放在米饭上，再加上一杯白酒，供奉于大树下；最后再念一遍祭词，祈求鬼神保佑庄稼获得丰收。

鸡的吃法也是多种多样，其中最具特色的当属"漆油鸡"和"下拉"。

五、狗

在农村，狗也是与人们比较密切的动物之一。有人根据考古资料推断出，人类最早驯化的动物就是狗，时间是在旧石器时代晚期。家犬的产生，使得人们认识到原本野生的动物经过驯化后可以听命于人，并且可以进行饲养繁殖，从而刺激了人类进一步利用动物的意识，随后才有了真正的畜牧业。由此可见，狗具有开启人类畜牧养殖业的重要历史意义。狗一经驯化，就开始在人们的日常生活中扮演着极为重要的角色。《礼记·少仪》中曾按照狗的用途将其分为三类："一曰守犬，守御田舍也；二曰田犬，田猎所用也；三曰食犬，充庖厨庶羞用也。"在当时的农业社会中，狗的用途已经多样化，不仅平日里看家护院，保护人和财产的安全，而且被训练来配合打猎；有时，狗还被杀来食用，满足人们饮食和享受的需求。

在滇西北的少数民族地区，狗的饲养极为普遍，狗的种类也多种多样，有的人家往往同时饲养很多只种类不同的狗。关于狗类是何时在该地区开始驯养的，我们不得而知。在很早的时候，当地少数民族群众一边进行刀耕火种的农业生产，一边从事采集和狩猎，经常过着迁徙不定的游移生活。从那时起，狗就在人们的生活中发挥着极为重要的作用。一些聪明伶俐、动作敏捷的狗被训练成猎犬，在人们上山打猎时为人们带路和寻找猎物；由于到处都是危险的豺狼虎豹等野兽，人们就离不开敏锐警惕性的狗帮忙看家护院，守护家人和粮仓的安全。

在怒族等少数民族地区，狗是人们特别喜爱和尊重的动物之一。传说在很久以前，当地发生大洪水，只有两兄妹和家中的狗幸存了下来；后来，兄妹两人结婚，而狗则上天讨得粮食种子，从此，人们才得以繁衍生存下来。时至今日，人们依然保存着一些特殊的习俗来纪念狗对人类的这一贡献。例如，在过年的时候，人们做好饭后，先要盛出一点给狗吃，然后自己才吃。长年累月，狗对人产生了依赖感和亲近感。人们外出时，狗会跟在后面紧紧追随；主人回家时，狗会飞速地蹿到主人脚下。走在村落附近，最先听到的往往就是狗叫声，大多时候最先出来迎接的也是狗。

这样的例子不胜枚举。在进入丙中洛的五里村时，刚走到村口，还未见到村民，就先迎出来一只黑色的狗，对着笔者狂吠。在狭窄的道路上，我们双方对峙了几分钟，最后狗才离去。印象最为深刻的是在捧当乡的迪麻洛村。迪麻洛村的村庄和房屋基本上沿着迪麻洛河谷分布，一条公路就从河边和大山脚下之间穿过。当笔者经过一户人家的门口时，先后跑出来3条大黄狼狗，伸着长长的舌头，朝着笔者狂吠不止，看那阵势，随时都有可能扑上来咬人。正当笔者手足无措之时，一名妇女在院子里面开始大声叫喊，随即出来将自家的狗叫了回去，笔者才得以通过。后来，当地的一位乡干部告诉笔者，遇到狗千万不能跑，越跑狗追得越厉害、撕咬得也越凶；因此，在路上遇到狗时，一定要镇定自若，适当的时候拿一根棍子或者捡一块石头来吓唬一下它，这样狗才不会近身。

狗不仅养在村子里，也养在高山牧场上。相比于人口相对密集的村子，牧场上的环境无疑要复杂很多。高山牧场上，人烟稀少，周围往往是树林和高山，相隔很远才看到一户牧民的小木屋。在这样的环境里，狗不仅是牧民和牲畜安全的防卫者，也是牧民寂寞单调生活的陪伴者。

当地的牧场大多靠近高山上的原始森林，各种野兽出没频繁，最常见的为狼和熊。20世纪八九十年代以来，由于封山育林和禁止打猎政策的实施，山林中野兽的数量有所增加，给人们以及放养的牲畜的生命安全带来一定程度的威胁。在丙中洛乡的甲生村访问的时候，江边的一户村民告诉笔者，山上放养的七八头黄牛都被熊吃掉了，有一个人在山上遇到了老熊，头皮都被熊抓掉了。

　　在迪麻洛的色洼隆巴牧场，一个牧民向笔者诉说了在牧场上放牧的危险经历。上山时，他住在一个简单的木屋里。木屋分作两层，上层住人，下面围起来关养牲畜，一只没有拴绑的大狼狗守在木屋周围。一天晚上，该牧民正在木屋里睡觉，突然听到外面持续不断的狗叫声，时间长达半个小时之久；他起床打开手电筒，跑到外面一看，一个黑影便从远处消失了。据他估计，多半是熊来了。该牧民原来放有30多只羊，有一年全被山上的狼群给吃掉了，最后寻找的时候，发现连骨头都很少剩下。由于只有他一个人放牧，而且一呆就是几个月，因而生活极为单调，屋里的火塘和狗就成了他的伙伴。他为自己的狗专门起了名字，狗对他的主人更是言听计从。由此可见，在牧场上，狗是不可或缺的，它不仅保障牧民和牲畜的安全，更是牧民的情感寄托。

　　牧场上除了大狼狗，还有驯养的藏獒。这些藏獒体格健壮，高大凶猛，陌生人见了不禁心生畏惧。幸而一路有向导带路，笔者才得以顺利通过。近些年，碧罗雪山已经成为很多中外游客徒步旅行的绝佳去处。游客和行人的增多，使得很多牧民将牧场上的狗拴了起来，以保证路人的安全。

　　以上是对该地区畜牧业中的一些主要牲畜的简单介绍。在高山峡谷地区，由于地形条件限制，单纯发展农业是不现实的，单靠农业种植也解决不了人们在生产和生活中的各种需求问题，这样，畜牧业就显得实用而不可缺少。农民从事畜牧业生产，既是适应当地环境的结果，也是为了满足家庭经济的需要。其饲养的各种牲畜，既可以自己家里用，也可以到市场出售。

　　牲畜种类的多样化是农民家庭养殖的一大特点。牛不仅为人们犁地，还为人们提供牛奶和酥油；猪不仅可以用来积肥，也可以供人们食用以改善生活；骡与马不仅可以帮助人们驮运东西，也是一笔固定的财富；鸡不仅供给食用，也被用作祭品；狗为人们看家护院，也与人们做伴；等等。总之，畜牧业在土地资源有限的高山峡谷地区，已经成为人们家庭经济中一个重要的组成部分，其作用是持续而显著的。

第三节　草场管理以及畜牧业的可持续发展

　　对于畜牧业而言，饲料来源是决定其存在和发展的关键。就该地区来说，当地的畜牧业主要依赖的是山林中的牧草，人工圈养和饲料喂养的比例不是很大，因而牧草资源的面积和质量优劣对于当地畜牧业的发展有重要意义。在一定时期内，牧草资源的面积总是固定的；然而，牲畜的数量处在不断变化中，牲畜数量的增减反过来又会对草场造成不同程度的影响。当牲畜数量很少时，草地资源得不到充分利用，人们的生活水平很难提高；而当牲畜数量大大增加且超过草地资源的承载能力时，草地就会出现因过度利用而退化的现象，从而不利于人们长期放牧。这样，处理好牧草资源和牲畜数量之间的平衡关系就显得极为重要。事实上，从当地畜牧业的发展变化过程来看，人们对于草场资源确实经历过过度利用的时期，由此也带来一系列问题。

　　新中国成立前，由于大多数通往山上的道路尚未修通，碧罗雪山上的高山牧场并未得到有效利用，加之当时每个家庭所拥有的牲畜数量比较少，因而人们对于草地资源的利用处于不足状态，当地村民的生活水平普遍低下。到了20世纪50年代，尤其是在实行农业集体化和人民公社化以后，"大跃进"的生产指标不断迫使人们想尽办法提高粮食和畜牧业的产量。为此，村落附近的山林甚至半山腰的部分草地和树林被大量开垦为耕地，山上的牧场不断被发现。在政府的组织下，人们通过大规模的集体劳动，通往高山牧场上的道路也陆续被修通，牲畜的数量也开始扩大，原来的家庭小规模养殖变成了大规模的集体放牧；另外，政府还积极为当地引进各种牲畜种类进行配种，并且建立了专门的兽医机构来防治牲畜的瘟疫。这一切都使得当地畜牧业在这一时期迅速发展，无论是在牲畜的数量还是在种类上，都达到了前所未有的规模。

　　20世纪80年代以后，计划经济组织被解散，人们又重新回到原来的家庭经济模式，畜牧业也变回以家庭为主的小规模养殖。伴随着市场的恢复，商品经济重新焕发生机，对肉、奶等畜牧产品的需求扩大，刺激了人们对于牲畜的饲养和放牧。相比于集体经济时期，这一时期在牲畜的种类上发生了一些变化，但是在数量和规模上大致与之前相当，有些地方甚至有扩大的趋势。由于交通条件的改善，车辆运输逐渐兴起，骡、马的作用逐渐被代替，数量呈现了直线下降的趋势；同时，交通条件的改善又更加刺激了商品的流通和人们的消费，奶牛和肉牛等牲畜的饲养变得更加具有吸引力。为此，很多家庭都扩大了饲养牲畜的数量，为本地和外地市场提供各类肉类和奶制品。

随着牲畜数量的急剧扩大，当地的草地资源在利用过程中也出现一系列问题。人们往往只重视自家的经济利益，盲目地增加牲畜数量，而没有考虑到草地资源的承受能力，很多牧场由于过度放牧而出现草地退化的现象。除了过度放牧外，当地还存在严重的粗放型经营方式。人们不仅在草地上放牧牛羊，甚至连猪也采取自由放养的方式。猪对草地的破坏是极大的，猪的嘴尖且牙齿锋利，人们往往将草皮连同草根拱起，严重破坏了牧草的循环生长。牲畜生病或意外死亡后，往往任其在地面腐烂，而不加以掩埋，造成瘟疫流行。20世纪90年代以后，菌类和虫草的价格飙升，从而采集业在当地兴起。人们带上工具，背上粮食，大规模地上山采集菌类、刨挖虫草，这也给当地的草地资源带来破坏，很多地方出现土壤裸露的现象。

近年来，伴随着草地资源的退化，一种名叫土大黄的植物开始在当地牧场中蔓延。牲畜并不食用这种植物，因而不能成为饲料，土大黄的肆虐严重威胁到其他优良牧草的生长。调查发现，土大黄主要分布在牧房附近150米内的地方，在放牧严重的小坡度和低海拔的地方更容易出现，这与当地的放牧方式、牲口和牧民的主要活动地点相吻合。因此，作为一个外来的入侵物种，土大黄的出现、传播和蔓延都是由当地不合理的放牧方式所引起的。

为了当地民众的长远利益，草地资源必须得到保护，传统的粗放型畜牧方式也必须进行改变。2000年以来，国家为了保护生态环境，实施了退耕还林和退牧还草的政策，并且划定了国有林、集体林和自留林。一般来讲，村寨周围的山林属于自留林，可以适当砍伐作为薪柴，也可以在里面放养牲畜；村寨上方的半山腰为集体林；再往上则为国有林。国家政策在一定程度上影响了当地的畜牧业状况。总的来说，由于耕地面积减少，玉米和豆类等粮食产量下降，饲料来源减少，饲料不足迫使人们减少了牲畜数量，尤其是羊和猪等。相较于其他牲畜，羊和猪比较难管理，容易破坏树苗和庄稼；圈养羊和猪需要修建羊圈和猪圈，成本较大，而且需要专人照看，所耗劳动力较多。因而，人们在经过权衡后，逐渐减少了这两类牲畜的饲养。以前，每户人家普遍饲养五六头猪，现在只喂养一两头，用来积农家肥，或者在过年时杀肉吃。至于羊，现在已经很少见到了。在调查的过程中，我们走访了很多地方，偶尔才看到羊群。可见，国家政策确实对当地的畜牧业产生了很大的影响。

虽然国家对山林的权属做了规定和划分，但是当地村民仍然按照自己的传统惯例进行放牧，因为当地的牧场大多位于高山之上的森林之间和河谷空地。尽管国有林和集体林严格限制利用，但是放牧依然存在，人们每年都按照季节变化在山腰和高山上进行转场放牧。不过，在草场日益退化的现实面前，人们又不能无动于衷。其实，很多村民对牧场出现的变化也深有体会。按照他们的说法，以前牧场上的牧草又高又厚，有时甚至高达半米，牧场上的牛与马总是能够吃得又饱长得又肥；而现在，牧草已经大不如前了，不仅草的长势不好，而且牲畜也极易患病，还经常发生牲畜病死的现象。

为了解决草场退化的问题，保持畜牧业和生态环境的平衡发展，国家鼓励实施和推行草场承包政策。在碧罗雪山东麓的迪庆州，那里的高山草甸基本上采取了家庭承包的放牧方式。

现在的牧场，除了原来的天然牧场，还有人工牧场。天然牧场承包以后，被划分为两个部分：一部分是禁牧草场，主要是一些退化比较严重的牧场，牧民要对其严加保护，不能继续在里面放牧牲畜；另一部分是草畜平衡牧场，即按照规定，要保持牲畜数量和草地资源存量的合理水平，严防过度放牧。为了确保牧民信守这一承诺，国家采取了经济上的激励措施。2011年，草原生态保护补助奖励政策开始在云南省实行，按照该项规定，实施禁牧政策的草场每亩补助6元，实施草畜平衡计划的草场每亩补助1.5元。

人工牧场主要是为了缓解天然草场压力，弥补冬季牲畜饲料不足而实行的。为了鼓励人工牧场的种植，国家加大了投入力度。人工牧场草皮植入以后，要用围栏圈围起来，防止牲畜进入，对于擅自赶牲畜进去吃草的村民要进行罚款；等到牧草长到一定高度的时候，利用人工将其收割，在冬季的时候用作牲畜的饲料。为了节省成本，人工牧场往往是一大片草地相连，周围再竖以围栏；在牧场里面，每家的草场都有界桩来严格界定，每户村民每年只能两次进草场收割牧草，谁也不敢违反这一规定。

对于国家的牧场承包政策，村民极为理解和支持。有的村民说，承包到户以前，牧场是集体的，而牲畜是自家的，家家户户比着养，一家养得比一家多，在这种情况下，牲畜超载、牧场退化自然是不可避免的，因为谁家都不愿意吃亏。现在，牧场承包到户了，牧场资源的保护以及草畜平衡计划的实施也有了动力，因为牧场状况的好坏直接关系到自家牲畜的饲料和利益问题，当人们开始为自己家庭的长远利益考虑的时候，牧场也就开始得到有效的保护了。有的村民反映说，以前家里养的牲畜多，但是照看不够，而且冬季的饲料不足，饿死和病死的多达1/3，因而是只有数量没有质量；现在，人们开始有意识地减少牲畜数量，利用有限的牧场资源精心养殖一些质量较好的牲畜，成活率和生长率都大大提高。有些藏族群众说，他们的生活离不开酥油茶，因此牛不得不养；但是，如果牧场被破坏了，以后的牛也就养不成了，对于他们来说，这是不能接受的情况。

除了遵守和支持国家的政策，村民们也自发地制定村规民约，积极地参与牧场的保护活动。如今，走在天然牧场上，随处可见一堆堆的牛粪，而这在以前是不可能的。那个时候，村民们都将牧场上的牛粪捡回去给自己家里的青稞地施肥，用不完的时候还将其拿来做燃料。对于藏族群众来说，青稞是生活中的宝贝，不仅可以做糌粑，还可以作为牲畜的精饲料，也可以用来酿酒喝；另外，青稞的秸秆也是牲畜冬季的良好饲草。这一切都使得人们对青稞的种植倍加喜爱。但是，牛粪被人们从牧场上捡走就破坏了牧场的生态平衡。牧场由于没有足够的肥料来补充和滋润，因而逐渐变得贫瘠和衰弱，最终造成生长力不足而出现退化的局面。现在，村民们大多已经认识到，牧场和农田一样重要，牧草和青稞一样重要，青稞地里要施肥，牧场上的牧草也需要肥料；因而，人们不再去牧场上捡牛粪，或者只是捡很少的牛粪，以此来促进牧草的生长以及牧场生长力的恢复。

碧罗雪山西麓的怒江地区，在草场利用的过程中也出现了牧草不足和牧场退化的现象，于是村民们也自发地通过一系列的村规民约来保护牧场资源，这里主要列举贡山县迪麻洛村几个牧场的例子进行说明。

第一种情况是进入牧场的时间过早。新科牧场位于迪麻洛河谷西岸、阿鲁拉卡山东面，它基本上由阿鲁拉卡山东面3个村子的村民使用，但也有其他村子过来的村民在那里放牧，因为较之其他牧场该牧场更容易到达。近年来，到新科牧场放牧的人数增多了，给这里的牧草资源带来一定压力。2003年，阿鲁拉卡的3个村民小组组长通过互相讨论以及和村民协商，制定了新的管理规定。这个规定有两个目的：第一，将在新科放牧的时间推后，以确保那里的牧草有足够的生长时间，并防止由于农户抢先去那儿放牧造成抢草高峰。第二，加强牧场使用者之间的合作。为此，村里规定，每年5月10日前务必修通新科牧场，凡在（新科）牧场放牧的农户务必参加修路，通知后未参加修路的农户按民主规定处理（每天收取30元下25元以上的罚款）；每年5月10日前任何农户的牲口不允许进入新科牧场，违者按每天大（小）牲口收15元以上25元以下罚款。如果其他小组违反以上规定，按规定处理。①

第二种情况是在半山腰牧场放牧时间太长，导致牧草供应不足。一般来说，半山腰牧场只是通往高山牧场的过渡牧场，人们只在春秋两季的很短时间里在上面放牧。但是，一部分村民为了图方便，每年在这些半山腰牧场上停留太长时间，而真正去高山牧场上放牧的时间很短，有时只有两三个月。这样的结果是牧场资源利用不平衡。一方面，高山牧场未得到充分利用；另一方面，半山腰牧场却被过度利用，出现草地退化的现象。达拉登牧场就是这样的例子。达拉登牧场位于白汉村上方，是一个面积较大的半山腰牧场。2000年起，对达拉登牧场的使用有了新的管理规定。村里规定，每年的7月1日起牲畜不能继续留在达拉登放牧，直到9月25日后才允许回来。在此期间，在达拉登

---

① 参见安迪《迪麻洛村牧场管理机制的创新过程：三个"以社区为基础的自然资源管理"案例》，见《云南省生物多样性与传统知识研究会社区生计部研究报告11》，2005年。

牧场发现任何一头牲畜都要对其主人处以每头每天5元的罚款。① 制定这个规定是为了确保达拉登的牧草每年都有足够的生长时间，从而确保初秋有充足的牧草供应并且牧草能够结子（即确保牧草继续繁盛）。该规定实施以前，一年到头都有牲畜在那里吃草，但是很多时候并没有牧草，因为牧草在生长的时候就被吃光了。通过上述经验，人们开始采用短期禁牧措施，以恢复牧草的生长。

色洼隆巴牧场是典型的高山牧场，南北走向，起始于迪麻洛村青马堂社东部千米的一个流域。整个流域从海拔3 200米的齐藏栋牧场开始，一直到接近琼姑牧场北端海拔3 850米的最高牧场，长度大约为8 000米。流域的底部有河流穿过，叫色洼隆巴河；流域的最高处，夏季有明显的雪覆盖。流域植被以多年生和一年生草本植物为主，伴有片状的樱桃、桦树和栎树林。到色洼隆巴牧场要横穿海拔大约4 000米的垭口。2000年以来，该牧场里的草地资源退化严重，究其原因，主要是放养牲畜数量过多、猪的放养规模过大，以及死亡牲畜的腐烂，造成土大黄的蔓延。为了保护该牧场，村委会最终制订和出台了为期两年的禁牧计划。禁牧期间，任何村民不得擅自在该牧场放牧，当地村民以及政府决定协力铲除牧场里的土大黄，同时通过禁牧来恢复牧草的生长。在禁牧计划刚开始提出的时候，曾遭到很多村民的反对；但经过一系列讨论和商议，计划最终得以实施。

---

① 参见安迪《迪麻洛村牧场管理机制的创新过程：三个"以社区为基础的自然资源管理"案例》，见《云南省生物多样性与传统知识研究会社区生计部研究报告11》，2005年。

第六章 采集渔猎

采集渔猎是人类直接利用自然界中广泛分布的各种生物资源来满足自身生存和发展需要的主要形式。一般认为，采集渔猎是人类最早的生计方式。采集渔猎是一种掠夺型的经济生产方式，受自然资源分布状况的影响较大。那个时候，由于农耕技术和畜牧业尚未出现，人们需要通过直接获取自然界中的各种动植物资源来为自己提供食物以维持生存。与此相对应的是，人们在社会组织方式上也同样过着游牧式的迁徙生活。

但是，现实社会并非如柴尔德所划分的那么清晰和绝对。根据以往的历史记载和民族调查资料，我们可以发现，碧罗雪山地区在新中国成立前曾长期处于两种不同食物获取技术混合并存的局面。其中，既有农业种植和少量畜牧业的"食物生产经济"生计，也有简单原始的"采集食物经济"生计。造成这一现象的原因，主要在于当时的农业生产力水平还很低下，仅靠粮食种植远远不能满足人们对于食物的需求，因而需要采集渔猎作为补充，以维持生存。

清末以前，怒江和澜沧江峡谷一直是比较封闭的地区。由于山高水险，道路崎岖，内地先进的农业生产技术很难传入，粮食生产极为有限；另外，酿酒和各种仪式活动也需要耗费大量粮食。这些都导致了当地粮食的严重不足。民国时期的《菖蒲桶志》中就有记载："菖属设置二十年，并未颗粒积谷。各种夷人不知节俭，一经粮熟则任意煮酒，次年二三月粮食即尽，由各处借粮充饥，借之不获，即忍饥饿。形容枯槁，垢面菜色，惨不忍睹，足食之家，全境不过数十户。"① 这一记载虽然将当地粮食不足的原因主要归结为人们的"不知节俭"，忽视了粮食总产量不足的事实；但是，对于人们缺粮情况的描述，也足以让人感到震惊。为了弥补食物上的不足，人们往往成群结队地上山采集和打猎以填饱肚子。因而，"半年野菜半年粮"是对当地人们生活处境的真实写照。

---

① 菖蒲桶行政委员公署编纂：《菖蒲桶志》，见李道生主编《怒江文史资料选辑》（第十八辑），政协云南省贡山独龙族怒族自治县委员会、政协云南省怒江傈僳族自治州委员会文史资料研究委员会1991年刊印，第27页。

新中国成立后,碧罗雪山地区的政治、经济和社会等方面都发生了前所未有的变化,人们的生存状况也有了很大改善。牛犁、施肥和灌溉等技术的发展,推动了耕地面积的扩大,提高了粮食的产量;许多山路被修通,高山上的牧场资源开始得到有效利用,畜牧业因而有了很大发展。因此,农业和畜牧业的共同发展很快改变了当地人们以往的食物结构,采集和狩猎不再在人们的食物生产中占有很重要的位置。

但是,采集和狩猎并未随着社会历史的向前发展而渐趋消失,而是以一种新的经济形式在人们的生计系统中继续发挥着作用。现代的采集在对象和目的上都与过去有着本质的不同,以前人们主要采集野菜和野果,目的主要是填饱肚子;而现在人们采集的却是虫草、天麻和松茸等名贵药材,目的是为了卖钱,获取经济收入。对此,我们应该进行明晰的区分与认识。

第一节 采 集

采集的对象主要有两类:一类是各类野生植物,包括野菜、野果、山货和药材等土特产品;一类是昆虫等小型动物及其附属产品,如蜜蜂和蜂蜜。采集的工具极为简单,采集野生植物通常有尖木棒、砍刀、小锄头和背篓等工具就足够了,而获取昆虫类产品则需要一些特殊的工具和技术,有时候还需要勇气和冒险精神。

人们将野菜采集回来以后,要通过浸泡、蒸煮、漂洗等处理办法,进行去毒、去苦、去涩后,方可食用或储藏。采集食物并不像人们想象中的那样简单,不管是在采集的过程中,还是食物采集回来以后的加工处理,都需要具备相应的知识和经验,而这些知识和经验无疑需要足够的生活阅历才能学会和养成。每年什么时候在什么地方生长什么东西,人们都非常清楚。经验告诉人们,长毛的蕨菜吃不得,石头缝里生长的或颜色鲜艳的菌子不能煮食,否则身体会不舒服,甚至中毒。

因而,采集经验的教育在人们的生活中就显得非常重要。一般来说,孩子还在很小的时候,家人便开始教他们辨别周围一些简单的植物。等到孩子再稍微长大一些的时候,母亲或家人就会带他们一起上山。大人们在采集植物的同时,也会有意识地借机告诉孩子,哪些东西能吃哪些东西不能吃,哪些东西能够生吃哪些东西要煮熟后才吃,等等。时间长了,孩子们对各类植物的分布环境、生长季节和采集时令等知识也就逐渐熟悉和掌握了。

一、野菜和野果

野菜的种类极为多样，最常见的有各种野生菌、竹笋、鸡枞等；野果有板栗、核桃、毛桃和梨等。另外，人们还采集一些淀粉含量丰富的植物根块，如山药、葛根和董棕等。

野生菌是一类营养价值极为丰富的真菌，在碧罗雪山地区有大量的分布。该地区的垂直气候显著，山林密布，植被丰富，山林河谷间分布着各种菌类，包括鸡枞、鸡枞花、香菇、黑木耳、木耳、金耳、银耳、树窝、牛肝菌、羊肝菌、扫帚菌、蘑菇、包谷菌、青头菌、腊粟菌、鸡油菌、苦荞菌、喇叭菌、虎掌菌、香菌等。菌子通常多生长于夏季，但是一些气候温和的地方一年四季都有生长。

野生菌为真菌，没有种子，靠产生孢子来进行繁殖，因而主要适宜在阴凉潮湿的地方生长。当孢子落到腐朽的木头或阴暗潮湿的树木草丛中时，木头和土壤就可以为其提供营养供其生长，尤其在雨后，菌子的繁殖和生长极为迅速。

由于野生菌的种类极为多样，辨认菌子就成为当地人的一门学问。在这些菌类中，有色彩鲜艳的，也有长相普通的；有鲜美可口的，也有苦涩酸辣的；有能用来食用的，也有含毒致命的。对于这些极其细致的地方性知识，当地各族群众在长期的生活实践中已经总结出了一套行之有效的规律。"一般来说，异常美丽、色彩斑斓的菌子多是有毒的，而无毒的菌子多是不起眼的、白色和茶褐色的。人们常说，有菌环、菌托，菌柄基部焦黑的菌子不能吃；有苦、辣、麻等异味的菌子不能吃；艳丽、霉烂、变质、过老的菌子不能吃。"① 经验的获得需要靠勇气去尝试，并且需要付出很大的牺牲。很难想象，在人们最早开始采集这些菌类食物的过程中，曾经遇到过多少危险。

记得在碧罗雪山的高山牧场的一个晚上，笔者和当地的一名向导在一家牧民的木屋里过夜，该牧民一边和我们聊天，一边用铁夹在火塘上烤菌子吃。牧民将烤熟的菌子拿给向导吃，却不用此来招待我们这些外地人。他说，这些菌子有毒，外地人一般不能吃，他们当地人从小生长在这里，吃习惯了，所以请我们谅解。该牧民在牧场上的食物极为单调，除了一些大米，几乎没有蔬菜，因而，他在放牧的同时，就顺便采摘一些野生的菌子拿回来作为副食吃。对于他以及山上的其他牧民来说，吃这些东西已经成为一件理所当然的事情，正如他们自己所说，已经习惯和适应了。

---

① 刘怡、芮鸿编著：《活在丛林山水间——云南民族采集渔猎》，云南教育出版社2000年版，第31页。

鸡枞是一种带有鸡肉味的菌子，生长于红土质的山林中。由于长成时形状如伞盖，而长得过老时伞盖就会披落，样子就变得像鸡羽，因而被称作鸡枞。鸡枞菌味道极佳，无论是炒、炸、煮，都十分可口，深受当地群众喜爱。但是，近年来，当地生长鸡枞的土地受到人为破坏：一是为扩大粮食生产而开垦土地；二是在收鸡枞的过程中，有人故意深挖鸡枞，导致白蚁（鸡枞的制造者，不是一般的白蚁）死亡，来年鸡枞就不可能再生长。但是，市场上对鸡枞的需求越来越多。20世纪80年代，出去找鸡枞，可以用篮子去背，人们也只是为了改善口味，偶尔才买。现在不同了，鸡枞的价格飙升，昆明可卖到每斤180元，当地收购鸡枞的商人，现场出价每斤40~50元。由此带来的后果是，找的人数越多，破坏力越强，鸡枞也就越来越难找了。

　　蔬菜含丰富的植物纤维和维生素，本为人们日常食物中不可或缺的营养物质之一。但是，在20世纪50年代前的碧罗雪山地区，由于长期的交通封闭，人工栽培的蔬菜种类极少，上山挖野菜成为人们解决食物和蔬菜缺乏的主要途径。当地的野菜种类主要有竹叶菜、竹笋、大百合、小百合、野山药、野芋、野粟、野蒜、野荞、蕨菜等。竹叶菜味道鲜美，是当地人们最为喜爱的野菜之一。竹叶菜生长于高山之上，每年春夏时节，山上的冰雪逐渐消融后，草地和石缝里就会生长出嫩油油的竹叶菜来。人们将采回来的竹叶菜切碎，混在玉米稀饭里面一起煮，既好吃，又营养。

　　竹笋是另外一种采得比较多的野菜。每年的4—9月间是采集竹笋的最佳时节，这时候的竹笋皮薄肉嫩，食用加工和储藏起来都极为方便。"采回来的竹笋可以鲜吃，也可以晒干保存。鲜吃时，将笋去壳，洗净后切成片或丝，煮或炒均可，也可以凉拌。苦竹笋可以直接烧来吃。也有的将笋尖切细，泡两夜后做成泡笋；或将笋子剖为数瓣，泡三夜后冲洗，用篾片串挂起来，四五天后食用；或将笋切成片，放入垫有芭蕉叶的竹篮里冲水，用芭蕉叶覆盖，做成浪笋食用；或切成片后，塞入竹筒压紧，做成压笋，三四个月后食用。若要长期保存竹笋，就将笋切成细丝或片状，在沸水中稍稍烫一下，做成笋花，晒干后储存；或将嫩笋尖剖成两半，煮后晒干做成竹干笋储存。吃时用水泡软后炒或煮。"①

　　加工和储存起来的竹笋等野菜的用途极广。在不能采集的冰雪季节里，野菜就成为人们在冬季里的主要蔬菜来源；在农忙季节，人们也可以将做好的野菜带到田间地头佐食来吃；在高山放牧的时候，储存好的野菜也成为牧民通常携带的生活必需品。

----

　　① 刘怡、芮鸿编著：《活在丛林山水间——云南民族采集渔猎》，云南教育出版社2000年版，第28页。

除了菌类和野菜，人们还采集各种野果。碧罗雪山上，野果资源极为丰富，各种野枇杷、毛团子、山楂、山瓜、马蹄、山菠萝、野芭蕉、毛桃、野梨、酸木瓜、酸枣等，共有几十种。此外，还有灌木丛中的杨梅、刺蓬中的刺梅、藤子上的藤子果等。这些野果中有的味道十分甜美，不仅小孩喜欢吃，大人也经常上山采摘拿回家里。

除了这些多种多样的野生水果，还有野板栗和核桃等坚果。当地的板栗，皮薄且果实厚足，质地优良。板栗一般成熟于七八月间。每到这个时节，大人小孩全出动，上山摘取野板栗。板栗的用途很多，既能当粮食充饥，也能用来酿制板栗酒。和板栗一样，核桃也是一种用途广泛的坚果。在怒江和澜沧江峡谷两旁的山坡上，分布着大面积的核桃树，既有外壳坚硬的铁核桃，也有外壳比较脆的棉核桃。核桃仁是一种果实，也是一种油料作物，除了可以当零食食用，还可以用来熬制成核桃油。

植物根块由于富含淀粉，也是人们经常采集和挖取的对象。当地群众通常挖取的植物根块有葛根、山药和董棕等。其中的葛根和山药能在一年四季里生长，因而每个时节都可以挖取。人们将葛根挖回来后，用刀切成块，然后放在石碓或木碓中舂碎，再用水淘洗，过滤掉杂质后沉淀几个小时，底部沉积下来的白色物就是葛粉。葛粉加工以后，可以做成饼放在火塘上烤着吃，或者放在锅里煎着吃。山药类植物的根块也是山区民族的一种主要食物，其做法和葛根一样，也是先将其舂碎，再做成淀粉来吃。

董棕为棕榈科大乔木，一般生长在山林深处或者悬崖深涧之中，是早期人们摄入淀粉的主要来源之一。此物的嫩茎可以生吃，味似甘蔗。加工方法是将董棕的茎枝割取下来，砸碎后用水浸泡、揉搓、过滤，除去残渣，沉淀后即可获得淀粉。这种淀粉可以用火烤、煮、蒸等，食用起来极为方便。但是，由于其生长在高山密林深处，树干又极其高大，因而获取的时候比较困难。

二、小型动物及其附属产品的采集

20世纪50年代前，碧罗雪山地区的怒族、傈僳族等少数民族群众的生活条件十分简陋，绝大部分人整年只能喝玉米稀饭来维持生活，能经常吃到干饭的人很少。即使是玉米，由于酿酒和饲养牲畜等其他需要，每年也不够吃。青黄不接的时候，人们除了去山上采集各种野菜和野果，也去江边捕捉甲虫，去田地里捕蚂蚱、蚂蚁，甚至掏树洞里的蚂蚁蛋、林中的鸟蛋、树上的黄蜂与竹蛆等，将它们烧、煮后作为副食充饥。在这些小型动物中，蜂类的地位显得最为重要。

蜂类动物的采集主要包括三个部分，分别是蜂蛹、蜂蜜和蜂蜡。蜂蛹的蛋白质丰富，是一种老少皆宜的食物；蜂蜜除了香甜的口感外，还有极高的营养价值；蜂蜡在清朝时期曾被作为贡品，极为珍贵。

莽莽碧罗雪山，每到春夏，这里的山林河谷中百花盛开、遍野芬芳，是各类蜂虫活动和繁殖的绝佳环境；同时，也是人们上山采集蜂蛹和蜂蜜的大好时节。蜂蛹的采集对象主要有大土蜂、牛角蜂、土甲蜂、大黄蜂等。由于不同的生活习性，有的蜂将蜂巢筑在大树上，有的筑在岩壁上，有的筑在地里面。这些蜂大多体型威猛、毒性强大，如果被蜇得严重，常会危及生命，因而采集起来十分危险。

为了安全，人们在找到蜂巢以后，白天先不轻易行动；等到了晚上蜂都进入蜂巢以后，人们才将身体涂上泥巴，脸上用衣服等物品包裹严实，来到蜂巢旁边取蜂蛹。人们先点燃火把，在蜂巢口用烟熏、用火烤，这样，蜂群竞相飞出蜂巢的时候就会全部被烧死。等到蜂巢中的蜂被烧死以后，人们即可挖开蜂窝，取出蜂巢，然后再将蜂蛹掏出。山上的野蜂往往数量庞大，一个较大的蜂巢可以取出几十斤蜂蛹。这就可以解释，为什么人们会冒着如此大的风险、花费如此大的精力来采集蜂蛹了。

蜂蜜的采集对象一般为岩蜂。在过去，采岩蜂是人们的一项集体活动。寻找野岩蜂的工作主要由妇女和儿童担任。在山花烂漫的季节，人们一见到野蜂采蜜便立即拔下一根头发，在头发的一端拴上羽毛后，迅速设法将另一端拴在正在采蜜的蜂腰上，待野蜂采好花粉后，它就会飞回蜂房。当确定了蜂窝的方位后，人们就用诱饵来寻找蜂窝，随着诱饵的前移，蜂窝很快就会被找到。另外一种寻蜂方法是在旭日东升或夕阳西下的时候，人们只要背光向天空仰望，便可看见相互追逐的岩蜂；此时再跟踪追击，便能发现蜂窝的所在地。①

王恒杰通过自己的亲身参与和观察，为我们描述了一段过去傈僳族的捕蜂经过。捕蜂前，人们有的磨刀，有的背篓、编索，有的拿旧麻布、火油和柴草。天明时，冒着落崖和被蜂蜇的危险，王恒杰和他们一起出发了。蜂巢架在一个近巉岩边的大树杈下，高及丈余。他们走进树下后，一场紧张而又扣人心弦的场面展开了。人们拉开一列纵队，匍匐着接近树下，搭起一个四人叠起的人梯，最上面的人刚一蹬上，下面的人迅速将火把传递上去。火把是用旧布蘸卜煤油，绑在一根尺余长的竹竿顶端。为首的人向前一挺，火把的烟直窜巢下。刹那间，轰的一声，群蜂飞出，有的绕巢，有的绕人，发出嗡嗡声。这时，为首的人取蜜，顾不得周围群蜂袭击，一只手不时地挥动着火把，另一只手从腰带上解下绳子，把绳子从树杈上绕过后往下传，绳的另一头下面早已经系好筐了，在接住传下的绳头下拉时，把筐吊至巢下，取蜂人用刀子不停地切割蜂盘，同时不时接换顺着人传递上来的火把，以保持足够的烟火。这时，拇

---

① 参见陶天麟著《怒族文化史》，云南民族出版社1997年版，第58页。

指大的野蜂，围着人们嗡嗡乱飞，似乎在为这些不速之客而大声怒吼。取蜂人的手和脸落满群蜂，蜂还不断围绕着后面人的面孔乱飞，有的落在脸上，使人觉得奇痒难忍。但无论如何也不能去拍打落在皮肤上的蜂，一旦拍打，它会立即边鸣边蜇，而其他蜂也会随之群起而攻之，甚至蜇死人。所以，取蜜人尽管偶尔遭到蜂蜇，也不敢去拍打。不到10分钟，火把、柴草也快用光了，磨盘大的蜂巢也剩下不多的一块了，于是大家放下盛满蜂蜡和蜜的筐子，背回村。回来后，按照习惯，连蜡带蜜，取上几块，分给村中有老人和初生婴儿的家庭，屋内先给老人后给孩子吮食。蜂蜜是一种补品，能祛除疾病，强身健胃，所以取了蜜要先敬老人。然后将蜜兑水酒，连同豆子般大小的蜂蛹，边喝边吃。对于蜂的蜇痛，人们一般用唾液或童子尿来予以缓解。①

为了更加方便地吃到蜂蜜，人们也把蜜蜂引回家中饲养。其方法通常是用一根圆木凿成一个木筒，制成蜂窝巢，然后悬挂在房屋下面或横架在一根木头支柱上，在春夏百花盛开的时节吸引蜜蜂前来。要想养好蜜蜂是很不容易的。首先放置蜂巢的地方要冬暖夏凉，其次周围要有野花、野果树，还要栽种桃树、梨树等果木花草，使蜜蜂有活动和采花的地方。为了使蜂巢保持一定的温度，冬天冷了要保暖，夏季天热要洒水降温。平时还要不断地对蜂巢进行观察，防止蜂群突然飞走。一旦发现新的蜂王出现，就要迅速分窝，以免群蜂因内乱而飞走。秋季取蜂蜜时，要注意给蜜蜂留下过冬的蜂蜜。如果平时割取蜂蜜过多，阴雨天就要向蜂巢里喂一些蜂蜜，没有蜂蜜便用糖水代替。

三、山货药材的采集

药材是当地人采集的另外一项主要对象。和野生食物不同，药材的采集主要是为了和外界商品进行交换，以满足人们对生产和生活必需品的需要。碧罗雪山地区的山林草地中，生长着黄连、贝母、虫草、茯苓、黄山药、秦艽、当归、木香、紫胶、青归等大量山货药材。

黄连是早期人们采集最多的药材之一。至少从明代起，怒江地区的少数民族群众就已经大量挖取黄连，一来作为药用，即用黄连汁为发烧的人退热；二来用于对外交换。那时候的黄连价值极高。《怒江文史资料选辑》中曾记载了福贡县在解放以前关于黄连的一些情况。接受访谈的胡德清老人回忆，"当时一头牛值十五块大洋，有的商人从内地赶来牛，三斤黄连换一头，这样一斤黄连就值五块大洋。一只羊子卖大洋二块五、三块不等，有时，两只羊子才换一斤黄连。先付预购定金的黄连价格低一些，现买现卖的黄连价钱又高一些"。

---

① 参见王恒杰著《傈僳族》，民族出版社1987年版，第81～82页。

路阿夺老人回忆说,"黄连值钱,大理、丽江和兰坪的商人纷纷赶来做生意。为此,当地人已经不限于采集山上的野生黄连,而是开始大规模种植黄连。黄连成熟期快要到时,商人们直接到山上的黄连地里搭棚子、盖房子,带来酒、腊肉、衣服、棉被、铁锅来和当地群众交换黄连,一件丽江土布可以换取一斤或一斤半的黄连"。① 如此,足见黄连经济效益显著。

贝母也是一种需求量比较大的药材。《纂修云南上帕沿边志》中载:"贝母:入药用,产于碧罗、高黎两大山寒冷之处,一茎直出,无分枝,杆尺余,花白色,开于顶茎,如胡葵。其根小如豆,名曰雀嘴贝最佳。比如算盘子者次之。亦系草本,现在价甚昂贵。每年三四月间,怒、僳结伴往碧罗、高黎两山采取,各得数两至十余两者为多。含水甚重,需两三斤始晒干一斤,仍销内地。"②

虽然药材的经济价值显著,但是由于道路险阻、交通不便、运输困难,因此和外界的交换受到严重制约。为了改变这种困境,民国以后的当地政府官员都非常重视对道路的疏通与修建,为此也做出了很多努力。腊咱至岩瓦的道路开辟以后,在一定程度上促进了维西和贡山两地的交往。每年七八月高山冰雪融化时,维西的小商贩背茶叶、布匹、针线等来换取贡山的贝母、黄连、兽皮等山货药材,名曰"赶药会"。③

迪麻洛村位于碧罗雪山脚下,其中的白汉等村民小组位于两个小时路程的半山腰上。这里树林密布,草木丰盛,从海拔 1 500 多米的河谷一直到海拔 4 000 多米的山顶,分布着不同植被和野生植物。迪麻洛是一个天然的野生药材生长基地,其所在的各个树林、草地和山谷中分布着大量的黄精果、虫草、重娄、天麻、兰花和木香等珍贵的山货药材。迪麻洛还是碧罗雪山东西两麓的一个重要连接点,19 世纪末的法国传教士就是从碧罗雪山东麓的茨中等地翻越大山到迪麻洛的,并且在此修建了著名的白汉洛天主教堂。由于当时怒江沿岸的道路尚未全部修通,碧罗雪山就成为怒江地区和澜沧江地区相联系的重要通道。

20 世纪 50 年代以前,这里的怒族、藏族等少数民族群众就已经开始采集各种山货药材与德钦、维西、丽江等地的商人进行物物交换,一些当地群众还主动带上自己采集的土特产品和手工制品到维西等地的市场去出售,然后再购回锄头、铁锅、铁三脚架、布料等生产生活用品。新中国成立以后,政府对当

---

① 参见李道生主编:《怒江文史资料选辑》(第二十二辑),政协云南省贡山独龙族怒族自治县委员会、政协云南省怒江傈僳族自治州委员会文史资料研究委员会 1991 年刊印,第 50 页。
② 《纂修云南上帕沿边志》,见《怒江傈僳族自治州文物志》编纂委员会编《怒江傈僳族自治州文物志》,云南大学出版社 2009 年版,第 344 页。
③ 参见陶天麟著《怒族文化史》,云南民族出版社 1997 年版。

地的药材曾实行过统购统销，药材价格相对比较稳定，很多家庭不仅上山采集野生药材，还利用山坡荒地人工种植药材。改革开放以后，市场经济逐步获得发展，内地的土特产开始销售到国外，由于野生药材的质量极高，受到国外消费者的青睐，因而价格不断飙升，尤其是虫草、天麻和松茸等山货药材。受此利益驱使，当地的少数民族群众在农牧业生产之余，大规模地上山挖药材、采松茸。通过出售山货药材，当地人的收入普遍提高。

根据调查和访问，当地村民目前采集的主要对象有黄精果、虫草、重娄、羊肚菌、天麻、兰花、木香、青归和竹笋等。黄精果的采集时间为7—10月，价格比较便宜，每千克只卖几元，遇到下雨，要在树林里将其用火烘干，是一件比较辛苦且麻烦的工作；虫草的采集时间是5月底至6月底，其价格为目前所有药材中最贵者，往往按对出售和计价，一对虫草即可卖得好几元钱；重娄的采集时间为五六月，每千克可以卖得30多元；羊肚菌的采集时间为三四月，出售的时候必须晾干，20世纪90年代每千克可以卖到上千元，2000年以后价格逐渐下降，现在每千克只能卖到两三百元；天麻也是一种名贵药材，其采集时间多在五六月，每千克可以卖到几百元；兰花的采集多在春夏季节，价格因种类而不同，普通品种一般几元钱一株，一些知名的品种可以卖到上万元，但是已经很难找到了。

采集药材是一件非常辛苦的工作，由于现在药材的数量越来越少，人们要跑很远的路才能找得到，仅路程一般都要走上半天或者一天。虫草的采集更加麻烦，有些人要专门跑到西藏境内去采挖，因而还要买车票搭车才能去。采集也是一件极其耗费时间的劳动，由于路程较远，而且要保证采集效果，人们往往一去就是好几天，有些甚至长达十天半个月。为此，人们每次上山，都要准备大量工具和生活用品，包括大米、洋芋、猪肉、油、食盐、香烟、白酒、茶叶、铁锅、砍刀和扁担等，为了保证安全，人们往往三三两两地结伴而行，食物吃尽以后再返回。

人们将自己采集到的药材晾干和简单处理后，便会出售。出售的方式也有很多种，既可以拿到集市上去卖，也可以直接卖给来村子里收山货药材的商人。由于山货药材交易中的巨大利润，很多外地人进入到怒江和澜沧江地区从事药材收购生意，他们有的在乡镇街道上专门设点开店，常年收购当地的各种土特产，有的直接将收购点设在村子里。可见，在这些收购者中，竞争也是很激烈的。

贡山县的丙中洛乡，是一个盛产野生药材和菌类的地区，丙中洛的乡政府所在地是该地的一个重要货物集散地，街道上分布着大大小小几十个店面，其中就有3家土特产品收购店。为了了解药材收购的详细情况，笔者来到周大姐的店里跟她聊天，并进行访谈。周大姐今年30多岁，四川资中人，来到丙中洛已经 8 年多时间了，丈夫开了一家摩托车修理店，自己专门经营药材收购生意，家里还有一个小女儿。周大姐的店里面摆放着各种药材、菌类等土特产品，并且还出售玉石、弩弓等当地的一些其他物品。她向我们详细介绍了灵芝、松茸菌、山黄菌、木海、三七、贝母、天麻、藏黄连（也叫鸡角黄连）、竹叶菜、紫草、雪茶、雪莲等各种菌类和药材的名称、用途与价格等，甚至对每种药材最终卖向何处都十分清楚。例如，松茸菌主要出口到日本，据说可以防核辐射，山黄菌销往韩国，等等。据周大姐回忆，开始的时候，她和丈夫去山上的村民家里收药材，当时的药材数量多、价格好，人们卖得的钱都是一沓一沓的。现在，平日里的生意已经不多，附近的村民们主要在赶集日才到街上卖药材。

丙中洛乡的赶集日为每周星期二。每到这一天，远近的村民们都会来此买卖各种物品。这时候，店主们也会主动出击，他们在街道上的人群中寻找自己的交易对象，因为这个时候收购药材的人很多，竞争很大，因而要自己争取来卖药材的人，坐在店中等到的机会是很少的。看到肩上背着袋子的村民，店主和药材收购商人就会追上前去问是否有药材要出售。在一家经营副食生意的店门口，一个老板成功地收购到了大约 1 斤的天麻。卖者是一位中年妇女。对于这次交易，很显然是有利于买方而不利于卖方的。因为该妇女在拿到钱的时候仍然显得很犹豫，而店老板一边掂量手中的天麻一边露出了满意的笑容。

对于药材的实际价格，村民们其实并不真正了解，他们大多是根据往年和别人所卖的价格来衡量自己货物的价值。但是，老板也可以用"今年的行情不好"之类的托词来故意压低药材的价格，对于平常很少出门了解外面世界的普通村民来说，他们大多时候只能无奈地接受。在丙中洛的秋那桶村，笔者还发现了另外一种药材收购方式，就是商人将收购点直接设在村子里。秋那桶村位于怒江旁边的山坡上，往北翻过大山就进入西藏境内，附近的山林中盛产松茸和药材。一个从昆明来的商人常年在此收购药材和松茸，并且还专门运来了烘烤箱等设备。据他说，现在的生意不好做，来卖药材的村民很少。在村子里收购药材，虽然可以在第一时间里收到一些生意；但是，毕竟覆盖范围太小，能收购到的药材总量也很有限，再加上现在公路修通，很多人宁愿选择到集市去出售药材，而不愿意在村子里出售。

除了私人的采集和挖掘，当地政府也曾专门组织人员进山挖药材，以此来增加经济收入。1959 年，在贡山县茨开人民公社丹珠大队民族工作队工作的李华，被县上派往西藏察隅县察瓦龙境内交涉挖贝母等药材的事宜。当时的察瓦龙盛产贝母等药材，但是人烟稀少，药材资源不能得到很好的利用，贡山县获知这一情况后，决定派人前去挖取。经过双方协商，最后达成一致，由贡山县支付给察瓦龙资源租让费，不管挖得多少，由双方对半分配。察瓦龙境内共有7处贝母山,每处贝母山又包括几块贝母地,每块贝母地有15~30亩。李华的采挖队一共被分到3处贝母地。交涉成功以后,李华便留人在当地准备粮食和糌粑,汇报县里以后,县里通知丙中洛公社抽调80人、捧当公社抽调70人、普拉底公社抽调10人,总共160人前往察瓦龙挖药材。此外,还出动骡、马30多匹。到达目的地以后,他们受到当地藏族头人的热情招待,并获赠酥油和奶渣等礼物,采挖队则以茶叶和盐巴等物品回赠。出发当天,当地村民派出30多头骡、马和牦牛为采挖队运输各种行李物品,到达山上以后,采挖队用食盐和茶叶加以酬谢。采挖前,队员们在山上搭建棚子住下来,并且准备好晒贝母的工具。李华发现,当地的贝母极多,漫山遍野都是,并且估计每人每天可以挖两三斤贝母。有一次,李华在一个石头堆下面竟然发现了储量达四五斤重的贝母,回来一说,才知道原来是遇到老鼠的过冬仓库了,那里的贝母多得都已经成了老鼠的食品了。几天后,采挖队返回。经过统计,全县共挖得贝母干货3 696斤,人均挖得22斤,折合人民币44 300多元。这一数字对于当时经济收入极低的贡山县人来说无疑是惊人的。此后,贡山县每年都派一部分群众前往西藏挖贝母,这一活动一直持续到20世纪70年代。①

然而,采集活动具有很大的随机性和不确定性,它只能是人们在正常的农牧业生产之余的一种副业,而不能成为人们完全依赖的生计来源。另外,采集药材有时候也会和正常的农业生产发生矛盾,由于很多药材和菌类产品的采集季节多为春夏之交,而人们每次外出挖药材需要很多天,这个时候也正是村民犁地和种玉米的时间,因而难免会耽误正常的农业生产安排。此外,山区的农业劳动需要的劳动力较多,人们一般没有多余的劳动力专门从事采集活动;如果由于采集药材而耽误了农业生产那是得不偿失的,事实上,也甚少有村民这样做。

经过长时间的大规模采挖,目前碧罗雪山地区的各种野生药材和其他山货已经不再像过去那样多了,采集也不再像过去那样容易,人们要跑更远的路,花费更多的时间,有时候也不一定能得到理想的结果。即使如此,采集药材等土特产品仍然在一些家庭的经济中占有相当比重,它们是换取现金的重要途径。

---

① 参见李道生主编《怒江文史资料选辑》(第十八辑),政协云南省贡山独龙族怒族自治县委员会、政协云南省怒江傈僳族自治州委员会文史资料研究委员会1991年刊印,第134页。

第二节 狩 猎

狩猎是人类一项古老的生计方式。人类天赋发达的智力，能够制作工具，并且利用社会组织的形式来征服自然界中的野兽，进而达到为其所利用的目的。动物的血肉可以为人们提供营养丰富的脂肪和蛋白质，皮毛可以为人们避寒保暖；在原始社会，人类的祖先甚至利用动物的骨头来磨制成缝制衣物的骨针和盛装东西的容器。在工业化以前，世界各地分布着大量的狩猎民族，如澳大利亚的土著人、美洲的印第安人、北欧的爱斯基摩人、非洲大草原和热带雨林中的部落等。就我国来说，20世纪50年代前的很多少数民族仍然保持着狩猎的生计方式。例如，我国东北的鄂伦春和鄂温克人，他们在莽莽的白山黑水中以驯鹿为生，西南横断山区的傈僳族和怒族人也普遍保留着上山打猎的习惯。

碧罗雪山地区山高林密，各种野生动物资源极为丰富，当地的傈僳族和怒族群众很早就有了上山打猎的习惯，在过去，几乎每个成年男子都是狩猎高手。《维西见闻纪》中记载道："栗粟，近城四山、康普、弓笼、奔子栏皆有之。……喜居悬崖绝顶，垦山而种，地瘠则去之，迁徙不常。刈获则多酿为酒，昼夜九酽，数日尽之，粒食罄，遂执劲弩药矢猎，登危峰石壁，疾走如狡兔，妇从之亦然。获禽兽或烹或炙，山坐共食，虽猿猴亦炙食，烹俟水一沸即食，不尽无归。"① 清代《丽江府志略》上卷《官师略·附种人》中也有记载："怒人，居怒江边，……茹毛饮血，好食虫、鼠。其最远者名曰怒子。"

以上各种描述表明，到明末清初，采集和狩猎在碧罗雪山地区的各族人民的生计中仍然居于重要地位。虽然用"茹毛饮血"来形容可能有所夸张，因为当地很早就已经有了火的发明，但是食虫鼠却是真真切切的，人们在山林里挖取植物根茎和捕获禽兽来作为食物也是非常普遍的。

时至今日，当地群众上山打飞鸟、捉山鼠的习惯仍然存在。他们从小就跟随年长者参加农业劳动，进行狩猎活动，有着丰富的狩猎经验。最开始，他们在村子周围对鸟兽进行追击，稍微长大一些便帮助大人做一些狩猎工作；等到十四五岁之后，便可以正式出猎。老猎手经验丰富，能根据猎物的气息、声音、碰伤和咬食过的食物，判断经过的是什么动物、动物的大小甚至经过的时

---

① （清）余庆远撰：《维西见闻纪》，见希贤、沙露茵选注《云南古代游记选》，云南人民出版社1988年版，第125页。

间等信息。总之,各种动物都有自己相对固定的活动场地和出没时间。

人们从事狩猎,也依据一定的季节。《傈僳族简志》中记载,傈僳族过去把1年分为10个月,分别是花开月(3月)、鸟叫月(4月)、烧山月(5月)、饥荒月(6月)、采集月(七八月)、收获月(九十月)、煮酒月(11月)、狩猎月(12月)、过年月(1月)、盖房月(2月)。除了平时碰上野兽进行捕打,一般是在11月以后进行冬猎,因为这时已经进入农闲阶段,野兽的皮毛增厚,膘肥肉美。另外,4月以后也是狩猎的好季节,这时人们已吃完粮食,播种完玉米,种完农田,山上的野兽也已经产完了幼子,从藏身的地方开始走出来。

出猎前要做好充分的准备。男人们要修装弩弓,削制竹箭,熬制毒药,打磨砍刀,整制绳套、网笼以及上山用的雨具等必需物品;女人们则为男人们缝制皮衣,煮水酒,炒炒面,烤玉米饼,做腊肉。总之,大家要进行一番紧张的准备工作。春季时分,野果稀少,野兽多吃一些杂物,要到臭水塘来找水喝,喜欢喝带咸味的水;到了秋天,大量的野果成熟了,动物都来树上吃野果。这些时候都是狩猎的好时节,所捕获的野兽肉可以食用,皮毛可以御寒以及制作袋囊和交换他物。就猎场而言,各村寨和家族一般是固定的,主要是村寨和家族所占有的山林河谷,通常不越界狩猎。

在过去,人们出猎时,要先请经验丰富、德高望重的老猎人主持祭祀山神仪式。当地群众认为野兽属于山神、猎神的家畜。如果要猎取就必须用酒肉及其他供品与猎神做交换,否则猎神就会发怒,降祸于人。通过祈求神灵,使得野兽能够跑入布下的套扣,进入陷阱,保佑自己箭不虚发,获取更多的猎物。此外,还要抽竹签进行小卦,占问出猎的时辰、猎人和猎犬的吉凶以及能否有所获,从而决定是否出猎。

一、狩猎的方式

在过去,人们的狩猎方式主要分为三种,即静猎、寻猎及围猎。[①]

静猎是指通过设置"扣子"(活套)、陷阱、地弩、地枪、铁夹、网等工具猎捕动物的一种方式。静猎通常是个人在秋冬季节进行。猎人捕到动物后平均分给全村人或邀约大伙一起享用,但头及皮子归猎人自己,猎人用动物头祭祀猎神之后便把头骨挂在家中作为猎捕动物的记数,同时显示自己的狩猎本领。近年来,猎人猎捕到动物后,一般都是背到公路边出售给临近的餐馆或外乡人。

---

① 参见艾怀森《高黎贡山地区的傈僳族狩猎文化与生物多样性保护》,载《云南地理环境研究》1999年第1期。

寻猎一般是指上山寻找可猎捕动物的狩猎方式。寻猎的主要猎捕对象是羚牛、斑羚、黑熊、野猪、獐子等远离人类生活区的大型动物；出猎前要选吉日，祭祀山神及猎神。猎人寻猎常带的工具有火枪、弩箭、长刀等，还有食物、食盐等，通常3～5人结伴而行，上山5～7天；猎捕到动物后，几个人一起剥下动物的皮，肉平均分配，头、皮及其他有重要价值的部分（如熊胆、麝香等）归射中动物者，肉在山中用火烤制成干巴，便于携带和储藏。

围猎是指村民集体狩猎的方式。该种狩猎以各人自备粮食、武器，自愿结合而成。为了明确辨认击中野兽的猎人，各人的箭都不尽相同，先击中者得头、皮及一条腿；如果一头野兽被两人先后击中，则后者得尾巴及另一腿，其余的肉则是围猎的众人各得一份。当地人普遍信仰山神，每个猎人家里都在火塘上方供有神像，旁边摆上或挂起一些猎物骨头，如野猪獠牙、鹿角等，以求狩猎顺利平安。

根据傈僳族老人回忆，以往每年进入秋季的时候，老猎人带领全村的年轻人到传统的狩猎山上，在山顶的每一个路口布置一个射手，其余的人在山麓中放猎犬；猎犬向上追赶动物，当动物跑到山顶时，射手便将其射杀。围猎结束，由老猎人确认第一只被射杀的动物，大伙便在这只动物被射杀的地方烧起篝火，将猎物的四条腿取下烧烤；烧熟后先割下9小块肉，向3个方向（除村庄以外的方向）分别丢1块以感谢山神，丢3块进火塘以感谢火神，将剩下的3块收起来，等回家时丢在回家的路边以免野鬼跟着回家。然后，大家便分食烤熟的肉。这时大家可以边吃肉边喝酒唱歌，或者大声地喧闹或戏耍。吃完后以人为单位平均分配猎物：所有内脏归猎犬，并且还要从每只动物身上割一小块瘦肉给猎犬，头脚及皮子归射中猎物的人，其他民族的人或外村人遇上围猎也可以分到同等的一份，最后还要留一份给猎神。

回到村庄后，大伙带上猎神的那一份肉到祭神的地方煮熟后祭祀猎神。祭祀活动由老猎人主持，整个过程庄严肃穆。大伙只能心中默默地祈求猎神保佑今后的日子里能猎捕到更多的动物，主持祭祀活动的老猎人则高声地念诵狩猎祈祷词。各地的祈祷词大同小异，其大意是：伟大的猎神啊，我们空着身子上山，现在已背着动物回来了，您赐给我们这些猎物我们不敢先尝，请您先尝吧，请您再保佑我们，请您把动物赶到我们设下的扣子，请您把动物赶到我们的枪口上，请您把动物赶到我们狩猎的地方。我们代代敬奉，请您年年保佑我们。祭祀结束时大伙便悄悄地分食祭品，然后悄悄地走开。[①]

---

① 参见艾怀森《高黎贡山地区的傈僳族狩猎文化与生物多样性保护》，载《云南地理环境研究》1999年第1期。

二、狩猎的工具

狩猎工具有大、中、小各种弩弓、火药枪、长刀、铁叉、铁矛、麻绳网以及各种式样的扣子,此外还有必不可少的猎犬,等等。

(1)套绳和扣子。套绳是出猎必须准备的工具。扣子就是用细绳做成的活套,动物一旦经过,触动机关,就会被绳套勒住而难以逃脱。下扣子是最常用的一种捕猎方法。下扣子捕捉的多为一些鸟类和鼠类等小型动物。下扣子的地点多种多样,根据所要捕捉动物的具体情况而定,一般选择在动物喜欢取食的地方和经常经过的地方。例如,松鼠一般喜欢吃野果和核桃,因而扣子就设在树枝上;山鼠多在地面活动,就将扣子设在地面上。下扣子捕猎比较随便,人们在上山砍柴和种地的途中顺便设下几个扣子,等到回来的时候便会收获几只小鸟或松鼠,可以拿回家中佐餐。傈僳族人喜欢在横穿山涧的藤条上放置扣子,因为山中的松鼠和各种老鼠一般都会从此经过,在这些地方下扣子很少会扑空。

(2)弩弓。弩弓是当地最主要的打猎工具。猎人离不开弩弓,从射取飞鸟到制伏凶狠的熊、野猪等,都要靠弩弓才行。弩弓可以在远距离的地方射杀野兽,大大降低了人们打猎时的危险性,而且易于瞄准,成功率也极高。

根据使用目的和对象的不同,弩弓也被制作成多种类型。例如,怒族地区过去的弩弓有大、中、小三种:大弩弓是作战时的主要武器,也可以用来射杀一些凶猛的大型野兽,其弓背长达1.5米,固定架在设置的木桩上,射程可以达到100~150米;中号弩弓背长约1米,是狩猎和作战的主要武器,射程达80米;小弩弓主要用来射击一些小型的飞禽走兽。① 时至今日,在当地村民房屋的墙壁上仍然可以看到各种悬挂着的大小弩弓。

要制作一把高质量的弩弓是件不容易的事情。从弩弓的选材、加工、制作到弩弓的弓身、弩牙、弩机、弩柄、弩弦,每个部分都是很有讲究的。以下简单介绍弩弓的构成和制作方法。

1)弓背。为弩弓前面的弯曲部分,弩弓就是靠它的弹力而把箭射出去的。弹力大小决定了箭的射程和威力,这就要求制作弩背的木料必须非常坚硬,弹性要强。弓背多用岩桑木制成,这种桑木长在岩石缝中,质地好、韧性强。做背时,先将木料煮软,再折成弓形,两端固定,放在火上熏烤,定型后再将表面打磨光滑即可。

2)弩柄。弩弓中间的直线部分,是整个弩弓的支架。前端从弓背中间穿

---

① 参见《怒族简史》编写组《怒族简史》,云南人民出版社1987年版,第44页。

过,上面凿刻箭槽,中间用来安置弩牙和弩机。人们在射猎的时候,要用一只手托住弩柄,掌握弩弓的平衡。弩柄的制作多选用坚硬和质地细密的栗木或青冈木。

3) 箭槽。箭槽相当于步枪的枪管,直接关系到箭的准确度和射出的速度。因此,凿制箭槽的浅渠时,一定要非常平直和光滑。

4) 弩牙和弩机。多用动物的骨头制作而成。弩弓被拉开以后,弩弦即被扣在弩牙上面。需要射箭的时候,扣动下面的弩机,箭便迅速射出。

5) 弓弦。用牛筋或麻绳等搓制而成。在弓背的两端各穿凿一个小孔,系绑结实。射击的时候,只需将弓弦拉伸到弩扣部位停住,搭上箭,瞄准目标,扣动下面的扳机,箭受到弓弦的巨大弹力,便会猛力射出。

(3) 箭及其配件。

1) 箭。箭一般用竹子削制而成,长短根据弩弓的大小而定,箭尾安有小翼,用来掌握平衡。箭分为普通箭和毒箭两种。毒箭的毒药是用草乌熬制而成的,呈黑色。草乌又名乌头,采自山林之中。这种药箭,称得上见血封喉,箭头如果擦破动物或人的皮肤,一旦沾到血,毒药就会迅速沿着血管蔓延,传遍全身,一直麻到心脏,最后死亡。熊、豹等凶狠的野兽,被射伤以后,开始还以为是被普通蚊虫叮咬了一口,但是走不了几百米,便会倒伏在地。由于毒性剧烈,人一旦被这种药箭伤到,必须立即扎紧伤部,用刀剜掉伤口处,方能免去毒药的扩散。为了避免毒箭误伤人畜,人们常常在山洞和一些隐秘的地方泡制毒药,完成后,加工过毒药的器具都要封闭,用石头压好。人们平时把毒箭放在小竹筒中,与无毒的箭分开。有的毒箭是要等到使用时才临时沾制。

2) 箭袋或箭囊。两者均是用野山羊、麂子或熊等动物的皮毛加工制成,既防潮又防雨,内装放箭的小竹筒。箭袋的制作,通常是把动物的腿根或细身部通体裁下,挖空中部骨肉,以使全筒不用缝合。除此之外,箭囊还可以用来供猎人在露宿时作枕头用。

3) 箭筒。箭并不是直接装在箭袋里,而是先分类装在竹筒里,再将竹筒装入箭袋中。箭筒用竹管截成,即将一根较粗的竹子从中间砍断,留下下面的节疤。人们在上山打猎时,箭袋里一般装有3个箭筒。一个用来装无毒的箭,一个用来装有毒的箭,另外一个作为备用。因而,每一个细节都是极为讲究的。在贡山丙中洛乡的甲生村调查时,一位热情的村民拿出自己家里的弩弓、箭袋和箭(见图6-1)向我们充分地进行了展示。

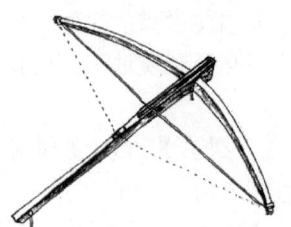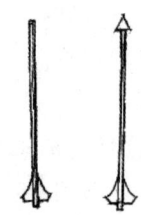

图6-1 弩弓、箭袋和箭

（4）猎犬。每次出猎时，猎犬也是不可或缺的必备"工具"。王恒杰通过对傈僳族的调查，对猎犬进行了精彩的描述。挑选、训练、指挥和利用猎犬等一整套技术，也是一个猎手必须学会和掌握的。要挑选和培养一只好的猎犬，不是一件简单的事情，当地有一套独有的驯服和使用猎犬的技术。待栽培的猎犬要从一般的小狗中选出，狗的腰部要长，腿细而长，嘴要尖，尾巴要短，两耳挺立，牙齿整齐锋利，嗅觉、听觉灵敏，目光尖锐，跳跃时灵活敏捷，身体健壮，生性威猛。选中的小犬从小就被施以各种训练，长到1岁时，猎人出猎要带它到山野河谷有猎物出没的地方，尾随着老猎犬追捕各种野鸟、山鸡、夜猫、野兔、麂子等常见的小型动物，练习伏藏、跳跃、奔跑、追击、迂回、恐吓和纠缠野兽的本领和技巧。猎人还会将捕获的小动物挂起来吊在空中，任小猎犬去扑抓、撕咬，平时让小猎犬练习吃生肉、舔生血，培养其野性。主人还要训练猎犬辨别和区分各种不同的指令信号，包括声音和手势等，训练其反应。这样，当主人向猎犬发出某种信号时，它就会做出相应的反应，和主人共同对付猎物。

当主人出猎时，猎犬会东奔西跑来回嗅闻地面，追寻野兽留下的气味，找出野兽藏身的地方，将野兽引出山林。警觉的猎犬能够分辨出各种异样的气味、声响，方向性好，能够正确判断守候与埋伏的位置。一旦发现猎物后，猎犬便会发出急促而紧张的叫声，对主人进行预报。机敏的猎犬，在离主人较远的地方，为了节省体力，会断断续续地发出叫声，主人能够根据其发出的叫声判断野兽的距离范围。如果猎物转向主人的相反方向，准备逃跑时，猎犬会迅速判断猎物将要逃跑的路线，找出捷径进行拦截，并且会不断以狂吠、虚假的袭击动作纠缠和迷惑猎物，以等待主人的到来。

此外，猎犬还会帮助主人追捕受伤的猎物。一些飞鸟或岩羊中箭之后，常会坠入深涧或悬崖峭壁上，猎犬会将其叼取回来。在猎物过多时，猎犬还会帮助主人用嘴叼送。遇到凶猛的野兽，如熊、虎与主人对峙时，猎犬会来回嘶叫，分散野兽的注意力，扰乱野兽，以便主人有充足的时间放射弩箭与更换箭支和武器；当主人遇到猛兽的突然袭击，有生命危险时，它会冲上去和野兽厮打。主人对猎犬一般也是极为疼爱，出猎时不会轻易将其放出，以免被凶狠的野兽咬伤甚至咬死，因而主人会根据猎物的实际情况来控制和使用猎犬。猎人在得到猎物以后，一般都要给猎犬一份。①

三、猎物的种类与捕打方法

（一）中小型猎物及其捕打

（1）山鼠。在怒江两岸的高山丛林中，山鼠很多。明清时期，当地群众不仅用各种网套捕捉山鼠为食，而且还将山鼠制成鼠干，向当地的傈僳族头人和统治者纳贡。当时缴纳的贡品有三种，分别是官贡、贷贡和大贡。贡品的内容包括酒、竹篾器和山老鼠干等。其中，官贡需要纳山老鼠干3串（每串约50只），贷贡需要纳山老鼠干6串，而大贡则需要纳山老鼠干9串。② 从这一描述中可以看出，山老鼠在当时应该是一种比较珍贵的美味，被人们大量地当作食物来捕杀。怒族群众为了缴纳贡品，各个家族便划分捕捉山鼠以及砍伐竹子的山林地界，将历来属于氏族和村寨公有的领地进行分割。在缴纳的每一种贡物中，山老鼠干都是必不可少的组成部分。可见，当地少数民族群众对于老鼠干这种野味是多么的喜爱和重视。

（2）飞鼠。眼大、耳短、尾巴长，样子和蝙蝠相似，前肢和后肢之间有皮翼相连，能在树枝上攀爬和树间滑翔，以松子、橡实、浆果、嫩树枝叶为食，秋末常储存坚果等食物过冬，主要在傍晚和夜间活动。我国古代就有对飞鼠的记载。《荀子·劝学篇》中说，"鼯鼠五技而穷"，能飞不能上屋，能缘不能穷木，能游不能渡谷，能穴不能掩身，能走不能先人。飞鼠有六个比较明显的生活习性：一是不垒窝，居住在现成的岩壁石缝或洞穴中；二是喜安静，胆小；三是有"两怕"，既怕寒冷，又怕高温；四是昼伏夜出，觅食鸣叫；五是定点排便；六是滑翔，一旦遇到敌害及特殊情况，展开飞膜从上往下滑行逃走。人们可以凭借这些特征来寻找和捕获飞鼠。

由于飞鼠是一种昼伏夜出的动物，因而人们捕打飞鼠也多在晚上进行。飞鼠的眼睛会反光，这在夜晚的山林中特别明显。人们根据经验，看到反光的地方就用弩弓射击，将飞鼠从树上和空中击落。飞鼠白天一般睡在树洞里或树杈上的草窝里，人们就去这些地方寻找飞鼠。人们用砍刀或木棍敲打树干，飞鼠被惊醒后，就会露出头来，这样就会被人们发现，随即被捕捉或打死。人们将打死的飞鼠烧掉毛，取出内脏，进而晒干保存。

---

① 参见王恒杰著《傈僳族》，民族出版社1987年版，第87页。
② 参见《怒族简史》编写组《怒族简史》，云南人民出版社1987年版，第25页。

(3) 豪猪。在山林中，一些动物藏身或生活于地面、岩壁的洞穴中。捕捉这些动物，最好的办法是用烟火熏烤。豪猪生性机警，所居之处掘有前洞、后洞，还有一些岔洞以便随时脱身。豪猪喜欢把自己的洞口用草和树枝塞住，猎人根据这一特点来寻找豪猪；找到豪猪的洞口以后，将其他洞口全部封死，只留唯一的洞口，然后在洞口燃起火堆，使烟不断进入洞里，不久，豪猪便会经受不住烟呛而跑到洞口附近，猎人听到动静之后便能轻而易举将其捕获。人们不仅用这种方法来捕捉豪猪，还用此来捕捉山鼠和竹鼠。

(4) 竹鼠。当地竹林多，竹鼠也多，而且体型较大，是当地人非常喜欢的一道美味。竹鼠喜欢吃竹笋和竹子的根茎，它的爪、齿都很锋利，喜欢在坚硬的沙石上挖洞。如果发现竹林中有连续的竹子枯死，附近就一定能找到竹鼠的洞穴，一旦找到了竹鼠的洞口，就可以用烟熏的办法将其赶出而捕捉了。也有用水淹的办法捕捉竹鼠。人们找到竹鼠藏身的洞口后，一部分人守住洞口，一部分人便迅速背水灌进洞口；灌满水以后，人们准备好棍棒，一旦竹鼠的脑袋露出洞口，便迅速将其打死或打晕。这样，一只接一只，直到将洞里的竹鼠全部捕获。

(二) 大型动物及其捕打

除此之外，野驴、山羊、熊、老虎、獐子、麂子等大型动物也是人们的猎取对象。清朝以后，山驴、麂子、虎和熊的皮毛等又成为向中央王朝进贡的珍贵贡品，这就更加刺激了人们对这些动物的猎取。

对付不同的野兽，需要使用不同的捕猎技术手段。例如，对付虎、豹、豺、狼等，就要设置暗弩毒箭；如果要猎取野牛、野猪、山驴、麂子、羚羊、岩羊等野兽，就要设置陷阱；等等。

(1) 麂子和獐子。麂子嗅觉灵敏，行动疾速，喜欢群居，尤其在求偶季节里更是如此。聪明的猎手，制作小巧精美的麂子哨，引诱麂子前来，放射弩箭，就可以捕到麂子。獐子也是一种嗅觉灵敏、行动飞速、不轻易上当的动物，但凡有风吹草动即跳跃奔跑而逃。猎手们沿着獐子经过的地方挖下陷阱，内插竹签，上面铺以浮草和浮土，这样，獐子向前跳跃时，正好落入陷阱内，被竹签扎住。有些地方会根据獐子、麂子经过所留下的足迹，判断动物是否折回，在路上伏上横线，路旁的树丛中架起弩弓，等到獐子和麂子经过并且触动伏线并带动弩弓的机关，弩弓发射便射中动物。在獐子等动物出没和经过的地方，要埋设套扣。设埋时，把绳子的一头拴在路旁的青竹或灌木枝上，将另一头做成活扣，再把树枝或竹条弯倒在地上，将绳套平放在地面上，上面盖好浮土，树枝上面压上石块；一旦动物踏入绳圈，蹬动石块，机关便被触动，拴绑套绳的树枝在石块滚落后，便会立刻弹起，进而拉动绳套的活扣，带扣子的一端就会拉住獐子腿部的上方，这样，獐子越是挣扎反而绑得越紧。一旦獐子无法摆脱绑在树枝另一端的绳套，就成为猎人的猎物。

（2）虎和豹。虎、豹为夜行动物，白天多在深山密林中潜行，晚上出来伺机袭击行人和牲畜。对付虎、豹，有两种常用的办法，即挖陷阱和埋地弩。挖陷阱的方法很普遍，陷阱中往往还要下竹签。下竹签就是将坚硬的竹子削尖，在野兽经常出没的地方挖陷阱，将竹签埋入其中，上面用树枝或茅草覆盖。虎、豹一旦踩上去，便会掉入其中，被竹签戳死。每到秋冬季节，山林中的野果已经食尽，虎、豹的食物变得稀少，它们便会走出深山密林，到离人群村寨比较近的地方活动与觅食。这时候，往往也是最佳的猎取时机。

射虎、豹所使用的地弩比一般的弩弓要大，杀伤力也更强。常用的弩弓射程一般在100米，而地弩的射程可以达到150～200米。当猎人们掌握了虎、豹的行踪后，就在其必经之路上埋设地弩。方法是先挖一个土坑，用木桩固定弩身，在扳机上系一根细而结实的线，在线的另一端拴上诱饵；一旦猎物去抓诱饵，就会触动弩弓的扳机，毒箭跟着射出，猎物即被捕杀。

（3）猴子。对付猴子，人们主要是采用惊吓的方式。例如，用一根宽大的带节的竹子，竹筒处劈成两半，竹节处仍然相连，将其中的一片固定在地面上，另一片向上拉开，并且用绳子固定；再设置以绊绳，当猴子经过碰到绊绳时，拉开的两块竹片便会迅速合上，发出巨大的撞击声，这样，猴群就会受到惊吓，夺路而逃，在山坡陡峭的地方，往往会掉入猎人设下的陷阱。

在每年玉米快要成熟的时候，成群的猴子就会前来糟蹋粮食。猴子是掰玉米棒的高手，往往是一边掰，一边往胳肢窝里夹，不到一夜工夫，一片玉米地就会被糟蹋殆尽。因而，对于猴子，当地人是深恶痛绝的。人们一旦发现猴子进入玉米地以后，便会从四周围上去；当猴子正玩得高兴的时候，人们便突然敲起铜锣，放土枪，大声呐喊，猴子便会吓得四处逃窜，要么掉进人们挖好的陷阱里，要么为人们活捉。人们将抓获的猴子戴上红布巾，身上穿上花衣服，头上涂上油漆，再在脖子上系上几个铜铃铛，等到其他猴群来吃玉米时，将其放入猴群之中，猴群一见到同类变成这幅怪模样，都会被吓得无影无踪，甚至几年都不敢再来。

（4）熊。熊也是糟蹋粮食的高手。对付老熊，则采取地皮插矛、高处吊饵的方法。选一棵较为粗硬的树，砍去顶梢部分，只留下一个很高的树桩。树桩的上面砍成凹陷状，再取两根长可到顶的直栗树，绑成一个人字梯，另架一个略短的梯横于桩顶的凹陷处，使其可以滑脱倾下。初始要以篾捆绑一下，横梯的另一端绑上狗、狼等动物腐尸，与此同时，在方圆数米的地面上插满露出地面40～60厘米高的四五十根坚硬而锋利的竹签。当熊闻到气味寻至时，看到悬吊在树桩上的动物尸体，便会爬上人字梯，到达桩顶，走到横梯上吃肉。

由于肉被绑住，熊便使出浑身解数拼命撕拉腐尸以致将横梯拉脱，熊便连梯砸下坠入矛丛，从而被猎人轻易捕获。①

（5）岩羊。岩羊多飞奔于岩石间，肉味鲜美，是猎人喜爱的猎物。岩羊嗅觉灵敏，难以接近，但它怕蚊虫叮咬，喜欢在晨曦迎着微风蹲伏在岩石峭壁上打盹，小耳朵不停地摆动，这时猎人如果悄悄地摸近到岩下，施放弩弓或猎枪，便会将岩羊打倒。

（6）野牛。野牛也是猎人喜欢的猎物之一。普通野牛一般身高1.4米，身长约2米，它的皮可用来交换，一头野牛往往不下百斤肉。但野牛生性凶猛，人若被它袭击，会顿时丧命。野牛奔跑迅速，嗅觉又灵敏，顺风可以嗅出远距离之外的人的气息。月明星稀之夜，野牛会成群结队地到有卤水的地方去喝卤水，这便是捕杀野牛的大好时机。侦查员在树上观察清楚野牛群的移动方向后，猎队的领导者便组织那些胆大心细的猎手埋伏于野牛必须经过的岩石和树丛旁边，屏住呼吸，静静地等待猎物的到来。猎手们放箭的数目需要事先确定并且按照顺序具体落实到每个猎人的头上，每个猎人只能放一箭，不得多放。当野牛喝足卤水后就会如醉汉般地沿途返回，步履缓慢。第一号射手向牛群的最后一头野牛放箭，第二号、第三号射手依次有间断地向倒数第二、三头野牛放箭，绝不可乱序，直到数量达预期目的时便停止射杀。由于猎人使用的是涂有见血封喉的毒箭，野牛只要被刺破毛细血管，便会立刻毙命。这样，牛群的队形因未受到惊扰而保持不变。下个月野牛还会来旧地喝卤水。②

领头牛一般是最凶猛的，如果射杀的是领头牛，受伤的领头牛会狂奔乱窜，牛群顷刻间便会大乱，野牛之间会相互顶撞，造成很大伤害，从此以后，这群受到惊吓的野牛就不会再光顾此地了。由于人们对食物的储存技术并不发达，猎物太多一时消费不了，就会造成白白浪费，因此猎手一般都不会射杀走在前面的牛，更不会乱放箭，而只射杀落伍的和走在队伍最后面的一头野牛。猎手们一旦被受到伤害的野牛群发现，便会遭到追击。就算你爬到树上，野牛也会拼命将树撞倒；就算你躲入洞中，野牛也会在外面等着报复。唯一的自救办法就是扑卧在地，不动弹、不出气，用装死的办法来骗过野牛。野牛被射死后，猎人们要迅速将中箭的部位连皮带肉割掉，尽可能地控制毒液的扩散，如果野牛体内的毒药含量太高，人吃了野牛肉后也会中毒。

猎取熊、野猪以及喜欢群居的岩羊、麂子和山驴等动物，人们过去也多采用围猎的方式。猎人们一般选择两面为峭壁、出口为悬崖的地点作为围猎的目的地。围猎前，猎人们先放出猎犬四面出击，接着手持火把，吹响号角，狂敲

---

① 参见李月英著《"三江并流"区的怒族人家》，民族出版社2005年版，第34页。
② 参见陶天麟著《怒族文化史》，云南民族出版社1997年版，第62~63页。

竹木器物，吼声震天，用弩弓、滚木礌石等打击猎物，吓得猎物四处逃窜，沿猎人设计好的路线逃命，最终钻入猎人布下的口袋。猎物逃到悬崖处时，猎人和猎犬们又在后面紧随不舍，这样，猎物就最终被赶下悬崖，摔伤或身亡。猎人们用这种方法往往能捕到很多猎物，但是，在这一过程中，一些母、幼野兽也在劫难逃，从而不利于野兽的繁衍生长，大大减少野兽的数量。怒族人狩猎前有很多禁忌，最典型的如妇女不能参加祭祀猎神活动。人们还认为，如果在狩猎途中遇到了行人就可能猎不到野兽。

野兽不仅对人们的安全构成威胁，对庄稼也有着极大的危害。例如，野猪会把成片的庄稼拱倒在地，而且一般极为凶猛，一旦嗅到人的气味便会逃走。但是，野猪贪吃，只要不惊动它，便能将其射中；被射中的野猪会一直奔跑、打滚，直到死去。熊怕热，有冬眠的习惯，平常喜欢吃玉米，因此常常窜入玉米地，所吃不多，但是破坏性极大。人们从很远的地方就能听到熊在"咔嚓咔嚓"毁坏玉米的声音，一旦发现了熊，人们便可以集体进行围猎。熊中了一般的枪箭，还能继续奔跑，人们可以继续尾追并拼命地叫喊，不让它停下来休息；如果赶上顺风追则最好，熊的面部长毛会遮住面孔从而影响其视线，不易反扑过来，这样，熊就很容易被抓到。

第三节　捕　　鱼

除从事狩猎活动外，人们还从事捕鱼活动。由于江水湍急，适合捕鱼的地方并不多，人们也不以捕鱼来作为生活的依靠。但是，在一些适合捕鱼的地方，人们也不会让资源白白浪费掉。

捕鱼多单独进行，很少有集体进行的。鱼的种类不多，皆无鳞片，皮甚厚且可食，鲜美可口。在怒江北端的怒族和独龙族地区，过去人们将捕鱼的地方叫作"鱼口子"，即地势和水流较为平坦、平缓之处。每个村子或家族都有自己的鱼口子，但是界限不严，偶尔可以越界捕捞；但是，在一些对捕鱼依赖比较大的地方，界限就比较严格了。

捕鱼一年分成两个时间段进行。第一个时间段是桃花盛开的时候，一般为4月，这个时候，一天内有好几个时间段可以捕捉到鱼，即太阳刚升起时、中午、太阳落山时、晚上天黑不久、午夜，大小鱼都可以捕捞到。错过这些时候，鱼不向江边游，就很难捕捞到了。到了7月底和8月，在这个时间段，按照当地人的说法，也就是到了一年中可以吃青包谷的时候，又是一次鱼汛。等到9月，江水变清了，就可以直接用渔叉来叉鱼了。经验丰富的人一听到河水流动的声音就知道是否可以捞鱼。

捕鱼的方法和工具多种多样，全凭人们的经验和喜好程度而定。

（1）渔叉。渔叉是用坚硬的厚竹片削成尖利的燕尾形作为叉头，或者利用废旧砍刀制作成像内地的钓鱼钩形状，系于竹竿上，再在竹竿上系两丈左右的麻绳而制成的，主要用在9月江水清澈以后叉鱼。在江水清澈的季节，捕鱼者手持渔叉，站立在江水较浅的地方，或者站立在水中的大石头上，等待鱼儿游近身边的时候，瞄准后猛力戳刺，常能捕获几斤重的大鱼。

（2）夹网。所谓夹网（见图6-2），就是在两根长竹竿的中间架上一张渔网，两根竹竿头部相交处用绳子绑起，网的另一头则保持敞开，这样形成一个三角形的夹网，网的中间部分呈下陷的凹状。夹网的网面一般宽1.5～2米，长约2.5米，渔网两侧的竹竿长度大约为3米。在怒江边上的甲生村的一户人家里，我们就发现了这一特别的捕鱼工具。刚一开始，拿起这一又长又窄的东西，真的有点看不明白。在主人的示范下，我们才明白了它的使用方法。使用这样的夹网，需要很大的臂展和臂力。为了节省体力，人们想出了一个好办法，即在手握竹竿的一端系上一条绳子或带子，用来挂在捕鱼者的颈上，这样就节省了人们提举夹网所使用的力气。用夹网捕鱼的时候，捕鱼者双手分别握住两根竹竿，竿的外端分别夹在两臂中间或搭在肩膀之上，然后弯腰将网心尽力送向水中，等待一段时间，或者感觉网里有动静时，便将竹竿夹起、提出水面，看是否有鱼入网。通过这样的一张一合，就可以把鱼捞上来。

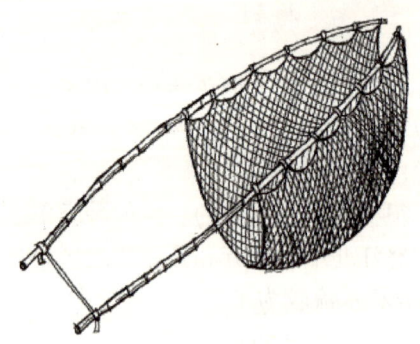

图6-2 夹网

（3）单竿短绳。这一钓法就是我们最为熟悉的普通钓法。即用一根竹竿，顶端系一根四五米长的细麻绳，绑上一块小石头作坠，再将细麻绳拴上钩，套上小虫作诱饵，投入江边浅水中。捕鱼者双手紧握竹竿，或将竿插于岸边，观察到鱼已经上钩时，便迅速将渔竿提起。有时候，将钓绳投掷于离江岸数十米远的江水中，还可以捕获到大鱼。

(4) 渔篓。渔篓是一种杯状的竹篾编织器具，纵向以竹条为骨架，横向以竹篾参差缠绕而成。上口较宽，直径约为 30 厘米，里面设有倒刺，底端宽 5~8 厘米，高度通常为 60~70 厘米。捕鱼的时候，在渔篓底部装置鱼饵，为了增加渔篓的重量使其能够沉入水中，有时还会在里面放置几块石头，用一根长绳系紧以后投掷于江水之中，这样，鱼儿一旦进入篓中吃饵，就很难再出得来了。等上一段时间之后，牵住绳子将渔篓从水中捞出。

(5) 网兜。笔者在茨中村的时候，曾跟随当地几个人一起去澜沧江边捕过一次鱼。捕鱼的工具极为简单，在一根结实的长竹竿前端，绑上一个圆锥形的大网兜（见图 6-3），网口的直径大约为 60 厘米，网的长度约为 150 厘米，网口用一根圆形的粗竹子或铁丝固定住，再将网口部分固定在长竹竿上。捕鱼的时候，人站在江边或者稍微靠近江水里面的大石头上，举着长竹竿，将网兜放入江边的浅水处或者放在两块石头的中间或一些暗角里，不断捞起，查看是否有鱼儿进入网兜。

在两个多小时内，我们一共捞到了 17 条扁头鱼，身躯都很小。当地吃鱼的方法很特别，即用鱼来做"下拉"。回到住的地方，只见房东刘老师的儿子用一根细铁钩将鱼的内脏掏掉，洗干净，加入作料，用酥油翻炒，再用白酒进行蒸煮。这样，既能吃鱼肉，又可以喝酒汤。据介绍，"下拉"极富营养，是一种良好的补品。

图 6-3 网兜

(6) 猪槽船。在怒江边的一些地方，如贡山的甲生和五里等村，人们也用自己制造的猪槽船（有的地方也用竹筏）到江中捕鱼。猪槽船就是独木舟，是用一根粗大的树木掏空而成的。关于猪槽船，在后面的章节里将专门介绍，此处不详述。用猪槽船进行捕鱼多在秋冬季节进行，这个时候汛期已过，江水变得平缓而清澈，适合猪槽船的行驶和操作。

除了江水，人们也在山上的溪流中捕鱼。在溪流较浅的地方，用石头将水流拦住，然后在出口处设置一个又大又长的渔篓。关于渔篓，上面已介绍过，因为渔篓里面设有倒刺，鱼儿进去以后便很难再游出去。这样，将渔篓在水流的出口处放置一个晚上，就能捉到不少的鱼。

有的时候，干脆把溪水上下两头截住，再将溪流里面的水淘尽，采用涸泽而渔的办法，最后将大小鱼一起捕捉干净。还有一种土方法就是分河汊捕鱼。先选好地形地段，把河的干流分汊，使其成为几道不同流向的小支流，用青核桃树叶或青核桃果皮粉末抛入河流，用木棍搅拌一番，使其均匀漂流，等到鱼儿受到刺激钻出水面时，便可以用手捕捉或者用细网兜进行捕捞了。

总之，由于绝大多数地方的江水湍急，两岸峭壁林立，平缓处极少，因而适合捕鱼的地方较少。每年，鱼除了在一定的季节往江边游之外，大部分时间均在江心游动；再加上捕鱼工具简单、水的流速大，人们无法到江心深水处捞鱼，限制了渔业的发展。因而，捕鱼在人们的生计中所占的比重较小。

第七章　澜沧江畔的传统盐业

澜沧江峡谷，因其地质成因，在南北走向的狭长谷地内多有盐泉；从青海玉树的囊谦县开始，北到南一直到云龙县，各处都有零星的传统制盐业记载。其中比较有影响力的盐场或盐田要数青海囊谦县的盐场、西藏盐井的盐田和云南云龙县内的诺邓盐场。其中，囊谦县的盐场和盐井的盐田，都采用传统的晒盐技术制盐，而云龙县的诺邓盐场采用煎煮的制盐技术制盐。诺邓盐业在历史上曾一度影响了整个滇西地区，民族学、人类学研究者已从不同的角度关注诺邓的盐文化，仅博士论文就有两篇，且已相继出版。① 但是，曾经有过辉煌历史的诺邓盐业，如今已经销声匿迹，而仅靠风吹日晒的盐井盐田至今还保留着自己的魅力。

第一节　生　命　之　盐

众所周知，人类赖以生存的地球上，盐的资源储备极为丰富。据美国第四届科学论坛，世界上盐的总储量为 6.4×10^8 多亿吨，矿盐为 2.1×10^8 多亿吨，河湖和地下水中的盐为 3.1×10^2 亿吨。可以说，盐是地壳中普遍存在的物质。其易溶于水，因此通常被水带进河川再流入大海。据推算，每年从陆地流入海洋的盐大约为 1.1 亿吨。全球海洋所含的盐分是最高的，在 4 500 亿吨以上。② 盐在中国的储存量比较丰富，并以多种方式存在，大体可分为海盐、湖盐、井盐、池盐和矿盐五种。其中，海盐储藏量最多，主要分布在东部沿海地区，如广东、山东、江苏、海南、福建、浙江、台湾等地，这些海盐盐产区一般沿海岸线分布；其次是湖盐和井矿盐，主要分布在四川、重庆、云南、湖

---

① 舒瑜著：《微"盐"大义：云南诺邓盐业的历史人类学考察》，世界图书出版公司 2010 年版；朱霞：《云南诺邓井盐生产民俗研究》，云南人民出版社 2009 年版。

② 参见王仁湘、张征雁著《中国滋味：盐与文明》，辽宁人民出版社 2007 年版，第 5 页。

北、江西、安徽等地。相对来说，池盐分布较少，主要分布于中国的西北部，包括西藏、新疆、青海、甘肃、宁夏等地。

盐在人类生活中极为重要，被称为"生命之食粮"。"人类各种动物，以至于原生动物，凡具新陈代谢之生理功能者，无不需要一定的盐分供给。愈高级，至于人，需要之量愈多；苟完全脱离食盐（氯化钠），即不能活；不惟食欲为之衰退，排泄发生困难，即血液循环亦将发生奇变。牛、羊、马、鹿等草食兽，每牧至盐泉浸渍处，恒舐土不肯去。家畜消化不良时，微饲以盐，即能康复。人类之天然食物中，虽具有盐分，足以保其生命；若当运动剧烈时，则需要食盐之量亦必增加；此生理之自然，非可以嗜好拟之也。"①

人类对盐的需要，首先要从人类的生物性个体的需求进行分析。成人正常情况下每天钠需要量为2 200毫克。我国成人一般日常所摄入的食物本身大约含有钠1 000毫克，需要从食盐中摄入的钠为1 200毫克左右。因此，人每天至少要摄入3克食盐才能满足需要。盐是维持人体正常渗透压的主要元素。它可以使人体的渗透压、酸碱度、水盐代谢保持平衡，有效促进神经、肌肉在正常的生化条件下进行工作。② 人如果吃盐过少会造成体内的含钠量过低，从而出现食欲不振、四肢无力、晕眩等现象；严重时还会出现厌食、恶心、呕吐、心率加速、脉搏细弱、肌肉痉挛、视力模糊、反射减弱等症状。反之，如果食盐过量，对身体也是不利的。这可谓"微'盐'大义"。③

盐作为一种生命构成要素的存在，有其重要的意义。自从人类发现以来，盐在漫长的人类社会发展过程中发挥着特有的作用，渐渐占有特殊的地位，并在生命个体—家庭—民族—区域—国家—全球一系列环节中扮演不同的重要角色。盐的重要性足以影响一个地区的政治、经济和文化。在未能发明高度集中的工业化的制盐技术之前，人类往往只能通过煮盐或晒盐的方式获得食盐，产量相对较低。而晒盐往往在海边大规模进行。对于边远的高原地区，食盐成为比粮食更加急需的生活用品；在盐极度匮乏的地区，食盐成为影响和联系家庭的重要纽带。

在西南、西北少数民族地区，一家人平日不可能吃到盐，只有到节日或是一定时间间隔后才能尝到盐。因家中的盐储藏量小，无法满足家人的需求，所以不是将盐直接放入食物或蔬菜中，而是将盐挂在正堂内的大梁上，到实在需要补充盐分的时候才拿下来，每人轮流舔一下，所以有些地方称其为"舔盐"，在这种情况下，盐成为增进情感的一种方式。不仅人需要补充盐分，家

---

① （清）任乃强：《说盐》，载《盐业史研究》1988年第1期。
② 参见夏建军编著《说盐与用盐》，人民军医出版社2008年版，第36页。
③ 参见舒瑜著《微"盐"大义：云南诺邓盐业的历史人类学考察》，世界图书出版公司2010年版。

庭饲养的动物如牛羊也是需要补充盐分的。经常放牧的人都知道（笔者从小在家放牛羊，有此体会），牛羊经常会"光顾"一些岩石，舔那些石头。起初笔者感觉比较奇怪，后来有经验的牧人告知，那些岩石带有盐分。有经验的牧人，一般放牛羊时身上都会放一包盐，到下午五六点时把盐撒在石板上，并吆喝几声或喊羊声（咩咩声），让牛羊去舔。次数多了，只要用同样的方式喝喊，羊群马上就会来到你身边，牛会紧跟着羊群而来。这种方式通常对羊是最有用的。人和牛羊之间也就因为盐而产生一种关系，人因掌握了牛羊对盐的需要而利用此法让羊群来到自己旁边而节省劳力。特别是在找不到羊群的时候，这实为一种好的办法。

　　盐与一个民族的饮食有特别密切的关系。生活在高海拔地区的藏人因气候和海拔的原因，对盐的需求比生活在低海拔的人的要大，藏人喜欢喝酥油茶，以此来补充挥发的盐分。这种饮食习惯逐渐发展成为一种民族特征，从各地来藏族地区的汉人，往往到藏人家中定要品尝酥油茶。因此，酥油茶也变成藏族同胞欢迎远道之客的一种方式，增进了不同民族之间的友谊。盐与食物的关系还表现在，冰箱、冷冻柜未发明之前，为了长时间保存富含蛋白质的食物如鱼和肉等，采用了腌制的方式。据记载，14世纪时，腌鱼的工艺便出现了，这表明人类的日常生活和盐有着密不可分的关系。

　　虽然盐与民族的兴起不是必然的关系，但在一定的条件下盐有利于民族队伍的壮大，抑或起到增进民族认同和民族团结的作用；但是，有时也会因为盐而战火连绵。而且，往往战争—盐—民族是紧紧联系在一起的。关于盐的战争甚至出现在神话传说里。相传黄帝和蚩尤在河东为盐池之地进行过一场激烈的战争，其根本原因就是两个部落为了竞相开辟中原丰富的盐资源。氏族部落间也可能因盐而结成军事联盟。①

　　盐井一带就曾发生两次为了盐而征战的重大事件：一为藏族民间故事"姜岭大战"，尽管还未能印证发生的具体时间和经过，但绝不是空穴来风，因为民间故事的题材都源于现实生活，"姜岭大战"的出现表明古老的民族之间的冲突是受利益驱使的。二为明代万历年间木氏土司占领盐井后，带来了盐业的变革，盐在藏东广袤地域内发挥了重要的作用，解决了生活在这里的各民族缺盐的问题。根据1976年对西藏察隅县僜人地区的调查，人们发现紧靠盐井的察隅一带的"僜人地区盐十分缺乏，常用挖到的黄连或偶尔得到的其他贵重药材向藏区换回盐巴。盐贵时，用1克粮食只能换回一小碗盐，有时还根本换不到盐。在僜人中一个罐头筒所盛的盐（约1公斤）一家人要吃一年左右。平时为了节省，吃一般的野菜就不放盐，只有在野菜十分麻苦时才放点

---

① 参见王仁湘、张征雁著《中国滋味：盐与文明》，辽宁人民出版社2007年版，第218页。

盐。有客人来吃饭时才多放些盐"①。盐的来源途径少，极度稀缺，使盐变得比黄金还贵，穷苦人家更是很难吃到食盐，更谈不上家里有储藏。

第二节　传统的制盐技术

　　盐以多种方式存在于自然界中，有的以固态的岩盐存在，有的以液态的方式存在于水中。根据所处的环境不同可将其分为池盐、湖盐、海盐、井盐、岩盐。中国最早发现并利用的自然盐之一是池盐，其产地多在晋、陕、甘等广大西北地区。另一种自然盐就是岩盐。关于盐的制作技术，在《说文解字》中有"古者夙沙初鬻海盐"，即为一种通过煮海水而得到盐的方法。早期的人工盐主要有海盐和井盐两种：海盐资源易暴露，易于开采，而且来源不竭；而对于井盐来说，资源隐蔽，较难开采，来源也有一定的限制。因此，在人工盐中，海水煮盐又往往先于卤井煮盐。在宋元以前，海水制盐较为普遍，不管是传统的煮海水为盐，还是采用海边晒盐，都是人们经常采用的制盐方法。因此，海盐总体上产量高，占整个制盐业的比重最大。随着科学技术的发展，现在人们所食用的盐，绝大多数是通过海水加工而成的海盐。

　　从井盐的生产来看，在宋代以前主要采用传统的工具，挖掘大口井，利用绞盘车牵引卤桶或牛皮囊，从井下汲取卤水，然后烧火煎熬。② 井盐技术较为发达的地方当属四川，北宋时期已经出现了"卓筒井"技术，"在全世界首次采用圜刃锉钻头和冲击式顿钻技术"③。尽管如此，川盐（井盐）绝大多数采用的是煎熬的制盐方式，即通过火来烧煮盛有卤水的器皿，待水分蒸干后便可获得盐。这种方法，往往需要较多的燃料，如木柴、煤炭、石油及天然气等。

　　西藏盐井的盐也被称之为井盐，但是和川盐的井盐在制盐方法上不同。盐井的井盐采用的是天然的日晒风吹法，盐民往往"就岸架厢，汲水灌注，风吹日晒，即可成盐"④。为什么当地的盐民不采用煎熬的方法，而采用风吹日晒法，笔者认为主要有两个原因。

　　第一个原因是煎煮法成本较高。煎煮的方法，往往需要大量的燃料，要么是木柴，要么是煤炭、天然气。但是，盐井一带植被覆盖率低，木料来源缺

---

①　中国社会科学院民族研究所：《僜人社会历史调查》，云南人民出版社1990年版，第59页。
②　参见郭正忠主编《中国盐业史·古代编》，人民出版社1997年版，第244页。
③　唐仁粤主编：《中国盐业史·地方编》，人民出版社1997年版，第635页。
④　《盐井县纪要》，载《边政》1931年第6期。

乏，即便有木柴来源，也是路途遥远，山路陡峭，运输困难。且盐井根本没有煤炭和天然气。因此，清人金飞所著《盐井县考》道，"此间既无煤矿，又无柴薪，盐民摊晒之法，构木为架，平面以柴花密铺如台，上涂以泥，中间微凹，注水寸许，全仗风日"①；并直接提及盐井"附近无煤，山峻高而樵路远，成本几增二十余倍"②，"拟改用煎熬之法，曾经试验，一经提炼，色味俱佳。惟关外向无煤矿，全用山柴，成本几增二十余倍，只可暂仍其旧"③。显然，盐井的制盐技术不是不想改进，而是"改良殊难"④，只能保持这样的传统方式。

第二个原因是自然气候条件。尽管我们提及盐井木柴少、无煤炭，无法改进方法，不利于采用煎煮法，但是另一个自然条件却为盐井长期进行晒盐提供了保障，这便是盐井的气候。盐井所处位置属高原温带半湿润季风性气候，"常年多南风"⑤，四面环山，有澜沧江流经，日均气温可达 18 ℃。盐井常年干燥，气温较高，使得卤水容易蒸发。段鹏瑞在其《巴塘盐井乡土志》中曾对气候做了记录："盐井四季气候温和，而盐井暑令热度至七十度⑥止。"

另外还有一种可能性值得商榷。盐井一带人烟稀少，销售范围内的总体人数少。尽管木料来源困难，但是一旦采用煎熬的方式，势必能提高效率，在一定程度上减少成本。之所以未采用这样的方法，是因为即便效率得到提高，销售的量也无法提升，那么生产出来的盐只能大量积压，也就无法弥补成本高的问题。鉴于上述情况，盐井的制盐技术一直保留着传统的方式，从明代万历年间开始到现在，一直不变。这种技术历代在纳西族和藏族之间传承，到目前为止已经历 700 多年的历史，不能不说是种奇迹。盐井的盐田隶属 3 个自然村，这些盐田分别是东岸的加达村加达组的盐田、西岸上游的上盐井盐田及下游的下盐井盐田。

刘赞廷在盐井任职期间留有一诗，专为盐泉、盐田、盐民而写：

沧江水灏淼，中蕴泻盐泉；
未识通咸海，翻来喷大川。

---

① 金飞：《盐井县考》，载《边政》1931 年第 8 期。
② 同上。
③ 四川省民族研究所《清末川滇边务档案史料》编写组编：《清末川滇边务档案史料》（中册），中华书局 1989 年版，第 446 页。
④ 金飞：《盐井县考》，载《边政》1931 年第 8 期。
⑤ （清）段鹏瑞纂：《巴塘盐井乡土志》（影印本），中央民族学院 1911 年，第 4 页。
⑥ 此处应为华氏温度，转换为摄氏温度为 21.1 ℃。其转换公式为：℃ = 5 × (℉ − 32)/9，即摄氏温度 = 5 × (华氏温度 − 32)/9。

> 浮云低霭护，修埂汲蓝田；
> 天意怜民苦，随风共日煎。①

从这首诗中我们可了解到，澜沧江边有卤水自然地流出，人们修了和水田相似的盐田即可晒盐。尽管盐井树木覆盖少，但是上天好像故意怜悯盐井人的疾苦，只靠风吹和日晒就能获得食盐。

一、制盐前的工序

（一）卤水井

根据地下水循环路径的差异，盐井一带地下水的类型分成两类：一类是受本地侵蚀基准面控制的浅表循环地下水系统，多为两侧山地高海拔地区接受降水、融雪水补给；另一类则是循环路径深大长远的地下热水系统。据芒康、盐井地区构造演化史，有关盐井盐泉的生成史分为如下水文地质时期：

（1）晚三叠世早期，本区东、西和南侧形成滨海相－海陆相交互沉积。

（2）晚三叠世中期，海水自西北方向侵入，产生了一个宽缓的碳酸盐岩缓坡，在中生代拗陷东西侧形成浅滩相，在盐井地区形成水体波动较强的浅海环境。

（3）晚三叠世晚期，海水向北西退出，滨岸－浅海相碎屑沉积广泛覆盖全区；侏罗纪，本区大部隆升为陆，气候逐渐变得干燥起来，并在晚些时候发育着石膏和盐岩。

（4）近代淋滤作用，系指新生带以来的整个时期。②

经过上述四个时期，形成了现在盐井一带稳定的盐泉补给循环系统，使得"盐井盐泉分散于露于左岸上下的盐井和右岸的扎达村，顺澜沧江岸长约1.5千米、宽300～500米的范围，盐泉温度一般在40℃左右，以典型的自流承压特征小股流出"③。盐井的卤水井正是分布在这个区域内的澜沧江边上，通过两个循环系统来补充卤水。盐民就在江边开凿深井，获得源源不断的卤水。

由于澜沧江峡谷左岸和右岸的土质不同，导致晒出的食盐颜色不同，从表7－1④来看，红盐和白盐含盐量差不多，但是红盐含的杂质比白盐含的杂质

---

① （清）刘赞廷：《盐井县志》，见《中国地方志集成》编辑指导委员会《中国地方志集成·西藏府县志辑》，巴蜀书社1995年版，第385～386页。

② 参见漆继红、许模、张强等《西藏盐井地区盐泉同位素特征示踪研究》，载《地球与环境》2008年第3期。

③ 同上。

④ 崔克信：《盐井县之地质及盐产调查》，载《西康经济季刊》1994年第8期。

量多。

表7-1 白、红盐成分分析

项目 种类	水分	不溶物	铁铝氧化物	硫酸钙	硫酸铁	硫酸钠	氯化钠
白盐	4.35%	4.23%	0.93%	0.19%	0.11%	0.295%	68.60%
红盐	4.50%	12.92%	2.14%	0.18%	0.54%	0.586%	79.33%

根据宣统元年（1909年）王会同的调查，当时的盐井共计四五十口，"澜沧江东岸有井二十余口，其西岸有井二十口。东岸井深，盐质颇厚。西岸井浅，含有硝质，色味较逊"[①]；从金飞在盐井调查到的结果来看，"东岸井二十四口，西岸井三十一口，两岸井共五十五口"[②]。两者之间相差不大，盐井的数目可以肯定在50余口。据2012年在盐井的实地调查来看，东岸有卤水井61口，西岸有卤水井17口。盐民反映，有些卤水井因江水冲积或长期未使用而废弃。

2006年，澜沧江古水水电站工程建设前期勘测工程开始，来自西藏、陕西、四川的考古人员组成队伍，对盐井制盐工艺、贸易和生产管理等方面进行了调查。调查数据显示，加达村有32口盐井（卤水井），以石砌为主，有方有圆，大小与出卤水量无关，而与人力有关，或具有随意性。其中，最早的盐井已沿用数百年，近两三年新挖了6口新井。有公共卤水井1口，私人卤水井10余口。公共卤水井，往往井深，出卤水多。上盐井有公共卤水井2口，私人卤水井有20余口。下盐井共有卤水井20口，其中公共卤水井2口，私人卤水井18口。[③]

从"产盐之井，逼近江干。相传明初木氏所开，其子孙世守土职，居丽江府。当时皆系遣调滇边工匠为之，方圆深浅不一"[④]来看，当时的盐井已经有在江中开凿的深井，该技术相传是木氏土司开创，当时还有云南的工匠一起进入盐井。

---

① 四川省民族研究所《清末川滇边务档案史料》编写组编：《清末川滇边务档案史料》（中册），中华书局1989年版，第446页。
② 金飞：《盐井县考》，载《边政》1931年第8期。
③ 参见哈比布、张建林、姚军等《西藏自治区昌都地区芒康县盐井盐田调查报告》，载《南方文物》2010年第1期。
④ 金飞：《盐井县考》，载《边政》1931年第8期。

民国三十年（1941年），崔克信①冒着生命危险从巴塘跟随马帮，乔装成商人在盐井进行了为期17天的调查，写有《盐井县之地质及盐产调查》一文，一方面是从地质学的角度，论述了盐井盐成盐的因素和各种矿物质含量的比例，另一方面对有关生产技术、组织、产销、交通以及盐井盐技术层面上存在的不足和建议方案等问题进行了论述。这为我们从技术的角度探讨盐井盐业生产提供了重要的依据。但是，出于专业角度，崔克信并没有过多关注物质生产背后人的关系；此外，受时局的影响，未能做详细的调查，更无法进行专业的技术测定。因此，他的研究还存在一定的不足。

崔氏对卤水井的描述有：卤水是"因之水浸入井中，将盐层中之盐质溶解而成盐水，井在江之右岸者，直径普通约有一（又）五公尺，深自二公尺，亚五公尺不等；而以深二三公尺居多，井口均镶以木，（或呈）长方，或呈长方、呈正方，最长者有一（又）五公尺，短者半公尺至一公尺，井周围镶者仅一井，其距江边最远者，不过五公尺，最近者仅一公尺"②。现在，澜沧江边的80多口井，相隔也就1～15米不等，多数在1.5～5米之间，有的两口井之间仅一壁之隔。卤水井的形状多为方形，少数为圆形；深度在2～5米属正常范围，最浅的卤水井在1米左右，最深的可达11～12米；直径一般在1～2米。现在，开凿的井不再是在井边镶嵌木头，一般都采用水泥拌沙和石头一起砌成，这样垒砌而成的卤水井往往比较坚固。

卤水井面对的最大问题是，一到雨水季节，洪水暴涨，"江水之涨落，由四五月起，至七八月，水势暴涨数丈，波涛汹涌，两岸盐井尽没"③。这将严重影响盐业的生产。尽管人们为防止卤水供应短缺，每到六七月就提前将卤水运送至储卤井，并不断地将储卤井扩大，但依然难以解决卤水井被淹没、卤水竭尽的问题。最后人们想出了一个办法，经常监测涨水的位置，然后选择卤水比较多的卤水井，并将其井口不断加高以超过涨水时的位置。有时候需要增高3～5米才能达到预期的高度，但是这毕竟要耗费大量的工程来增加卤水井井口的高度，因此只能选择少部分卤水井，很难从根本上彻底解决问题。

在20世纪七八十年代，人们为了避免涨水影响晒盐而修建的盐井，有的高达5米，用石头堆砌而成，下面留有通道，只可一人通过。洪水涨过后，盐民首先要做的一件事情就是处理卤水井，将沉入井中的泥沙掏干净。金飞记有"宣统元年江水骤发，坏盐箱数百"④，使得暴涨的江水不仅淹没了全部的卤水

---

① 崔克信：毕业于北京大学地质系，曾任西康地质调查所所长；新中国成立后，任中国科学院地质研究所研究员。
② 崔克信：《盐井县之地质及盐产调查》，载《西康经济季刊》1944年第8期。
③ 金飞：《盐井县考》，载《边政》1931年第8期。
④ 同上。

井,而且破坏了高出卤水井 5 米以上的盐田。这些经过都有详细记录:

> 水极大时,即盐厢虽居高处,亦有冲倒之虞。水退井眼皆为泥沙壅闭,淘汰颇须时日,历年皆然。盐户之勤敏者,设法于江水未发之先,预为池蓄水,以备井没。奈水源既竭,势难持久。欲弥其缺,首在卫井,除筑堤而外,有就井圈墙一法。怒涛骤作,声振山谷,起落数丈,非巨款不能成事,即令款足,又必须预筹修筑之策,工坚料固,始能一劳永逸。且地势甚长,上下十余里,一经溃防,井遭覆压,其淘浚之功,等于修筑,故卫井之说,必筹划尽善,始能举行。①

因此,盐民不仅要不断地修整卤水井,有时还需要重新选择地点。开凿新的卤水井,先在江边选择可能出卤水较多的地方,用钢板锄或十字镐等工具进行挖凿;有时候则需要有经验的盐民来判断,或在以前废弃的卤水井旁进行开凿,直到找到盐泉为止。

(二) 盐田

盐田是在受地理环境制约的情况下,纳西族受到水田的启发依照地势修建的晒盐场地。这表明人类不断适应自然环境的同时会适当对自然进行改造。可惜的是,木氏土司进入盐井开创盐田的整个过程,未能给人们留下笔墨,至今对这段历史只能靠想象或猜测,当时盐田的情况也无法准确掌握。

有关盐井的文献记录最早属段鹏瑞宣统元年(1909 年)形成的《巴塘盐井乡土地理志》,又称《巴塘盐井乡土志》或《盐井乡土志》。几乎在同一时间,金飞在调查盐井的基础上著有《盐井县考》。除此之外,《清末川滇边务档案史料》中收集的改土归流过程中涉及盐井的一些奏折和电文。

在《巴塘盐井乡土志》中提到"盐田之式,土人于大江两岸层层架木,界以町畦,俨若内地水田"②,说明一直使用架木法建盐田,即以木柱为支撑,平铺木料,盖上沙土,在澜沧江两岸的坡地上建盐田。据《盐井县考》记载,盐民"构木为架,平面以柴花密铺如台,上涂以泥,中间微凹,注水寸许,全仗风日。山势甚削,其宽窄长短,依山高下为之,重叠而上,栉比鳞次,仿佛町畦,呼为盐厢,又名盐田"③。这种晒盐方式使得程凤翔在 1908 年进军桑昂路过盐井时写有"盐楼鳞比数千,岁缗累巨万,诚天生利源也。齐西螺旋

---

① 金飞:《盐井县考》,载《边政》1931 年第 8 期。
② (清)段鹏瑞纂:《巴塘盐井乡土志》(影印本),中央民族学院 1911 年,第 12 页。
③ 金飞:《盐井县考》,载《边政》1931 年第 8 期。

而上百余盘始至噶翁寺"① 的感叹。"盐田多为长方形，普通长约三公尺，宽约二公尺，也有因地势所限，建成椭圆形或圆形的盐田。"②

宣统元年（1909年）的资料显示，当时盐田有"二千七百六十有三"③块。《盐井县考》记有："东岸盐厢一千二百四十二，盐池八百零二；西岸盐厢二千七百二十四，盐池四百七十四。两岸共盐厢三千九百六十六，盐池一千二百七十六。"④ 产量达到"一万驮之谱"，共计"一百二十万斤盐"。⑤ 在当时来说这个数量不小了；而根据段鹏瑞的记载，这个数目"不止一万驮"，"应有一万八千驮之多"。

崔克信在其文章中也描写了盐田的情况："盐田分六区，均位于澜沧江之两岸，江之东岸自盐田五曰葛然擦音（'擦音'即为'盐田'之义）均彼此毗连，位于江之右，六曰夹达擦音则位于（左岸），一曰不顶擦音、二曰西登卡擦音、三曰生曲龙擦音、四曰亚卡擦音，东南夫县治平距一二公里，惟县治位于一扇形冲积台地之顶，高出江面，约达三百公尺，路多崎岖盘折，故实际路程，则又一四公里之远。"⑥ 加达村、上盐井村和纳西村的盐民，共同在澜沧江边上晒盐，但波涛汹涌的澜沧江将加达与上盐井、纳西村分隔两岸，之间往来无可供直接通过的桥梁。段鹏瑞谈到："澜沧江俗名溜筒江，其自发源以至达安南境为湄公河，而入海盘屈八千余里之中，惟云南永昌郡明季曾建霁虹一桥，铁缰十六广十有六寻，此外无闻也。"⑦ 因而两岸之间多以溜索为交通工具。

对此，崔可信也有描述："江之两岸交通，纯赖索桥溜渡，索由两股竹篾编成，直径约三厘米，共三条，斜跨于两岸木桩上，长约五十公尺；自东岸斜向西岸，两条位置较低，长各约为四十公尺，一自东向西斜，一自西向东斜；中部以重力影响，均略显弓形，索之长陡处，约有十度。渡时以皮带环于两大腿上，复绕一环，套于颈上，带中穿瓦式木槽，将木槽覆于索上，两手相握，置于木槽顶，头稍偏，将重力悬空斜滑而过，极为迅远，人畜皆可擎渡，惟有相当危险；自盐田至县治，率可通行牲畜，尚□属便利。"⑧ 溜索为腊翁寺雇

---

① 转引自吴丰培辑《川藏游踪汇编》，四川民族出版社1985年版，第444页。
② 转引自崔克信《盐井县之地质及盐产调查》，载《西康经济季刊》1944年第8期。
③ （清）段鹏瑞纂：《巴塘盐井乡土志》（影印本），中央民族学院1911年，第12页。
④ 金飞：《盐井县考》，载《边政》1931年第8期。
⑤ 四川省民族研究所《清末川滇边务档案史料》编写组编：《清末川滇边务档案史料》（中册），中华书局1989年版，第446页。
⑥ 崔克信：《盐井县之地质及盐产调查》，载《西康经济季刊》1944年第8期。另外，括号内"左岸"是脱文，笔者根据上下文的意思所加。
⑦ （清）段鹏瑞纂：《巴塘盐井乡土志》（影印本），中央民族学院1911年，第18页。
⑧ 崔克信：《盐井县之地质及盐产调查》，载《西康经济季刊》1944年第8期。

人所造，需要到达对岸的人们必须交一定的税才能从溜索上通过。一般情况下，夏秋两季由于洪水上涨、水位高、浪高汹涌，一般采用溜索渡江；但是，在冬春两季，由于江面水位不高，且波浪小，可用牛皮船渡江。相比较之下，夏秋时节的"溜绳来往，甚为险绝"①。

盐田的修建方法为："首先顺山势走向竖立3～5排直径为0.10～0.16米的木柱，柱间距0.50～1.15米不等，木柱长短视地表高低不同而各不相等。"②影响木柱间距、数量、长短的原因主要在于地势的坡度和地基的平度。"柱之长短多少，视坡度大小及地基坚固与否而异，地坡平缓地基坚韧者，承柱短而少，反之需柱长而多，……盐田柱之最多者，可达十余根，当通直径五至十厘米，柱顶纵横架一木梁，间隔约三四公寸"③，整个工程若修民房，因此当地人也将盐田称为木楼。木楼高矮和大小均由所处地势决定，最高的可达7米，最矮的只有2米左右；整个木楼上的盐田分小块，大的木楼则可分10～20块，小的则分4块左右。整个山坡上的盐田，依地势而建，逐层往上，有的在十几米的高差之间建有六七层盐田。整个峡谷内的盐田，在两岸之间南北延绵1.5公里，颇为壮观。

盐井的盐田西岸全部属加达村加达小组村民所有；东岸分两个部分，一部分属上盐井村，一部分属下盐井村（纳西村）。加达的盐田靠西岸，受地球自转运动的影响，西岸地势稍微平坦，盐田地理坐标北纬29°02′49.2″～29°03′7.5″、东经98°35′30.9″～98°35′36.2″，海拔2 315～2 328米。上盐井村盐业组，位于澜沧江左岸，地理坐标北纬29°03′04.2″～29°02′50.9″、东经98°35′41.8″～98°35′36.7″，海拔2 305～2 346米。下盐井村的盐田隶属于纳西乡纳西村宗格组，地理坐标北纬29°02′29.9″～29°02′35.6″、东经98°35′50.6″～98°35′51.3″，海拔2 315～2 329米。④东西两岸盐田合计3 249块。据加达村村长介绍，最近五六年，盐田的数目多有变化，盐田的所有者也局部发生了变化。究其原因主要有以下几个方面：

一是自然因素。即每到雨季5—8月，澜沧江的水位上升，河水暴涨，冲击两岸的盐田，雨量多的年份，水位可上涨十几米，不断冲击河岸，使得离河面较近的盐田冲毁情况严重。"所最难防者，即江水之涨落，由四五月起，至七八月，水势暴涨数丈，波涛汹涌，两岸盐井尽没。水极大时，即盐厢虽居高

---

① （清）段鹏瑞纂：《巴塘盐井乡土志》（影印本），中央民族学院1911年，第3页。
② 哈比布、张建林、姚军等：《西藏自治区昌都地区芒康县盐井盐田调查报告》，载《南方文物》2010年第1期。
③ （清）崔克信：《盐井县之地质及盐产调查》，载《西康经济季刊》1944年第8期。
④ 参见哈比布、张建林、姚军等《西藏自治区昌都地区芒康县盐井盐田调查报告》，载《南方文物》2010年第1期。

处，亦有冲倒之虞。"① 一旦地基受到严重的冲毁，很难在原来的基础上再次修建盐田。

二是转让或出售。子女工作后，一旦离家较远（多在芒康县城，部分在昌都县城），难以照顾年纪渐大的老人，只得将父母接到县城。此时，家里的盐田要么转让给亲戚或他人，要么出卖。最近几年，当地盐的销量不好，而且盐民觉得制盐的工作较累，就放弃部分盐田。例如，上盐井村原村长子女在芒康上班，最近两年他被女儿接走后就再也没有回盐井来，他家的盐田只能转让给亲戚。

三是转行。越来越多的盐民开始从事商业活动，难以顾及家里的盐业，久而久之生意做好了，就直接放弃盐业。

总体来看，盐井的盐田总数还是保持在3 000块以上。盐田的规格多为长方形、椭圆形、不规则四边形，一般长3～6米、宽2～3米。在地势较陡的地方建盐田，为了节省空间，一般在盐田下面直接建盐仓，为的是方便收盐、放盐以及放置一些制盐的工具，这样的盐仓大小在10～50平方米。

盐田的修整需要注意以下几个问题：

一是选址。各家各户都有自己的盐田选址范围。由于盐田与盐田之间距离比较近，又因地势险要，有可能上一层的木柱就立在下层盐民的盐田边上，因此选址一般比较精确，误差不会超过三四十厘米。一旦越界，就会造成口角，甚至会上升到打架斗殴。"其盐厢不时拆卸修理，互有增减。因地势逼窄，基址则尺寸不能假借，偶有侵占，必全力以争。"② 长期以来，人们都十分重视这些细节的问题。选址时关键要看清地势、坡度等，以便按照所需的长度和数量购买木料。

二是选择木料。现在木料越来越难以获得，价格不断上涨，选择木料变得尤为重要；一般要选择比较直的木料，支撑的时候受力才均匀，而且在平铺的时候不需要过多的修理。

三是请木工师傅。修建盐田的前两天，一定要请有经验的师傅，其目的是掌握修建盐田的整个木楼的结构。木式结构的楼房关键在于木料之间的结构承受力，一旦结构不稳固，几个人同时在一个盐田中晒盐会很危险。

四是铺完木料后，还需要铺上一层沙土。这个时候一定要仔细平整盐田的水平面。如果高低不平就会影响晒盐和收盐；如果一边高一边低则会出现卤水严重往下渗透，导致卤水大量损失，影响产量。这些关键步骤准备好后，就要请10～13人，用一天的时间来搭建盐田。所请的人多为亲戚，或是同为盐

---

① 金飞：《盐井县考》，载《边政》1931年第8期。
② 同上。

民，这样大家都比较熟悉工序。

盐田的修整一般分临时修整和定期修整。临时修整是指发现盐田有漏卤水或木料腐朽之处，立即修理。一般每天收盐结束后都会绕盐田看一圈，检查是否存在上述问题，一旦发现立即处理，才能保证盐的产量和盐田上操作者的安全。定期修整则指每隔1年左右的时间，对整个木楼或盐田局部进行统一修整。包括更换腐烂的木柱及所铺的第一层中腐烂的木料。为了降低工程量，一般在修整前，先将沙土挖出，堆放在盐田周围，并将所拆除的木料放入储卤池中。这是因为木料中有长期渗透下来的卤水浸入，放入储卤池浸泡以便将木料中的盐分溶解出来，避免浪费卤水。定期修整还包括10年左右进行全面的重建木楼和盐田。

（三）储卤池

储卤池为盐民暂时存放卤水而建的形如窝状的小池塘。其作用有三：一是将卤水倒入储卤池中，便于卤水与结晶盐的充分结合，加快成盐的速度；二是从卤水井人工背到储卤池（或水泵直接抽到储卤池）的卤水，往往温度高，大多在30～40℃，为了保证成盐的质量，必须将出井后的卤水温度降低到常温，一般在20℃；三是每到5—8月，澜沧江河水暴涨，洪水一旦泛滥，将会把卤水井全部淹没，盐民为了能继续生产食盐，并且保证产量不会受到影响，就只能预先将大量的卤水存放在储卤池中。这便是"盐户之勤敏者，设法于江水未发之先，预为池蓄水，以备井没"①。总体来说，储卤池的作用就是中转站。

由于西藏在解放以前没有现代工业技术生产的水泥等高凝固性强粘合力的材料，储卤池一般仅用石头垒砌而成，因考虑其受力，往往垒壁很厚，需要大量的石料，而且只能修建成"窝"状。因此，人们进入盐田同时还会看到"数田之间有盐窝，状类田而稍深，用以囤积盐水，春暖夏融，江汜井湮，盐户取田泥浸诸其窝以取盐，仍与井水相若。盐楼鳞比数千，岁产缗累巨万"②。但是，随着结构力强的水泥生产出来，人们不再需要建较厚的池壁，只需将沙和水泥拌匀后，倒入事先做好的木制模子，两三天后储卤池就能形成，这时拆掉模子，储卤池即可成型；同时，池壁不需要占用大量的土地面积，也不会耗费大量的石料，而且形状正规（呈长方形或正方形），坚固而不易渗透卤水。

储卤池的数量，从宣统元年（1909年）金飞记有"东岸盐厢一千二百四十二，盐池八百零二；西岸盐厢二千七百二十四，盐池四百七十四。两岸共盐

---

① 金飞：《盐井县考》，载《边政》1931年第8期。
② 吴丰培辑：《川藏游踪汇编·喀木西南纪程》，四川民族出版社1985年版，第444页。

厢三千九百六十六，盐池一千二百七十六"[1] 来看，盐厢即为盐田，盐池就是上述所提及的储卤池。一般而言，为了方便取卤水，在盐田边各家有一个储卤池，有时在非常集中的地方也会修建大型储卤池，供几家盐户共同使用。崔可信则将储卤池称为水塘。他描写道："盐田均有水塘，以给储水之用，在夹达擦音，皆建于盐田之下，他区则分别建于盐田之□河边□平坡中，形状不一，大者长可四公尺，深不及一公尺。"[2] 此时的储卤池容积并不大。

储卤池在没有使用水泥浇筑技术前，经常需要检查是否有卤水渗透的现象，这个过程如同检查盐田一样重要，需要格外细致。在2007年以前，盐民的卤水基本上靠的是妇女人工背运。卤水十分沉重，使得背运时比较辛苦，一旦储卤池漏水将会白费工夫。因此，常常每星期要仔细查看储卤池四周一遍，一到年底就要进行修整。现在使用水泥浇筑后，基本不用担心漏水，只是使用的时间长了，需要打扫储卤池底部的各类垃圾。

二、制盐工具

（一）水泵

水泵是输送液体或使液体增压的机械，通过原动机的机械能或其他外部能量传送给液体，主要用来输送包括水、油、酸碱液、乳化液、悬乳液和液态金属等液体，也可输送液体、气体混合物以及含悬浮固体物的液体。在盐井，水泵从2007年以后才开始大量使用，目前基本上不再使用传统的卤水桶背运卤水了。用水泵抽卤水工作效率非常高。用人工背运100立方米的卤水，以原来背运卤水使用卤水桶的规格来看，假设底直径为26厘米、高为60厘米，根据圆柱体体积公式 $V = \pi r^2 \cdot h$，那么一桶卤水的体积约为 $3.14 \times (0.26/2)^2 \times 0.6 = 0.031$（立方米），则100立方米的储卤池需要3 226桶，以每次背运一桶卤水的时间为25分钟、一天工作8小时计算，则需要100天才能装满；而一般的水泵正常的抽水量为30～45立方米，则100立方米的卤水，两个多小时就能抽满，效率大大提高，省去了大量的劳动力。

（二）卤水桶

卤水桶为纳西族、藏族妇女背运卤水的工具，由于加达村地势平坦，较少使用，多为上盐井村和下盐井村所用。金飞记有"凡汲水摊晒等工作，多女

---

[1] 金飞：《盐井县考》，载《边政》1931年第8期。
[2] 崔克信：《盐井县之地质及盐产调查》，载《西康经济季刊》1944年第8期。

子任之"①，其中背运卤水是最为辛苦的工作。在高低不平的盐田里，纳西族妇女要不断地背运卤水。从早上7点多钟开始，加达、下盐井、上盐井三村的妇女们便开始背卤水了。

卤水桶近似圆柱体，但是底端直径要稍微小一些，越往上越粗，这样的构造是木工师傅有意为之，为的是减轻肩上的负担。桶底的直径为20～25厘米、桶口为22～27厘米，桶口比桶底宽2厘米左右。"桶壁由27片木条纵向接合而成，外边用铁丝横向箍起。桶外高61.5厘米，桶内高59.5厘米，口径25.5厘米，底径25厘米，壁厚0.5厘米，木条宽2.5～3厘米，铁丝间距6.5～12厘米。"②

卤水桶还必须配有背带，一般由细羊毛编织而成，主要特点是质地软、耐性好、韧性强；长约1.5米，一般由桶的直径来确定，宽约4厘米。其次是垫子，羊毛织成，平面呈方形，外面包有布，用手工缝制而成。垫上垫子为的是减少腰部直接和桶底与桶壁摩擦，减轻负重时对身体的伤害。

（三）卤水瓢及其他

卤水瓢是用来将卤水盛入卤水桶的工具，主要用在两个地方，一是将卤水从卤水井中打入卤水桶中，一是将储卤池中的卤水舀入盐田。一直以来，人们常常用桦树皮制作卤水瓢，其"口部长20～22厘米、宽11～16厘米，底部长19厘米、宽8厘米，高9厘米，壁厚3厘米"③，后来慢慢使用葫芦瓢。随着铁制水瓢的传入，人们开始喜欢使用铁制的卤水瓢，但铁制瓢容易氧化，很快就坏了。再后来，人们使用塑料制作的水瓢，好用且耐用。

刮盐板、盐筐、扫帚、盐箕、木槌等工具主要用在晒盐的过程中。刮盐板呈梯形状，用木制成，长30～40厘米，厚度2厘米，用来刮盐田上的盐。盐筐用来盛放晒好的盐，一般用竹篾编织而成，呈圆锥状，下窄上宽，筐口呈圆形，直径在50厘米左右，深约40厘米；一般盛满盐的话，大概重50市斤左右。扫帚和汉人所用笤帚基本相同，一般由竹子的最尾部编扎而成，用于将盐扫入盐箕中。盐箕为暂时盛放盐的器皿，竹篾编制而成；底边平，便于盐能直接扫入其中，上边成三角形状。木槌为修整盐田所用的工具，整体由一块木头砍制而成；底边平整，发现盐田有不平整之处就轻轻拍打，直到和周围一样平。

---

① 金飞：《盐井县考》，载《边政》1931年第8期。
② 哈比布、张建林、姚军等：《西藏自治区昌都地区芒康县盐井盐田调查报告》，载《南方文物》2010年第1期。
③ 同上。

三、制盐过程

总体来说，制盐的过程分三步。第一步将卤水运送至储卤池，再将冷却后的卤水运到盐田，实为取运阶段。第二步为晒盐，盐民不需要直接参与，只需靠风吹和日晒便可生产盐；具体来讲，晒盐的一般过程为将储卤池中的卤水倒入盐田，一般为3厘米左右即可。第三步为收盐，将盐直接放入盐袋之前要不断地翻晒，确保水分基本蒸发。整个晒盐过程中最为辛苦的是第一步，即取运卤水。

制盐的过程极为简单，崔可信在调查报告中有描述。具体如下：

> 制盐第一步骤，汲盐水，在夹达（现在的加达村）擦音（"盐田"之义），系以木制水桶自盐塘中汲取盐水挑送盐田，其余则均以长形水桶背运，并置独木梯，以便上下，盐水入盐田后，藉风力及日光照为吹晒，盐即徐徐结晶而出，待干时，以擦斯板随意刮数次，再晒干后，复彻底刮之。扫之成堆，装入"羊毛织成之袋"即成。盐扫除后，盐田表面沙泥已因刮盐而不平紧，需用□锹锤之□紧密。并稍晒后始能再加盐水。①

整个制盐过程技术性不高，关键是一个细致的体力劳动过程。最费体力的是运送卤水的过程，这段路程离卤水井近的不到500米，但是需要耗费大量的劳动力，也花费了大量的时间。

传统的制盐方式直接受天气、雨季、风力等因素的影响。每年3—6月，峡谷内的风力较大，卤水结晶快，产量较高，被称为旺月。五六月为涨水季节，七八月为退水季节。江水涨退的迟早情况，视当年的雨水多少而定。一般在涨水前，盐户要昼夜不停地运卤水，存放在储卤井中，以待江水淹没卤水井后晒盐之用。到了七八月，卤水基本断绝，盐户只能将盐田拆了，将拆下来的泥沙和木料浸入储卤井中，以溶解渗在其中的盐质。经过3～5天，盐质全部溶解在储卤井中，其晒盐的产量不减于旺月，故在普通人看来也当旺月。9—11月阳光不足，风力较弱，产量最少，只占旺月的十分之三，其中，又以10月、11月两个月产量最少，腊月、正月两个月产量渐渐增加，是旺月的十分之五左右。②

> 旺月期间，夹达擦音每三日扫盐一次，约得盐一斗，其余擦音间，每日扫一次，每田灌盐水两桶半，得盐斗半；其中获盐约为一斗。扫一次扫

---

① 崔克信：《盐井县之地质及盐产调查》，载《西康经济季刊》1944年第8期。
② 同上。

时复分三次，计第一次，当盐水干约七成时，用擦斯板将盐面刮一遍，稍再将浮面花盐刮入盐袋中，袋至于盐田及水塘间提上，浸出盐水，即注入塘中，不至损失。第二次扫时，待盐干后，先用扫帚轻扫一遍，再用擦斯板将盐刮起，倒入袋中。第三次，将余盐扫净，以沙泥湿□，故多掺入盐中。第一次刮取之盐质最纯，属桃花盐；第二次次之，称二道盐；第三次最劣，称三道盐。

十月期间，夹达擦音（加达盐田）复九日扫盐一次，其余擦音期间日扫一次，每次每天产盐一斗左右，部分花底。其中，以十冬两月为最劣，不若其余各月所产之洁白，九十冬三月，每日扫田灌水半桶，腊正二三月，即则灌水两次，日仍需加水半桶，始能维持产量不减。①

以上便是盐田产盐和收盐的基本情况。从调查结果可见，整体上东岸的上盐井村盐田和下盐井村盐田因地势坡度大，几乎都建在悬崖边上，因此，盐田不集中，不像加达盐田几乎连成一片。另外，由于东岸纯盐户少，地势不佳，人们对盐田重视程度不高，这可从盐田大量被毁、只有横七竖八的木料以及无人修建等情况得到证实。从数量上看，加达盐田也要多于东岸的盐田。

第三节 盐 业 贸 易

一、交换方式

"人们创造自己的历史，但是他们并不是随心所欲地创造，并不是在他们自己选定的条件下创造，而是从直接碰到的、既定的、从过去继承下来的条件下创造。"② 盐业从开创那天起，就必然担负一种社会性的责任，不断为人类所消费，其历史在这种物质不断被生产、分配、消费的循环过程中延续；一旦人们的需求没有了，这种生产也将随着消失。盐自从被生产出来就进入了商品交换的行列中，既然"商品生产和商品流通是极不相同的生产方式都具有的现象"③，那么只要有需求，交换和流通就成为必然。

但是，我们要看到发展的不平衡性，长期以来盐井的盐民所生产出来的盐还是处于以物易物的阶段，是一种传统的交换方式。金飞在其《盐井县考》

---

① 崔克信：《盐井县之地质及盐产调查》，载《西康经济季刊》1944年第8期。
② 《马克思恩格斯全集》（第8卷），人民出版社1991年版，第121页。
③ 马克思：《资本论》（第2卷），人民出版社1975年版，第128页。

中描写到:"蛮民旧俗,不知权衡为何物,不知货币之流通。其出入皆以蛮斗,名之为魁,其交易皆以盐易货。"①

根据 1976 年对西藏察隅县僜人地区的调查,人们发现靠近盐井的察隅一带的"僜人地区盐十分缺乏,常用挖到的黄连或偶尔得到的其他贵重药材向藏区换回盐巴"②。交换的方式为以物易物,僜人常常用黄连、天麻、贝母、麝香、熊胆、蜂蜜等和藏族交换刀、铁锅、盐巴、酥油等。显然,盐是最为重要的交换物品。

1910 年,赵尔丰进入察隅一带,首先给当地带来的就是盐和"证书",僜人老人达卜荣宁·赛刚清楚地记得赵尔丰给家里送过一袋盐。③ 清代夏瑚进入怒江贡山一带时也记录了盐的交换情况:"菖(贡山县)属尽食砂盐,产于西康省盐井县,由察瓦隆蛮人运贩,概系以粮谷持换,用银币购买者少。因察瓦隆产粮甚少,故运盐换粮,运回自食。"④ 清代以来,在三江并流地带一直保持着这种盐粮交换或以物换物的方式。在清宣统以来,赵尔丰在盐井的治理取得了成效,盐业的生产逐渐规范起来,各地商人依托茶马古道纷纷来盐井采购盐。金沙江对岸的"巴塘城区、东南区、康宁寺也有部分骡帮专门经营盐业。他们从盐井低价收购,运到巴塘以后经较高价出售给坐商,后者以更高价销售给顾客,或再转手运往康南其他地方"⑤。盐业贸易,刺激了川边地方间的经济互动。

在清末民初,汉人王绪在盐井开了一间杂货铺,并在门前贴有一对联,云:

说什么天涯海角,总是为安家乐业;
哪管他异域奇城,只求得贸易通商。

上述对联道出了他在盐井的真正目的只不过就是经商,获得财富;更加说明来到盐井经商之人,已经有了很浓的商品交换意识。这样的人应该不只是王绪一人。

崔克信在《盐井县之地质及盐产调查》一文的序言中也谈及两个重要的信息。第一,他装扮成商人随巴塘来盐井运盐的马帮进入盐井,表明巴塘和盐

---

① 金飞:《盐井县考》,载《边政》1931 年第 8 期。
② 中国社会科学院民族研究所:《僜人社会历史调查》,云南人民出版社 1990 年版,第 59 页。
③ 同上书,第 32、223 页。
④ 转引自菖蒲桶行政委员公署编纂《菖蒲桶志》,见李道生主编《怒江文史资料选辑》(第十八辑),政协云南省贡山独龙族怒族自治县委员会、政协云南省怒江傈僳族自治州委员会文史资料研究委员会 1991 年刊印,第 48 页。
⑤ 扎西朗嘉:《巴塘运盐古道》,载《巴塘新苑》第 3 期。

井之间已经形成了盐的贸易关系。第二，他谈及"统计此行（从巴塘到盐井）为时月余，而在盐井前后停留十有七日，以环境特殊，未敢公然调查。时而藏口乱石丛草中，偷作测绘；时而穿经商贾大道，暗作记录。而大部时间，则尚需消耗于商帮中以策万全"①。"穿经商贾大道"和"消耗于商帮中"都说明了当时盐井的贸易逐渐发展起来，人们从各地来到盐井进行盐的交换，所以马帮和商人较多，形成商贾大道。这时的马帮急剧增加，每天到盐井驮运盐的商人、马匹络绎不绝。

随着西藏的解放，各地的交通运输线开始修建，特别是214国道从云南到盐井一段的打通。1958年9月，由云南省交通局公路工程第一处负责，在中国人民解放军四十二师工兵营的配合下，开始修建滇藏公路中甸至德钦段。1959年9月30日竣工，路面为四级，宽7.5米，沙石路，全长182公里，其中德钦境内113公里。1964年7月，由云南省交通局公路工程第六处施工，开始修建德钦至西藏芒康县的滇藏公路末段，因逢"文化大革命"，修路受冲击，直到1973年8月才竣工。又因出德钦县境51～60公里地段流沙大，路基差，1973年，这段路改由澜沧江西岸分别建架红星桥和向阳桥，复修10公里路；1973年年底，德钦至西藏芒康县盐井区段公路竣工，全长113公里。② 至此，云南到盐井的交通畅通起来。昔日行走在滇、藏、川间的马帮开始冷淡下来，很多人都卖了马匹，从事其他行业。取而代之的是现代的运输车，各类货车开始了在川、滇、藏间的征程。

盐的交换随着商品经济的发展逐步走向了市场化，交换方式也不再是传统的物物交换，而是货币交易。我们也看到，便捷的交通同时带来了现代化工业技术生产的产品，采用传统生产方式的盐业无疑受到了来自各大盐产地通过现代技术和加碘技术生产的盐的冲击。从这个时候开始，盐井的盐业贸易再一次跌入低谷。更为严重的是，这里的盐民没有土地，没有其他经济来源，地理因素束缚着他们的生产生活。他们只能依靠盐井四周及昌都一带长期受风俗和饮食习惯影响喜欢食用盐井盐的人们的购买力，维持基本的生活。

现在的盐民，更愿意将盐转换成货币，通过货币购买自己需要的货物。也有少数盐户卖了盐却舍不得花钱买自己想要的东西，就为了供孩子或亲属上大学。

> 我家（有个）侄子，在河南郑州上大学，每个学期开学就要七八千元，一开学我们就头疼了。所以，每次卖了盐，只能将钱（积）攒起来，

---

① 崔克信：《盐井县之地质及盐产调查》，载《西康经济季刊》1944年第8期。
② 参见德钦县志编纂委员会编《德钦县志》，云南民族出版社1997年版，第124页。

不敢买东西。一到开学家里就没什么钱了，不过我们还是希望他好好上学，以后不用像我们这么（辛）苦。①

2006年5月，澜沧江古水水电站的开发报告出台。这意味着水电站一旦建成，盐井的盐田将永远浸没在库区的澜沧江之底，盐民的生活也将面临另一种选择。盐井的盐业从坐地待售，到集体化经济，再到个体销售，走过了600多个春秋，这段历史曲曲折折。如今，历史又面临着选择。盐井传统盐业将何去何从，依然是一个未知数。

二、盐价和衡器

盐井盐的交换方式，经历了从物物交换到货币交换两个阶段。在物物交换的年代，多以盐换粮或其他生活用品，甚至有时候只要能换得有用的货物就得以满足。20世纪五六十年的调查显示，察隅一带的"僜人地区盐十分缺乏，常用挖到的黄连或偶尔得到的其他贵重药材向藏区换回盐巴"②。说明物物交换的时代，没有固定的交易对象，盐井人主要是用盐来换粮食。僜人社会一只中等的鸡可换得1斤盐，最贵的时候，1克（约30斤）粮食（玉米一类）只能换到一小碗盐，甚至有时候还换不到盐。③ 该情况说明盐的价格是昂贵的。《巴塘运盐古道》记载："特别是夏季雨水季节，无法生产盐时，有达两三批粮食买一斤盐。"交易时不是用台秤、杆秤等称量工具，而是用极原始的磨（音）来称量，每磨装满盐时重量约为10斤。④

清末改土归流时，赵尔丰将盐业收归官办，设立专门机构进行管理。考虑到盐的重要性以及对地方社会有重要的影响，避免先前受腊翁寺管辖时盐民积极性不高、市场混乱、管理方式比较死板的情况，赵尔丰决定"不拘四季，以商情大顺为主"⑤，决定利用市场调节的能力，推动盐民和商人之间的贸易关系。

商盐局创立后，在宣统元年（1909年）十二月制定了30条章程。其中第三条指出："盐归该商统买，盐价应由地方官就近体察情形，与该商及商贩、盐户等按春夏秋冬四季定价。盐有高下之分，价亦有贵贱之别。事前出示晓

---

① 2012年8月笔者在盐井的访谈资料。
② 中国社会科学院民族研究所：《僜人社会历史调查》，云南人民出版社1990年版，第59页。
③ 同上。
④ 参见陶宏《茶马古道上的盐务重镇——盐井乡》，《中国文化遗产》2005年第5期。
⑤ 转引自杨仲华《西康纪要》（上），商务印书馆1937年版，第150页。

谕，俾众周知，以免贱买贵卖之弊。"① 该条章程关注了盐户、盐商、商盐局三者之间的利益平衡关系，因此要求地方政府必须按照实际情况来定价，这就包括了不同等级的盐应该有不同的价格，干湿程度不同的盐的价格也应该有差异。在第四条章程中进一步明确，"四季盐价，地方官必须知会商盐局协同盐户、商贩公平议定，限日悬牌晓谕。春季则以正月初一日，夏季则以四月初一日，秋季则以七月初一日，冬季则以十月初一日为定"②；第五条开始，逐项明确了商盐局的责任，"按季定价，由地方官悬牌之后，无论盐户晒出何项盐质，商盐局均应照定价收买，发给现价，不准稍有抑勒"③。又指出"商盐局收买盐户之盐，无论何等盐质，出入均用官秤，卖价照买价出售，不准增减分厘"④。在地方官定价之后，商盐局还必须将本季度的盐价情况与各类详细报表报给边务大臣备案。

《盐井县考》指出："自设立盐局以后，以汉法晓之，每驮定为一百二十斤，出井盐价，合藏元两元，抽厘银藏元一元。"⑤ 在所附的《盐井初办捆商时变通规则及议定盐价》中详细说明："两岸盐质本有上中下之分，而收盐纳盐亦略有干湿之别。盖以人有勤惰，路有远近，纳湿盐者固多，纳干盐者亦居十之二。传集盐户、商人，共同面议，盐价原有三等，干湿之间亦应区别，始能平允。且盐价虽分四季，天之晴雨，水之涨落，互有参差。今不拘四季，以商情大顺为主，嗣后每议一次，禀报一次。兹先将目前议定盐价开列于后：上盐藏元一元，湿盐六斗、干盐五斗；中盐藏元一元，湿盐七斗、干盐六斗；下盐藏元一元，湿盐八斗、干盐七斗。以上所定盐价，商盐局随收随买，出入一律。"⑥

从 2012 年调查的情况来看，澜沧江西岸的加达村所产的红盐价格和东岸上盐井和纳西村所产的白盐价格有区别之处。由于受地质影响，澜沧江西岸的土层为红色，且红盐一般含杂质较多，白盐则质地好、色泽较白。因此，两者之间的价格差距在 0.2～0.5 元之间。现在的白盐价格维持在每市斤 1 元，而红盐的价格则在每市斤 0.5～0.7 元。一般而言，头道盐和二道盐为人生活所用；而三道盐含杂质较多，一般作喂养牲畜所用，二道盐的价格也就只能为每市斤 0.2～0.3 元。

---

① 四川省民族研究所《清末川滇边务档案史料》编写组编：《清末川滇边务档案史料》（中册），中华书局 1989 年版，第 512 页。

② 同上。

③ 同①，第 512～513 页。

④ 同①，第 513 页。

⑤ 金飞：《盐井县考》，载《边政》1931 年第 8 期。

⑥ 同上。

在赵尔丰川边改土归流收回盐井之前，盐井的买卖交换，均未采用衡器，通常处在混乱的物物交换当中，很多时候人们只能靠经验猜测重量。因此，有"蛮民归俗，不知权衡为何物，不知货币之流通"①，交换往往是以盐易货，人们当时根本就没有商业意识，也不会过于计较准确的重量。即便有些人开始采用衡器，但是"各处夷汉杂处，权量衡量不惟与内地不同，即大小、轻重、长短亦异"②。这使得市场混乱，交易不公平，存在很多隐患。

赵尔丰将盐井收回官办后，规定"即照库平为定，量制则照每斗三十斤为定；度制则照营造尺为准"，"令民间一律造用，不准任意大小不齐"③。在制发官斗官秤的告示中指出："照得中国量衡，原有斗秤为凭，秤以库平十六两为一斤，一两为十钱，一钱为十分，一分为十厘。斗以十勺为合，十合为升，十升为斗，十斗为石，内地汉民，无不知之，各处一律。惟关外蛮民不知，所用之蛮秤钱两不分，且无标准，而斗则称为克，并不知升合，又不以石计，只有所谓批者，其大小并不一律，或十余批为一克，二十余批为一克不等。"④ 赵尔丰考虑到必须由官方指定统一的标准才能控制局面。为此，"定制斗秤各一，发交地方官作为官斗官秤，无论收发粮物，均以官斗照平斗量之，不准高入平出"⑤。民间百姓所用衡物必须"轻重以此为准，不准大入小出"⑥。

赵尔丰统一量衡的标准，不是针对盐井，而是在整个川边地区尽力推行，光绪三十四年（1908年）直接下发打箭炉厅统一量衡的秤。考虑到来自各地的标准都不同，况且汉族和少数民族聚居的地区，各种衡器不仅名称不同、长短不一，而且度量之间存在差异。为了今后的市场不再混淆，制定权衡之制势在必行。"照库平为定，量制则照每斗三十斤为定，度制则照营造尺为准，视由省制购库平秤10把，前来交发。"⑦ 随后，赵尔丰又在川边各县发放了官秤，总计共发放了10杆官秤，每秤标明号数，以便检查验收，其中标号为八的官秤就是发放给盐井县的。

三、贸易范围

总体来看，盐井盐的销售范围为附近的几个县（州），主要是西藏境内的芒康、昌都、察隅、左贡等县，四川的巴塘、德荣等县，云南的贡山、德钦、

---

① 金飞：《盐井县考》，载《边政》1931年第8期。
② 吴丰培编：《赵尔丰川边奏牍》，四川民族出版社1984年版，第82页。
③ 同上书，第83页。
④ 同②。
⑤ 同②。
⑥ 同②。
⑦ 同②，第83页。

维西、中甸、大理等。绝大部分的盐本地消化；少部分的盐出售临近的各县：往西到达怒江，往东越过金沙江，可谓穿越三江，行走三省。《盐井县考》在《民情及销路》中描写到行销范围"东至河口，西至扎夷，北至江卡，南至镇边中维一带。横纵千余里，销路不为不宽。惟地广人稀，夷情除煎茶以外，即喂牛马，需盐之处甚少。益以山路崎岖，转运不易，盐值虽低，销售不畅通"①。刘赞廷在《盐井县志》中说："此盐（盐井生产的盐）销于康南各县及云南边西一带。"②自盐井设县以来，其疆域为："东界至坎布、莫岔等村一百二十里；东南界至茶里大雪山顶一百九十里；南则滇界，未经勘划，仍至必用工；西南界至江外欧曲卡一百一十里，西北界万山丛沓，地势辽阔，直接怒江之外（如闷空札夷等处），现已投诚，惟未经勘划立界；北则仍以昌多四十里为界。"③由此来观察盐的销售范围，可看出盐基本上是在本地销售，但不是整个销售范围，地域上可以再扩大一些。

崔克信根据调查指出："盐井之盐，销路甚广，南至云南德钦、维西等县，北至江卡乍雅以至昌都，西至鸡公察隅及邦大寺，东至德荣、定乡、理化、巴安、白玉。"④这基本上划定了盐井盐所销售的范围。据2009年三省（自治区）联合的考古学盐井调查组分析，西藏盐井盐户自己向外销售的盐运输线路主要有3条：一条为盐井—云南佛山—德钦。一条为盐井—查果西沟—徐中乡。一条为盐井—松木达电厂沟，然后分为三路：①比达—察隅县—察瓦龙；②堆拉山—察隅县—察瓦龙；③堆拉山—左贡县比多乡。运往德钦的盐现用汽车运输，运往察隅、左贡的还要依靠骡与马。⑤

雷加在20世纪五六十年代的调查记录中有："每年雪山开化后，山区首先需要的就是粮食。他们也缺少盐、茶和日用百货，甚至棉衣。在维西售价一角八分的食盐，运到贡山只要一角五分。"⑥再根据刘曼卿的描述："阿敦不产食盐，民食皆由西康、盐井运往，滇省设盐税局以征收盐税，复设盐务稽核所以严查价漏。一驮盐税，比盐价反超过之。或以之询亨者则答曰：'因这西中、维、阿数县均不产盐，若由本省户盐各区运至，则运输实感困难，若尽量让康盐入口，则恐康盐倾销太多，影响滇省经济，故高其税率以征收之，微寓

---

① 金飞：《盐井县考》，载《边政》1931年第8期。
② （清）刘赞廷：《盐井县志》，民族文化宫图书馆1962年4月复制，第37页。
③ （清）段鹏瑞纂：《巴塘盐井乡土志》（影印本），中央民族学院1911年，第1~2页。
④ 崔克信：《盐井县之地质及盐产调查》，载《西康经济季刊》1944年第8期。
⑤ 参见哈比布、张建林、姚军等《西藏自治区昌都地区芒康县盐井盐田调查报告》，载《南方文物》2010年第1期。
⑥ 雷加：《白马雪山　碧罗雪山　四莽雪山》，云南人民出版社2011年版，第18页。

保护税之意。'顾虑之周、措施之妙令人钦佩。"① 这反映云南德钦、维西、贡山、中甸一带都有盐井盐的交换。

2012年，笔者赴云南德钦和贡山调查，在贡山县丙中洛乡的秋那桶村，一位80岁老人提及这里吃盐的情况，证实是从西藏察瓦龙运来的。据数据显示，察瓦龙不产盐，盐应该为察瓦龙临近的盐井所产；甲生村的村长也说到，当地用来制作琵琶肉的盐多用西藏盐井运来的盐，一般都是用粮食交换所得。清代末期，德钦县弹压委员夏瑚进怒江贡山县（时称菖蒲桶），提及"菖（贡山县）属尽食砂盐，产于西康省盐井县，由察瓦隆蛮人运贩，概系以粮谷调换，用银币购买者少。因察瓦隆产粮甚少，故运盐换粮，运回自食"②。这证实了怒江交通闭塞，内地盐没有进入贡山的时候，所食盐为盐井所产。2011年8月，笔者在德钦东北角靠近四川的羊拉乡做调查，当地的老人也谈及民国期间这一带的盐是靠西藏的盐井供给，经过徐中乡到达羊拉。中甸人说："盐是盐井来的，盐井距中甸约有八天路，盐色红，呈颗粒状。盐中沙极多。"③

盐井的下关老人谈及当年他是随父母从大理下关来到西藏盐井的，为了让他知道自己的家乡，父母特意取名下关；当时，他的父母来盐井做生意，将一部分的盐往南运往中甸以及大理的剑川、下关、宾川一带，往北最远到达拉萨。

总体上看，盐井所产盐的销路，依托茶马古道以及滇藏和川藏之间的商业交往通道。长途运输多以马帮驮运，在短距离内，也有靠人力背运；马帮在整个滇西北是极为发达的，在抗日战争期间，往往能组织上千马匹的马帮运输军用物资。而西藏地区由于交通不便，马成为人们驮运货物必不可少的交通工具；在西藏的其他地区还有人用羊来驮运食盐，"1774年11月，英国人波格尔（George Bogle）来到Painam（即今白朗县），发现有来自Dospa地区的羊帮，约有一千二百只，这种羊较大，他们运盐至Giansn（今江孜县），驮回粮食，每只羊驮20～25磅"④。

现在盐的销售主要有两条途径。一是周边的几个村，包括盐井乡内不产盐的农户，这一部分占了70%以上。有些人会直接和盐户联系进行购买，也有

---

① 转引自马大正主编《国民政府女密使赴藏纪实：原名〈康藏轺征〉》，民族出版社1985年版，第149～150页。

② 菖蒲桶行政委员公署编纂：《菖蒲桶志》，见李道生主编《怒江文史资料选辑》（第十八辑），政协云南省贡山独龙族怒族自治县委员会、政协云南省怒江傈僳族自治州委员会文史资料研究委员会1991年刊印，第14页。

③ 《中甸县人民团体简况》，见国家民委《民族问题五种丛书》编辑委员会、《中国民族问题资料·档案集成》编辑委员会编《中国民族问题资料·档案集成〈民族问题五种丛书〉及其档案汇编（第5辑）》，中央民族大学出版社2005年版，第118页。

④ 房建昌：《西藏盐业及盐政史略》，载《西南民族学院学报》（哲学社会科学版）1993年第1期。

人通过专门收购盐井盐的商户购买。离乡政府不到 100 米的地方就有一家店铺专门收购盐井盐；但是几次观察，买的人不多，有几次经过看到的是店门紧闭的现象。二是盐井外的销售。包括临近盐井的几个乡镇和芒康县城，部分销售到昌都、巴塘，这一部分仅占 30% 左右。有个小学四年级的学生告诉笔者，2011 年她舅舅（读大学）放假回家，因为有个同学在巴塘，了解到巴塘比较喜欢盐井的盐，就和他商量运一车盐去巴塘试卖，结果一下子就卖空了。但是，回来一算还是觉得利润不高，运费占了很大的比重，以后就再也没有打算将盐运到远的地方进行销售了。

第四节　盐民的生活

> 盐田像白纸一样铺盖在江边，
> 我却没有一块纸一样的盐田。
> 山顶上积雪有融化的日子，
> 我们却世代忍受痛苦的熬煎。
> 澜沧江的水一日不干，
> 盐民的眼泪就一天擦不完。①

这是在盐井流传了很久的民间诗歌，表现了盐井人世代在澜沧江边从事晒盐工作的艰辛。这样的工作冬去春来，没有尽头，人们只能默默忍受和坚持。在盐井，晒盐多以家庭组织的形式进行。一般情况下，女性从事艰苦的晒盐工作，男性则需要不断地奔波在川、滇、藏间，驮着盐到处进行交换，以便能换得粮食，满足家庭的生活。在这里从事晒盐的家庭中，80% 左右的盐户没有土地，这样的家庭有 62 户，人们世代以盐业为生计维系整个家庭的生活。

女性承担的晒盐工作，需要起早摸黑，早出晚归。每天早上 7 点不到她们便起床，第一件事就是要做好午餐，以便能在盐田多工作一段时间。她们带上午饭就直奔盐田，开始一天的工作。从 7：30 左右开始背运卤水，一桶一桶地往坡上运。经过一个早上的背运，卤水井的卤水也不多了，在等更多的卤水溢出的这段时间才能休息半个小时左右，下午又继续背运。这样的工作，一直要持续到下午 6：30 左右。如果按 9 个小时工作时间（实为不止）计算，每 20 分钟一趟，则需要来回 27 趟，即便如此，所运的卤水也不能满足正常的晒盐

---

① 王仁湘、张征雁著：《中国滋味：盐与文明》，辽宁人民出版社 2007 年版，第 87 页。

所需。因此，一般情况下需要抓紧时间，要么放弃更多在家的时间，要么请人帮忙。为了节省晒盐和运卤水之间的时间间隔，必须保证晒出盐之后，有时间处理晒成的盐。有时候，运卤水的期间也需要时不时地观察盐田中卤水结晶的情况，水分少了，有大量的结晶时就需要用刮盐板，每隔20～30厘米刮一道（似小山）盐起来，这样凸出的盐道，更容易结晶脱水。

  背运卤水是最为辛苦的，不仅身体疲劳，而且因为卤水具有腐蚀性，不小心溅到身体上，长时间就会脱皮。冬季的时候更为严酷，天气寒冷，一旦长时间接触卤水，皮肤就会开裂；若卤水进入伤口，可谓"伤口上撒盐巴"，痛之入骨。在旺月的时候，有时还需要夜里加班。民国三十年（1941年），崔克信到盐井调查就提及盐民的工作制度，"旺月期间，分昼夜班，贫月期间，则没有昼夜班；日未出而作，日入休息，每日四餐，上工前一餐，将午一餐，过午一餐，下工后一餐。盐井为公有，每擦音，数家或数十家共一井，其汲水时间之长短，悉按其盐田数目而分配。盐田多者，汲水桶数较多，时间较长，普通一人汲水可供二十盐田"①。此时，还出现了雇佣，具体为"盐户雇工分酬钱及酬盐二种，酬钱者全年铜洋三十元，酬盐者予以一或二盐田其取盐，其多少视其工作勤懒而定，半年者折半食宿全有盐户供给，工人率为青年妇女"②。

  卤水背运结束后，盐田里的盐一般开始收了，人们开始用刮盐板将盐归笼。通常情况下，第一道盐和第二道盐要轻刮，防止将盐田的泥沙直接带入盐中。将头道盐和二道盐收入袋中后，再收最底层的盐。往往底层的第三道盐只用于喂养牲畜，所以收的过程也不用那么仔细，唯一要注意的是不要破坏盐田的上层沙土。将收好的盐分类放入盐仓（部分人家直接驮运到家）后，要对盐田进行检查，看是否有漏水之处。到了收盐的阶段，一般有小孩或老人来帮忙做些简单的事情，如扫扫盐、帮忙牵住袋口等。

  妇女的生活就是不断地在盐田、卤水井、储卤池、家庭之间重复着同样的工作。她们生活在固定的空间里，很难有时间出去看看外面的天空，其实她们也很想看看到底外面的世界是如何的好，她们同样也有一份向往。但是，她们觉得命运就是安排她们在澜沧江畔用汗水换得卤水的结晶，用青春浇筑屹立在江边的这一块块盐田。如果她们对外界有点了解，那么肯定是从男人那里听到的，男人成为她们获得各种信息的关键来源。因为这里的男人，大部分需要从事盐的销售。由于盐井没有固定的盐产品交换市场，男人们不得不自己赶着马、骡驮着盐，四处奔走。他们为了生存，为了不让家里的女人失望，同样需要起早摸黑。为了能顺利卖出好价钱，他们必须选择别人很少到达、需求量高

---

① 崔克信：《盐井县之地质及盐产调查》，载《西康经济季刊》1944年第8期。
② 同上。

的乡镇或村寨，最远的路可能上千里，有时候还不能单独行动，需要组成一个大的马帮集体行动；近点的地方，也要在 100 公里以上，来回需要五六天。西藏境内，地势陡峭，山谷纵横，道路崎岖狭窄，而且在各险要的地段还经常有土匪出没，人身和财产安全往往受到威胁。

另外，盐民还需要细心照顾马、骡。盐民常常说道，人休息的时候，牲畜是不休息的，马、骡一般到夜里还需要喂粮草，这样才能保证长途运输。有时候为了能保证马、骡的体力，还需要找一些中草药熬成药汤，找三四人拴着灌喂。经常赶马、骡的老人还提到，要时刻关心马背上的马鞍和马背之间的垫子，如果不小心垫子偏了，马背直接和马鞍发生接触，会伤到马。为了保证长途跋涉，盐民们常常自带干粮，如糌粑、荞粑粑等。有时路途更遥远，则需要一两个月的时间，则需要带足粮食，带上炊具。这便是盐民们的生活。

第八章 产品加工与手工技术

人类的生存,离不开对物质资料的依赖,生活资料是在这些工具和技术基础上创造出来的各种生活用品,包括食物、衣服和房屋等。无论是生产资料的工具,还是生活资料的各种用品,都需要人们通过辛勤劳动才能创造出来。自然界为人类提供的仅仅是可以利用的原料,粮食种植和牲畜饲养也只完成了食物获取的第一步,要使得这些原料和初级产品变成可以供给人类直接消费的各种产品,尚需经过进一步的加工和处理。

在传统的农牧业社会,劳动分工尚不明显,产品的加工与制作仅靠手工劳动。正如费孝通所说:"农家不但因为求生活的自给多少都做一些工业活动,而且他们所不自给的消费品也大都是从别的农家中买来的。……凡是有特殊原料的乡村总是附带着有制造该种原料的乡村工业。……在家庭经济上,农业和工业互相依赖的程度反而更加密切。中国的传统工业,就是这样分散在乡村中。"[1] 因此,农村家庭成为加工业在基层的组织单位。

和中国的广大乡村一样,碧罗雪山地区在新中国成立前同样处于相同的状况。从各种历史记载和20世纪50年代的民族调查报告中可以看到,在当地,一户家庭往往从事多种生产活动,如农业、畜牧业、狩猎、采集、手工业等。其中,男子一般主要从事农业生产、狩猎、捕鱼以及编织竹篾器等生产活动;妇女参与犁地,仅能从事挖地、薅草、播种、饲养家畜、绩麻、纺麻、烧火煮饭等简单劳动。村落中尚未出现专门的手工业者和商人。

于是,学习和从事各种产品的加工与制作就成为每一个家庭所必备的生存技能。正因为如此,几乎所有的男子都能做一些简单的木工,如修建房屋、编织竹篾器等;而妇女都要学会绩麻和酿酒等技艺。修建房屋大多以请村民或朋友一起协作的集体劳动方式进行;妇女从秋收以后,即开始进行纺织活动,如织麻布、麻毯、衣裙等,以便自给。编织竹篾器需要爬上很高的山才能砍到竹子。一般情况下,不能选用太老的竹子,以春夏季节韧性强的青翠竹为最好。竹子砍回家后用砍刀将其劈成宽度均匀的长条,然后开始编织,一般编织物有

---

[1] 费孝通、张之毅著:《云南三村》,天津人民出版社1990年版,第212页。

背篓、箩筐等，技术熟练者一天能编出2～3个。木碗、木勺等木制餐具，也由男子制作以供家用；制作木柜以及木臼需要较高的技术，又因工具简陋、劳动效率极低（如挖一个木臼需要四五个劳动日），因此只有少数人才会这门技术。

当地的怒族、傈僳族、藏族等民族几乎家家都能酿酒，每年秋收以后，各家各户都用玉米、青稞或大米酿制水酒和白酒；不论男女老少，皆能豪饮。

掌握打铁技术的人更是少之又少，他们仅在农闲时节为村里人修补一些简单的农具，且每年专门从事打铁的时间很少。打铁的工具也十分简单，只有一个风箱、一个小铁砧和铁锤及钳子。有时候，终一日之劳动，仅能修补铁锄、砍刀等小工具四五件。打铁的技术多为冷锻法，铁匠利用废旧的砍刀将其改造成小刀和锄头等；此外，也会修理砍刀和斧子上的缺口，方法是将缺口烧红，锤炼敲打，将缺口处打匀、磨利。

技术落后带来的是人们整体生活水平的低下。20世纪50年代以前，当地群众的生产工具很简陋，而且其铁制农具极其稀少；生活起居更是简陋，大多数人家的房屋里除必备的一口铁锅、一个铁三脚架、几个木碗以及盛粮食的竹箩（少数人家有一两个木柜）外，几乎没有别的物件，有时连床铺被盖也没有，桌子板凳则更少。平日里，人们在屋子中间架一火塘供煮饭取暖，生活极为简单。在瓷器和陶器还未从外地输入以前，当地群众主要使用竹筒、木碗、木勺等作为餐具，有的还使用石板、石磨、木臼作为烤饼、磨面的工具。

如今，随着交通条件的改善以及外界政治、经济和社会等因素的广泛影响，该地区的工商业逐渐得到发展，原来自给自足的传统生活方式有所改变。除了家庭自身的生产和消费外，人们也积极参与到和外界的商品交换中。尽管如此，由于各种客观条件以及经济能力的限制，手工劳动在人们的生产和生活中依然发挥着重要的作用，它们还未被现代的工业文明取代。

第一节　食物的加工与制作

食物对于人类生产的重要性是不言而喻的。在农耕技术尚未出现以前，人类普遍过着茹毛饮血的生活。农业和畜牧业产生以后，人类开始有了稳定的食物来源，随着食物来源的逐渐丰富，人们对食物加工的精细程度有了更高的要求。人们将收获回来的玉米、小麦、青稞、荞麦和稻谷等各种粮食进行脱粒和去壳，再进行细碎或磨成面粉，通过各种制作方法，最后加工成自己喜欢的各种食物。除了粮食作物外，人们还从饲养的牲畜身上获取肉、奶来满足自己的食物需要。

一、粮食加工

（一）脱粒

对现代人来说，粮食的脱粒算是一件极其简单的工作，但对于很多偏远地区的农村来说，仍然是一项相当辛苦而且繁琐的劳动。这些地区采用小规模的家庭经营，由于受经济能力的限制，人们普遍对收获的粮食进行人工脱粒。在水源比较丰富的地区，人们则发明了靠水能推动的动力装置——水磨，对粮食进行粉碎加工，既提高了劳动效率，又节省了人力。

1. 连枷

连枷是一种历史久远的粮食脱粒工具，最早为汉族所发明并使用，最后逐渐传播到其他农业地区。王祯在《农书》里这样描述道："连枷，击禾器……其制用木条四五茎，以生草编之，长可三尺，阔可四寸。又有以独梃为之者，皆于长木柄头造为擐轴，举而转之，以扑禾也。"和王祯的描述相比较，人们今天使用的连枷，无论是在形状、构造和使用方法上都和古代基本一致，这足以说明此种工具具有较强的实用性。虽然连枷的构造方式基本一致，但是不同地方仍然存在着一些差别。

连枷主要由两个部分组成：一是柄杆，二是转动的头部。连枷的柄一般选用平直、光滑、结实的木棍做成，粗细程度由手握连枷时候的舒适程度决定。连枷的转动部分，既可以是一根单独的木棍，也可以是由几根木棍或藤条连接编织而成。在柄杆的一端横穿一个圆洞，用一根短棍做成一个擐轴和头部的木棍、藤条相连，或者直接用铁丝或绳子将连枷的头部系于柄身。在长度上，连枷的柄要长过转动的头部，这样，连枷抡起来的时候就不会碰到地面。使用连枷的时候，人们将柄杆高高举起，把握好头部转动和下落的感觉与力度，利用连枷下落所带来的重力和撞击力，奋力击打在谷物的茎干和穗头上。谷物成熟以后外壳已经基本变干，受到重力击打，很容易被打碎，谷物颗粒随之落出。除了连枷制作上的一些差别外，用来击打和脱粒的作物对象也有所不同。

在北方农村，人们主要用连枷来击打带荚壳的豆类作物和一些油料作物，而在碧罗雪山两麓的怒族、傈僳族和藏族地区，人们多用连枷来击打水稻、小麦和青稞等谷类作物。稻谷和小麦属于密植作物，秸秆长而穗短，粮食颗粒小，单纯用人力敲打，往往很难使其中的颗粒脱落，因而用连枷来进行谷物脱粒的效率低，导致耗费大量体力和时间。为了将谷物穗中的粮食颗粒收获干净，人们将收获回来的谷物均匀地铺在一块空场地上，全家老小齐上阵，打完一遍又一遍，直到将穗粒完全打落为止。

抡连枷是一件极耗费体力的劳动，连枷的受力面积很小，每次只能击打一小部分，要打完全家所有的粮食，抡连枷的次数将多得难以计算。图8-1是两种不同类型的连枷。

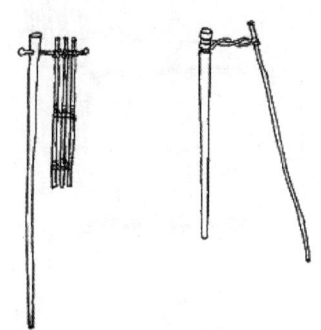

图8-1　多杆连枷与单杆连枷

2. 割穗架

在德钦县燕门乡的拖拉村调查时，笔者发现了另外一种独特的粮食脱粒方式。拖拉村位于半山腰上，从山下的小路走捷径上去大约需要2个小时。该村是一个藏族村落，人们以种植青稞、玉米和小麦为生，60余户人家沿着山坡稀疏分布。来到拖拉村，正值7月份，斜坡上架起的木屋里吊挂着一捆捆金黄色的青稞。人们将青稞收割回来以后，先挂在木屋下面晾干，等到玉米播种完毕，闲下工夫来，再将青稞脱粒。当地给青稞脱粒的方法与其他地方不同，笔者亲眼观察了几名妇女给青稞脱粒的过程。

取追拉姆是一名藏族妇女，30多岁，家有6亩地，丈夫在山下的街道上做生意，她自己操持家务。为了尽快完成青稞的脱粒工作，她和同村的3名妇女相互合作，以换工互助的方式进行劳动。这里的粮食脱粒工作已经实现了传统方法与现代工具的结合，即人们先将粮食穗割下来，再用电动的机器进行脱粒。一名妇女不断地将吊在木屋上的青稞捆取下来，递到取追拉姆跟前；取追拉姆坐在一架专门制作的工具上，将青稞整棵放进带有长刺的铁架子里面，用力一拉，青稞的穗头便被割断，然后纷纷落下。她们将落在地下的青稞穗装在一个大麻袋里面，另外两名妇女负责将其运送到电动脱粒机那里，进行下一步加工。

割取粮食穗头的工具是一个特制的割穗架（见图8-2）。割穗架的构造很简单，人们利用木头做成一条长凳子，在凳子的一头固定一个焊接成的铁架子，铁架子上面密集地排列着十来条细长的铁条。使用的时候，人坐在架子的一头，将一束青稞放进铁条当中，用力扯拉，这样，穗头便被割断。给青稞割穗是一件很辛苦的工作。青稞和小麦一样，长满芒刺，一不小心，细小的芒刺就会扎进手指和皮肤里，很难取出来。用割穗架割去粮食的穗头是一件既慢又累的活儿,很难想象,人们要用这一略显简单的工具将从好几亩地收回来的数百捆青稞的穗头一一割下来。

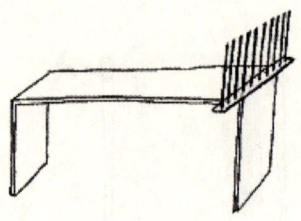

图8-2 割穗架

(二) 磨面与细碎

1. 水磨坊

关于水磨坊,已经有很多调查、记载做了文字和图片等方面的描述。水磨坊,怒语称作"墙木高",其原理是借助水流的强大冲击力,带动磨盘快速转动,从而将粮食颗粒磨成碎粒和面粉状,以供人们食用。以下对水磨坊的建造和部件进行简单介绍。

(1) 选址。水磨坊一般修建在水流量较大的溪流河谷旁边。这些溪流有的为高山雪融水,有的为山间泉涌水,清澈干净,既为水磨运转提供动力来源,也为人们提供生活用水,还可以灌溉稻田。磨坊的选址一般要考虑两个因素。第一,安全。即要考虑磨坊离溪流或河谷的距离,既不能太近,也不能太远。如果太近,一到汛期,洪水会将磨坊冲垮;如果太远,则引水不方便。第二,动力的大小。动力的大小取决于河水的流量和落差。由于磨盘一般比较笨重,如果水流量太小,则无法带动磨盘转动,或者转动的速率不大;同样,落差太小也会降低水流的冲击力。所以,水磨坊的选址应在适当远离河流的地方,根据上下游的高低落差,因势而建。

(2) 结构。总体来看,水磨坊的构成包括上下两大部分:上部为封闭的木楞房,里面用来安装磨盘等器物;下部腾空,为外露的木轴和叶轮部分。

(3) 组件。水磨坊主要包括水槽、磨房、磨盘、磨围、木齿轮、操纵杆、挂箩、叶轮等部分。

1) 水槽。水槽由挖空的U形大树干做成,水槽的上端连接水渠,下端直通磨坊底部,通过一定的倾斜度(大约45度)将水流引至叶轮处。磨坊并不是每天都会使用,在不使用的时候要将水槽的上端堵住或者用石头填平,这样磨盘就失去了动力来源从而减少了不必要的转动和磨损,等到需要使用的时候,再将水槽上端的入水处疏通。用树干做成的引水槽具有光滑、阻力小、水力集中的特点。

2）磨房。磨房是安装磨盘的小房子，和当地的住房一样，也多为木楞结构。在一块地势较低且平坦的地方，用石头先垒砌两面相对的石墙，在石墙上用木料搭建一个小型的木楞房，房屋底部用木板铺平。磨房里主要用来安装磨盘、磨围、挂笤等器物。封闭的结构具有遮风挡雨的功效，还可以保护人在磨面时的安全。磨房有一道专门供人进出的小门，平常闲置不用的时候大多锁起来或者用绳子拴起来，以免遭到破坏。

3）磨盘。由上下两个磨盘组成，有的将其形象地称作"公磨"和"母磨"，上下磨盘的大小基本相同。磨盘的直径有大有小，往往根据实际需要来请人打制。一般而言，整个村子集体使用的，多为直径1米左右的大磨盘；供几个家庭共同使用的，只需直径四五十厘米的磨盘就可以了。磨盘的表面凿刻相间的小沟槽，一来增加磨盘的摩擦力，二来方便粮食粉面流出。

4）磨围。顾名思义，就是围在磨盘外面的围栏，一般为正方形，用4块薄木板围成，主要是为了防止磨出来的粮食四处流淌以及方便收集和装袋。

5）挂笤。挂笤是一个用木板箍成的梯形漏斗。挂笤上面的四角分别用铁丝或绳子悬吊在磨房顶部，粮食颗粒从上面的敞口一次性倒入，再从下面的小口缓慢流出，最后落进磨盘中间的孔眼中。下面的小口并不是完全敞开的，而是类似于一个半开的小木盒；木盒用绳子和一根小木棒相连，木棒紧挨转动的磨盘，当磨盘快速转动的时候，小木棒就会受到震动，木棒的震动进而带动小木盒开口的闭合，粮食颗粒也会跟着均匀地流出来。使用挂笤，人们在磨面的时候就不用一直忙着用手往磨盘里不断地添加粮食，从而大大节省了时间和体力。

6）操纵杆。操纵杆主要用来调整上下磨盘之间的空隙度，从而控制磨盘的转速以及粮食粉面的粗细程度。当磨盘之间的间隙比较小时，磨出来的粮食就比较细，如玉米面、小麦面等；当磨盘之间的间隙比较大时，磨出来的粮食就比较粗，如煮稀饭用的玉米沙、喂畜禽用的糠与麸等。

7）叶轮。叶轮由两部分组成，一是一根竖直的木轴，二是叶轮部分。木轴的上端和磨盘相连，下端凿成相间的榫口，装上规格相等的木板片，这样就做成了一个大叶轮，一个叶轮的齿数一般为10个左右。木轴下端呈椎体，用一块带浅窝的圆石或木料作为支垫，木轴下端抵在浅窝中。水流通过冲击叶轮使木轴转动从而带动磨盘转动。需要说明的是，木轴同时和两块磨盘相连，为什么只有上盘转动，下盘却不动呢？笔者查阅了一些相关的调查资料，很少有人谈及这一问题。实质是，在上磨盘的孔眼里已安装一个方形的箍，再将木轴穿入其中。这样，木轴转动的时候就会带动磨盘一起转动了，而粮食颗粒也会从方箍四边的空隙里流进磨盘中间去。

图8-3为磨房与水磨。

图8-3　磨房与水磨

2. 手磨

手磨（见图8-4）是一种比较轻便的粮食加工工具。水磨的动力来自水的重力势能转化成的动能，而手磨的动力来源则完全要靠手臂的转动。手磨的制作结构主要包括三个部分，即支架、粮食槽和磨盘。

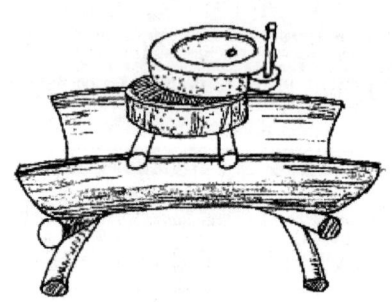

图8-4　手磨

（1）支架。支架主要用来支撑粮食槽和磨盘。支架一般选用4根较结实的圆木或木板，每两根相交做成两个X形的叉口，将这两个叉口摆开一定距离，就可以在上面放置粮食槽和磨盘了。

（2）粮食槽。粮食槽即一个半开的U形木槽，置于磨盘下面，用来接从磨里流淌出来的粮食面粉。粮食槽一般用粗大的树桩挖空剖制而成，里面的壁要光滑且不易遭虫蛀。

（3）磨盘。磨盘由上下两块大小相同的磨盘组成，其直径大约为40厘米，厚度约为10厘米，看上去显得简单轻巧，在粮食槽上面开口的中间固定两根圆木或木板，再将磨盘安放在上面。上磨盘的侧面固定一根垂直的圆木，作为转动磨盘的手柄。下磨盘表面凿以相间的槽渠，和上磨盘通过一根木轴相连。这样，磨盘转动的时候就不会发生偏移。手磨构造简单，使用轻便，大人小孩都可以操作。手磨作为一种小型的粮食加工工具，其磨面的效率很低，人们只有在需要加工少量粮食或者磨豆腐时才会使用，因而不是一种常用的粮食加工工具。

3. 杵臼

在怒江和澜沧江峡谷，居民的家中随处可见杵臼这一古老的食物加工工具。当地的臼有两种，一种是木臼，一种是石臼。木臼由一根大圆木做成，从远处看去像是一个大木桶；石臼的样子和构造与木臼相似，只不过石臼的体积较小。臼，就是"凹陷"的意思，人们将圆木或石头里面的上半部分掏空，放入要脱粒和粉碎的东西，用一根特制的木棍进行舂打。舂打东西的木棍叫作杵。木杵的做法也有讲究，即选用一根较粗大的坚硬木棍，将中间的部分砍细或削细，打磨光滑，以方便用手来握。这样的杵是一根两头粗大、中间细小的特殊木棍。杵臼是当地少数民族使用比较普遍的一种粮食加工工具。据尹绍亭在《云南物质文化》一书中的总结，目前云南使用杵臼的民族有独龙族、怒族、傈僳族、景颇族、德昂族、佤族、拉祜族、哈尼族、布朗族、基诺族、苗族、瑶族、白族、傣族等，足见其使用范围之广。

除了分布范围上的广泛，杵臼还是一种功能多样的工具。它不仅可以用来给粮食脱粒，还可以粉碎硬物。玉米棒脱粒不能用连枷来击打，用杵臼就显得方便很多；稻谷和麦穗也可以放入木臼中来舂打。当地民众有随吃随舂打粮食的习惯，人们多根据家庭的实际情况，一次舂打2～3天的食物，等到吃完以后再舂打，因而舂打粮食也是人们日常生活中的一项基本劳动。碧罗雪山地区主产玉米，玉米稀饭等是人们的经常性食物之一。人们可以根据自己的喜好来将玉米粒舂打成粗大或者细小的沙粒。用杵臼来粉碎玉米，既省事又方便，因而深受人们的喜爱。舂打粮食并不只是单人的劳动，当地的木臼体积较大，通常外围部分高达1米，里面的臼深达半米左右，因而一次可以容纳很多东西。为了加快速度或者减轻劳动量，两三个人可以同时围在木臼旁边舂打粮食。除了舂打玉米等，人们还用木臼来粉碎核桃等硬物。

（三）食物种类

1. 粑粑

粑粑类似于北方的大饼和馒头，是碧罗雪山地区的藏族、怒族和傈僳族等民族普遍喜欢的一种食物。人们在吃早餐时，一边喝着热乎乎的酥油茶，一边吃着酥软的粑粑。

当地的粑粑，过去多用玉米和荞麦面做成。苦荞粑粑的做法是，往苦荞面里加上适量的水，然后把它捏成圆饼，将它放到准备好的开水锅里，翻动一次后，盖上锅盖，焐好锅底下的火，让它在开水里浸泡一段时间，再从锅里捞上来放到冷水盆里冷却，即可取出来食用。放凉了的苦荞粑粑蘸高山山区产的原生态蜂蜜，别有一番风味。傈僳族群众中广泛流行着一句谚语："苦荞粑粑蘸蜂蜜，甜在皮来苦在心。"

随着生活水平的提高，现在的粑粑已经大多改由小麦面和糯米制成。在茨中村的刘文高老师（藏族）家里，我们亲眼目睹了糯米粑粑的制作过程。刘老师的家里有一个大铁炉，刘妈妈在炉子上架起一口大铁锅，往锅底里面加入少量的水，将糯米洗净放入一个木甑里面，烧火蒸熟。蒸糯米的时间较长，需要2~3小时。糯米蒸熟以后，将其揉成面团状，再用一个买来的特制工具将其加工成大小均匀且带有花纹的形状（类似于月饼）。这样，糯米粑粑就做成了。

以上所描述的是比较现代的一种做法。在怒族和傈僳族的一些地方，人们还保留着其他制作粑粑的土方法。

（1）火烧粑粑。有玉米面的、荞面的，也有小麦面的。面团有两种做法：其一，将捏好的玉米面或麦面面团先放在锅里烤一下，不必烤熟，只需把面团表面烤硬，便把它取出来竖在火塘边烘烤，待两面烘黄即可食用。其二，在大火燃烧着的火塘中扒出一块空地，把捏好的玉米面团、小麦面团或荞麦面团直接平放在上面，再盖上一层灶灰；等到发现面团变热发胀时，便把它重新扒出来翻一次身，继续焙烤；等到烤熟后，人们将粑粑扒出来，用嘴吹，用手拍，将粑粑上的灶灰去得差不多干净时便开始食用。这种粑粑清脆香甜，如果再搭配上茶水，吃起来更是别有风味。

（2）油沓粑粑。有玉米面的、麦面的、荞面的三种。其做法几乎相同。将面放在盆里，加适当的水，再加盐或葱、花椒面，把它调成糊状，锅里放上少许核桃油或菜油或漆油，然后把调制好的面料倒进锅里，再用筷子将粑粑擀平，待粑粑底面硬化以后，再将粑粑翻过来烤，烤熟后即可食用。

（3）甜荞面油沓粑粑。其类似于北方的油饼。做法是将面放在面盆里，加花椒、盐，先用适当的水把面调成糊状，再揉成圆饼状；往锅里倒入香油，待油烧开后，把制作好的面饼放入油锅中，用烧滚的油来翻炸，等到炸熟后捞上来即可食用。由于这种食品需要耗费大量的香油，对于普通农民家庭来说显得有些奢侈，因而一般在逢年过节时才有，平常很少能吃到。

（4）石板粑粑。即为石板上烤的粑粑，和内地的烙饼方法相似，只不过一个是在铁锅里面烤，一个是在石板上面烤。石板由当地一种特制的石头加工面成。这种石头呈浅黑色，具有传热快、保温性能好的特点。石板一般呈圆形，厚2～3厘米，没有统一的直径，全凭人们根据自己的实际需要而定。制作方法是先将石板架在铁三脚架上用火烧烤，并在石板上撒一些炭灰，这样在烤饼的时候，面团就不会与石板相黏；但不能在石板上抹油，否则石板会炸裂。准备好石板以后，将干面粉与适量的盐、花椒混在一起倒入碗中，加温水搅拌成糊状。如果是荞麦面，人们还要在里面加少量花椒，否则吃了肚子会胀。然后将面糊均匀地倒在石板上面，用筷子将其抹成圆形，开始烤热。等到烤得差不多的时候，再将底面翻转上来，继续烘烤，直到烤熟为止。如果条件允许，在烤饼的过程中还可以加入一些葱花和鸡蛋等，以使其变得更加丰富与香脆。

2. 饭食

（1）玉米稀饭和干饭。玉米稀饭是当地的一项主食。将晒干的玉米取下，加入适量清水，放入碓中舂碎，用网眼大小不同的筛子对舂碎的玉米进行过滤、去皮，玉米面和玉米沙粒分别放在两边。较大的沙粒一般用来煮稀饭，玉米面和较小的沙粒则用来蒸饭。玉米稀饭有两种：一种是单纯的玉米稀饭，里面不用加其他作料；一种是在玉米稀饭里面加入肉、豆子等混合着一起煮，味道美，营养丰富。蒸干饭就是将较细的玉米面先用水煮，再将其焖干，佐以辣椒、豆豉等食之。和稀饭相比，干饭无疑更加充实、耐饿，但是所耗粮食比较多。新中国成立前，普通人家要在农忙、待客和遇有大事时才吃干饭，平常都用稀饭和其他食物充饥，以节约粮食。

（2）咕噜饭。北方农村的一些地方也做这种食物，俗语叫作"搅团"。其做法是烧一锅开水，舀去一半用来做回锅水，将包谷面倒入锅中，盖上锅盖，焖煮一会儿再揭开锅盖，将玉米面搅匀，再倒入一些水焖煮一下，继续搅拌。反复几次，直到包谷面成糊状为止。将糊状的包谷面舀出锅来，均匀地倒在案板上，晾一会儿，便可以用刀切割开来，既可以凉拌着吃，也可以和着汤一起吃。

（3）荞麦饭。将晒干的荞麦用开水浸泡，直至破皮，捞起晾干后加入少量温水，再用碓来舂打。荞麦皮被舂掉之后，便可以用筛子将皮过滤掉，剩下的就是荞麦颗粒。荞麦颗粒既可以煮成干饭也可以煮成稀饭，制作方法和玉米相似。怒族群众喜欢将辣子、核桃仁、姜、盐等混在一起舂碎后加入水中做成汤，用来泡饭吃。荞面稀饭常用于丧事活动中。人们认为老人死后吃一顿荞麦稀饭，可以为其打通人间通往天堂的路，并以此来祭奠亡灵。将新鲜的牛肉剁成末碎与甜荞一起煮成稀饭，煮的时候要在锅中加入一点盐和油。

（4）手抓饭。傈僳族的手抓饭极富特色。其主要做法是：蒸足量的米饭盛在一个竹篾子里，饭上覆盖煮熟的土鸡肉、腊肉、烤乳猪肉、火腿、鱼肉等；再煮一锅玉米稀饭或者一锅南瓜汤、竹筒蒸鸡蛋；将一碗蘸水、几碟咸菜分别放在手抓饭的周围，再辅以水酒。大家围坐在一起，一边吃肉饭，一边喝酒。玉米稀饭是用去皮并舂捣成碎块的干玉米与红豆、蚕豆等一起浸泡，放入火腿骨汤或者鸡汤中，再加上一些青菜之类的东西焖煮，煮烂后就可以食用，不仅色泽鲜美，而且口味十分香甜可口。手抓饭配上玉米稀饭，堪称当地最具特色的美食之一。

（5）肉拌饭。肉拌饭原料主要有大米饭、包谷沙饭、荞麦沙饭、鸡肉、猪肉、鸟肉、蜂蛹以及一些野兽肉，作料有盐、核桃仁和野菜。其方法是分别将米、包谷沙、荞麦沙、肉以及野菜煮熟混合在一起放入簸箕等器具内，把煮熟的肉切成片，烤好的肉、烧红的盐和核桃仁分别舂碎，放入簸箕里，再将这些作料与饭一起用手拌匀。另外，再烧一锅汤。每人盛一碗饭，围在簸箕边用辣子面佐食吃。肉拌饭是在人们遇婚丧嫁娶、生孩子、盖房子和招待客人、逢年过节时常用的一种宴席，象征团结和睦、合家欢乐和吉祥如意。

3. 其他特色食品

（1）燕麦馒头和炒面。燕麦馒头的做法是将燕麦放在臼里去掉芒刺，然后在水里淘洗干净，放到蒸笼里蒸熟。将蒸熟的燕麦放入木碓里面舂成面团，再揉制成一个个馒头状的燕麦粑粑。吃的时候，要么通过油煎，要么通过焙烤才可食用。燕麦馒头芳香可口，人们除自己食用以外，还可作为礼物送给亲朋好友。

燕麦炒面的做法是：将燕麦洗、淘、漂干净后，放入锅里，加上少量水，盖上锅盖烧火，将燕麦用水汽焖干，再把它从锅里取出来，分多次进行炒熟；在炒的过程中，火不宜过大，而且要不停地搅拌，直到炒熟为止，以防止燕麦被炒焦、炒糊；燕麦炒完后，放到木臼里，用杵棒轻轻地舂打，等燕麦芒刺剥落后，用簸箕扬去麦芒，最后再把它舂细成炒面。燕麦炒面味道最香，营养最丰富，可以干吃但必须搭配茶水，也可以拌蜂蜜、酥油茶、米酒等一起食用。

（2）炸（烤）玉米花。走进当地的农家里，几乎能在每户人家的屋子里看到火塘。火塘里白天黑夜都有火。炸（烤）玉米花时必须要有大火，把火塘里的炭灰扒在火塘边，扒成一块平平的小场子，从准备好的玉米棒上取下玉米粒，放在火塘边上的炭灰中烘烤。片刻，一颗颗被烤熟的玉米便爆裂绽放，成为可以食用的玉米花，味道十分香脆。有些傈僳族把它作为正餐。据说，年轻的妇女烧包谷花，能够做到用竹夹子拈玉米花；除供自己吃饱以外，还能供几个围坐在火塘边的人吃。做玉米花也可以用锅来炸，用少许的香油（菜油或核桃油）放在锅里，待锅烧热后，将选好的玉米放进锅里，用锅铲不断地搅拌，一会儿就可炸出一锅香脆的玉米花来。

（3）酥油和酥油茶。受藏族文化的影响，碧罗雪山两麓地区的群众普遍生产酥油和饮用酥油茶。"打酥油"的工具比较简单：一只酥油桶，一个盛有适量水的大盆。酥油桶是木制的，由三部分组成：①木桶，高及人胸，桶身上下等粗，外围上、中、下各部分别用金属箍或用竹、藤或牛皮等箍紧。②"甲洛"，为藏语，即一块比木桶内径略小的厚木板，上面掏有三角形或方形的5个孔，其中4个孔均匀地分布在木板的各对称部位，中间的方孔上固定着一根一握粗高出桶1尺左右的直木棍。一般情况下，"甲洛"总是插在木桶里的。③一个与桶外径相等的木盖，"甲洛"柄从中央的圆孔中伸出。木盖反面固定着几根木条，使之更稳定地盖于桶上，以保持桶内洁净。酥油桶虽大小不一，但一般都能装几十斤奶。

图8-5为酥油桶和"甲洛"。

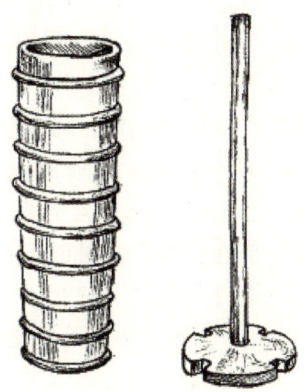

图8-5 酥油桶和"甲洛"

每逢早晚，妇女或者男子把滤净的鲜奶煮热，稍微冷却后加入酵母盖上盖子使其发酵，发酵后的牛奶就变成酸乳酪，尝起来又酸又爽口。将酸乳酪倒入酥油桶里，便可以开始打制酥油。大多时候，人们直接将鲜奶倒入酥油桶，然后使其发酵；如果发酵情况差，就加入一些温水，然后开始打酥油。在家里的时候，打酥油通常由妇女承担，有时候老人或小孩也可以帮忙。在高山牧场上，一般由放牧的中老年男子打酥油。打酥油是一件体力活，需要很大的耐力。打酥油时，人们两手握住木柄，用腰、臂甚至全身力气，将木柄往下沉压，等到触及桶底的时候，便放松手，任凭浮力将木柄缓缓托起。如此周而复始，反复近千次，酥油才从奶中分离，浮于表层。

打酥油耗时极长，在长期的生活实践中，人们已经不再单纯将其视作一项枯燥的劳动，而是已经赋予了娱乐的意义。当地流传着一首打酥油歌，人们跟着"甲洛"的起伏节奏，一边劳动，一边嘴里哼着歌调；歌唱完了，酥油也已经打好了。唱歌不仅缓解了人们在持续劳动时的疲劳，也增加了人们的快乐。酥油分离出来以后，人们小心谨慎地把酥油捞起，把黏在桶壁上的油点黏出，一并放入盛凉水的大盆里。在凉水中用两手反复捏、攥，直至将酥油团中的杂质——脱脂奶除净为止。人们习惯将酥油拍成扁圆或方形的坨团。夏季一桶奶能打出 3～5 斤酥油。待酥油坨积多时，男人们将其揣进泡软了的小牛皮或牛羊肚儿中缝好，以便于保存和运输。当冬季牛奶比较少时，打制酥油通常在一个容器中进行。很多藏族地区的牧民用绵羊的胃来加工酥油，先将胃囊吹入空气使其鼓胀，再往里面倒入发酵的鲜奶；然后，扎紧口子，放在大腿上来回滚动，经过成百上千次的滚动和揉搓，酥油才和奶水分离。人们将打好的酥油装入特制的皮口袋里，用针线密密匝匝地缝合好，一年里酥油都不会变质。人们在需要的时候随时就可以拿出来食用，多余的还可以拿去卖掉，进而换回其他生活用品。酸乳酪加工成酥油以后，剩下的部分进行煮沸、过滤，然后再将这些滤出的乳酪晒干，这样便成了奶渣，也叫奶酪。奶渣是晒干的酸乳酪，坚硬异常。在食用的时候，将奶渣放入碗底，倒入酥油茶进行冲泡。这样，人们一边喝酥油茶，一边可以嚼吃泡软的奶渣。做完奶渣剩下的酸奶水，可以用来喂狗，也可以做成化妆品，藏语称作"多加"。做法是将加工奶渣后剩下的酸奶水放在火上不断地煮热，直到其变成又黑又稠的浓缩剂。"多加"是妇女们自己制作的化妆品，将其涂搽在脸颊上，可以起到防晒护肤的作用。在海拔较高的山区和高原上，强烈的紫外线和严酷的寒风很容易伤害人的皮肤，妇女们将做好的"多加"存放在罐子里面，等到需要使用的时候再拿出来，加入几滴水，放在火塘边加热，便可以涂抹在皮肤上了。在过去，当地的牛羊数量多，几乎家家都有足够的牛奶和羊奶来生产酥油。2000 年以后，由于退耕还林和退牧还草等生态保护政策的实施，耕地和可以放牧的草地面积减少了，人们也相应地减少了牲畜的数量，一些地方的奶制品产量开始不足，人们需要去集市上购买酥油。现在，丙中洛的酥油价格已经涨到了每斤 50 元。

　　酥油的使用方式主要是将其加工和制作成酥油茶，然后伴以其他食物一起食用。碧罗雪山地区受藏族文化影响较深，原本为藏族群众喜爱的酥油茶也广泛流传于这一地区里的怒族、傈僳族、纳西族和汉族群众的日常生活当中，早上喝酥油茶、吃粑粑已经成为人们的饮食习惯，酥油茶也成为人们招待客人的一种地方特色。在当地的乡镇街道上，饭店里的早点也基本上是酥油茶和粑粑。酥油茶是酥油、盐、茶汁的混合品。人们在酥油桶中放入凝固的酥油，加入适量的食盐，再将煮沸的茶水倒入其中，像打酥油一样对桶里的茶水进行上下搅动，混合均匀后的液体就为酥油茶。酥油茶的装盛也有讲究，不能随便装在一个容器中，而是要装在一个特制的铜壶中。铜壶带有明显的藏族文化气息，外表为金黄色，美观而精致；用铜壶装倒酥油茶是当地的一项礼俗。

二、酿酒

还有什么东西能比酒更能代表当地少数民族的文化吗？相信凡是去过怒江和澜沧江地区的人们对此一定印象深刻。对于当地群众来说，饭可以不吃，但是酒绝对不能不喝。男人远行要煮酒，建造房屋要煮酒，婚丧嫁娶要煮酒，节日庆典要煮酒，上山打猎要煮酒，收获庄稼更要煮酒。除了少数信教的群众外，几乎家家户户都要酿酒。

酿酒在当地具有很长的历史。新中国成立前，即使农业生产水平较低，粮食产量不足，人们依然每年耗费大量的粮食用来酿酒。时至今日，酿酒仍是人们生活当中的一项重要活动，因为很多场合都离不开酒。人们除了在平日里闲来无事的时候喜欢坐在火塘旁自斟自饮，家里来了客人的时候喝酒更是不可或缺的招待礼俗。用自己家里酿制的美酒来招待客人是对客人和亲朋好友的最好问候与敬意。对于当地人来说，能酿成美酒是一家人的荣誉；反之，那是一件很丢面子的事，不但糟蹋了粮食，还失去了和人交往的媒介。为此，女子从小就要开始学习酿酒技术，最先跟随母亲学酿酒，等到长大嫁人后再独自承担起家里的酿酒工作。

记得在贡山的秋那桶村，笔者在经过山上一户人家的门前时，正好看见一名妇女在炒青稞。因为当地的院子没有高大的围墙，因而很容易就看到了里面的情形。怀着极大的好奇心，笔者就走进去观摩。只见那名妇女在院子里架了一口大铁锅，下面的火烧得正旺，锅里面装着青稞。她一边烧火，一边用一根长棍子搅拌锅里的青稞，使其均匀地受热。在笔者的询问下，才得知原来该妇女是要准备酿制青稞酒，她要先把青稞炒熟，然后再进行发酵、蒸馏等。酿酒是一件系统而复杂的细致活，没有相当经验是做不来的。在德钦燕门乡的拖拉村，房东的一个侄儿晚上一边看电视，一边喝着自酿的青稞酒，还邀笔者一起喝。他一边给大家倒酒，一边自豪地介绍他酿酒的过程，还说该酒已经在地窖里封存了两年多。闻着扑鼻的酒香味，笔者也试着尝了几杯。一口喝下，感觉真是辛辣异常。

当地的酒类繁多，除了上面提及的青稞酒，酿酒的原料主要有玉米、高粱、荞麦、大麦，其中以玉米酒最多。除了粮食，当地人甚至还用板栗等其他食物来酿酒。与酿酒相伴随的是丰富多彩的喝酒文化。以傈僳族的贴面酒和同心酒为例。过去，人们多用竹筒作为饮酒的盛器。饮酒时，主人取一竹筒酒，与客人脸贴脸地一同喝光，不得有酒溢流到地上，否则就要从头来过。饮贴面酒是绝对不避男女之嫌的，夫妻同宴，丈夫与其他女子贴面而饮，妻子也与其他男子来个"双杯尽"，这都是正常的现象。傈僳族的酒文化可谓是傈僳族热情奔放、真诚待客的写照。其酒文化内涵丰富，随着时代的发展，酒的喝法也变得愈加丰富。以前的同心酒也变换了好几种不同的喝法。第一种是石月亮酒。饮酒时众人围桌而立，右手端酒杯，同时用左手挽住朋友或客人……整个场面如同满月，在唱罢祝酒歌后，众人一口喝尽。第二种是"三江并流"酒。三江是指金沙江、澜沧江和怒江，历史上傈僳族曾在这一广大区域分布和迁徙。喝酒时，三人左手搭靠在一起并靠近，右手端杯逆时针方向缠绕形成"三江之流"，象征着三人携手共创美好明天。现在已经发展到"三江并流"加"高山流水"，即在喝"三江并流"酒时，上面还有一个人提着酒壶往下面的酒碗中不断加酒。第三种是思念酒。思念酒是傈僳族同心酒中最常见的方式，也称弟兄酒和兄妹酒，是对远方来的朋友、客人和亲人表达深情厚谊的方式，志在"同心"。饮酒时两人面对面，右手搂对方颈部，左手轻扶对方背脊，再喝杯中酒；或是两人搂肩脸贴脸、嘴靠拢，同时饮完杯中酒，以喝完一滴不洒为佳。如此等等。

（1）水酒和辣酒。来到当地人家里做客，村民们一般很少用茶水来招待，端来的要么是水酒，要么是辣酒。水酒是一种发酵酒，制作方法是先将玉米、高粱、荞麦面或稗子等原料捣碎、去皮、煮透、蒸熟，晾凉后拌上酒药，然后装入大罐中，令其自然发酵七八天，饮用时兑水、过滤即可。这种酒的酒汁微浊，酒精含量不高，醇香微甜，有健脾开胃、提神解乏之功效。水酒有两种，一种是把包谷冲成大颗粒状的，有点混浊；另外一种是把包谷磨成面，用面来做后面的工序，做出来的水酒就是黄色的，这种水酒因为包谷就溶在酒中，人喝了容易饱。辣酒，是把发酵后的糟水放入锅中蒸馏而得的蒸馏酒。此酒清澈透明，度数较高，较水酒辛辣爽口。但这两种酒不能混在一起喝，否则容易醉。

制作水酒时，先把玉米、高粱、小米、小麦蒸煮好，待冷却后，拌入适量的酒曲，装入干净的大罐中，用盖密封发酵，7 天左右便会发出清香的酒味；然后填水，再用勺连糟带水掏出，倒入竹编的小漏斗中，酒糟留在漏斗里，酒液流入下面的容器，这样就得到可口的水酒了。全罐的酒糟都过滤一遍，接着还可以加水过滤第二遍，再过滤第三遍，直至酒味变淡。第一遍过滤出来的酒汁比较混浊，呈乳白色，醇香带甜，提神可口，解渴开胃，类似于一种高级啤酒，酒精度为 15 度左右，由于富有大量单糖，极富营养。当地人习惯在酒发酵后，添加生水，故外地人喝不惯，会引起腹泻。

辣酒也就是白酒。白酒的酿制相对比较复杂，需要掌握一定的技术。过去，人们熬酒的器具极为简单，仅有木甑和引流的竹槽等。《菖蒲桶志》里对这一蒸酒法也进行了简单的记载："菖属夷人，尽皆嗜酒，人人能酿，其法甚简。将粮食煮熟后，拌以酒药，置于瓮中十余日后，将粮取出，用木甑蒸之，用一竹槽插入甑中，其酒即由槽内流去。"木甑系选用一截粗大的树干剜空以后放上甑底，在木甑的上端约1/4或1/5处穿一小孔，在孔里插入手掌大小的竹槽，再接上一根竹管将酒引出。由于工具简陋，技术落后，出酒率极低，1升粮食只能蒸3～5碗酒，而且度数还很低。

现在，由于铁锅等器具的出现，再加上酿酒技术的不断进步，出酒率大大提高。人们在酒发酵后，把糟水倒入铁锅里，放在火上加热使酒液蒸发，锅上再套上一个木桶圈，圈里的中部悬起小罐。圈上放一口装有冷水的铁锅，蒸发上来的酒蒸气遇到冷水锅底后，就会迅速凝结成酒滴，从而掉进悬在空中的小罐里（见图8-6）。期间要注意，当锅上的冷水变温时，要及时换上新的冷水，以保持水蒸气的冷却温度。也有的不是在锅中悬挂小罐，而是在锅里斜着悬挂一把长勺，勺端为圆形，勺柄为封闭的空心状，勺柄穿孔而出伸向铁锅的外面。这样，蒸酒的时候，冷却到勺子里的酒液就会顺着勺柄流到铁锅的外面了，人们可以边酿边喝。烤酒要有技巧，火既不能太大，也不能太小。火太大，酒会被一下子烤干，出酒率不高；火太小，只能烤到甑底部分，水蒸气上不去，也酿不出酒来。和水酒相比，烧酒无疑要辣得多，酒精含量也大，高的可以达到五六十度。

图8-6 铁锅蒸酒

一锅酒煮得好不好，酒曲往往是关键。因而，酒曲的制作者一般都是经验丰富的老人，年轻人是不轻易被允许做酒曲的。怒族人认为，年轻人制酒曲魂魄可能会被鬼带走，即使老人制作酒曲时被人撞见也会有灾。因此，制作酒曲，必须在很隐秘的情况下进行。制作酒曲的原料是一种当地的野生植物。人们将采集回来的野生植物晒干，然后舂捣成粉状，再把天仙米炒过，加工成粉，一同揉成小饼，捂起来发霉；等上面起一层白毛时，再拿出来晒干，就做成酒曲了。制作的时候，要忌沾油渍，否则会变臭。除了当地的土方法，人们也通过与其他地方的人进行交换来获得酒曲。

（2）咕噜酒。"咕噜酒"的制作方法是先烧开一锅水，再将包谷、荞麦面及酒曲按比例倒入锅中，不断搅拌，等到这些糊状物变干后便可起锅，再将其密封于罐中等待发酵。因为在煮酒的过程中有咕噜声，所以叫作"咕噜酒"。

（3）下拉。"下拉"，是一种肉酒。味道鲜美，甜中带辣，口感十分柔和；同时还是滋补身体、治疗疾病的上乘药膳。将猎获的各种野生动物或鸡肉砍成两三厘米厚的小块，锅里加入漆油或者酥油，等到油被烧成七八分开时，将肉放入锅中翻炒；等到肉皮变黄时改用文火，再将上好的烧酒倒入锅中，盖上锅盖，焖上十几分钟即可食用。初次吃"下拉"的人，开始吃时以为是肉汤，结果连吃几碗，等到吃完，也就醉了。"下拉"既用来招待客人，也用来招待换工和帮忙的村民。除了鸡肉，鸡蛋也可以用来"炒酒"。

怒江地区，潮湿多雨，喝酒可以祛除湿气，否则容易患风湿病。另外，由于闭塞和艰难的生存环境，生活难免单调，借酒助兴和参与社交活动实为人们满足内心需要的一种表现。除了自己家里饮用和招待客人之外，酒有时候也被用来在婚丧等社交活动中作为礼物送给亲戚朋友，主人家将客人送来的酒水全部拿来招待到来的客人，直到所有酒水被喝光喝尽。如此足以看出酒在当地社会中的重要性。

第二节　编织和纺织

一、编织

编织是农村地区一项传统的手工技术，也是人们长期生活智慧的结晶。在人们的生活中，总是少不了一些装盛和搬运东西的器具，而大自然恰好又为人们提供了各种可以加以利用的原材料。在靠近竹林的地方，人们砍伐山上的竹子来编织成各种竹篾器；在没有竹子的北方地区，人们就割取细嫩的树木枝条来编织成各种容器。编织并不总是为了满足家庭自己的需要，除了自给，人们也扩大编织竹木器具的数量来弥补生计或者赚取一些额外的小钱。

在《云南三村》中，张之毅等就认为，编织篾器，是易村人们在农闲季节用来解决生计困难的手工业。手工业是农业的补充，人们可以互通有无。①在粮食不足和家庭收入较低的时候，正是通过出售篾器，人们维持了生计上的平衡，从而不至于太贫困。

---

① 参见费孝通、张之毅著《云南三村》，天津人民出版社1990年版，第212页。

怒族自古就是擅长利用竹林资源和编织竹篾器的民族。清代余庆远在《维西见闻纪》中曾记载道："怒子，居怒江内，界连康普、叶枝、阿墩之间。迆南地名罗麦基，接连缅甸，素号野夷。男女披发，面刺青文，首勒红藤，麻布短衣。男著裤，女以裙，俱跣。覆竹为屋，编竹为垣。谷产黍麦，蔬产薯、蓣及芋，猎禽兽以佐食。无盐，无马骡。无盗，路不拾遗，非御虎豹，外户可不扃。人精为竹器，织红文麻布。麽些不远千里往购之。"[①] 从这一记载中我们可以看到，当时的怒族群众不仅用竹子来建造房屋，而且"人精为竹器"，就连千里之外的纳西族也前往怒族地区购买，足见当地编制业之兴盛。除了自己使用和进行交换外，竹篾器还被用作超经济强制下的贡赋。在过去，怒族群众向傈僳族头人缴纳的贡品名单中，列在第一位的就是竹篾编织成的簸箕。怒族群众为了缴纳贡品，各个家族便将历来属于公有的氏族和村寨进行分割，划分捕捉山鼠以及砍伐竹子的山林地界。

20世纪50年代以前，怒族的编制技术非常高，编织成的产品更是远近闻名。以簸箕为例，据说其严实程度可以达到盛水不漏。人们在雨天下地干活或者外出，只要戴上怒族编织的斗笠和蓑衣，衣服就不会淋湿。不管这些说法是否真实，但足以反映怒族群众编织技术的精湛。其实，编织篾器并不只限于某一个民族，技术利用是一个不断传播和渗透的过程，碧罗雪山周围是一个多民族混居的地区，编织竹篾器的技术后来自然也为当地的傈僳族、藏族和纳西族等其他民族的群众所学习和借鉴。

编织竹篾器的工具和技术，都很简单。第一步是上山砍伐竹子。每年夏季的6—8月是砍竹剖篾的最佳季节。此时竹子水分多，竹片软，编制起来柔顺且不易断裂。竹子的生长和分布比较复杂，除了河谷和村子周围有少量分布外，其余大部分都生长在海拔2 500～3 000米的山腰上。山上的竹子也并非集中成片，而是零星地分布在茂密的丛林之中；大多生长在山间潮湿泥泞之地，其种类繁多，常见的有龙竹、藤竹、长舌巨竹、麻竹、绿竹、苦竹、毛笋竹等，要从其中挑选适合编织的竹子也颇为不易。这里的竹子大致可分为两种：一种是空心竹，挺拔高大，是编织篾器的良好材料；另一种是实心竹，细小结实，人们多用来制作竹箭。人们通常根据自己的编织对象来选取材料。例如，编制背篓就要选粗大挺拔、中间结疤较少的竹子。砍竹时在距地面1尺高的根部用砍刀顺势向下斜砍，将竹子砍下并去掉竹梢，只留下竹身部分。将竹子砍下后，可将其拖至山间开阔平缓之处进行剖篾。拖着长长的竹竿在山林间穿梭不方便，人们多在山上剖篾，将篾条盘起带回家中，这样可以减轻重量。

第二步，剖篾前要先将竹子用刀劈开，一般是将竹身一分为四，即一根竹

---

① （清）余庆远撰：《维西见闻纪》，见《大理行记及其他五种》，商务印书馆1936年版，第10页。

子被剖成均匀的4片，从而得到4条竹篾片。劈竹需要娴熟的技巧，用砍刀从竹子顶端剖开，必须保证每条竹片粗细均匀，一旦砍刀走偏，剖开的竹片粗细不一则不能使用。因此，剖竹片是一件细致活，要慢慢来才行。

第三步，竹子剖开后紧接着是进行剖篾。剖篾有两种，一种是剖较宽的篾片，一种是剖更加细窄的篾条。篾片将来主要用来做龙骨，也就是编织篾器时竖立着的骨架，而篾条则主要用来横着缠绕在搭建好的骨架上面。篾片和篾条要厚薄均匀，太薄容易使篾条断裂，太厚则在编制竹器时不易翻转且容易折断；用宽细均匀的篾条编织出来的竹器也显得整齐、美观，反之则显得加工粗糙、不好看。因此，剖篾时要很有耐心才行。人们将篾片和篾条剖制好以后，再用一把带齿的小刀刮掉上面的刺，使其变得光滑，这样，编织的时候就不会伤到手。竹篾剖完后，人们将其盘卷起来背回家，准备编织。到家后要将竹篾及时散开，以防其扭曲变形不好使用。

篾器的用途极为广泛，其种类多种多样。按照用途，篾器可以分为三类：第一类是粮食加工用具，代表性的如簸箕、筛子等，簸箕和筛子主要用来分离粮食和糠秕，是农户加工粮食必不可少的工具。第二类是装盛和搬运用具，小的如背篓、箩筐和竹篮，大的如囤箩等。第三类是生活用品，如扫把和席子等。

图8-7为破竹、簸箕与背篓。

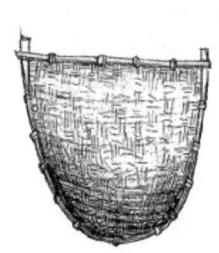

图8-7 破竹、簸箕与背篓

囤箩：为椭圆柱形，其规格由箩的直径和高度决定，用来装粮食。

背篓：上口宽、下窄、封底，一般用竹篾编成柱形，篓身并不是密封的，而是相隔有小孔，主要用来背木柴、猪草和一些采集之物。

簸箕：有大有小，里端为方形、较窄，外端平而开阔。使用时，通过上下颠簸，将糠、秕、土等杂物清除出去。

筛子：根据网眼可以分为粗筛和细筛。粗筛主要用来筛玉米，玉米舂过头道以后，将其放在筛子里过滤，细小的包谷面、颗粒便从网眼落下，可以做稀饭和干饭吃。粗大的仍然留在筛子里，可以继续舂打，或拿去喂牲畜、家禽。

细筛一般用来过滤荞面、大麦、小麦和燕麦面。

在高山峡谷地区，人们最常用的竹篾器具为背篓和箩筐。走进村民的院落里，随处可见大大小小、形状各异的背篓。走在村子里的道路上，随时可见妇女或小孩背着背篓出去割猪草。人们去地里劳动的时候，身上也背上一个背篓，遇到有用的东西随时可以将其捡起背回家。背篓和箩筐的编织技术简单，几乎每家男子都会此种手工艺。什么篾器要用哪种材料、要多少材料，他们心中都有个准数。笔者曾问他们，这些技术哪里学来的？他们回答："不用学，看看人家就会了。"

在碧罗雪山的高山牧场上，笔者曾亲眼目睹一个老年男子坐在牧屋前编织背篓。老人平日里除了照看牲畜，也用山上的竹子来编一些篾器。山下的家人上山来送粮食等生活用品的时候，会将这些篾器带到山下的集市上出售。编制背篓从底部开始，要先将底筐编制好，正如盖房子时要先将地基打好一样。底筐四周用宽厚结实的篾片编织，以确保底部结实牢固。底部固定后将底部四周延展出的竹篾向上折起作为竖着的龙骨，再用细小的篾条横向在这些龙骨中间穿插交错。有的篾片和篾条要用火炙过后才绕得过来；有的要浸在水里，经过相当时间才能编织。编织时要用力将篾条向下压紧，以使其充分紧密、严实，如果力道不够，编织出来的背篓和箩筐也是松松垮垮的，不堪使用。编至顶部时要进行封边。封边也是编织篾器的关键环节，先在顶端沿筐圈穿插两条竹篾以起到固定边框的作用，将延伸在外的竹篾依次侧边穿插，至此，编制背篓的工作大致完成。背篓和箩筐编制好以后，按照习惯，人们还要为其系上两条专门的背带，这样，一个精致的背篓或者箩筐就最终完成了。

正如张之毅在调查云南易村的手工业时说的那样，编织篾器不需要很大的资本投入，一般来说，只需要一把砍刀和相应的竹料就行。一把砍刀值不了多少钱，而且可以用上几年也不坏。竹料既可以上山去砍，也可以用自己家里生长的，即使要买也花不了几个钱。况且编制时间短，几天之内就可以把篾器织好卖出去。

时至今日，在当地的集市上，我们仍然可以看到人们编织的各种竹篾器。在内中洛乡的时候，笔者特意观察了一次当地的集市贸易。在观察商品和货物种类的过程中，我们发现有一些年轻妇女，一边摆摊卖自家的农产品，一边也兼卖一些自己家里刚刚编织好的箩筐和背篓。在这些箩筐中，有的高达60～70厘米，有的只有30厘米左右；大的一个卖40元，小的一个卖20元。在询问过程中，我们发现了一个很有意思的现象：有两名年轻妇女挨在一起卖箩筐，一个是怒族，另外一个是傈僳族。初看上去，她们所卖的箩筐都是一样的，但是在介绍的时候，哪一家是怒族的，哪一家是傈僳族的，她们却分得很清楚。经笔者细看，原来两家箩筐的底部确实有一些差别：怒族的箩筐底下为平面，能立在地上不跌倒；而傈僳族的箩筐底部呈锥形，很难立放在地上。除了箩筐，还有一种专门装鸡用的篾器。该篾器高约20厘米，腰身为圆形，筐口较窄，里面恰好可以容纳一整只鸡。还有晒粮食和药材用的大篾筐，该种篾器高度大约只有10厘米，但是直径却达到2米左右。

箩筐和背篓是山区人们运输物品的主要工具。由于道路崎岖不平，生活中的大量物品都要靠箩筐或背篓来背运。每年春耕秋播季节，人们要用箩筐将家里积攒的农家肥背到远处的地里面。在山林中，使用背篓和箩筐也极为方便。箩筐背在背上，可以使人腾出双手；在山路上行走总会磕磕绊绊，人们可以一边用砍刀来开路，一边用手来扶住树木保持平衡。采集的野菜和药材，可以直接丢进后面的背篓里。这既加快了劳动效率，也省去了很多麻烦。和木头等其他材料相比，竹篾为比较轻巧的物品，制作的箩筐和背篓本身也比较轻巧，这就可以大大减轻人们的负重和体力，从而降低人们的辛苦程度。无论是从实用还是从经济的角度来讲，编织篾器都是山区人们的一项有效劳动，它既能解决人们生活中的一些实际困难，也能为人们带来一些经济上的收入，因而是一项值得付出的劳动。

二、纺织

和食物一样，衣服也是和人类关系最为密切的生活必需品之一。我们常说，"衣食住行"。有时候，衣服的重要性甚至被排到了食物的前面，足见其对人类生存的重要性。衣服的功能极为多样，它不仅能为人们取暖保温、蔽体遮羞，还满足着人们审美的需要。有时候，衣服也用来作为人的身份标志。除了衣服，我们还需要棉被和毯子等其他生活用品，这些东西的生产和加工都离不开人类的一项伟大发明，那就是纺织技术。人类的纺织技术具有古老的历史，关于它的起源和产生，我们已经无从考证。

制作布料需要一套完善的技术，即使一些古老的纺织技术，其发明也经过了人们的长期探索。人们将原本凌乱的植物原料捋成整齐的丝线，再将这些丝线纺织成整块的布匹，布匹经过染色和裁剪最终便成为人的衣着和其他布料产品。众所周知，"男耕女织"的生产模式是我国古代自然经济的代表和典范，农业生产和布料纺织是家庭经济的主要构成，也是小农家庭的理想生活模式。这一模式在人类的农业社会中延续了几千年，直至工业革命的诞生才开始走向衰落和解体。始于18世纪的英国工业革命逐渐影响到世界范围，打败和摧毁了小型家庭手工纺织业，使得无数原本以此为生的小农家庭纷纷破产。费孝通的《江村经济》① 就是一个很好的例证：江村所在的太湖流域原本是一个蚕丝业发达的地区，人们除了种植稻米，也靠养蚕和缫丝来维持家庭的生计。可是，工业革命以后，西方国家开始采用机器和大工厂进行纺织，生产效率的提高使得生丝的价格大幅跌落，从而导致大量家庭破产。20世纪初，在印度寻求独立和自治的民族运动中，纺织技术也被用来作为抵御英国殖民者的武器。圣雄甘地曾经身体力行，重拾传统手工纺织技术，鼓励印度民众自己动手纺纱织布，号召人们抵制英国工厂生产的布匹和衣服，最终迫使英国当局让步，从而取得很大成功。因而，纺织并不只是一项简单的技术，它还影响到一个社会的政治与经济变革。

但是，机器的大规模批量生产真的已经完全取代家庭手工纺织吗？答案是否定的。在我们调查的碧罗雪山地区，一些当地的怒族、傈僳族和独龙族家庭依然保留着手工织布这项古老而传统的纺织技术。当地盛行一种叫作"怒毯"（或"独龙毯"）的纺织品。"怒毯"是当地群众非常喜欢的纺织产品，由白、蓝、黄、绿等几种颜色交织而成，人们将其广泛地用在衣着、床垫、门帘等家居方面。因而，纺织的目的不只是为了驱寒保暖，而且是为了装饰和美化家居。怒族群众素来以善于编织著称，其制作的竹器和"红文麻布"，外地人曾"不远千里往购之"。编织品除了自己使用，还要作为向统治者纳贡的贡品，剩余的可以拿去和外地人进行交换。

过去，人们用来纺织的原料多为麻线。麻料的来源有两种，一是采自野生麻，二是家里自己用地种麻。怒族人民在长期的生活实践中，发现了不少野生植物纤维可以加工为驱寒保暖的衣料。在众多的野生植物中，野麻是其中的佼佼者。野麻是一种多年生草本植物，全株茎叶通覆一层细毛，人体触及这些毛刺，可引起蜂蜇般的红肿热痛。野麻一般高 1～2 米。每年10月以后，人们把它砍倒，修去枝丫后晒干，待晒干后，将外边的纤维部分剥下来，经过撕、搓、揉和水煮、漂洗等几道加工工序，就制成一根根白麻线。

关于麻线的发现，当地流传着一段美丽的爱情传说。传说有一对青年男女十分恩爱，小伙子整日里在深山野林打猎，除了用一块兽皮遮羞外，全身袒露。姑娘看到小伙子身上被荆棘刺得遍体鳞伤，十分难过。于是，她跑遍群山，最后找到了野麻，剥下麻皮，捻出线，经过几个不眠之夜，最后终于缝成一件长衫，小伙子穿上麻线织成的长衫以后，从此不再惧怕荆棘和树枝的扎刺了。别看野麻会刺人生痛，但它在怒族人民生活中扮演着重要的角色。如用野麻搓成的麻绳可以拴牛套马，甚至江上过渡的溜索也需要它。用野麻编织的网兜，是怒族男人出门少不了的搭档；此外，还可作为弩弓的弓绳，可织成富有

---

① 费孝通著：《江村经济》，上海人民出版社2006年版。

民族特色的怒族挎包、怒族毯子、腰带、绑腿、衣料等。因此，野麻在怒族人民的生活中，曾一度是不可缺少的宝物。

对于野麻的使用加工，也有当地人长期实践经验的积累过程。如今在怒族山寨还流传着父子俩摸索剥野麻的传说。

> 很早以前有父子俩去剥野麻。因为不知道怎么剥，剥了三天三夜，把手都剥痛了，也只剥出很少的一点麻，把父子俩急得吃不下睡不着。正在无可奈何之时，有只小鸟飞到父子俩住的窝棚前，一遍又一遍地唱道："伍白门康、约白布康。"（不要从尖头剥，要从根底剥）父子俩听了，开始没有听出是什么意思。但那只小鸟的特殊叫声仿佛是一句怒语，引起了他们的注意，仔细推敲好像是在指导他们该怎么做一样，就决定试一试。他们试剥了几株野麻，果真剥得又快又干净利落。父子俩高兴得顾不上吃喝，一口气剥下不少的野麻。从此，从根底处开剥野麻的办法，一直在怒族山寨代代相传。①

这则传说告诉我们，剥麻皮也是一件技巧活，是人们经过长时间的摸索后才逐渐学会和掌握的。

女孩一般十一二岁就学会纺织麻布，出嫁以后，夫家的全家衣着都要靠她来缝制。除了耕作外，从种麻、割麻到做成衣服均由妇女完成。织布的时间多在一二月份，傈僳族称2月为织麻月。期间，妇女基本手不离麻，甚至边走路边捻麻线绕麻线团。麻成熟后，割倒晒干；然后浸泡在水中，待到腐烂时再捞起来将麻皮剥下；再将麻皮晒干，用水洗净，晒干后用纺车或纺锤纺成粗麻线；然后将粗麻线用特制的摇麻架摇细，再将变细的麻线放入木灰水中煮白，最后将煮白的麻线绷直，这样就做成了可以用来织布的麻线。麻线做成以后，还要进行染色。当地的染色技术较高，最初由北面的藏族地区传入，人们用树枝、树叶、灰等将麻线染成红、绿、褐等颜色，改变了单调的麻线颜色。绩织麻布是每个妇女都应该掌握的，人们平日里穿着或使用的麻衫、布单、布包、袋子等，都是用自家织出来的麻布制成。民国以后，内地的棉线开始进入怒江地区，棉线无论是在外观还是在舒适程度上都远超过麻线，较为富裕的家庭开始用棉线织布。但是，由于生活水平低下，普通人家仍然选择麻线来织布。如今，由于工业的发达，野麻作为主要衣料的地位已被外地运来的各种优质布料取代，然而由于其纤维长、韧性好等特点，野麻继续在日常生活中发挥广泛的作用，至今怒族人民仍然非常喜爱它。

---

① 参见李道生主编《怒江文史资料选辑》（第十八辑），政协云南省贡山独龙族怒族自治县委员会、政协云南省怒江傈僳族自治州委员会文史资料研究委员会1991年刊印，第126页。

在贡山的迪麻洛村，我们一走进阿洛家，就看见阿洛的妻子正在院子里织毯子。纺织原料是从集市上买回来的五颜六色的漂亮棉线。纺织的工具虽然很简单，但是对于一个陌生人来说，要弄明白其中的原理，必须经过一番细致的观察才行。织布的工具是一个铁管焊接成的长方形铁架子，架子一头的横杆并排系上棉线，架子的中间吊有两个用尼龙绳做成的类似筐子的东西，筐子下面分别和两个踏板相连。一条条棉线相隔着从筐子中间穿过，一半在上，一半在下，这些线可以被看作经线。织布者将纬线从经线中穿过，穿过一次纬线，便踩动脚下面的一个踏板，这时，经线上下交错，并且被纬线固定；织布者要马上用一块光滑结实的半圆形木板将其往里压紧，再穿过一条纬线，踩动另外一边的踏板，经线再一次交错，再用木板压紧。这样，一次又一次，不断重复，直至棉布毯子织成。用这种方法进行纺织，效率很低，织好一块布毯，需要花上好几天的时间。

图8－8为织"怒毯"示例。

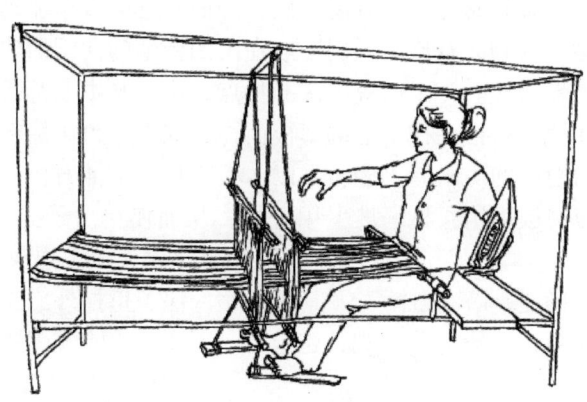

图8－8　织"怒毯"

第三节　建　筑

建筑技术是人类生存的一大发明。除了吃饭和穿衣外，人类还要遮风挡雨、驱寒避暖，要躲避野兽的袭击以保护自己。关于房屋的样式和种类，由于环境和文化上的差异，各地有着很大的不同。另外，由于文明和技术程度的差异，城市和乡村地区的建筑也有着很大区别。在草原上，人们住在可以移动的帐篷里；在北方的黄土高原地区，人们住在窑洞里；等等。在经济落后和技术比较简单的社会里，人们基本上是充分利用和依赖所处的物质环境来满足自身的需要。

在澜沧江峡谷，从西藏的盐井一直到德钦县的燕门乡，一路上可以看到各种独具特色的藏式建筑。藏族最具代表性的建筑为三层两檐式结构，材质大多为土木。房屋的体积一般较大，最底层圈养牲畜和堆放杂物；中层住人；上层除了摆放佛像，还留有一块较为宽阔的空地，用来作为打谷场或者晾晒东西。有些稍微富裕的人家，牲畜圈和粮仓则单独修建。

西麓的怒江峡谷，房屋大多为清一色的木质结构。在过去，怒族和傈僳族的房屋相似，分为木板房和竹篾房两种。木板房略大，为长方形，一般分为两间：外间为招待客人之用，中间置一大火塘，火塘上面放有一铁制三脚架，供炊饮之用；内间为主人卧室以及储备粮食的地方，一般不随便让外人进入。竹篾房较小，也分为两间，有些比较贫困的村民只有一间。木板房和竹篾房建造时均用许多木桩架设在一块斜坡地上，在木桩上铺设木板或竹篾席。这种房屋由于结构简单，极容易修建，也容易拆散，因而非常适合于流动性较强的个体家庭。为了躲避山洪和泥石流，人们一般在山凹台地的向阳面建造房舍，极少在山沟或河谷地带居住。为了适应山区的特点，房子基本上都是干栏式，先把几十根柱子立在地上，再在柱子上绑缚板面，四周围以竹篾篱笆，上面覆盖稻草或木板。贡山地区的房子差不多全是以木板为顶，上铺石板。由于房子下面的柱子可长可短，坡下用长柱，坡上用短柱，从而使得房子处于一个水平面，这就是俗称的"千脚落地"竹篾房。房子的上层住人，下层关牲畜。房子架在山坡上，空气畅通，防潮避湿，尤其是夏季，房子里格外凉爽。但是，因为房子下面关养牲畜，一般为猪、鸡，也有牛、马等，积年的粪便，气味袭人，卫生条件较差。

按照当地习惯，每年冬春之交是修建房屋的最佳时节。在此期间，一些分居的小家庭要建新房，一些老住户也要修葺破损的旧房屋。无论是建新房屋，还是修葺旧房屋，都要采取"瓦刷"。建房前，房主要先将所需原料准备妥当，选定吉日，约定时间邀请亲友和本村村民前来帮忙，房屋必须在一天之内建成。凡被邀请前来帮忙修建房屋者都要携带一捆茅草或木料赠送给房主。房子建成后，主人招待一顿水酒或玉米稀饭，另无他酬。

图8-9、图8-10是我们在怒江峡谷地区拍摄到的一户普通人家的房屋简图，在当地很有代表性。图8-9是主屋。它的结构由三层构成：最底层一半悬空，由木柱支撑；中间用均匀的厚木板做成榫口套接而成，整齐而牢固；最上面为屋子的顶棚，用来堆放杂物。屋子的下层一般用来圈养猪，有时鸡也在里面生活；中间一层住人，里面分为三间，中间的一间里面设有火塘，兼做厨房和客厅或者老人的卧室，两侧的房间当作卧室；屋顶上铺盖当地特有的石

板瓦，形状为正方形，呈黑色。通往房屋上下的工具为梯子。当地的梯子由一根单独的木头制成，将木头的一面凿挖成梯形，搭靠在房屋上，人踩踏着就可以上上下下了。这种梯子极不稳当，陌生人初次登上去的时候，左右摇晃，感觉很不踏实。但是，对于当地人来说，这显然不成问题。

图8－9　怒江地区的房屋

图8－10为仓库，主要用来存放粮食，周围一般拴有狗。仓库为当地颇具特色的木楞房，四周由大小差不多相等的圆木围成；交接处也是凿以榫口，上下相套衔接而成，看起来极为整齐。和主房屋不同的是，仓库屋顶上的瓦已经变成了现代的石棉瓦。可见，当地建筑的材质也是不断变化的。

图8－10　仓库（木楞结构）

第四节 木器、竹器和陶器

制作木器、竹器和陶器等器具也家庭手工业的内容之一，和织麻布相对应，它是男子必须掌握的一种家庭手工技艺。

1. 木器

木器有木锄、木犁、木桶、木板、织机、乐器、弩弓、刀匣、箭匣、独木舟、溜板以及碗、勺、案板等。

人们一般在秋后开始上山，选伐各种木料。他们认为，这时树中的水分减少，较易砍伐，而且砍伐下来的木料质地比春天时的要细密，特别是不容易生蛆和腐烂。由于这时的天气已经不是很热，适合于木材慢慢干燥而不爆裂。人们根据不同用途，选用合适的木材。青冈木质细且坚硬，适合于制作木犁铧、弩柄和案板等；杨木木质细而轻，用来做纺织机的各种部件和挖制碗、勺等；黄杨木的根可以用来制作烟斗；桃木也适合于制作各种硬木具；松木轻软，有油质，可制作用量大而有防水性能的房板、地板；桦木木质硬，砍出刀痕后易弹回，适合做案具；等等。砍伐下来的木材都不立即剥皮，制作器物时，有的木料需要绝对干燥，有的就无所谓。

（1）木水桶。用木板拼制成的水桶是普遍使用的背水工具，木桶为扁六角形，口部宽，底部较窄。桶的大小不一，主要根据使用者的体力和年龄而定，最大的可以用来装粮食。制作时，将用来做水桶的木料削成 6 块薄木板，拼成六角形的桶身，下边安上桶底，桶身外部上下用数道竹皮裹上几道竹箍即成。在制作木桶前，先用火将木板烤干；木桶制成后先浸泡在水中，并在接缝处用生漆涂塞以免漏水。

（2）木柜子。用来装粮食、衣物等。木柜为长方形，有大小之分，一般高八九十厘米，长约 1 米，宽七八十厘米。原料多用松木等。柜子四壁以木钉钉合，或凿成眼扣合。柜子的正面削至光滑，再在上面刻上一些纹饰。

（3）树皮桶。由核桃皮和漆树皮做成。20 世纪 50 年代以前，几乎家家都有。其制作方法是，先将树干按需要的高度截成段，至六七月间将树皮剥下，用生漆将树皮缝上黏合，再安上桶底即成。另外，也有用漆树剜成的木桶，用来装谷物粮食，稍小的用来做养蜂桶。

（4）酒器。一种是酒瓶，将粗细适中的木杆截成段，用刀将里面剜空即成。另一种是酒壶，颈细腰肥，外部刻有阴阳条纹图案，然后涂以黑漆，制作甚为精美，宛如陶瓷壶。酒壶的做法是用一种特殊的木头，将其剥为两半，外部削成壶形，将木头中间剜空，然后用漆黏合后磨光、刻纹、上漆即成。

（5）溜索和滑板（见图8-11）。怒江地区交通不便，以前，人们过江基本上依靠搭在江水两岸边的溜索。溜索分平溜和陡溜。平溜又叫单溜，两岸的索高基本相等，人滑到中间，再用双手攀爬而过；陡溜就是两条索，过去的时候滑一根，回来的时候滑另一根。

图8-11　溜索和滑板

人过溜索，需要借助于一定的工具。《纂修云南上帕沿边志》中记载："查上帕怒江，并无船舟。沿江怒、傈，水深时概用溜渡，其溜系以竹纽成索，系于两岸，复以木制为梆，如瓦状，人缚梆上，以梆架索上而过之。"① 在调查中，我们发现，过去书中所描述的工具以及过溜方法在今天依然被人们保留和使用。

过江时，人们把木滑板的凹槽扣到索上，再用牛皮绳穿过滑板，下系在人的双腿跟和腰部。一旦脚离地，人便"嗖"的一声滑向江中。在外人看来，这种场面不免显得惊险而刺激。

（6）猪槽船（见图8-12）。在贡山丙中洛的五里村，我们发现了猪槽船的存在。秋冬季节是河水干涸期，村民用猪槽船过江，一般可载7～10人。猪槽船其实就是独木舟，由于形状类似猪槽，因而得名。猪槽船多用松树等树木制作而成，松树富有油质，抗水性能强，适合用于挖制独木舟。由于松树多生长于重峦的峰顶，难以运输。因此，通常在砍伐下来后就地加工，挖出船槽，再想办法运到江边下水，这样就比运粗大的树干轻便多了。除了渡江之用，人们有时候也用猪槽船驶进江中间钓鱼。但是，由于怒江湾多水湍，适合渡江和驾驶猪槽船的平缓地方非常少，因而，猪槽船在怒江地区的分布并不多。春夏季节多雨，江水暴涨，人们用铁索将猪槽船固定绑好，然后反身埋在河边的泥沙中，等到秋冬季节江水平缓的时候再挖出来使用。

---

① 《纂修云南上帕沿边志》，见《怒江傈僳族自治州文物志》编纂委员会编《怒江傈僳族自治州文物志》，云南大学出版社2009年版，第365页。

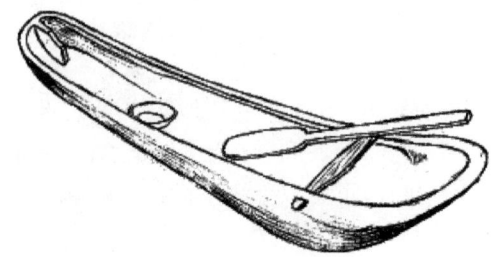

图 8-12 猪槽船

2．竹器

除了木器外，人们也大量制作各种竹器。最常见的竹器为竹筒，人们将一根较粗的竹子砍倒后用根部来做竹筒。大的竹筒可以是 2 节，也可以是 3 节，只需将竹节连接部分打通即可，大的装水，小的装酒。

3．陶器

少数地方的人们还会烧制陶器。陶器主要用来盛水和炊煮。迄今怒族人还保留着一则关于制作陶器起源的传说：他们的祖先看到黏在河卵石上的干泥壳经过火烧可以变得很坚硬，由此得到启发开始烧制陶器。这就为制陶术的起源提供了一个新的说法，即"卵石涂泥"。过去已经有很多陶器制作的传说。例如，人们发现涂在筐子上的泥巴，或者黏在葫芦上的泥巴，经过火烧可以变硬，从而受到启发。直到 20 世纪 50 年代以前，一些地方还保存着古老的泥条盘筑制陶法：一种方法是将泥料制成长条形，以螺旋式的方法由下向上盘筑成器形，同时用陶拍拍打，用手蘸水将器内外接缝处抹平；另一种方法是将泥条圈起，一层层向上堆筑做成器型。用这两种方法制成的陶器，内壁往往留有泥条盘筑的痕迹。人们用这些烧制的陶器同其他村民交换自己的生活必需品。

第九章　政教合一及其制度下的生计

第一节　康区政教合一制度

整个藏族聚居区在长期的历史发展过程中形成了滋生于青藏高原土壤的政教合一制度；这在人类历史上是一种较为特殊的政治制度，是地方行政制度和宗教势力相结合的产物。东嘎·洛桑赤列的《论西藏政教合一制度》可谓是国内第一部系统论述西藏政教合一制度的著作。该书认为："他们（僧侣）如果没有私人占有的土地、牧场和牲畜，没有私人占有生产资料的经济基础，就不会有为着保护这种经济基础而争取掌握政权的动机，而没有这种动机在西藏就不会出现由各派上层分子掌握政权的政教合一制度。"[①] 该观点主要从宗教势力私人占有生产资料出发，即宗教是出于保护自身的财产而必须拥有权力。笔者认为，这是政教合一制度的表现，而不是产生的原因；宗教组织（寺院）拥有土地、牧场等所有权必然要经历一个过程，而不是短期就能形成的。此外，"对于这一观点，如果我们仅仅局限于从藏族史的角度去考虑，即将西藏前弘期和后弘期的佛教状况做一简单比较，也会觉得不无道理；而一旦我们把视野放宽一些，就会感到它未免失之偏颇"[②]。

《宗教学通论》一书指出，"国教统治"和"政教合一"的出现一般来说至少需要下列四种社会环境之一种："1. 该宗教诞生于或适合于该国的文化传统；2. 接受该宗教的民族处于较低的文化发展阶段；3. 在宗教上或意识形态上，该宗教遇到的对手不够强大；4. 该宗教得到强大的政治或军事力量支持。"[③] 上述四点是认识政教合一制度的基础，一定程度上对把握政教合一制度具有整体性指导意义。

笔者认为，青藏高原政教合一的产生有以下两个关键性因素：一是地理环

---

① 转引自王献军《西藏政教合一制形成原因再探》，载《西藏民族学院学报》1998年第1期。
② 同上。
③ 吕大吉主编：《宗教学通论》，中国社会科学出版社1989年版，第671页。

境的制约带来单一宗教意识形态的独立权力。藏传佛教"从最初对西藏传统文化的不适应变得基本适应了,并最终战胜了本教,成为西藏占统治地位的宗教,成为西藏社会中唯一一种意识形态,从而为政教合一制度的出现提供了必要的思想文化条件"①。整个青藏高原由于受高海拔、低气温等自然条件的限制,能在此恶劣环境下生活的只有当地的土著民。在其他气候条件下生活的人们进入西藏,即使最终能适应青藏高原的生活环境,也需经历一段很长的适应过程。因此,青藏高原很难存在多元宗教文化,一旦有宗教的入侵者便会立即遭到打压和反对。明清以来,天主教多次传入康区都遭到强烈的反抗就最能说明上述问题。即青藏高原原宗教不能容忍另一种宗教形态的存在来分配权利和资源。二是统治势力必然要依赖宗教(藏传佛教)。青藏高原不同于中原。中原地区人口集中,交通方便,物产丰富;但是,青藏高原地广人稀,有时候方圆20～30公里甚至更大的范围内没有人烟,这给任何一种统治制度带来统治上的压力。在这一前提下利用宗教意识形态来为统治阶级服务,就不必利用大量的军队进行统治。因此,"作为一种外来宗教,要想在一个地区战胜历史悠久、信徒众多的本土宗教并最终取得统治地位,除了自身具备的有利条件之外,还与统治者的大力扶植与支持密不可分"②。纵观西藏历史,绝大多数统治者都试图扶持宗教界有威望、有影响力的宗教头人或派别,使得在不同时期都有执政者信任的宗教统领产生。

"政教合一"这一概念本身曾经有过争议。20世纪末,围绕康区的封建农奴制是否为政教合一制度,出现了两种不同的观点。第一种观点以曾文琼为代表,认为康区的政教关系不是政教合一制度。他依据恩格斯提出的政教合一的定义,"在新教国家里,国王就是总主教,他把教会和国家的最高权力集于一身;这种国家形式的最终目的是黑格尔所说的政教合一",指出政教合一"说得更明确一点,'就是指世俗国王和教主由一个人来担任'"③。该观点要求宗教头人和政治领袖必须"合二为一"才能称之为"政教合一"。严格来说,这种观点有失偏颇,过于强调一一对应关系,而忽视两者在权力行使过程中的联系,是一种形式论的看法。第二种观点支持康区实行的是政教合一制度,理由是:"政教合一制度是大农奴主阶级对农奴实行专政的特殊形式,僧俗区分只是表现而已。这一专政的特点是僧俗大农奴主结合起来,利用神权强化政权,又利用政权维护神权,两方面相互利用,以加强对农奴的统治。"④

---

① 王献军:《西藏政教合一制形成原因再探》,载《西藏民族学院学报》1998年第1期。
② 颜志刚:《藏区政教合一体制的成因》,载《四川警官高等专科学校学报》2005年第5期。
③ 曾文琼:《论康区的政教联盟制度》,载《西南民族大学学报》1988年第2期。
④ 李绍明:《民族学》,四川民族出版社1986年版,第176页。

对于政教合一制度的定义和认识，笔者比较认同王献军的观点："判断一个制度是不是政教合一制，不应看其'政教两者的首领是否是一个人'，而关键是要看其'政权与教权是否合而为一'了。至于政教两者合而为一的'一'是一个人也好，或是一个家族、一座寺院也好，这些都是形式问题，我们可以把它作为划分不同类型、不同模式或不同阶段的政教合一制的标准，而不能把它作为划分是否是政教合一制的标准。"① 这种观点不再是强调表象的关系，而是更加突出认识政教合一制度应当以事物本质为考察对象。

1260年，忽必烈即大汗位，将八思巴封为国师；在1264年，设置了总制院，统一管理全国佛教事务及藏族聚居区的政教事务，并在其下设置了三个宣慰使司，其中"吐蕃等路宣慰使司都元帅府"（后来简称"朵甘宣慰司"）管理昌都和四川甘孜与阿坝藏族聚居区的军政事务。② 元代尽管设置了各类分层的管理机构，但是昌都地区还处于部落头人占山为王、不相统一的阶段，基本上采用的是无为而治的羁縻政策；尽管有13个万户府进行管理，但是实际的地方权力落到了所封的国师八思巴手中。

明代正统二年（1437年），出生于康区的麦·喜绕桑布学经归来，在昌都建起了强巴林寺，也称昌都寺，成为康区第一座格鲁派寺院，他本人成为该寺院的首任堪布。另一说法为麦·喜绕桑布在藏历木鼠年即1444年创建强巴林寺。其后在不断发展过程中，强巴林寺成为统治地方的政治势力。到清代康熙五十八年（1719年），清廷还颁给印信。其内容为："阐讲黄教额尼第巴诺门罕之印。"③ 寺院的第二任堪布为帕巴拉呼图克图，寺院设立了拉让和拉基两大组织机构，分别管理地方行政事务和宗教事务。拉让是帕巴拉活佛系统的最高行政机构，又称昌都宗。"昌都宗是高度政教合一的地区，政令皆出于强巴林寺。帕巴拉呼图克图为强巴林寺最高宗教领袖，也是昌都宗的最高行政首领和全宗土地、农奴的最高领有者。"④ 具体来说，"在一个宗的范围内，寺庙实行政权和教权的统一。寺庙各扎仓及下属小寺占有一部分土地，同时又以政权形式占有差地，寺庙的僧侣执事和世袭贵族还得到一部分土地的暂时占有权和世袭占有权。但是，这一切土地的所有权是以呼图克图个人名义占有的。属于这一形式的宗有昌都、察雅、八宿、类乌齐等四个宗"⑤。乾隆五十九年（1794年）和琳的一份奏折中指出："缘卫藏地方，虽皆属达赖喇嘛管理，如

---

① 王献军著：《西藏政教合一制研究》，兰州大学出版社2004年版，第171～172页。
② 参见王辅仁、索文清编著《藏族史要》，四川民族出版社1981年版，第75页。
③ 和宁：《西藏赋》，见陈志明著《西康沿革考》，拔提书店1933年版，第116页。
④ 王献军著：《西藏政教合一制研究》，兰州大学出版社2004年版，第117页。
⑤ 西藏社会历史调查资料丛刊编辑组编：《藏族社会历史调查》（四），西藏人民出版社1989年版，第35页。

昌都、类吾齐、察雅、萨喀等处，各有呼图克图管理，一切事件，从不关白藏中。"① 可见，当时地方社会由喇嘛统治，呼图克图实际操纵，无论是世俗和宗教都被其牢牢地把握住，形成了政教合一制度。

　　迪庆作为民族间冲突的缓冲带，长期以来一直受到藏传佛教的影响；青藏高原象雄部落中产生了本土宗教——苯教，在藏传佛教传入之前，一直统治着地方社会。在公元前7—8世纪，象雄王朝势力开始进入滇西北，苯教也随之带入迪庆高原。7世纪，青藏高原崛起的吐蕃势力，不断扩大自己的地盘，迪庆成为吐蕃和南诏国争夺的重要战略要地。吐蕃王朝在位于迪庆高原的铁桥镇设置了神川都督②，管辖的地域包括今丽江、维西及剑川以北的区域。大量的军队进入迪庆，在吐蕃军中推行"苯教师"制度，为其军事行动服务。③ 但在8世纪后，吐蕃头领开始受佛教的影响，并推行"兴佛抑苯"。有些苯教师为了逃避迫害，不得不离开西藏本土，到边远的地方去，使得部分苯教师进入川、滇、藏的交接地带，如左贡、察隅、芒康、德钦、中甸、维西等地，这里有着与西藏相同的文化背景，适宜苯教的发展和传播。④ 到了明朝中叶，尽管上述地区还有苯教的势力，但是为数不多，此时藏传佛教已经传入迪庆。1939年的《中甸县志》记有："中甸县在明中叶喇嘛教即已盛行，惟其时仅有红教，亦间有奉行黑教和白教者，其后西藏教皇派来举马倾则一员，管理僧民，征送粮税，始有黄教喇嘛。"

　　噶举派是藏传佛教各教派中支系最繁多的一个教派，其又分为香巴噶举和塔布噶举。在明代迪庆境内盛行的噶举派多为塔布噶举系统的噶玛巴派，主要有维西的寿国寺、兰经寺、达摩寺和德钦的禹功寺。其传入的路线为：宋仁宗时由塔布噶举派僧人都松钦巴自西藏传入康区，在他的影响下，西康的德格县高僧斯徒主修了八邦寺。在噶举派高僧的努力下，该教派便很快经巴塘传入迪庆。⑤ 需要提及的是，噶玛巴派又有两个主要的活佛系统，即黑帽系和红帽系（后来常常将其称为红教，其实真正的红教为宁玛派）。

　　黑帽系的法王第八世弥觉多吉在正德十一年（1516年）抵达云南丽江，当时受到木氏土司木天王的热情款待，木天王的父亲和弟弟分别乘大象，并备一头大象作为备骑宴请法王入宫，极为尊敬。⑥ 此后，木氏土司还提出每年派

---

① 转引自《西藏研究》编辑部《西藏志　卫藏通志》，西藏人民出版社1982年版，第270页。
② 参见王恒杰著《迪庆藏族社会史》，中国藏学出版社1995年版，第37页。
③ 参见迪庆藏族自治州民族宗教事务委员会编《迪庆州宗教志》，中国藏学出版社1994年版，第1页。
④ 同上。
⑤ 同③，第10页。
⑥ 参见唐景福、朱丽霞编著《中国藏传佛教名僧录》，甘肃民族出版社2006年版，第184页。

500名少年去西藏接受教育。随着噶玛巴派在康区及滇西势力的不断扩大，从1462年到1665年的200多年时间里，迪庆境内的噶玛巴派寺院不下百余座。而木氏土司和噶玛巴派之间似乎找到了契合点，即双方都想借用对方在康区的基础来扩大自己的势力。木氏土司可以利用其传教的方式加强对康区的统治，而噶玛巴派也可借用木氏土司的力量来推动宗教的传播。

清人余庆远《维西见闻纪》载云："红教喇嘛，相传有13种，维西惟格马巴（指噶玛巴）一种。格马长五人，谓之五宝轮回，生番地，均十余世不灭，人称活佛。维西五寺，红教喇嘛八百人，皆格马四宝喇嘛之法子也。"① 汪宁生也提及："中甸原来属西藏及'木天王'（即指丽江木氏土司）管的地方。原来只有'红教'和'黑教'，两派常闹对立，黑教失败，寺院全毁了，只有人还在，称为'仓巴'。至今各村还有他们的活动。……长时期来，红教（应指噶玛巴派的红帽系）势力一直在中甸占上风。那时中甸四周山上分布许多小的红教寺庙。然宗喀巴后，黄教兴起，到处用武力强迫红教改黄教，中甸也开始变了。"②

明末，经营康区的木氏家族，随着蒙古和硕特部落统一西藏，逐渐失去了势力。而由和硕特部落扶持的达赖喇嘛与班禅额尔德尼为领袖的藏传佛教格鲁派巴派，乘势进入迪庆高原。1578年，三世达赖索南嘉措接受丽江木氏土司的邀请到云南藏族聚居区进行传教。康熙六年（1667年），和硕特部占领了中甸一带，并直接由西藏方面委派僧官进行管理，中甸、德钦、奔子栏一带此时由四川的巴塘土司管辖。

1580年，三世达赖索南嘉措在理塘建立理塘寺，可见当时的巴塘、理塘已盛行格鲁派③，从此开始建立起以格鲁派为主的政教合一政权。但是，到了1674年，以中甸噶举寺院嘉夏寺为首的迪庆境内各噶举派寺院在丽江木氏土司的支持下联合境内宁玛派和苯教僧侣，发起反对格鲁派及和硕特部统治的战争。"在巴图台吉和乡佐农布为首的蒙藏联军的攻击下，尤其在受命前来参加镇压迪庆噶举派反抗格鲁派战斗的木里地方格鲁派寺院僧兵的主动攻击下，噶举派武装一触即溃并被消灭。蒙藏联军关闭了中甸、德钦一带的大多数噶举派、宁玛派及本教寺院，解散了这些寺院的僧众，没收寺产，改建成或新修格鲁派寺院。在中甸，格鲁派将各噶举、宁玛和本教寺院中没收来的财产全部交

---

① （清）余庆远撰：《维西见闻纪》，见方国瑜主编《云南史料丛刊》（第十二卷），云南大学出版社2001年版，第66页。
② 汪宁生：《记滇西北几个喇嘛寺》，见汪宁生《中国西南民族的历史与文化》，云南民族出版社1989年版，第215页。
③ 参见杨学政、韩军学、李荣昆著《云南境内的世界三大宗教——地域宗教比较研究》，云南人民出版社1993年版，第95页。

给松赞林寺，并由西藏三大寺中抽调并派遣的格鲁派高僧奉洛穷结·阿旺朗杰任该寺堪布（掌教）。"① 由于康熙年间藏族聚居区连年遭灾，西藏政府为祛灾延福建立了大喇嘛寺13个，名十三林，此时的松赞林寺（又称归化寺）即其一。归化寺的建立标志着黄教在中甸地区已占统治地位。归化寺喇嘛不仅来自大小中甸、东旺、尼西、格咱（即所谓"上五境"），而且还来自甘孜州、香城等地。一时之间归化寺即为中甸地区统治中心。② 其规模也是惊人的，在建寺时喇嘛的数量规定在300名，但是在归清所属后，增加到1 225名。为了操纵地方权力，康熙四十八年（1709年），迪巴桑杰进藏告状，要求自行管理，获准后即设置地方最高权力机构——吹云会议。显然，此时的迪庆高原实行典型的土司和喇嘛联合的封建领主制度，且以寺院为政治中心。

相对碧罗雪山东麓而言，西麓文化沉淀时间短，但是自清代以来，依然受政教合一制度的统治。在17世纪以前，怒江在文献中的记载有限，无法一一考证，其还处在生产力低下的采集狩猎阶段，社会单元主要是父系氏族公社。

乾隆五年十一月初十日（1740年11月28日）云贵总督庆复的奏折中说："查怒子一种，住居维西边外，在浪沧江（澜沧江，下同）之极西……与西藏管辖之擦哇陇、擦哇岗（今西藏察隅县察瓦龙）土番并口外所住古宗、傈僳、野人界址相邻。古宗人等进至怒地，若见怒子人众，则以贸易为生；若见怒子人少，或遇打柴割草之男妇，即行掳掠。因而怒子不敢散居，或四五百家，或二三百家，于山箐深邃之区，自成巢穴。"这份奏折说明在此以前，怒江一带的民族受来自西藏察瓦龙土司势力的压迫。因此，在"雍正七年（1729年），怒子野夷见该省维西新设营堡，虽远在十余站之外，情愿输诚，每年贡纳几（麂）皮等土物，赏给盐三百斤。沿边土弁带领投书，经前督臣鄂尔泰具题，奉旨准为年例在案。自此附近口外土番之怒子，仍依番夷，附近浪沧江一带者，即向康普土弁、叶枝头人羁縻，往来各无界限"。通过这种依附关系获得保护，减少受到察瓦龙各种土司喇嘛的欺辱。当时康普土司署由禾娘女千总执政。她接受了贡山、独龙江边民归附，并进一步招抚了福贡北部那玛底等地的居民，然后在当地边民中委任有威望的头人充当各村寨的"伙头"、"百色"，并通过他们管理村寨事务，收缴土司岁贡。这样，怒江上游的怒族、独龙族地区从清雍正八年（1730年）起才开始成为土司辖区。③ 但是，即便如此，西

---

① 迪庆藏族自治州民族宗教事务委员会编：《迪庆州宗教志》，中国藏学出版社1994年版，第15～16页。

② 参见汪宁生《记滇西北几个喇嘛寺》，见汪宁生《中国西南民族的历史与文化》，云南民族出版社1989年版，第217页。

③ 参见李道生《维西康普、叶枝等土司管理怒江始末》，见政协怒江州委员会文史资料委员会编《怒江文史资料选辑：第一至二十辑摘编》（上卷），德宏民族出版社1994年版，第262～263页。

藏方面的势力依然不罢休。乾隆五年十月丁未（1740年11月28日），大学士等议复：“云南总督公庆复奏：'擦哇陇头人桑阿到汛，口称三艾营官欲点三路士兵，往攻怒子，与阿墩子汛官借路。'等语。查怒子与三艾土番仇杀，乃属外夷常事。今桑阿口称：三艾营官写信报与藏王，藏王回信，教三路出兵，往攻怒子。……且土目三路点兵三千余名，其势恩张。"① 事件也报给了云贵总督和朝廷，并急调维西、剑川、中甸等地的500名士兵，在各要道设卡，加强防御。云南地方上拒绝借路，使察瓦龙土司无法"由内地奔子栏、中甸过渡"或经溜筒江的"对渡"进入怒族地区；而"三艾（岩）土番由伊境梅李树翻大雪山，走溜筒江对岸，沿道途怒子地方，山路险辟"，以致最后无法派出大股武装力量进入怒族地区，镇压活动也就半途而止。②

乾隆五年十二月己未（1741年2月8日），（大学士等）又议复：“云南总督公庆复奏：'滇省维西边外怒子野夷与古宗野人构难称兵，业饬令维西文武开谕化诲，已照夷例和解完结。至怒子所居，贴近西藏界址，请咨明西藏，管束古宗，毋令越境滋事。'等语。"③ 考虑到怒江和察瓦龙相邻，唯恐引发争端，所在其间，清中央政府也饬令西藏郡王颇多鼐严加约束察瓦龙等地头人，各安本境，毋得侵害邻封，不准侵扰怒族聚居区。④

《菖蒲桶志》记载：“贡山达拉乡及茨开乡之二三保，在前清时，归维西叶枝王土司管理。时于光绪末叶，将管辖区钱粮送与属察瓦隆喇嘛作香火资，嗣由察蛮征收，异常苛虐，民不聊生。"⑤ 由此可知，贡山境内长期由土司管辖，但是土司不仅是权力的拥有者，同时还是宗教的信仰者，"王女土司信佛"明确了土司依附于佛教之下，还必须缴纳税收。《菖蒲桶志》在《管辖征收》中进一步明确道：“在昔，名义上虽归维西叶枝土司管理，其实系强者为酋，弱者为仆。土司对于怒俅两江，只每年派人收钱粮一次，地方之民刑案件，即由收粮人处理，收粮人赶回后，民间发生争执，又由喇嘛寺解决，彼时喇嘛众多，习性强横，古宗、怒子均畏惧之。"⑥ 这显然是政教合一制度下两

---

① 《清实录·世宗实录》第128卷，见李汝春主编《唐至清代有关维西史料辑录》，维西傈僳族自治县志编委会办公室1992年刊印，第107页。
② 参见《怒族简史》编写组《怒族简史》，云南人民出版社1987年版，第34页。
③ 《清实录·世宗实录》第133卷，见李汝春主编《唐至清代有关维西史料辑录》，维西傈僳族自治县志编委会办公室1992年刊印，第107页。
④ 参见中国藏学研究中心等编《元以来西藏地方与中央政府关系档案史料汇编》（第2册），中国藏学出版社1994年版，第447页。
⑤ 菖蒲桶行政委员公署编纂：《菖蒲桶志》，见李道生主编《怒江文史资料选辑》（第十八辑），政协云南省贡山独龙族怒族自治县委员会、政协云南省怒江傈僳族自治州委员会文史资料研究委员会1991年刊印，第9页。
⑥ 同上书，第14页。

者联合起来压迫人民的手段。

第二节 寺院对政治经济活动的影响

一、寺院经济活动存在的可能

寺院在藏族聚居区长期发挥着政治、经济、文化等方面的作用，其根本原因是寺院在该地区长期存在的过程中不断拥有权力，使得宗教和经济之间有直接联系。而"宗教与经济的关系并不是一个新的研究课题，几乎所有的历史学家和宗教学家在研究宗教的起源、发展，以及宗教的功能、作用同时，都会自觉或不自觉地提到经济与宗教的关系"①。

在西藏，"公元1世纪印度佛教经中亚越过葱岭传入我国，在中国广阔的地域生根、发展，逐渐嬗变为中国佛教，并形成很多的宗派"②。7世纪初，"已经建政于山南地区的鹘提悉补野部族，在征服雅鲁藏布江以北的苏毗政权后，基本统一了西藏高原，建立了吐蕃王朝。王朝的第二代松赞干布在位时，吐蕃的疆土又有扩张"③。佛教真正在西藏得到传播应在7世纪，而其根本原因是得到吐蕃王室的提倡。"此外，佛教最早传入西藏，又与吐蕃赞普松赞干布迎娶两个公主有直接的关系。文成公主是信仰佛教的，在她嫁到吐蕃去的时候，随带去一尊释迦牟尼的佛像，……松赞干布在迎娶文成公主前，还娶了泥婆罗（今尼泊尔）国王盎输伐摩的女儿尽尊公主。这位尽尊公主也信仰佛教，她也带到拉萨一尊释迦牟尼的佛像。这两位公主随带两尊佛像到拉萨，标志着佛教分别从祖国内地和印度、尼泊尔一带传入吐蕃地区。松赞干布支持两位公主兴建大小昭寺院，派人迎请了印度迦湿弥罗和汉地的僧人等，并组织他们翻译佛教经典。"④ 直到现在，藏传佛教已经在藏族聚居区经历了1 300多年的历史，寺院达1 700多座。到中华人民共和国成立时，迪庆州境内有藏传佛教寺院24座，其中德钦县境内17座、维西境内4座、中甸县境内3座。⑤

在旧寺院经济的确立时代，"藏传佛教中的僧尼在经济生活方面不再是原

---

① 徐亚非、温宁军、杨先民著：《民族宗教经济透视·前言》，云南人民出版社1991年版，第1页。
② 弘学编著：《藏传佛教》（第三版），四川人民出版社2012年版，第22页。
③ 同上书，第24页。
④ 黎小龙著：《西南日月城文化概论》，西南师范大学西南研究中心1994年印行，第158页。
⑤ 参见迪庆藏族自治州民族宗教事务委员会编《迪庆州宗教志》，中国藏学出版社1994年版，第20页。

印度佛教中的'乞士'或'比丘',以化缘为生,也不同于汉传佛教中所倡导的'利乐有情,农禅并重',修行不离生产,生产不离修行,'一日不做,一日不食'的宗教思想;而是一开始就和统治者和权力结合在一起,在思想精神方面为统治阶级政权巩固起到了不可替代的作用"①。而寺院和王权贵族之间又形成了唇齿相依的关系,使得"历代封建王朝封赏财物是寺庙经济最初形成的主要条件。除朝廷扶持外,接受皇室、贵族、富豪信徒的施舍供养,也给寺庙经济的形成与发展起到了推波助澜的作用"②。在拥有权力的同时,寺庙尽可能利用各种有利的条件传播宗教和信仰,推动各种经济收入的增加。

况且,佛寺的存在也需要物质基础,这使得任何时候,寺院总是脱离不了世俗的经济支持,它的发展正是建立在世俗社会成员非理性的财富消耗之上,也表现为其教义鼓励人们重义疏财、乐善好施。中国古籍《续高僧传》中记述的以下故事生动地反映了这样一个事实。

> 公元六世纪初叶,有一位商人曾在扬子江流域地区从事贸易营生。他囤积了大量的珍珠和金银首饰,在经商中赚得的财富共装满了两艘帆船,全部价值多达数十万贯。然而,财富越是积累得多,就越会刺激他追求财富的贪婪心,一旦无所得就会变得懊恼。这位商人在经商旅行中,来到了梓州新城郡的牛头山,并且在那里会见了达禅师,后者向他说佛法。这位商人自忖:"不如沉宝江中,出家离走。索然无忧岂不乐哉?"说到做到,商人立即决定在江河的深渊把他的两只船中之一沉了下去。当他正要沉第二艘船的时候,大批僧众赶来恳求他把剩余的财产用于慈善事业。③

这个故事表明,寺院作为人的集合体,也是生活的共同体,始终脱离不了人的生存本性。尽管宗教本身提倡一种忘我、贡献、淡名薄利,但依然需要进行生活资料的消费。"假使天下有万僧,日食米一升,岁用绢一匹,是至俭也,犹月费三千斛,岁用万缣,何况五七万辈哉?又富者穷极口腹,一斋一衣,贫民百家未能供给,此既不能治民,又不能力战,不造器用,不通货财,……不曰民蠹,其可得乎?臣愚以为,国家度人众矣,造寺多矣,计其耗费,何止亿万。"④这就是说,即便按照最低的标准来计算,每年寺院的消费都不是一个小的数字。更有"今释老之游者,略举天下计之,及其僮隶服役之人,

---

① 梅进才主编:《中国当代藏族寺院经济发展战略研究》,甘肃人民出版社2000年版,第6页。
② 同上。
③ 转引自(法)谢和耐著《中国5—10世纪的寺院经济》,耿升译,甘肃人民出版社1987年版,第6页。
④ (宋)吕祖谦辑:《宋文鉴》(卷四十二),江苏书局1886年版,第5页。

为口岂止五十万，中人之食，通其薪樵、盐菜之用，月糜谷一斛，岁得谷六百万斛，人衣布帛二端，岁得一百万端"①。

若不进行生产资料的活动，寺院必然要通过各种途径获得资料，包括资金；而其基本来源还是靠寺院所属范围内的百姓缴纳，无论是百姓自愿，还是强制性地收取各类税收，都必须完成缴税的任务。为了使更多的平民百姓对宗教虔诚，为寺院带来更多的经济利益，寺院往往需要大兴土木、修建豪华的寺宇，来推动寺院在当地的名声和威望。需要指出的是，寺院还进行商业活动，"运送商品靠差巴提供乌拉，购买土特产品可以压价强收，推销商品可以高价摊派，还可以免去各种税收，所以利润很高，这是寺院热衷于商业活动的根本原因"②。寺院在政教合一制度下拥有较高的权力，也是促使其从事商业贸易的另一个因素。

二、寺院经济来源的政治保障

在康区，为了保证寺院本身在当地享有各种政治、军事等方面的权力，寺院无疑要选择所谓的"靠山"。首先，要选择当地有政治权力的机构或者人物。在明清以来，管理盐井、迪庆、贡山等地方事务的都是地方土司，因此，寺院常常与土司紧密结合。有时候两者的最高权力者被家族控制，或由同一个人掌控。其次，需要和西藏境内大型的寺庙之间形成密切关系，提升自己的地位。为了分析该问题，此处主要以迪庆高原境内中甸归化寺（又名松赞林寺）为例。

中甸归化寺是康熙年间因康区连年遭遇灾害，西藏政府为祛灾延福建立的13个大喇嘛寺（名十三林）之一，当时并不叫归化寺，而由五世达赖赐名为"噶丹松赞林"。光绪年间的《中甸厅志稿》有云："归化寺，正在北隅，离城拾里，居瑞兆土山上，……五代达赖由西藏到甸，寻一胜地，欲建寺宇……于康熙己未年奏请圣主建立铜瓦大寺，层楼高耸，上接云霄。"由此可知，归化寺应建于康熙十八年（1679年）。

西藏当时建立十三林寺的主要目的在于提升对藏族聚居区的政治控制能力，归化寺在迪庆高原拔地而起，预示着西藏控制该地区有了希望，也标志着当时最有影响力的黄教将在中甸地区占据统治地位。这种野心在刚建寺不久便表露出来，其利用各种手段压迫周围的各个红教小寺院改成信仰黄教；在迪庆境内，红教迫于各种压力只剩下罕批寺，最后归化寺还要求其改名为承恩寺，规定其寺院人数不得超过100人，还要求每年缴纳33斗青稞及170两酥油给

---

① （宋）张方平撰：《乐全集》（卷十五），商务印书馆1935年版。
② 况浩林著：《中国近代少数民族经济史稿》，民族出版社1992年版，第228页。

归化寺。①

到了雍正年间，达赖五世由清朝皇帝扶助登位，为表示感谢，便将中甸德钦大片地区划给清朝管辖。松赞林寺也于此时归清，并改名为归化寺，"归化"即"归清"的意思。归清以后，寺庙规模不断扩大。建寺时喇嘛名额规定只有300名，归清后名额增到1 225名，每年每名喇嘛发口粮七斗半青稞称为"皇粮"，归化寺最盛时期发展到2 000多人，后增的名额便不吃"皇粮"。②

20世纪50年代以前，归化寺在中甸人民的心目中有很高的威望，藏家以送子入寺为僧为荣。富裕之户，家家有当喇嘛的男儿。削发为僧者，既出家又当家，操纵着全家的经济和权势。③ 这主要在于归化寺有自己的一套组织和管理体系，具体有三套组织系统，各行其责，各司其事。④

（1）"扎仓"、"康参"、"密参"系统。"扎仓"是全寺的最高组织，管理全寺行政，是最高的权力机构。他们统治全寺是通过两种会议来实现的。一是"拉西"会，即由寺内活佛、"喀姆"及取得"格西"学位者组成。他们名义上是全寺地位最高的组织，实际上只限在宗教方面决定礼仪、解释经典并负责处理活佛转世等事。二是老僧会议，由大寺所属8个"康参"各选一老僧组成，管理寺内一切行政、司法事务。名义上这个会议要服从"拉西"会议，但他们掌握实权，并负责协调寺内寺外僧俗之间的关系，必要时有权逮捕人。两种会议主持人是寺内活佛，也就是全寺最高领导者。多年来，归化寺由松谋活佛主持。

"康参"是"扎仓"之下的区域性组织，从某一地区来的喇嘛即归该地区"康参"管理。归化寺内共分8个"康参"，分别是独克、扎牙、东旺、龙巴、荣多、卓、乡城、结底。1955年，汪宁生调查时总计有1 329人。

（2）"觉厦"、"西苏"系统。这是全寺管理经济事务的组织。"觉厦"负责管理全寺的钱、粮、茶、米、盐、酥油之保管收支，内设"的娃"2人、"念娃"2人、"聪本"8人，负责具体工作。"西苏"负责管理大寺念经时所用的灯油等物及开支茶点等费用，内设"的娃"1人、"念娃"1人、"聪本"8人。

（3）吹云组织又称吹云会议。这是归化寺专门控制寺外事务的组织，其中"吹"指施主，即地方政府的流官、土官，"云"指受施方即宗教寺院。吹

---

① 参见汪宁生《记滇西北几个喇嘛寺》，见汪宁生《中国西南民族的历史与文化》，云南民族出版社1989年版，第215页。
② 同上。
③ 参见潘发生、七林江初、卓玛《中甸归化寺僧侣商业概述》，载《西藏研究》1993年第2期。
④ 参见汪宁生《记滇西北几个喇嘛寺》，见汪宁生《中国西南民族的历史与文化》，云南民族出版社1989年版，第222页。

云会议是清代、民国时期全县最高政教联席会议。该组织为归化寺专门控制除寺内以外的事务而设立，由"扎巴"8个老僧和23名土官中的"协碑"（土守备）、"诺碑"（土千总）组成，形成了各层组织机构。其中，吹云会议权力最大，其次是营官，再往下就是各地的千总、各把总、老民。除土守备、土千总、把总外，又把基层的老民、伙头、密参组成各地的"属卡"，具体管理各村的事务。

具体而言，"法定"召集人是值班土守备，规定每3年召开一次会议，必要时临时召集开会。与会人员属"吹"方的有土守备2人、土千总5人、每境（区）老民3~5人，有时县长亲自或派员出席；属"云"方的有寺院堪扎成员12人。该会议商讨决策全县政治、经济、军事、司法等重大政务。松赞林寺凭借其经济、军事实力，操纵吹云会议，掌控全县生杀予夺之大权。民国末期，被汪学鼎把持。①

三个组织系统横向之间紧密联系，分别控制了政治、经济、宗教三个方面；纵向则以寺院和地方官联合，从上往下，分级分层控制了地方的一切要务。

三、寺院经济来源的主要方式

整体来看，藏族聚居区各寺院的经济来源有四个方面。

（1）土地出租收入。寺院土地来源的主要途径有："信徒的布施、捐献地；僧尼的奉献地；占有或受赠送的死绝户的遗地；最高领主的封赐地；寺院初建时，有藏政府拨给的部分差地；差巴的投靠地；差巴因缺种子或其他原因无力经营时，租给寺院的土地；差巴因欠债抵押给寺院的土地；寺院利用权力（如利用调解纠纷，强占当事人的土地）或假证据、假账等，霸占差巴的土地；寺院自行开垦的土地等多种。"② 拥有这些土地对寺院的收入起到了保障作用，往往地方百姓没有土地耕种，只得向寺院租用土地进行种植，农户需要向寺院上缴一定的税收。

归化寺拥有广大的土地，直接掌控的土地有6个村，370户（又一说法为210户），有麦地200余顷。尽管有些土地表面上看不属于寺院管辖，但是实际归寺院所有，农户一旦使用这些土地进行农业或放牧活动，务必缴纳一定的费用。庄园农奴370户每年要担负乌拉差役，给归化寺供应饮水、马草、柴炭

---

① 参见段志诚主编《中甸县志》，云南省中甸县地方志编纂委员会编纂，云南民族出版社1997年版，第257页。
② 中国社会科学院民族研究所西藏少数民族社会历史调查组：《昌都地区社会调查材料专册》（初稿），1964年10月刊印，第39页。

和白红青土,以及每年得上缴青稞共200石。① 李式金在文章中提到"本市(德钦县)地权属于左侧山顶之德钦寺,但大半为云南商人租卖,大街是康滇交通的孔道,每日驮运往来不绝"②。这一信息指出德钦的土地所有权归德钦寺所有,且德钦县城地处滇藏贸易线上的重要通道,推动了土地的买卖和租用,寺院在此过程中获得大量的资金或粮食。

（2）各类税收。中甸的归化寺利用各种途径进行剥削,形式多样,涉及各个方面。每年每户要交自己份地的地租,被称为"龙咱客"（意为"自己的粮食"),缴纳数斗或数十斗青稞;已过世的人但在花名册上有的庄户叫代绝户,同样要缴纳地租,被称为"打董客"或"楚客"（意为"别人的粮食"）。使用草场的农户要缴纳酥油,称为"茂客",其又分为"龙咱茂客"（自己应交的部分）及"打董茂客"（代绝户交的部分）。每年每户交柴粮（藏语称"申客"）3 驮、交银钱粮（"史客"）——因使用山场要交的银子、交栗柴粮（"毕申客"）1 背；每年每户交青草粮（"抓客"）青草 20 捆、交麦秆粮（"属客"）麦秆 4 捆；每户隔 3 年交红土粮（"扎茂客"）红土 1 篮,供寺庙刷墙用；每村每年交自土粮（"徐茂客"）白土 2 驮,供寺庙刷墙用；每年每户交蔓青粮（"羊马客"）蔓青 1 捆。还有一些剥削方式虽收实物,但是明显由劳役转化而来。有些则原本是村民出劳动力,但后来就演变成收税。服劳役时,还要随身带来松明 1 背,称为明柴费（"贵客"）,后来劳役取消或转成缴纳实物,但是松明依然要按时按量缴纳；原来每年每户要为"觉夏"派两人放牧骡、马,后来无骡、马,就改成收放马费（"打之拿"）,每村交青稞三四斗。③ 其他还有一些做工或服役的方式,总之要为寺院出力。④

（3）商业性活动。中甸的归化寺早在康熙二十七年（1688年）就极为重视商业,倪蜕《滇云历年传》卷十一载:"二十七年,……达赖喇嘛求互市于金沙江。总督范承勋以内地不便,请令在中甸立市,许之。"⑤ 这为中甸喇嘛从事滇藏之间的贸易活动创造了有利条件。中甸归化寺喇嘛藏商凭借自己雄厚的政治经济势力以及利用与康藏各寺院密切的关系网络进行滇、印、藏"三角贸易",逐步成为中甸经济和市场的垄断者。中甸喇嘛藏商拥有大批的交通运输工具——骡、马（富裕之户每家拥有的骡、马上百匹）,还有雄厚的经商

---

① 参见杨桂红《中甸松赞林寺寺院商业经济研究》,载《学术探索》2002 年第 2 期。
② 李式金:《云南阿墩子——一个汉藏贸易要地》,载《东方杂志》1944 年第 40 卷第 16 期。
③ 汪宁生《记滇西北几个喇嘛寺》,见汪宁生《中国西南民族的历史与文化》,云南民族出版社 1989 年版,第 215 页。
④ 同上书,第 223～234 页。
⑤ （清）倪蜕辑:《滇云历年传》,李埏校点,云南大学出版社 1992 年版,第 543 页。

资本（资本高者达40万元）。①

归化寺喇嘛藏商与中甸外来汉商和本地小商贩有着密切的往来关系。清末民初，中甸有滇商号近百户，如文顺祥号、庆兴祥号、仁和昌号等，他们在中甸成立商会，把中甸作为滇藏贸易的集散地和货物互换市场。② 清末民初，经过迪庆中甸藏族聚居区运往西藏的商品十分丰富，从奔子栏土把守所持的一个税票中可以看出，商品有：上好的缎子、绸子、丝线、布匹、瓷碗、康定绿皮、中甸红皮、红毡、木碗、藏红花、黄铜瓢、红黄铜片、棉花、铁器、香、乳胶木根以及一些"大朱、书朱、卡打、喏嘴、阿西、西嘴、虽抒"等藏族习惯用的商品。这一时期，云南一些地区的产品已为西藏的必需品。③ 从整个迪庆高原看，不仅归化寺参与到商业贸易中，奔子栏的东竹林寺、德钦寺也都从事商业经营。清末以来，在整个滇西北的商业贸易体系中，当地藏族土司、封建领主、头人、寺院喇嘛与活佛等占到了30%～40%，其他来自丽江、下关、剑川、洱源等地的白族、纳西族、汉族商人，尽管人数众多，但总体上未及寺院从事商业活动的人数多。

（4）宗教活动类收入。在藏族聚居区，当地的宗教信仰者，无论大小事都需要请活佛打卦判断凶吉，有时候还需要请来数十名喇嘛念经。在迪庆境内的德钦羊拉乡，据笔者2011年8月调查显示：

> 我们这里大多数信仰佛教，大小事都要请活佛，大事像家里死人、结婚、盖房子，小事像做了一个不好的梦，都要请活佛、喇嘛来家里念经。在奔子栏一带一年至少办12次佛事，也就是每个月要办1次，每月的开支都在1 000元以上。有钱那些人（家），1次就要请三五个活佛，7～10个和尚（当地称喇嘛为和尚），有时1次就达上万元，一般的家庭哪请得起，只能少请几个活佛和和尚了。④

有时候遇到觉得很"奇异"的事情，也请活佛和喇嘛念经。有一名中年妇女就曾告诉笔者：

> 去年我们家邻居的格桑卓玛，早上起来时发现家里的母鸡下了一个很大的蛋，看起来又不像双黄蛋，觉得心里不踏实。她当天立即到羊拉矿山旁的喇嘛寺请了一个活佛来打卦，活佛打完卦，觉得有灾星，要做佛事，

---

① 参见潘发生、七林江初、卓玛《中甸归化寺僧侣商业概述》，载《西藏研究》1993年第2期。
② 参见杨桂红《中甸松赞林寺寺院商业经济研究》，载《学术探索》2002年第2期。
③ 同上。
④ 2011年8月羊拉乡调查录音整理资料（调查地点：羊拉乡甲功村）。

结果家里又不得不另选日子再请一个活佛和三个和尚来念经,一个晚上念下来就(花)七八百元钱。①

这些费用,往往买佛事所需物品不到费用的20%,其中80%给活佛和喇嘛。表面上活佛和喇嘛都不直接开口要多少,但是一直以来,念经多长时间给多少报酬,人们都心知肚明。

在各种宗教活动中,开销最大的属天葬。当地的佛教信仰者明确指出,一般人不能享受天葬的待遇,只有活佛、有名人士或年龄达到85岁以上正常死亡且活佛认为要进行天葬者,按照生辰和死亡时间推定,方能进行此种丧葬方式。但是,即便可进行天葬,一般的家庭也根本承受不了巨额的开支。首先是运费高,在云南藏族聚居区没有天葬台,必须运到芒康才能进行天葬。这段300多公里的路程,开销要在4 000元以上。其次是请活佛,据当地人介绍,一般天葬至少要请7个活佛,人们认为活佛少了很难唤来天上的秃鹫;和尚要在20人以上。开支情况为:天葬师600元左右,每个活佛200～500元,每个和尚80～200元不等,仅这几项开支就上万元,贫穷家庭很难承受。但是,这类宗教活动费成为寺院的重要收入。

寺院僧侣的另一项收入是化缘和布施。每年藏历正月初一至十五拉萨举行祈愿大法会,三大寺等寺院僧人2万余人在此集会1个月,除由噶厦负责供给伙食外,法会尚可大量布施。据20世纪50年代统计,有酥油20多万公斤、茶叶1万公斤、青稞5万多公斤、大米3万公斤、肉0.6万余公斤、含麦片的糌粑17万余公斤,折合人民币62万余元。②

第三节 川、滇、藏间的商贸往来

川、滇、藏三省(自治区)长期以来保持着密切的商业往来,最根本的原因是彼此邻近而"近水楼台先得月";二者之间可谓唇齿相依,彼此之间又有三条河流贯穿南北。有学者就曾指出,文化的传播,有顺江之势;横断山脉山谷纵横,河谷两岸悬崖陡峭,使得由北至南各种族际之间的互动只能依托河流两岸的地势。陶云逵在1939年的调查文献中就提及了三江并流地区,特别是怒江、澜沧江两者之间的交通关系:

---

① 2011年8月田野调查资料(调查地点:羊拉乡甲功村)。
② 参见梅进才主编《中国当代藏族寺院经济发展战略研究》,甘肃人民出版社2000年版,第47页。

怒江、澜沧江，对于东往西，或西往东的交通是一种阻碍，但是自北往南，或自南往北，未尝不是一条天成的大道，因为虽然不能行舟，但是沿河而行的便利是很引诱人的。假如我们很笼统地叙述夹着这两条河的山脉形成和方向，则高黎贡山、碧罗雪山等三座雪山三个山脉，也多是自北而南的。这种形式，在交通方向上的便利与阻碍，和前述的河流一样，就是便于南北，而碍于东西。①

从几次西藏势力进入迪庆高原的军事行动来看，都选择顺金沙江和澜沧江而下，这在一定程度上克服了横断山脉道路艰险带来的困难。反之，明代在丽江崛起的木氏土司，曾经三路北上都选择了金沙江和澜沧江沿岸的线路。这些表明，河流两岸的台地为横断山脉间的重要交通提供了方便。西线可分两条线路：一条线路是直接顺澜沧江而上，其路线为丽江→维西→德钦→佛山→盐井→昌都；第二条线路先顺金沙江到奔子栏，再翻越白茫雪山进入德钦，然后顺澜沧江进入西藏的昌都一带，其路线为丽江→中甸→奔子栏→德钦→佛山→盐井→昌都。东线路线为丽江→中甸→奔子栏→德荣→巴塘→昌都。东西两线基本上都选择了顺江而上。因此，表面上看川、滇、藏之间通道狭小，道路艰险，但是天然的江河河谷提供了交通条件，成为三省（自治区）之间进行经济贸易和文化交流的关键前提。

一、远古至元代的川、滇、藏贸易

唐代以前，没有明显的文献记录川、滇、藏之间的贸易关系。但是，我们可以从已经发掘的考古材料中找到证据。1959年，学者王恒杰深入迪庆高原和怒江、察瓦龙做调查，在当地了解到一些考古信息后，从所发掘的石器器物形状上分析到：

特别值得注意的是，（迪庆州小中甸出土的石器）器柄部有打出的肩，这同四川雅安地区所出石器有近似处，柳叶形的石镞又和察隅县察瓦龙区松塔和龙布所出的相一致。它表明迪庆地区的石器文化同川青及西藏文化关系密切，但在石器柄部保留石皮的做法，却又同滇西的怒江州的福贡、泸水、保山地区和滇北以及贵州南盘江以南所出土的石器有一定关系。这种文化关系，从北向南经过迪庆再向南到保山地区，沿横断山脉的南北走廊形成一条线，而迪庆却是从北向南的文化走廊的中间环纽和过渡

---

① 转引自李文海主编《民国时期社会调查丛编·少数民族卷》，福建教育出版社2005年版，第275页。

带。也就是说，新石器时代迪庆高原上的古文化的主人，已同川西和青藏高原文化的主人有着密切的关系，并同云南地区文化的主人保持着某种接触和联系。①

上述表明，川、滇、藏的三江流域地区之间有着文化的互动关系。但是，究竟是什么关系，是民族的迁徙，还是民族之间的贸易往来，一时之间还难以佐证。要想进一步了解，唯一的方式是继续研究考古资料。本书第一章和第二章已经指出迪庆高原文化与来自北部的游牧文化之间的关系。从德钦县永志、纳古、石底、中甸等地发现的古墓葬中发掘出来的器物来看，短剑、绿松石珠、海贝应该受到重视。短剑同北方的游牧民族有着某些关系，一般为游牧民族的狩猎工具或生活用品。绿松石珠在古墓葬中大量出现，且这种绿松石珠在齐家文化中曾出现过，它和墓葬中的青铜工具都不是本地所产，应该是通过交换方式得到的；根据《华阳国志·蜀志》记载，"其玉则有璧玉、金、银、珠、碧、铜、铁、铅"，又《蜀都赋》刘逵注有"青珠"产于"蜀郡平泽"，古墓葬中的绿松石珠可能是四川所产，是通过交换得来的。这反映出迪庆高原在青铜或铜石并用的时代，已经同北部或西北部一些古老民族之间有文化或经济方面的密切联系。② 海贝一类可以肯定不是迪庆所产，而是通过交换方式得到的。例如，西藏、云南以及东南亚一些国家，在古代同属"贝币"流行地区；从尼西奔东 M5 中出土的 7 件海贝来看，当时他们与外界已有联系。据张兴宁介绍，可以肯定的是，这种海贝并不产于云南，其主要生长在印度到红海一段海域。③ 而西藏在历史上曾经以贝为币，至今社会上仍保存着贝币，明代云南贝币仍广为流行，反映了两地之间存在经济联系。④ 这些便是表明远古时代川、滇、藏之间可能存在交换关系的一些信息。

唐初，吐蕃政权统治了西藏，为了能进一步稳定政局和扩大同唐之间的经济文化关系，开始南下进入迪庆高原的丽江、维西一带。在今丽江县塔城设了神川都督，目的在于守住关键的通道，保证顺利进入洱海地区。《蛮书》载"有吐蕃到赕贸易"⑤，"赕"在前文已经提及，为丽江一带。又"大羊多从西羌、铁桥接吐蕃界，三千二千口将来贸易"⑥。由此可知，当时从川、青等地到丽江塔城进行贸易的人数和交易量多，交换的羊只可达数千只。这也是唐代

---

① 王恒杰著：《迪庆藏族社会史》，中国藏学出版社 1995 年版，第 12～13 页。
② 同上书，第 15～16 页。
③ 转引自东旺·琪岭陪楚《中甸尼西石棺葬发掘记》，载《中甸县志通讯》1988 年第 2 期，第 65 页。
④ 参见陈汎舟、陈一石《滇藏贸易历史初探》，载《西藏研究》1988 年第 4 期。
⑤ （唐）樊绰撰：《蛮书校注》，向达校注，中华书局 1962 年版，第 43 页。
⑥ 同上书，第 204 页。

以来最早记录吐蕃和南诏国之间贸易的信息。

古老的东巴经《多格绍》中也提到一个故事：藏族聪本（生意官）马帮9兄弟，赶着99个驮子来与藏族进行贸易。① 故事指出了古老的纳西族在和藏族贸易过程中经常遇到盗贼，需要和各种神灵鬼怪作斗争，也说明了藏族和纳西族之间有着历史悠久的贸易关系。

唐代以来吐蕃和南诏国之间的来往，在历史文献中多有出现。《南诏德化碑》记载："赞普今见观衅浪穹，或以众相威，或以利相导"②；又"遂遣男铎传旧大酋望赵佺邓、杨传磨侔及子弟六十人，赍重帛珍宝等物，西朝献凯。属赞普仁明，重酬我勋效，遂命宰相倚祥叶乐持金冠、锦袍、金宝带、金帐、金扛伞、鞍银兽及器皿、珂贝、珠、毯、衣服、驮马、牛鞍等，赐为兄弟之国。天宝十一年载正月一日于邓川册诏为赞普钟南国大诏"③。上述"宰相倚祥叶乐"还要持金冠、锦袍等贵重品，说明两者间的来往属高层人员。这个时期"唐代滇藏间交通线可达两地的政治中心罗些城与羊苴咩城，即今拉萨与大理，并可达两地区相关的一些地方"④。两地的政治关系可能影响到交通线上的民族从事各种贸易，涉及滇藏线上的拉萨、工布、察隅、芒康、德钦、中甸（或维西）、丽江、剑川、大理等地，这也是传统的滇藏贸易线路。这一时期的贸易关系，总体来看有两种：一种是官方主导和控制的贸易，此种最为重要，占整个贸易的比重大、数量多、风险性小、路线长、影响大；一种为民间贸易，这应在局部地区特别是交接地带进行。

尽管宋代设立了茶马司于川陕两地，但是鉴于大理政权与中央王朝难以磨合，最终导致川、滇、藏之间的贸易受到影响；特别是川滇之间的贸易受交通堵塞，很少有人进行交换，也无准确的文献记载。元代李京在《云南志略·诸夷风俗》中说，"金齿百夷（今傣族地区）交易五日一集。且则妇人为市，日中男子为市，以蜕布、茶、盐互相贸易"，但是只为地方性贸易，没有大宗出口贸易的记录。总体来看，在唐宋之前的滇藏和川藏之间的贸易，以传统的物物交换为主，交换多以牛羊为主，后来逐渐发展到接壤地带间的茶马贸易，贸易路线无深入西藏的文献记载。宋元时期"关陕尽失，无法交易……茶马互易市场，遂由西北而徒向西南"⑤，茶马交易逐渐往西南发展。

---

① 参见和志武译《东巴经典选译》，云南人民出版社1994年版，第49页。
② 李昆声编著：《云南文物古迹》，云南人民出版社1984年版，第68页。
③ 同上书，第69页。
④ 赵心愚著：《纳西族历史文化研究》，民族出版社2008年版，第74页。
⑤ 谭方之：《滇茶藏销》，载《边政公论》（第3卷）1944年第11期。

二、明清以来的滇藏贸易

明代木氏土司争得明王朝的喜欢，中央出于无力顾及地方事务，任由木氏土司管辖迪庆高原，助长木氏土司扩大势力范围和进一步稳定地方格局的野心。木氏土司先后统治了中甸、维西、德钦等迪庆高原的全部范围之后，进一步向北扩张；顺澜沧江而上占领了西藏的盐井、芒康县城等地直达昌都，另一侧顺金沙江进入到巴塘。一时之间，川、滇、藏之间的贸易得到了保障，交通路线的正常通行得到维持。不仅如此，据《明实录》记载，从洪武二十五年（1392年）开始到万历十三年（1585年）之间，有关贡马的记录多达10次①；"木氏统治时期，还使这一地区的市场和商品流向形成一个传统的经济区域，滇商每年从丽江、中甸运来茶、糖、铜器、铁器、粮食等到康南及江卡、盐井地区销售，并从当地运出羊毛、皮革、药材等商品"②。

一份中甸藏文历史档案（第10号）"七世达赖颁给土司松杰的执照"中以："大皇帝之下、和硕界下、达赖喇嘛"谕令："阳光普照下之众生——阿里三部、卫藏四如六冈，所辖境内之喇嘛上师、王公贵族、神民户、官民户、各级官员、宗官、汉蒙藏三方此公文到此者、头人、办事人员、老民、百姓知照：建塘（即中甸）独肯中心属卡松杰者，自其祖辈松杰衮之前、纳西王管理时期，即为藏商之房东，对藏商多有帮助……"③ 这个时候一个新兴的中介性质的阶层——房东出现了。1691年又有一份文书，内云：

所辖区域内驻建塘（指中甸县大中甸区）、羊塘（指中甸县小中甸区）神民户、百姓，蒙藏汉三族强弱人等（此指不同地位与身份的人）、军队上下往来等及劳民、百姓知照：

独肯宗松杰衮家过去时藏商房东，对藏商备极尊重，照颜……

铁羊年十月初六日（1691年）于拉萨吹果白。④

上述文书还指出："木氏纳西族土司统治迪庆藏族地区时，继续充任来自西藏的藏族商人的房东，为西藏商人提供住宿，充当保护人和牙人作用，关于'房东'一词，这是古代云南迪庆藏区的一种特殊的商业制度。"⑤ 需要指出的是，充当中介的房东是有一定历史背景的；上述松家自元代开始就一直任中甸

---

① 参见方国瑜主编：《云南史料丛刊》（第四卷），云南大学出版社1998年版，第284～288页。
② 陈汛舟、陈一石：《滇藏贸易历史初探》，载《西藏研究》1988年第4期。
③ 转引自杨福泉著《纳西族与藏族历史关系研究》，民族出版社2005年版，第305页。
④ 转引自王恒杰著《迪庆藏族社会史》，中国藏学出版社1995年版，第80～81页。
⑤ 王恒杰：《解放前云南藏区的商业》，载《中国藏学》1990年第3期。

的第哇,即便在纳西族统治中甸后,松家依然能通过各种途径对过往的客商进行保护,深得西藏达赖喇嘛的信任。因此,在纳西族木氏土司退出统治迪庆的历史舞台后,西藏达赖喇嘛和青海的和硕特部头人依然追述松家在元明以来对滇藏贸易作出的贡献。在清代依然下嘉奖令,要求阿里三部、卫藏四如六冈内的喇嘛上师、王公贵族、神民、官民、大小官员、地方头人、办事人员、老民、百姓等一切人员予以照顾。谕令内容如下:

> 建塘独肯中心("建塘"指整个中甸县,"独肯"指独肯宗,"中心"指今中心镇)松杰(此指自元以来任第哇并兼充房东的当时松氏家族首领)者,自其祖辈松杰衮(松杰衮系指松杰的祖辈之一)以前,纳西王管理之时(纳西王系指纳西族木氏土司,又称木天王;"管理之时"是指木土司在明中后叶征服和统治中甸地区之时),系藏商(此指来自西藏为西藏贩运货物的藏族商人)之房东,对藏商多有帮助。在水牛年(指康熙十二年,即1673年),珲吉台吉(珲吉系西藏派往康区的官吏)到康区理塘时,松杰曾亲赴理塘,拜会台吉大人,蒙大人给予照顾、过问,并给予执照(此系指对其先辈事迹进行肯定与嘉奖的文书)。①

上述文献明确说明松家祖辈都担任房东,还与上层官吏有联系。房东这种商业活动中的经纪人,是为了降低当时滇藏交换过程中出现的风险和满足语言的沟通与交流而出现的。这一时期"实际上木氏土司成为联系藏族的中介人"②,可以说"木氏土府在他经营中甸的一百五十余年时间里,一方面加重了中甸藏族和纳西族百姓的生活负担和经济负担,同时也促进了中甸农牧业、矿业和滇藏贸易业的发展,为清代达赖喇嘛在中甸立市和清代中甸的兴起奠定了基础"③。房东制出现在明代木氏土司统治期间,并持续到清末。这一方面与明代以来滇藏之间的商业贸易得到发展有关,木氏土司基本上统治康区后,推动了滇藏之间藏族和纳西族之间的贸易关系;另一方面房东制能够持续发展与当地所实行的属卡制度有关。"这种房东与内地的一般客店不一样,还兼起着'牙人'的作用。旅店不收住宿费用,而是根据房东替客商出外交涉买卖,然后根据成交额来收一定的'牙钱',一般称之为'牙用或牙佣'。"④ 这里,

---

① 转引自王恒杰著《迪庆藏族社会史》,中国藏学出版社1995年版,第80页。括号内的注释为王恒杰所加。原文出处为《中甸藏文历史档案辑录》(之二),西洛嘉初、松秀清译,载《迪庆方志》1991年第2~3期合刊(参见杨福泉著《纳西族与藏族历史关系研究》,民族出版社2005年版,第305页)。

② 陈汎舟、陈一石:《滇藏贸易历史初探》,载《西藏研究》1988年第4期。

③ 潘发生、潘建生:《中甸经济贸易发展史》(初稿),载《迪庆州志》1992年第1期。

④ 杨福泉著:《纳西族与藏族历史关系研究》,民族出版社2005年版,第328页。

关键是属卡制度的建立，使得进入属卡内的人员受到了限制；所采用的门户制限制非本属卡内的人员进入，外人却不能随便进入住宿，也就不能顺利地进行商业贸易活动。要进入当地进行贸易，必然要依托房东，因此房东制的产生是社会发展的产物，同时适应了当时的社会状况。房东制的设立有效地保证了贸易的安全性和市场的规范性。来往商人需要得到房东的投保方能进行贸易。以下保约内容可以说明上述情况：

> 立保约中甸本境回民马桢、马和、糟文得、马金等，今于堂众老人前立保约。今为阿墩子回民阿洪〔訇〕马福来甸贸易，并收取账目，住歇马金家内，自遵案分，不敢滋事生非，求限至本月初十日，即将料理回墩，不敢在甸久羁，如有抗傲，马桢等情愿将回民马福驱逐回境，不敢久留在甸生事。理合出具何约是实。
>
> 道光二十七年三月　日
>
> 具伺约：杨辉周等共三十六户。①

此保约明确了在中甸境内活动的目的、时间段、在何家居住等内容，且一旦违抗所规定的内容就必遭驱逐出境。这种房东制主要集中在迪庆和丽江。杨福泉在丽江调查时也提及："丽江大研镇'藏客'家庭之一的和益生家也与藏商有着这种房东贸易关系，……他们家有一些常来常往的藏商，纳西话称这种与他们家有固定生意往来的藏族商人叫'扣巴'，与丽江古城居民用来称呼常来常往有生意关系或朋友关系的主顾一样。这些常来的藏族商人每次来她家，都按每一宗货物的量给她家一份定钱，然后她们家想办法销售藏商的货，要想方设法使这些货有个好的卖价。"②

明代嘉靖年间（1548 年），木氏土司已经北扩到西藏的盐井，使得丽江、中甸、维西、德钦、盐井等地之间的联系更为密切，加强了彼此之间的商业贸易。木氏土司进入盐井后，利用原来掌握的制盐技术在盐井开创了盐田，其情况在前面的内容中已经做了介绍；在此需要指出的是，盐业的兴起在一定程度上推动了滇藏之间的贸易，盐作为生活必需品必定对周围产生影响。但是，现在找不到确凿的证据表明明末清初盐井盐业对滇藏贸易线上的影响情况。

需要进一步指出的是，明末清初滇西北藏传佛教内部派别之间的斗争逐渐升级。其中，格鲁派和噶玛巴派之间的斗争最为严重，加上"康熙十三年吴三桂叛乱，其孙世璠、以璠以北地赂青海求援，巴塘、理塘复沦于吐蕃，旋隶

---

① 转引自王恒杰著《迪庆藏族社会史》，中国藏学出版社 1995 年版，第 223～224 页。
② 杨福泉著：《纳西族与藏族历史关系研究》，民族出版社 2005 年版，第 329 页。

四川，而以土官羁縻之"①，使得滇藏之间的贸易受到阻碍。这可以从西藏政府屡次上述中央要求重新开启滇藏贸易看到事件的严重影响。顺治十八年（1661年），北胜外达赖喇嘛、干都太吉通过吴三桂，要求"北胜州互市茶马"②；康熙"二十七年（1688年），……达赖喇嘛求互市于金沙江。总督范承勋以内地不便，请令在中甸立市，许之"③。至此，滇藏之间的贸易又恢复了正常。

雍正初年，中央开始对丽江和中甸等地进行改土归流，木氏土司从土知府降为土通判。地方官府为了促进地方经济的发展，于乾隆二年（1737年）"凡一切商贾课税，尽行革免"，清政府通过各种手段促进滇藏之间的贸易，丽江、中甸、德钦等地成为滇藏贸易线上的重要站点。德钦划归云南后，县内结束了往常人口稀少、市井凄凉的现象；"发现茂顶（维西属距德钦两日程）矿藏，时有江西、陕西、四川各省人民相率前往开采，但以斯地僻处偏隅，道路险峻异常，于是又在距德钦二十余里的马鹿厂地方发现银矿。大家又才转移阵地，兴工挖采。并兴街设市，丽江、鹤庆、维西各属人民亦相继来此，市面逐渐繁荣"④；一时成为"川藏要道，川藏行商会集，又换夫坪亦系来往站口"⑤。这一阶段的"中甸集镇，商人云集，贸易畅通，进出康藏货物荟萃于此。滇商带来的货物主要有茶叶、粮食、红糖、火腿、铜器和铁器等，藏商带来的货物主要是羊毛、牛马羊、兽皮、药材和毛织品"⑥。丽江、剑川、鹤庆等地的商人也纷纷加入滇藏贸易的队伍，但是由于中甸进入西藏的道路入冬后大雪封山，商人们往往是2月出门、6月回来，避免沿途因大雪降临道路受阻而延长行走时间。

明清以来，滇西北地区宗教势力的稳固发展以康熙二十年（1681年）中甸松赞林寺（归化寺）的建立为标志。在本章第二节中已经提及寺院从事商业的情况。特别是清代以来，寺院从事商业成为推动地方经济贸易不可忽视的一股力量。藏族聚居区从事商业活动更加兴盛，西藏各"大寺院的财产，也多以营商而生利"⑦，在"西康各大寺院皆有经营商业，资本由喇嘛凑齐，公

---

① （清）段鹏瑞纂：《巴塘盐井乡土志·序》（影印本），中央民族学院1911年，第1页。
② （清）刘健：《庭闻录》，见方国瑜主编《云南史料丛刊》（第八卷），云南大学出版社2001年版，第396页。
③ （清）倪蜕辑：《滇云历年传》，李埏校点，云南大学出版社1992年版，第543页。
④ 黄举安：《云南德钦设治局社会调查报告》，见德钦县志编纂委员会编《德钦县志》，云南民族出版社1997年版，第361页。
⑤ 龙云：《新纂云南通志》卷143《商业考一》（铅印本）1949年。
⑥ 潘发生、潘建生：《中甸经济贸易发展史》（初稿），载《迪庆方志》1992年第1期。
⑦ 法尊上人纂：《现代西藏》（铅印本），东方书社1943年。

推经理一人，称为充本（也作聪本），负责经营，并无薪水"①。而迪庆地区的地方商业经营主动权，也基本落入归化寺的手中。

"解放前，中甸城的商业办货不是向喇嘛批发，就是向来往的马帮购货。所以喇嘛寺是中甸进出口货物的集散地，如酥油的出口就是先集中在喇嘛寺。铁和盐也只有喇嘛寺才能大批拥有。尤其是氆氇与毛毡城中没有卖，非到喇嘛寺买不可，就是鸡蛋也只有喇嘛寺才有。"② 无疑，寺院在近代和当代的滇藏贸易中扮演了重要的角色，丽江商人若需大量的酥油和山货只有到喇嘛寺才能买到。喇嘛寺是中甸进出口货物的批发处，它可以操纵物价，控制市场。③ 可想而知，其权力之大、实力之强。

从清末宣统二年（1910年）正月初九日边军管带程凤翔在向赵尔丰禀报《桑昂物产疆域等情形》中说的"桑昂南距傈俢四站，所用之茶，倮茶最多，滇茶次之，川茶绝少。价值以佩茶为贱，每一包合银六分，一驮合银一两二分……价格随时低昂，皆不及川茶之贵"来看，清末以来滇茶已经成为进入西藏的大宗货物。同年（1910年），白玉委员在《察请增科照收茶厘》中指出："但近年印茶、滇茶屏入西藏，川茶因之滞销。"④ 按此说法，滇茶价格低、便于竞争，已将一度在西藏有较大销售量的川茶排挤在外，成为滇藏贸易的主要货物。这种态势已经持续到民国后期，"云南对于康藏一带的贸易，出口货品茶为最大，康藏人民的茶叶消耗能力可算是世界第一，他们每日三餐，一刻也不能没有茶叶。所以，云南的千万驮茶叶，三分之二以上都往康藏一带销售，普思沿边的产茶区域常见康藏及中甸阿墩子的商人往来如织，每年的贸易额不下数百万之巨"⑤。民国二十年（1931年）的这项调查记录表明，云南进入西藏贸易的货物中，茶占了很大比重，其利润之大是其他货物不可相比的。茶是藏族群众生活中的必需品，这种需求使得滇藏贸易线活跃起来，并保持了应有的生命力，保证了滇藏线上贸易的进一步发展。

综合来看，近代滇藏贸易是以点串成线，再从线连接成面，并连接了两个重要的商业贸易集市——拉萨和大理，其中无数个集市之间的贸易关系最终结成网状贸易结构。据学者统计，近代以来滇西北鹤庆、丽江、中甸、喜洲

---

① 李亦人编著：《西康综览》，正中书局1946年版。
② 《中甸县人民团体简况》，见国家民委《民族问题五种丛书》编辑委员会、《中国民族问题资料·档案集成》编辑委员会编《中国民族问题资料·档案集成〈民族问题五种丛书〉及其档案汇编（第5辑）》，中央民族大学出版社2005年版，第119页。
③ 同上。
④ 四川省民族研究所《清末川滇边务档案史料》编写组：《清末川滇边务档案史料》（下册），中华书局1989年版，第726页。
⑤ 王图瑞：《云南西北边地状况纪略》，见《云南边地问题研究》，云南省立昆华民众教育馆1933刊印，第52页。

（大理）的商人在康区的康定、巴塘、木里、昌都等地创设商号12家，主要经营的是茶叶、布、盐、山货土特产、铜器、药材、大烟、日用品、火腿等。滇籍商人在康定所开锅庄就有5家。近代滇西北的商人在拉萨投资设号的有15家，主要经营的是茶叶、皮货、糖、羊毛、棉布、藏靴、藏服、山货土特产、铜器、药材、大烟、日用品等。①"最盛时期丽江有中央和地方银行分支机构9家，大小商号1 200余家，其中拥有资金100万～200万的商号有10家左右。"②

滇西北的商人不仅行走在滇藏线上，还"通过滇缅印、滇藏印这两条主要交通线，将滇、康、川、藏与缅甸、印度等异邦联结在一起，形成了一个特有的跨国、跨区域商贸经济圈。而联结这个经济圈的一个个链环，就是奔波于这两条商道上的云南商人"③。为了能对滇、藏、缅、印四者之间的贸易关系有一定的认识，周智生统计得出，在滇、藏、印通道上设立的商号有6家，滇、缅、印通道上设立的商号有4家。商人主要来自丽江，部分来自鹤庆、中甸、喜洲。④

三、清末以来怒江的商业贸易

本节单独来谈怒江两岸的商业贸易，似乎给人将东麓和西麓的贸易分开来谈之意。但是，仔细分析，怒江的贸易关系简单，明清之前长期处于部落社会，交换方式多以物易物，停留在原始的阶段。对于文献的追查，也只有零星的记载，且多为清末至民国年间。整体上看，西麓未形成如东麓那样的复杂贸易关系；怒江和澜沧江两者之间直线距离为100公里，但是由于碧罗雪山西麓的特殊地理环境，导致其处于封闭的自然经济状态，贸易集市无从谈起。但是，在渴望生存的刺激下，民间的商人还是长期奔波于贡山和察瓦龙之间，有时还直接到达缅甸进行交换。

怒江的贡山一带，清代以前还处于奴隶制社会，是未开化的民族地区；特别是云南滇西北的贡山丙中洛、独龙江、察瓦龙等藏缅交界地带，长期处于奴隶制社会。尽管与周边的民族和地区有着一定的贸易关系，但是长期以来形成的思想固化，历代王朝鞭长莫及，未能深入统治，使得其处于部落首领统治的部落社会。即便在清代有了土司势力进入，一时之间也未能改变其社会性质。

---

① 参见周智生著《商人与近代中国西南边疆社会：以滇西北为中心》，中国社会科学出版社2006年版，第226、231页。
② 李圭主编：《云南近代经济史》，云南民族出版社1995年版，第520页。
③ 周智生著：《商人与近代中国西南边疆社会：以滇西北为中心》，中国社会科学出版社2006年版，第234页。
④ 同上书，第235页。

重要的是，独龙族、怒族和傈僳族生活在一个共同的区域内，但是在地位上有明显的等级差异。"名义上虽归维西叶枝土司管理，其实系强者为酋，弱者为仆。"① 土司对怒江和独龙江的管辖，仅仅是每年派人收一次钱粮，地方的民事或刑事案件便由收粮人自行处理，一旦收粮的人走了，民间所发生的争执又由喇嘛寺解决（但是，喇嘛寺僧侣众多、习性强横，怒族和独龙族人都畏惧）；对于远一点的独龙江，更是无暇顾及，便委派傈僳头人进入独龙江征收各类税收。在此过程中形成了等级，即由傈僳管理独龙族和怒族，而且独龙族还时常受到来自西藏察瓦龙藏族土司的压迫。贡山一带的盐一直由西藏的盐井供应，使得西藏方面有控制地方社会的途径，即通过控制盐的交换来掌握权力，且在交换的过程中处于强势地位，往往贡山进入西藏换盐所付出的是相当盐本身数倍价格的代价。

法国学者施帝恩在1998—2003年深入该区域调查，着重分析了牛、奴隶、盐之间的政治权力关系，其中谈到了独龙族和藏族之间的贸易关系。

> 独龙族与藏族的关系包括固定的交换，这一关系被独龙族称为"帮南"。这一用法很难准确翻译，它意味着当事双方的友谊，一种通过经常交往和互换礼物得到证明的真诚关系。该词也可以翻译为"交换伙伴"。"帮南"关系有助于理解牛群与奴隶间的交换模式。在独龙河谷地区有专门的中介人，为藏族或者傈僳族，求购奴隶并且从中抽取利润。一些奴隶来自于缅甸北部，另一些是独龙族中的孤儿、无力谋生者、穷困欠债者、巫师或强盗，都是些被社会鄙视或遗弃的人员。参与奴隶贸易的人员被称为"束塔"（贸易中间人），并且在"奴隶（'拉杜'）交易"（"束本"）中扮演重要角色。这些中间人（"束塔"）通常是察瓦龙藏族商人的交易伙伴（"帮南"）。他们求购男女奴隶，儿童换购一头牛，成年人换购二头牛。②

这对我们理解和认识滇西北民族之间的贸易和等级关系的形成有重要的启发，但是手中所能掌握的关于这一交换过程中所形成的阶级性及权力话语的文献是稀少的。独龙族和怒族如何在多重政治强权下规避压力、极力寻求本民族的发展样式，才是我们更加关注的重点。

---

① 菖蒲桶行政委员公署编纂：《菖蒲桶志》，见李道生主编《怒江文史资料选辑》（第十八辑），政协云南省贡山独龙族怒族自治县委员会、政协云南省怒江傈僳族自治州委员会文史资料研究委员会1991年刊印，第14页。

② （法）施帝恩：《19—20世纪滇西北盐、牛及奴隶的交换与政治》，见罗布江村主编《康藏研究新思路：文化、历史与经济发展》，民族出版社2008年版，第111页。

直至清末民国时期，贡山的怒族和独龙族的农业才有了发展，在此之前未得到重视，多以采集狩猎为生，即便有种植，也多为杂粮，且为刀耕火种。民国期间留下的旧稿《菖蒲桶志·建设》中描写道："菖属各种夷人，异常懒惰，不事生产。以农业言，傈僳、曲子，每年只种杂粮一次；古宗、怒子虽每年种杂粮两次，然一家之计，均不能足。每届青黄不接之际，大半苦于无粮，仰屋兴嗟，忍饥耐饿，以俟粮熟，成为习惯。足食之家，全境不过数户。"这使得在贡山设置行政公署以后担任的委员，不得不采用多种方式发展农业。具体如下：

设治后，官署见其生计薄弱，极力劝令种植小春，尽系阳奉阴违。民国十二年，经梁委员之彦购办豆麦子种，发给三、四区。劝令播种，终归无效。民国二十年，电陈委员作栋，又由维西岩瓦购办蚕豆、大麦十余石，经陈委员应昌发给三、四区人民，勒令栽种，严定赏罚。现经查勘，均已播种出芽，此后三、四区小麦必能成效。民国十七年，电姜委员和鹰购备棉种，发交打拉火头试种，因水过多，芽苗出土即烂，毫无效果。红薯、洋芋、花生等，试验种植，均属相宜。迄今统计，红薯每年可得数百斤；洋芋则一、二两区尽皆种植，数难估计；花生每年可得千斤。①

但是，此时的贡山依然是无繁盛商埠、无市集地点、无密盛街场、无商会，也无公司、无大商巨贾，所有米粮、牛马、猪羊等买卖，尽在家中。此外，一切交易，大多以有易无。每年的七八月份，贝母开始上市，此时交易开始频繁，来往人员增加，又多以药材交换，被称为"药会"，但是从事交换的也只是少数的小贩。此时，多以外地运来的土布棉线等货换贝母及各种山货。在贡山长期驻扎、从事商贸的只有荣华畅和茂盛源两家，且其资本仅在一两千元。冬春进入降雪期，交换更是冷清。

据当地人介绍，很久以前，这里的人们商品意识薄弱，很不情愿面对面地进行交易。当时有人从察瓦龙运来盐（西藏盐井所产）和当地人换粮食，部落时代的人们只能将自己需要换的东西放在路边的显眼位置，人却偷偷找个隐蔽的地方藏起来静而远观。来换粮食的人当然知道，只需要将自己的货物放在原货的位置，便可将换得的货品取走。等人走远了，怒族人才出来取回自己换得的东西。至于那些前来换东西的人，其实部落的头人一直派人监视着，一旦出现取走货后自己的货物不及时放到原位置，或所交换的货物价值上相差较

---

① 菖蒲桶行政委员公署编纂：《菖蒲桶志》，见李道生主编《怒江文史资料选辑》（第十八辑），政协云南省贡山独龙族怒族自治县委员会、政协云南省怒江傈僳族自治州委员会文史资料研究委员会1991年刊印，第35页。

大，部落头人就会指使监视的人对其下手。因此，买卖双方彼此在无形地遵守着交换规则。

贡山周围药材资源丰富，有黄连、贝母、茯苓、溪黄草，来自动物的药材有麝香、熊胆等，山货多有牛皮、獭皮、飞鼠皮、火狐皮、岩羊皮、鹿皮等。但是，贡山却急需盐、茶叶、布料、棉布等，这都需要与周边的地方进行交换。清末以前，贡山的交通道路狭窄，形如掌宽。

从整体来看，贡山通往各地的道路有4条，即东西南北4个方向各一条。东路经腊早翻碧罗雪山至维西岩瓦，再通向内地的丽江、大理、昆明；南路沿江而下，经上帕（福贡）、六库、漕涧（属云龙）、永昌（保山）；西路经俅江（独龙江）至缅甸坎底（葡萄）；北路经贡山县丙中洛进入察瓦龙，直达察隅县，然后可以选择继续往西北通向拉萨，往东则可进入云南德钦。

清末以来，交换方式有了明显的进步，无论是贡山的怒族、独龙族、傈僳族，还是来自察瓦龙的藏族（当地人称为古宗）、丽江等地的纳西族、大理剑川等地的白族等，都纷纷进入怒江从事商品交换。1913年，英国植物学家F. 金敦·沃德（F. Kingdon Word）从缅甸进入西藏东部横断山脉进行植物研究。他从察瓦龙进入贡山丙中洛一带的路上就曾描写道："当我停下来拍照、测方位并做记录时，好几批怒族人走了上来，他们运送谷物到西藏去出售，然后准备换回食盐。"① 从中可以看出，到西藏的人络绎不绝，目的是到察隅进行盐粮交换。此盐正是本书提及的西藏盐井所产的盐。

1940年后，内地商人开始常住贡山经商，其中有钱祖发（维西人，汉族）、杨光宇（鹤庆人，汉族）、袁志广（维西人）、杨正保（鹤庆人，汉族）、阿才（藏族）等20多人。1942年，国内市场上贝母大涨价，但是当时的人们忙于到缅甸拉打阁一带开采黄金，信息不畅通，加上大多数人是傈僳族、独龙族、怒族等少数民族，商品经济意识薄弱，遭受进入怒江的内地商人的剥削。

1945年，夏瑚进入怒江，提出了10条建议，其中第六条就是"宜治平道路，以通商旅也"②，已经认识到要治理、发展边疆少数民族地区必将道路修通。其目的就是"四路平治，则商旅出途，交易成市，物产自见丰饶，人民自臻富庶矣"③。

四川、大理、丽江、维西等地商人得知贡山一带商品经济情况后，觉得有

---

① （英）F. 金敦·沃德著：《神秘的滇藏河流》，李金希、尤永弘译，四川民族出版社2002年版，第149页。

② （清）夏瑚：《怒俅边隘详情》，见方国瑜主编《云南史料丛刊》（第十二卷），云南大学出版社2001年版，第159页。

③ 同上。

利可图，便先后运来大批茶、盐、肉、火腿、白酒、布匹等货物（这些人特别信任当地商人，即便是赊销都行），再由当地商人运到独龙江和缅甸的拉打阁贩卖，并收购黄金、贝母、黄连、皮毛。① 民国初年，"贡山每年输入货物土布2 000件，棉线约500斤，春茶约500筒；每年输出货物数为贝母约2 000斤，黄连约500斤，麝香约3斤，熊胆约3斤，获狐皮约200张，虎皮约50张，山驴皮40张，岩羊皮50张，黄牛皮100张，飞鼠皮500张，獭皮50张。上列输入输出各货系最近数年的统计情况，其15年以前并无如此之产出，输入货亦不多"②。

丽江籍的李华于1941年到维西岩瓦村定居，1944年经人介绍到达贡山的茨开定居。他曾讲述在滇缅边界从事商品贸易的经历。

1946年开春后，我运了一背砂盐、六件土布、十几筒饼茶，由独龙族的朋友引荐，开始到缅甸边境做生意。朋友告诉我，他在缅甸的朋友很多，我带的东西只够送礼。我听他的，到一处，就给那里的朋友送些见面礼，对方也回赠一些藤短箩、背索之类的东西，结果生意做得很顺利，朋友到处为我"拉牛账"，这样就可以让他们给我赊销土特产品，货物脱手后再以牛还账。那些边民有什么东西都拿出来给我，我同他走了许多地方，一共赊到价值十多头牛的货物，有皮毛、黄连、贝母、熊胆等。

"拉牛账"全凭信用，不履行任何契约手续；买卖也不用货币，全是物物交换。但是，估计价值时仍以银两计算，如每斤黄连折银价一两至一两五钱，黄腊五饼折银一两，贝母一斤折银二两，水獭皮分大小每张折银一至三两，黄金一分折银一两五钱等。货物用十六两老秤和戥子过秤。交易时，双方议定多少银的货物折一头黄牛，货物足一头牛即以牛交换，不足一头牛者经过多次赊销足够一头牛时再以牛抵账。③

在运输货物的过程中，运输工具尤为重要，在怒江各县运输的工具主要是骡、马、驴三种。马帮运输以骡为主，骡的驮重一般为60～70公斤，强壮的能驮90～150公斤；马一般驮重50～60公斤，驴驮重30～60公斤。但是，如今再一次走入怒江，映入眼帘的是现代化的交通要道，从昆明到保山的瓦窑乡一直是高速公路，此后进入贡山一直是柏油路面，连县城到丙中洛乡再进入

---

① 参见李华《民国时期贡山商品流通史况》，见政协怒江州委员会文史资料委员会编《怒江文史资料选辑：第一至二十辑摘编》，德宏民族出版社1994年版，第918页。
② 《菖蒲桶志（续）》，见《贡山文史资料》1992年（创刊号），第2页。
③ 李华：《回忆在中缅边界做生意的一段经历》，见政协怒江州委员会文史资料委员会编《怒江文史资料选辑：第一至二十辑摘编》，德宏民族出版社1994年版，第926～927页。

秋那桶村都是柏油路，仅路面宽度变窄而已。因此，昔日的马帮逐渐消逝，只有那些交通不便，或是在高原牧场放牧的人家才养马、骡。今天的丙中洛，时常可以看到大型货车进来，拉了满满的货物，仔细观察，主要是大米、面粉、食盐、烟、啤酒、饼干、洗衣粉等生活必需品，甚至饲料鸡、饲料猪也由外面运入。

丙中洛乡政府所在地每星期一赶集，届时四面八方的村民都聚集在这里。除了有竹篾编织的各类竹篮、竹箩、背篓及土特产之外，和城市的贸易市场没什么两样。因此，此处也就不再多述。

第四节　别　样　生　计

一、土匪打劫

打劫是社会动乱时期特殊的一种生存方式，对这种生存方式的介绍，重点放在将其作为人类发展过程中获得物资资料的一种方式进行分析，认识人类行为和谋生所能展现的社会现象。在唐继尧统治末期，云南经济急速下滑，并逐渐走向崩溃。生活资料明显不足，穷苦农民过着饥寒交迫的生活，走投无路之下往往铤而走险，不顾生命安全，加入到土匪的队伍中。滇西著名的土匪张占彪（外号"张结巴"）就是在这种形势之下成为土匪头目的。[①] 以下对张占彪的情况作一简要介绍：

> 张占彪原籍兰坪县，家住营盘区新华乡（大村）附近，拉玛人（白族支系），本姓何，家赤贫。有一年兰坪饥荒，他父亲死了，其母带其姐姐和哥哥何裕泰到剑川投奔其姑妈耀华妈。后来生活无着落，将其二哥何裕泰送给东岭区水鼓楼某家，帮他家放牛，一直长到四十二岁，他们姐妹兄弟在大理花甸坝会面时尚未结婚。张母携其女及幼子到牛街讨饭。后来他母亲得病将死了，他姐姐为了给母亲买棺材，将其弟弟（张占彪）卖了。那时张占彪才三四岁，身价是三块板子。大概转卖了两次，最后卖到邓川坝东山蛟石洞做干儿子。但那家也很贫穷，烧木炭过日子。张占彪七八岁时，就同他干爹赶着骡子下山卖炭。结婚不久，就被征兵，又落在他头上，在大理一塔寺兵营受训。四个月后，他挨不住了，逃跑出来，但他

---

① 参见张旭《关于滇西"著名土匪"张占彪（张结巴）》，见政协怒江州委员会文史资料委员会编《怒江文史资料选辑：第一至二十辑摘编》，德宏民族出版社1994年版，第341页。

不敢回家，便跑到洱源县凤羽乡大松甸"土匪"头子罗高才下面当喽啰。唐继尧一死，云南军阀混战，"土匪"更显"猖獗"，许多县城被"土匪"攻陷。这时，各地豪绅、地主、商客，也为了保家产、保生命，有的派人打入"匪伙"，如剑川县城赵家；有的明里或暗中与他们勾结，如洱源的赐进士吕贤希，牛街的乡董段大顺，乔后井的盐商苏某。还有大理商人帮他们买枪支、弹药，制备服装。有的公开出来独树一帜，如泸西的张冲同志。①

上述材料指出，土匪还顺应了一些富人、商贾和社会上流人物的需要。在社会动乱的时代，每个人、每个团体都寻求自己的保护神。张占彪因此得到了很多有需求的人的支持，枪支、弹药的注入进一步增强了他的势力，使其在滇西少数民族地区横行霸道。尽管张占彪是在被逼无奈的情况下才做了土匪，但是他对当时的地方社会造成了极大的危害。为了获得物质财富，张占彪及其属下不惜一切代价。以下是张占彪在云龙境内抢劫的情况。

民国十一年与罗高才聚众千余人，分股在洱源、邓川、云龙各地滋麦劫掠，其中一股出没于云（龙）浪（穹）分疆界，窜扰云龙县的箭里（团结）、关里（长新）地区。

1923年由罗高才带领的部属数百人到关里的佛坡、豆寺、大达、长春坡等处抢劫。将长春坡大户杨浩然及佛坡赵席珍（当时任关里团首）掳去，勒逼巨资赎回，同时被掳的平民百姓，则因无钱可赎而惨遭杀害。张占彪部另一头目李翊伯，于1927年底串众百人经关里到师里的检槽、师井等地烧杀抢劫，十一月初一日黎明时突然包围下大村，威逼交出钱财，否则将全村焚毁。前清贡生那恩诏出面与李珊伯交涉，愿交款项，请求不要毁村，匪众挟持下大村男女老少一百多人至宝鼎寺。经交涉后，那恩诏派儿子回村凑钱。至初八，团兵赶到，混战中，群众逃归，那恩诏"仓促不得脱，匪怒其令子招团兵来"，故将他杀害。②

张占彪是滇西北土匪中影响最大的头目，权势大，部下人员多。就连政协原副主席、原来是张占彪部下的张冲也曾指出："张结巴是一支农民武装，人家有群众，有纪律，有根据地，有一套办法，只是没有政党领导罢了。"③但

---

① 张旭：《关于滇西"著名土匪"张占彪（张结巴）》，见政协怒江州委员会文史资料委员会编《怒江文史资料选辑：第一至二十辑摘编》，德宏民族出版社1994年版，第341页。
② 云南省云龙县志编纂委员会编纂：《云龙县志》，农业出版社1992年版，第434页。
③ 转引自张旭《关于滇西"著名土匪"张占彪（张结巴）》，见政协怒江州委员会文史资料委员会编《怒江文史资料选辑：第一至二十辑摘编》，德宏民族出版社1994年版，第341页。

是，有时也有仅由几人组成的土匪组织，经常袭击过往的马帮商人。"解放前，从六库去云龙的石缸河丫口、老窝梁子等处是盗匪出没的地方，拦路抢劫的盗匪不仅抢人钱财，还常常伤害人命。客商不敢单人独行，怕盗匪甚于虎狼。"① 经常在上述一带活动的土匪主要是两兄弟，哥哥叫阿哈，弟弟叫阿义，原籍是兰坪县兔峨村。1951 年解放军进西藏经过兰坪兔峨村时，有一名战士因实在太渴，进阿哈家讨水喝，阿哈用长刀将其砍死，抢去他的一支英造大十响枪，夺得了一套军装，还把尸体埋藏起来；随后阿哈立即带领妻子、儿女和兄弟阿义等一家五口人，畏罪潜逃，到六库附近的帕戛村住。② 他们迁到六库不久，两兄弟便与六库土司自卫队长罗荣（贵州黄草坝人）勾结，到石缸河丫口、老窝梁子、排路坝等处抢人。有一次，他们在石缸河丫口抢了一个保山生意人，不仅抢光钱财，还把那商人的一匹白马也牵走。阿哈穿上军装，背上大十响枪，骑上大白马，在新田一带招摇撞骗，耀武扬威。③

范义田在《谈谈江边古宗》中描述到匪焰猖狂："当此苦寒，天假强胡，冯凌杀气，以相剪屠，此边塞战况也，然非目亲身经者不能知。江边汉民，每届冬令，严寒，皆收积储藏，偏冬卒岁，古宗遂利用天时，乘间而出，大掠而去，沿江之民，迭遭荼毒，兹特举数端于下，其余可见一斑。"④ 民国期间，先后掠夺石鼓街、火烧五驻村、劫巨甸里，掠夺了大量的粮食和牲口。土匪为了保证打劫的成功，还会选择里应外合，和当地头人或喇嘛相互勾结，更有甚者不惜长途跋涉，瞄准有钱人家。有时打劫和各地头人、土司之间的复仇又紧密联系在一起。和尚忠是德钦土司的后裔，清末以来任当地的千把总；在其死后，为了复仇，管家阿董鲁苴等不顾一切，率众人抢劫了维西寿国寺明觉活佛的财物。寿国寺为了复仇，未征得政府同意便直接逮捕阿董鲁苴，并在其牲口中发现明觉活佛被抢马、骡，随之将阿董鲁苴打死，并将尸体抛入江中。⑤ 阿董鲁苴的儿子又进行了复仇。云南省档案馆资料显示时任德钦设治局局长周毓瑗记载了事件过程：

> 旋因久无解决，乃有阿董少数匪人及维属羊拉惯匪，乘机勾结康属地乌之匪，窜入藏属抢劫居民容日达己家及白土税局家财物，继而被维西寿

---

① 褚文章、张庆春口述：《歼灭惯匪阿哈阿义经过》，艾伦整理，见政协怒江州委员会文史资料委员会编《怒江文史资料选辑：第一至二十辑摘编》，德宏民族出版社 1994 年版，第 632 页。

② 同上。

③ 同①。

④ 范义田：《谈谈江边古宗》，见《云南边地问题研究》，云南省立昆华民众教育馆 1933 年刊印，第 63 页。

⑤ 参见刘琪著《命以载史：20 世纪前期德钦政治的历史民族志》，世界图书出版公司 2011 年版，第 135 页。

国寺喇嘛戕害之鲁苴之子扎什宜马探悉，乃父鲁苴之死，系匪人扎什定珠（又名大使得度）勾串寿国寺喇嘛所为。蛮民性质，专以报仇为能事，睚眦之怨，累代不忘，况杀父之仇乎。于是，扎什宜马，即勾结匪党二十余人，又得新当伙头昂主弟兄为之耸动，乃于旧历五月初四率领匪党前往新当，将扎什定珠及阿主等家抢掠。①

有时候商人需要和土匪进行搏斗。"阿聪（德钦人），常年以赶马做生意为业。有一次，他与几个同伴去思茅驮茶，回来时，在路上遇到土匪抢劫，他与同伴用火枪、竹箭等武器与土匪争斗，赶走了土匪，还缴获了土匪的若干物件。那以后，在去思茅驮茶的途中，土匪再也不敢来抢他们。自此，就这样常年为地方运茶。"②

总的来说，土匪出现的根本原因在于社会动荡，各种地方势力割据。起初做土匪只是他们为维持自身的生活不得已采取的方式，但是后来闯出名气的土匪也成立了群体组织。他们在险要的路段埋伏，为了成功实施抢劫往往选定有钱有货的个人或几个人。一旦有组织的土匪势力壮大起来，不同阶层的人为了保障自身的利益还需要讨好土匪头人。这样一来，土匪的身份已经不是简单的抢劫者，而是通过该方式在某一程度上形成特定的"职业"，来获得生存条件的改变。头人在这一过程中更能彰显其自身的能力，甚至有机会改变身份。

二、乞讨

民国年间，范义田在丽江和迪庆交界地带做调查发现，由于时局动乱生活难以维持的古宗人跨江乞讨。他生动地记录了自己看到金沙江西岸的古宗进入东岸乞讨的情况。

> 古宗渡江入内地乞食者，所在多有，而以废磨之冬腊月尤多，老壮妇孺，伛偻相携，百十为群，恍如举一小部落以俱来者，故余称之曰"乞丐游行"。此足以证明其生活未到农业经济时代，无固定之居业，尚保留其游牧迁徙之习惯也。其装束，头戴尖形皮帽，或以辫发缠头，系骨角为饰，足穿深统革靴，身着宽大毛衣，束带腰间，上收其襟，以当行囊，食具零件，皆实其中。妇人产子，亦仅裹具脐带，怀之而行，时闻其衣袖中呱呱儿啼也。当其游行村间，垢面浊手，杖木棍，沿门托钵，口讽梵咒，

---

① 云南省档案馆档案，案卷号106-2-644（转引自刘琪著《命以载史：20世纪前期德钦政治的历史民族志》，世界图书出版公司2011年版，第136页）。

② 赵正雄：《回忆往事，倍感党恩》，见中国人民政治协商会议迪庆藏族自治州委员会文史资料委员会编《迪庆州文史资料选辑》（第五辑），1994年刊印，第46页。

俨如僧侣化缘状。更有伟丈夫，持鼗鼓，擎长矛，挺然入门，力振其鼓，高声大唱……或有父子夫妇，跳舞市肆间，始则拉胡琴，唱蛮调，态度雍容，以左右足踵互相点地为节奏；继则摇其鼗鼓，高其声调，或曲一足作商羊舞，或转其身作天魔舞，历时虽久，曾无眩晕之苦，其旋转程度之高，实足惊人也。献技既毕，向市民乞钱，又顾而支他。迨夕阳西下，则群就山水平旷之间，张幕休息，无雨则露处，以日间所乞饭，预备以供足岁，仍取所备酥油炒面（以干牛肉或青稞为细末）等果腹。暝色既近，万籁俱寂，皆合掌趺坐，讽诵藏经，妇女亦一面手纺织毛绳，一面随声应和，其声大半用鼻音，而间以喉音，沈押深宏，众口如一，嗡嗡然若万蜂飞舞。夜将半，始划然阒静，横卧直躺，鼾声雷动矣。①

这种乞讨的现象出现在清末民初到新中国成立期间那段混乱的历史中，是很多无家可归、一无田地二无粮食收入的人群无奈的选择。

三、女性的占有和交换

碧罗雪山北段是贡山县独龙江、丙中洛与西藏察隅县的接壤地带。长期以来，生活在这里的藏族、僜人、独龙族、怒族、傈僳族还处于原始社会末期的阶段。僜人社会生产落后，所使用的结绳记事方法与一山之隔的独龙江独龙族有相似之处。② 这一地带正是处于原始社会向奴隶社会过渡的阶段，私有制已经产生，贫富分化已经出现。在僜人社会中，人们将牛看作财富的标志，因为有了牛就可以买奴隶，妻子越多，奴隶越多，越能增加劳动力种植更多的土地，收获的粮食也就越多。③ 贫富差距的出现，使得人们不断想提升自己的地位和权威，而衡量的标准就是占有的奴隶、牛、妇女以及金属物品的数量，如刀、枪、银饰、铁锅等。④ 这样使得妇女在该社会族群中地位逐渐下降，有地位的僜人都试图得到更多的女人。以下是1976年中国社会科学院民族研究所调查组深入僜人地区调查到的关于妇女地位和交换的情况。

> 妇女的身价主要用牛来表现。稍稍宽裕一点的人家，女子的身价至少也要两头巴麦牛，一般的人家也得一头巴麦牛，最贫苦人家的女子也得一头普通黄牛。这是妇女的基本价格。较富裕人家女子的身价要更多的牛，

---

① 范义田：《谈谈江边古宗》，见《云南边地问题研究》，云南省立昆华民众教育馆1933年刊印，第60页。
② 参见吴丛众著《西藏察隅僜人的社会与文化》，黑龙江教育出版社2001年版，第9页。
③ 同上书，第51页。
④ 同上书，第55页。

但是其中只有一两头算是女子真正的身价，超出的部分，女方要以陪送妆奁的方式折成其他财物带回男方。除了牛以外，男方还要按照自己的能力，陆续送给女家猪、鸡以及若干竹筐的鼠、雀、鱼和野兽肉干。野牛、野羊、熊豹等兽肉，切成块风干后续在筐中送给对方，但虎、猴肉不能用来送礼。除牛以外其他东西的具体数量一般不事先讲定。男方每次送礼后，女家也都回赠一些东西。男方除了送到女家的这些东西外，招待亲友也要相当数量的猪和其他肉类以及粮食和酒等。①

尽管女人被视为一种商品，但是整个交换的过程依然要遵守一定的公认准则，这是在长期进行妇女交换过程中形成的，且交换双方必须遵守。

  妇女的身价必须经中间人在事先讲妥。一般是在男方把讲妥的基本价格，即若干头牛交清以后，才能把女子带走。否则只能不断去女方家探望，每次去时总要带些肉类去。也有的男子不可能在短期交清，而双方关系又很好，则女方可以允许男子住在女方家，甚至在女方家搭临时的简易房屋或棚子与妻子同居，在这期间男子主要是为女方家劳动，等到牛交清后，再与妻子搬回自己家里。有的事先讲妥，交付一定数量的牛以后即可把妻子带走，其余的牛可以在以后慢慢偿还。②

长期以来，察瓦龙的土司们把独龙江中上游和贡山地区怒江以北，均视为自己管辖的范围，将这个区域里的独龙族、怒族、傈僳族等各族人民看作自己的农奴，每年定期向他们征收事务贡税、征用劳役，并专断性地不等价交易。③ 可以肯定的是，在大量的农奴中，女性占了很大的比重。

---

 ① 中国社会科学院民族研究所：《僜人社会历史调查》，云南人民出版社 1990 年版，第 143～144 页。
 ② 同上。
 ③ 参见蔡家麒著《藏彝走廊中的独龙族社会历史考察》，民族出版社 2008 年版，第 99 页。

参 考 文 献

一、著作

[1] （元）孛兰肹，等. 元一统志 [M]. 赵万里，校辑. 北京：中华书局，1966.
[2] 迪庆藏族自治州民族宗教事务委员会. 迪庆州宗教志 [M]. 北京：中国藏学出版社，1994.
[3] 段志诚. 中甸县志 [M]. 昆明：云南民族出版社，1997.
[4] （清）段鹏瑞. 巴塘盐井乡土志 [M]. 影印本. 北京：中央民族学院，1911.
[5] （唐）樊绰. 蛮书校注 [M]. 向达，校注. 北京：中华书局，1962.
[6] 方国瑜. 云南史料丛刊：第四卷 [G]. 昆明：云南大学出版社，1998.
[7] 方国瑜. 云南史料丛刊：第六卷 [G]. 昆明：云南大学出版社，2000.
[8] 方国瑜. 云南史料丛刊：第八卷 [G]. 昆明：云南大学出版社，2001.
[9] 方国瑜. 云南史料丛刊：第十二卷 [G]. 昆明：云南大学出版社，2001.
[10] 方国瑜. 云南史料丛刊：第十三卷 [G]. 昆明：云南大学出版社，2001.
[11] 付嵩烋. 西康建省记 [M]. 南京：中华印刷公司，1932.
[12] （南朝宋）范晔. 后汉书 [M]. 李立，刘伯雨，选注. 太原：山西古籍出版社，2005.
[13] 郭大烈. 中国少数民族大辞典·纳西族卷 [M]. 南宁：广西民族出版社，2002.
[14] 国家民委《民族问题五种丛书》编辑委员会，《中国民族问题资料·档案集成》编辑委员会. 中国民族问题资料·档案集成《民族问题五种丛书》及其档案汇编：第5辑 [G]. 北京：中央民族大学出版社，2005.
[15] （明）刘文征. 滇志 [M]. 古永继，校点. 昆明：云南教育出版社，1991.
[16] （清）刘赞廷. 盐井县志 [M]. 北京：民族文化宫图书馆复制，1962.
[17] （清）刘健. 庭闻录 [M]. 上海：上海书店出版社，1985.
[18] 李亦人. 西康综览 [M]. 南京：正中书局，1946.
[19] 政协怒江州委员会文史资料委员会. 怒江文史资料选辑：第一至二十辑摘编（上卷）[G]. 德宏：德宏民族出版社，1994.

[20] 龙云，卢汉修. 新纂云南通志（卷143）商业考一 [M]. 铅印本. 1949.

[21] （宋）吕祖谦. 宋文鉴：卷四十二 [M]. 南京：江苏书局，1886.

[22] 芒康县地方志编纂委员会. 芒康县志 [M]. 成都：巴蜀书社，2008.

[23] 《民族问题五种丛书》云南省编辑委员会. 怒族社会历史调查（一）[G]. 昆明：云南人民出版社，1981.

[24] 《民族问题五种丛书》云南省编辑委员会. 纳西族社会历史调查 [G]. 昆明：云南民族出版社，1983.

[25] 《民族问题五种丛书》云南省编辑委员会，《中国少数民族社会历史调查资料丛刊》修订编辑委员会. 独龙族社会历史调查（一）[G]. 北京：民族出版社，2009.

[26] 《民族问题五种丛书》云南省编写组，《中国少数民族社会历史调查资料丛刊》修订编辑委员会. 独龙族社会历史调查（二）[G]. 北京：民族出版社，2009.

[27] 《民族问题五种丛书》云南省编辑委员会，《中国少数民族社会历史调查资料丛刊》修订编辑委员会. 傈僳族社会历史调查 [G]. 北京：民族出版社，2009.

[28] 《怒江傈僳族自治州概况》编写组，《怒江傈僳族自治州概况》修订本编写组. 怒江傈僳族自治州概况 [M]. 北京：民族出版社，2008.

[29] （明）倪辂. 南诏野史 [M]. 昆明：云南人民出版社，1990.

[30] （清）倪蜕. 滇云历年传 [M]. 李埏，校点. 昆明：云南大学出版社，1992.

[31] （明）钱古训. 百夷传校注 [M]. 江应梁，校注. 昆明：云南人民出版社，1980.

[32] 西藏自治区社会科学院，四川省社会科学院. 近代康藏重大事件史料选编：第一编 [G]. 拉萨：西藏古籍出版社，2001.

[33] （汉）司马迁. 史记 [M]. 北京：中华书局，1959.

[34] 四川省巴塘县志编纂委员会. 巴塘县志 [M]. 成都：四川民族出版社，1993.

[35] 四川省民族研究所《清末川滇边务档案史料》编写组. 清末川滇边务档案史料 [G]. 北京：中华书局，1989.

[36] 吴丰培. 川藏游踪汇编 [M]. 成都：四川民族出版社，1985.

[37] 吴丰培. 赵尔丰川边奏牍 [M]. 成都：四川民族出版社，1984.

[38] 西藏自治区档案馆. 西藏历史档案荟萃 [G]. 北京：文物出版社，1995.

[39]《西藏研究》编辑部. 西藏志 卫藏通志[G]. 拉萨：西藏人民出版社，1982.

[40] 西藏社会历史调查资料丛刊编辑组. 藏族社会历史调查（四）[G]. 拉萨：西藏人民出版社，1989.

[41] 西藏昌都地区地方志编纂委员会. 昌都地区志：上[M]. 北京：方志出版社，2005.

[42]（东汉）许慎. 说文解字[M].（清）段玉裁，注. 郑州：中州古籍出版社，2006.

[43] 德钦县志编纂委员会. 德钦县志[M]. 昆明：云南民族出版社，1997.

[44] 云南省云龙县志编纂委员会. 云龙县志[M]. 北京：农业出版社，1992.

[45]（清）余庆远. 维西见闻纪[G]//大理行记及其他五种. 北京：商务印书馆，1936.

[46]（东汉）应劭. 风俗通义[M]. 北京：中华书局，1985.

[47] 杨仲华. 西康纪要：上[M]. 北京：商务印书馆，1937.

[48] 张国树. 礼记[M]. 青岛：青岛出版社，2009.

[49] 徐丽华. 中国少数民族古籍集成：第85册[G]. 成都：四川民族出版社，2002.

[50] 中国藏学研究中心. 元以来西藏地方与中央政府关系档案史料汇编：第2册[G]. 北京：中国藏学出版社，1994.

[51]《中国地方志集成》编辑指导委员会. 中国地方志集成：西藏府县志辑[G]. 成都：巴蜀书社，1995.

[52] 赵心愚，秦和平. 清季民国康区藏族文献辑要[M]. 成都：四川民族出版社，2003.

[53]（宋）张方平. 乐全集：卷15[M]. 北京：商务印书馆，1935.

[54] 范义田. 谈谈江边古宗[G]//云南边地问题研究：上卷. 昆明：云南省立昆华民众教育馆，1933.

[55] 蔡家麒. 藏彝走廊中的独龙族社会历史考察[M]. 北京：民族出版社，2008.

[56] 陈蜀玉. 羌族文化[M]. 成都：西南交通大学出版社，2008.

[57] 陈庆德. 经济人类学[M]. 北京：人民出版社，2001.

[58] 迪庆藏族自治州宗教事务委员会. 迪庆藏族自治州宗教志[M]. 北京：中国藏学出版社，1994.

[59] 戴加洗. 青藏高原气候[M]. 北京：气象出版社，1990.

[60] 东嘎·洛桑赤列. 论西藏政教合一制度：藏文版［M］. 北京：民族出版社，1981.

[61] 欧阳哲生. 大家国学·傅斯年卷［M］. 天津：天津人民出版社，2009.

[62] 费孝通. 江村经济［M］. 上海：上海人民出版社，2006.

[63] 高发元. 云南民族村寨调查：藏族——中甸尼西乡形朵村［M］. 昆明：云南大学出版社，2001.

[64] 格勒. 论藏族文化的起源形成与周边民族的关系［M］. 广州：中山大学出版社，1988.

[65] 贡山独龙族怒族自治县志编纂委员会. 贡山独龙族怒族自治县志［M］. 北京：民族出版社，2006.

[66] 方国瑜. 方国瑜纳西学论集［M］. 北京：民族出版社，2008.

[67] 郭正忠. 中国盐业史：古代编［M］. 北京：人民出版社，1997.

[68] 郭净. 卡瓦博格澜沧江峡谷的藏族［D］. 昆明：云南大学人文学院，2001.

[69] 郭家骥. 发展的反思——澜沧江流域少数民族变迁的人类学研究［M］. 昆明：云南人民出版社，2008.

[70] 尕藏才旦，格桑本. 青藏高原游牧文化［M］. 兰州：甘肃民族出版社，2000.

[71] 关丙胜. 族群的演进博弈——中国图瓦人研究［M］. 北京：社会科学文献出版社，2011.

[72] 黄应贵. 反景入深林：人类学的观照、理论与实践［M］. 北京：商务印书馆，2010.

[73] 黄应贵. 物与物质文化［M］. 台北："中央研究院"民族学研究所，2004.

[74] 郝性中，杨子生，徐旌，等. 怒江州土地资源［M］. 昆明：云南科技出版社，1997.

[75] 和志武. 东巴经典选译［M］. 昆明：云南人民出版社，1994.

[76] 弘学. 藏传佛教［M］. 3版. 成都：四川人民出版社，2012.

[77] 何耀华. 中国西南历史民族学论集［M］. 昆明：云南人民出版社，1988.

[78] 何国强. 围屋里的宗族社会——广东客家族群生计模式研究［M］. 南宁：广西民族出版社，2002.

[79] 郝时远，罗贤佑. 蒙元史暨民族史论集：纪念翁独健先生诞辰一百周年［M］. 北京：社会科学文献出版社，2006.

[80] 况浩林. 中国近代少数民族经济史稿［M］. 北京：民族出版社，1992.

[81] 贾宵锋. 藏区土司制度研究 [D]. 兰州：兰州大学西北少数民族研究中心，2005.

[82] 江洋. 西藏盐井纳西族盐业生计方式的传统和变迁 [D]. 昆明：云南大学民族研究院，2011.

[83] 刘琪. 命以载史：20世纪前期德钦政治的历史民族志 [M]. 北京：世界图书出版公司，2011.

[84] 罗康隆. 文化适应与文化制衡：基于人类文化生态的思考 [M]. 北京：民族出版社，2007.

[85] 罗布江村. 康藏研究新思路：文化、历史与经济发展 [M]. 北京：民族出版社，2008.

[86] 罗康智，罗康隆. 传统文化中的生计策略——以侗族为例案 [M]. 北京：民族出版社，2009.

[87] 林耀华. 民族学研究 [M]. 北京：中国社会科学出版社，1985.

[88] 林耀华. 民族学通论 [M]. 修订本. 北京：中央民族大学出版社，1997.

[89] 黎小龙. 西南日月城文化概论 [M]. 重庆：西南师范大学西南研究中心，1994.

[90] 刘凌，孔繁荣. 章太炎学术论著 [M]. 杭州：浙江人民出版社，1998.

[91] （元）刘应李. 大元混一方舆胜览 [M]. 詹有谅，改编. 成都：四川大学出版社，2003.

[92] 刘达成. 怒族文化大观 [M]. 昆明：云南民族出版社，1999.

[93] 刘怡，芮鸿. 活在丛林山水间——云南民族采集渔猎 [M]. 昆明：云南教育出版社，2000.

[94] 李圭. 云南近代经济史 [M]. 昆明：云南民族出版社，1995.

[95] 李光文，杨松，格勒. 西藏昌都：历史·传统·现代性 [M]. 重庆：重庆出版社，2000.

[96] 李月英. "三江并流"区的怒族人家 [M]. 北京：民族出版社，2005.

[97] 李绍明. 民族学 [M]. 成都：四川民族出版社，1986.

[98] 李文海. 民国时期社会调查丛编·少数民族卷 [M]. 福州：福建教育出版社，2005.

[99] 李昆声. 云南文物古迹 [M]. 昆明：云南人民出版社，1984.

[100] 吕大吉. 宗教学通论 [M]. 北京：中国社会科学出版社，1989.

[101] 雷加. 白马雪山 碧罗雪山 四莽雪山 [M]. 昆明：云南人民出版社，2011.

[102] 梅进才. 中国当代藏族寺院经济发展战略研究 [M]. 兰州：甘肃人民出版社，2000.

[103] 马大正. 国民政府女密使赴藏纪实: 原名《康藏轺征》[M]. 北京: 民族出版社, 1985.

[104] 马青林. 清末川边藏区改土归流[M]. 成都: 四川出版集团巴蜀书社, 2004.

[105] 《怒族简史》编写组. 怒族简史[M]. 昆明: 云南人民出版社, 1987.

[106] 任乃强. 任乃强民族研究文集[G]. 北京: 民族出版社, 1990.

[107] 任乃强. 康藏史地大纲[M]. 拉萨: 西藏古籍出版社, 2000.

[108] 任乃强. 羌族源流探索[M]. 重庆: 重庆出版社, 1984.

[109] 冉光荣, 李绍明, 周锡银. 羌族史[M]. 成都: 四川民族出版社, 1984.

[110] 宋兆麟, 黎家芳, 杜耀西. 中国原始社会史[M]. 北京: 文物出版社, 1983.

[111] 舒瑜. 微"盐"大义: 云南诺邓盐业的历史人类学考察[M]. 北京: 世界图书出版公司, 2010.

[112] 四川省文物考古研究所. 四川考古论文集[C]. 北京: 文物出版社, 1996.

[113] 陶天麟. 怒族文化史[M]. 昆明: 云南民族出版社, 1997.

[114] 佟伟, 廖志杰, 刘时彬, 等. 西藏温泉志[M]. 北京: 科学出版社, 2000.

[115] 唐景福, 朱丽霞. 中国藏传佛教名僧录[M]. 兰州: 甘肃民族出版社, 2006.

[116] 王明珂. 游牧者的抉择: 面对汉帝国的北亚游牧部族[M]. 桂林: 广西师范大学出版社, 2008.

[117] 王文光, 段红云. 中国古代的民族识别[M]. 昆明: 云南大学出版社, 2011.

[118] 文物出版社编辑部. 文物与考古论集[G]. 北京: 文物出版社, 1986.

[119] 敦煌本吐蕃历史文书[M]. 王尧, 陈践, 译注. 北京: 民族出版社, 1980.

[120] 王铭铭. 中间圈: "藏彝走廊"与人类学的再构思[M]. 北京: 社会科学文献出版社, 2008.

[121] 王献军. 西藏政教合一制研究[M]. 兰州: 兰州大学出版社, 2004.

[122] 王恒杰. 迪庆藏族社会史[M]. 北京: 中国藏学出版社, 1995.

[123] 王仁湘, 张征雁. 中国滋味: 盐与文明[M]. 沈阳: 辽宁人民出版社, 2007.

[124] 王辅仁, 索文清. 藏族史要[M]. 成都: 四川民族出版社, 1981.

[125] 汪宁生. 中国西南民族的历史与文化 [M]. 昆明: 云南民族出版社, 1989.

[126] 汪宁生. 云南考古 [M]. 增订本. 昆明: 云南人民出版社, 1980.

[127] 吴丛众. 西藏察隅僜人的社会与文化 [M]. 哈尔滨: 黑龙江教育出版社, 2001.

[128] 吴成立. 西藏芒康县纳西民族乡盐文化研究 [D]. 广州: 中山大学社会学与人类学学院, 2009.

[129] 徐亚非, 温宁军, 杨先民. 民族宗教经济透视 [M]. 昆明: 云南人民出版社, 1991.

[130] 夏建军. 说盐与用盐 [M]. 北京: 人民军医出版社, 2008.

[131] 西绕云贞. 迈向繁荣——迪庆藏族百年社会发展简论 [D]. 昆明: 云南大学人文学院, 2003.

[132] 西藏自治区文物管理委员会, 四川大学历史系. 昌都卡若（中国田野考古报告集考古学专刊丁种第 29 号）[M]. 北京: 文物出版社, 1985.

[133] 徐裕华. 西南气候 [M]. 北京: 气象出版社, 1991.

[134] 游修龄. 农史研究文集 [M]. 北京: 中国农业出版社, 1999.

[135] 盐务署盐务稽核总所. 中国盐政实录: 第 1 册 [M]. 台北: 文海出版社, 1979.

[136] 杨阳. 王权的图腾化——政教合一与中国社会 [M]. 杭州: 浙江人民出版社, 2000.

[137] 杨福泉. 纳西族与藏族历史关系研究 [M]. 北京: 民族出版社, 2005.

[138] 杨学政. 云南宗教史 [M]. 昆明: 云南人民出版社, 1999.

[139] 杨学政, 韩军学, 李荣昆. 云南境内的世界三大宗教——地域宗教比较研究 [M]. 昆明: 云南人民出版社, 1993.

[140] 尤中. 中国西南的古代民族 [M]. 昆明: 云南人民出版社, 1980.

[141] 云南省编辑组,《中国少数民族社会历史调查资料丛刊》修订编辑委员会. 傈僳族 怒族 勒墨人（白族支系）社会历史调查 [G]. 北京: 民族出版社, 2009.

[142] 尹绍亭. 人与森林——生态人类学视野中的刀耕火种 [M]. 昆明: 云南教育出版社, 2000.

[143] 朱霞. 云南诺邓井盐生产民俗研究 [M]. 昆明: 云南人民出版社, 2009.

[144] 赵心愚. 纳西族历史文化研究 [M]. 北京: 民族出版社, 2008.

[145] 赵心愚. 纳西族与藏族关系史 [M]. 成都：四川人民出版社，2004.
[146] 吴海波，曾凡英. 中国盐业史：学术研究一百年 [M]. 成都：四川出版集团，2010.
[147] 周智生. 商人与近代中国西南边疆社会：以滇西北为中心 [M]. 北京：中国社会科学出版社，2006.
[148] 中国社会科学院民族研究所. 僜人社会历史调查 [M]. 昆明：云南人民出版社，1990.
[149] 章忠云. 藏族志：聆听乡音——云南藏族的生活和文化 [M]. 昆明：云南大学出版社，2006.
[150] 陈祖军. 西南地区的石棺墓分期研究——关于"石棺葬文化"的新认识 [C]//四川考古论文集. 北京：文物出版社，1996.
[151] (美) 埃里克·沃尔夫. 欧洲与没有历史的人民 [M]. 赵炳祥，刘传珠，杨玉静，译. 上海：上海世纪出版集团，2006.
[152] (法) 布迪厄，(美) 华康德. 实践与反思：反思社会学导引 [M]. 李猛，李康，译. 北京：中央编译出版社，1998.
[153] (英) F. 金敦·沃德. 神秘的滇藏河流 [M]. 李金希，尤永弘，译. 成都：四川民族出版社，2002.
[154] (英) 克里斯托夫·冯·菲尤勒-海门道夫. 在印度部落中生活——一位人类学家的自传（译序）[M]. 何国强，译. 香港：国际炎黄文化出版社，2009.
[155] (英) 克里斯托夫·冯·菲尤勒-海门道夫. 阿帕塔尼人和他们的邻族 [M]. 吴泽霖，译. 伦敦：劳特莱吉和保罗·开嘎出版公司，1962.
[156] (英) 克里斯托夫·冯·菲尤勒-海门道夫. 尼泊尔舍尔巴的经济生活 [M]. 吴泽霖，译. 伦敦：劳特莱吉和保罗·开嘎出版公司，1962.
[157] (英) 雷蒙德·弗斯. 人文类型 [M]. 费孝通，译. 北京：华夏出版社，2002.
[158] (英) 拉德克利夫·布朗. 社会人类学方法 [M]. 夏建中，译. 北京：华夏出版社，2002.
[159] (英) 马林诺夫斯基. 蛮族社会之犯罪与习俗 [M]. 林振镛，译. 上海：上海文艺出版社，1989.
[160] (英) 马林诺夫斯基. 西太平洋的航海者 [M]. 梁永佳，李绍明，译. 北京：华夏出版社，2002.
[161] (英) 马凌诺斯基. 文化论 [M]. 费孝通，译. 北京：华夏出版社，2002.
[162] 马克思. 资本论：第2卷 [M]. 北京：人民出版社，1975.

[163]（美）马克·科尔兰斯基. 盐［M］. 夏业良，等，译. 北京：机械工业出版社，2005.

[164] 马克思恩格斯全集：第13卷［M］. 北京：人民出版社，1995.

[165]（法）P. A. 石泰安. 川甘青藏走廊古部落［M］. 成都：四川民族出版社，1992.

[166]（法）皮埃尔·布尔迪厄. 科学的社会用途——写给科学场的临床社会学［M］. 刘成富，张艳，译. 南京：南京大学出版社，2005.

[167]（日）秋道智弥，市川光雄，大冢柳太郎. 生态人类学［M］. 范广融，尹绍亭，译. 昆明：云南大学出版社，2006.

[168]（美）托马斯·哈定. 文化与进化［M］. 韩建军，商戈令，译. 杭州：浙江人民出版社，1987.

[169]（美）威廉·A. 哈维兰. 文化人类学［M］. 10版. 瞿铁鹏，张钰，译. 上海：上海社会科学出版社，2006.

[170]（法）谢和耐. 中国5—10世纪的寺院经济［M］. 耿升，译. 兰州：甘肃人民出版社，1987.

[171]（美）西敏司. 甜与权力——糖在近代历史上的地位［M］. 王超，朱建刚，译. 北京：商务印书馆，2010.

二、论文

[1] 保罗，觉安拉姆. 近代盐井腊翁寺事件原因分析——兼论其相关问题［J］. 西藏研究，2006（3）.

[2] 保罗，泽勇. 盐井天主教史略［J］. 西藏研究，2000（3）.

[3] 陈汎舟，陈一石. 滇藏贸易历史初探［J］. 西藏研究，1988（4）.

[4] 崔克信. 盐井县之地质及盐产调查［J］. 西康经济季刊，1944（8）.

[5] 都淦. 四川藏族地区土司制度概述［J］. 西藏研究，1981（1）.

[6] 东旺·琪岭陪楚. 中甸尼西石棺葬发掘记［J］. 中甸县志通讯，1988（2）.

[7] 费孝通. 关于我国民族的识别问题［J］. 中国社会科学，1980（1）.

[8]（挪威）弗雷德里克·巴斯. 族群与边界·序言［J］. 高崇，译. 广西民族学院学报，1999（1）.

[9] 房建昌. 西藏盐业及盐政史略［J］. 西南民族学院学报：哲学社会科学版，1993（1）.

[10] 方国瑜，和志武. 纳西族的渊源迁徙和分布［J］. 民族研究，1979（1）.

[11] 郭家骥. 生态环境与云南藏族的文化适应［J］. 民族研究，2003（1）.

[12] 童恩正，曾文琼. 四川巴塘、雅江的石板墓［J］. 考古，1981（3）.

[13] 格勒. 论古代羌人与藏族的历史渊源关系［J］. 中山大学学报：哲学社会科学版，1985（2）.

[14] 姜涛. 食盐与人口［J］. 中国经济史研究，1994（3）.

[15] 金飞. 盐井县考［J］. 边政，1931（8）.

[16] 李式金. 云南阿墩子——一个汉藏贸易的要地［J］. 东方杂志，1944（16）.

[17] 罗开玉. 川滇西部及藏东石棺墓研究［J］. 考古学报，1992（4）.

[18] 李绍明. 康南石板墓族属初探——兼论纳西族的族源［J］. 思想战线，1981（6）.

[19] 冯汉骥，童恩正. 岷江上游的石棺葬［J］. 考古学报，1973（2）.

[20] 潘发生，七林江初，卓玛. 中甸归化寺僧侣商业概述［J］. 西藏研究，1993（2）.

[21] 潘发生，潘建生. 中甸经济贸易发展史：初稿［J］. 迪庆方志，1992（1）.

[22] 冉光荣. 天主教"西康教区"述论［J］. 康定民族师专学报，1987（1）.

[23] 漆继红，许模，张强，等. 西藏盐井地区盐泉同位素特征示踪研究［J］. 地球与环境，2008（3）.

[24]（清）任乃强. 说盐［J］. 盐业史研究，1988（1）.

[25] 林向，童恩正. 四川理县汶川县考古调查简报［J］. 考古，1965（12）.

[26] 童恩正. 近年来中国西南民族地区战国秦汉时代的考古发现及其研究［J］. 考古学报，1980（4）.

[27] 童恩正，冷健. 西藏昌都卡若新石器时代遗址的发掘及其相关问题［J］. 民族研究，1983（1）.

[28] 童恩正. 四川西北地区石棺葬族属试探——附谈有关古代氐族的几个问题［J］. 思想战线，1978（4）.

[29] 谭方之. 滇茶藏销［J］. 边政公论，1944（11）.

[30] 陶宏. 茶马古道上的盐务重镇——盐井乡［J］. 中国文化遗产，2005（5）.

[31] 王牧. 澜沧江畔千年盐都盐井［J］. 文明，2003（11）.

[32] 吴映梅，周智生. 滇藏川交接地带经济成长的人文环境及其特征分析［J］. 西南民族大学学报：人文社科版，2007（2）.

[33] 王恒杰. 解放前云南藏区的商业［J］. 中国藏学，1990（3）.

[34] 王清明. 我国石盐矿床的地质特征［J］. 地质科技情报，1985（1）.

［35］王献军. 西藏政教合一制形成原因再探［J］. 西藏民族学院学报, 1998 (1).

［36］肖玉秋.《中俄天津条约》中关于俄国在华自由传教条款的订立与实施［J］. 福建师范大学学报：哲学社会科学版, 2010 (5).

［37］哈比布, 张建林, 姚军, 等. 西藏自治区昌都地区芒康县盐井盐田调查报告［J］. 南方文物, 2010 (1).

［38］郭周虎. 西藏贡觉县发现的石板墓［J］. 文博, 1992 (6).

［39］徐学书. 试论岷江上游"石棺葬"的源流［J］. 四川文物, 1987 (2).

［40］熊瑛. 云南维西县发现新石器时代居住山洞［J］. 文物参考资料, 1958 (10).

［41］云南省博物馆文物工作队. 云南德钦永芝发现的古墓葬［J］. 考古, 1975 (4).

［42］张新宁. 云南德钦县纳古石棺墓［J］. 考古, 1983 (3).

［43］王涵. 云南中甸县的石棺墓［J］. 考古, 2005 (4).

［44］杨桂红. 中甸松赞林寺寺院商业经济研究［J］. 学术探索, 2002 (2).

［45］颜志刚. 藏区政教合一体制的成因［J］. 四川警官高等专科学校学报, 2005 (5).

［46］杨卫东. 澜沧江畔古盐井［J］. 中国民族, 2004 (1).

［47］王涵. 云南德钦县石底古墓［J］. 考古, 1983 (3).

［48］中甸藏文历史档案辑录（之二）［J］. 西洛嘉初, 松秀清, 译. 迪庆方志, 1991 (2~3).

［49］中国社会科学院考古研究所实验室. 放射性碳素测定年代报告（八）［J］. 考古, 1981 (4).

［50］中国科学院昆明动物研究所. 怒江州动物分布介绍［J］. 怒江方志通讯, 1988 (1).

［51］中国社会科学院考古研究所实验室. 放射性碳素测定年代报告（一六）［J］. 考古, 1989 (7).

［52］曾文琼. 岷江上游石棺墓族属试探［J］. 中央民族学院学报, 1984 (1).

［53］张雪慧. 试论唐宋时期吐蕃的商业贸易［J］. 西藏研究, 1998 (3).

［54］张雪慧, 王恒杰. 从几份档案中看滇藏经济贸易——兼谈对云南藏区社会经济与历史研究的重要性［J］. 中国藏学, 1989 (1).

［55］张有隽. 吃了一山过一山：过山瑶的游耕策略［J］. 广西民族学院学报：哲学社会科学版, 2005 (14).

［56］张继焦. 经济文化类型：从"原生态型"到"市场型"［J］. 思想战

线，2010（1）.
[57] 郑逸苹. 西康与畜牧［J］. 中国建设，1936.
[58] 郑向春. 景观意识："内""外"眼光的聚焦与融合——以云南迪庆州茨中村的葡萄园与葡萄酒酿制为例［J］. 青海民族研究，2011（2）.
[59] 周大鸣. 论族群与族群关系［J］. 民族学人类学研究，2001（3）.
[60] 曾文琼. 论康区的政教联盟制度［J］. 西南民族大学学报，1988（2）.
[61] 钟秀生. 藏族平民生活鸟瞰［J］. 旅行杂志，1943（5）.

后　记

　　本书研究三江并流地区生活在碧罗雪山两麓藏族、怒族、独龙族、纳西族、傈僳族等民族的生计方式。因该地区地域广袤、民族众多，难以针对某一个具体的民族一一研究。因此，本书研究对象以藏族、怒族、纳西族的生计模式为主，兼论独龙族、傈僳族等民族的生计模式。不过，地域上未将东西两麓分开而谈，而是作整体性论述，其间适当进行比较。全书系统介绍了碧罗雪山两麓包含农业、畜牧业、采集渔猎、种植业、盐业、商业在内的多种生计方式，并在此基础上阐述了人们获取食物之后加工粮食和制作食物的工具与方式；通过特殊制度的描述，展现了特定政治环境中人们利用各种手段获取物质资料的过程。

　　笔者二人都是步入人类学殿堂的初学者，自进入中山大学人类学系攻读博士学位以来，两人都得到导师何国强教授的悉心教导，从求学到治学，我们无不受益良多。平心而论，如果没有何老师的鼎力支持，本书或许无缘和大家见面。

　　为了对碧罗雪山两麓的少数民族形成相对客观的认识，我们在掌握相关文献资料的基础上，于2011年8月和2012年7月进行了两次实地调查，可谓走村入寨，翻雪山、过大江，对包括西藏盐井、德钦茨中及贡山丙中洛在内的多个村庄进行了调查。让人难忘的是，2012年8月在当地向导的带领下，我们从怒江州捧当乡的迪麻洛村出发，中途翻越一座海拔4 300米的山脉和一座3 600米的山脉，历经3天，才终于到达澜沧江西岸的德钦县茨中村。

　　田野是一部只有亲身经历才能慢慢品味的书，对于学人的成长无疑有着莫大的帮助。不管是当地的风土人情，还是三江并流的自然风景，抑或是高山上甘甜的山泉、鲜艳的野花、白雪皑皑的山巅，还是那热情漂亮的卓玛及豪放的藏族汉子、美丽动人的歌声以及那醉人心扉的青稞酒与浓浓的酥油茶，始终让人流连忘返。当然，田野调查也不是一帆风顺的，其间也有艰苦的日子及翻山过程中惊险的事情，有些至今还历历在目。今日落笔，昔日和大家举杯畅饮的场景又浮现在眼前，因此想借此机会感谢两年来支持和关心我俩的各位老师、同学、朋友和家人。

　　首先感谢德钦县法院的沈秋林，他是我们进入藏族聚居区的第一位好朋友。两次进入藏族聚居区调查，他都为我们悉心安排住宿，多次热情款待，还帮忙联系并介绍诸多地方朋友，保证了调查的顺利进行。感谢首次进入羊拉乡调查时乡政府各位友人的帮助，他们是时任羊拉乡乡政府的书记阿布、乡长小阿都、副乡长虎涛和办公室主任农布（现任羊拉乡纪委书记），武装部原部长农布、山扎、李艳芳、此里此姆以及政府的全体工作人员。感谢德钦县人民法院办公室主任马玉忠。感谢德钦县国土资源局伍三兄，他不仅热情地招待了我们，还将燕门乡老家的婶婶介绍给我们，使得我们在其婶婶家度过一个星期的时光。感谢贡山县丙中洛乡政府的新农村指导员李洪林，不仅给我们提供了部分调查资料和照片，还带领我们走家入户。感谢丙中洛村的赵小刚，为我们联系了各村的村长。感谢云龙县漕涧镇政府的吴丽娟女士，帮忙联系了贡山县委的朋友，并提供了部分地方资料。

感谢同班同学党云倩将她在昌都地区左贡县工作的学生刘亚妮介绍给我，感谢刘亚妮帮助。感谢芒康县公安局刑警大队张刚。感谢我在盐井认识的第一位藏族朋友盐井派出所民警格桑顿珠，在他的帮助下我认识了时任派出所所长吴飞（县盐井一级检查站教导员）与工商所阿旺郎杰。正是他们几位友人默默地帮助，让我顺利完成了调查，并为我下一阶段的研究奠定了基础。我们兄弟般的友谊比哈达还纯白，比大海还深，这份情谊，我当铭记在心。

真心感谢我的爱人雷蕾女士，结婚的第二天就和我一起深入西藏盐井调查。在不断完善书稿之际，我得知她已身怀有孕，生理的极大反应让其吃不好、睡不香，而我除了电话安慰外，未能陪伴她左右；她的无怨无悔，我当以学业上获得丰收为报。

总之，要感谢在知识上授业解惑的老师，调查中帮助的朋友，生活中给予关心的同学，在物质上给予保证和精神上给予鼓励的家人。在出版过程中，要感谢中山大学出版社编辑嵇春霞、校对廖泽恩、封面设计林绵华与曹巩华，他们的辛勤劳动为本书添加了亮色。

本书的撰写是一个合作的过程，我和李亚锋在长达两年的时光里，一起调查，一起讨论，无疑结成了兄弟般的友谊，我们彼此都珍惜这份难得的机会。

当然，我们在工作上既有统一，也有分工。以下是本书撰写的具体分工情况：前言、绪论、第一章、第二章、第三章、第七章、第九章由李何春执笔，第四章、第五章、第六章、第八章由李亚锋执笔，最后由李何春统稿。

本书的完成可谓是万里长征的第一步，而我们二人无疑是刚刚步入人类学民族学的初学者。尽管从思路的形成到写作，我们每一步都认真对待、反复思考，但毕竟才疏学浅、水平有限，书中难免会有错误。恳请各位读者给予批评指正。

李何春

2013年6月7日